Ulrich Kropač · Uto Meier · Klaus König (Hg.)

Zwischen Religion und Religiosität

Ungebundene Religionskulturen in Religionsunterricht und kirchlicher Jugendarbeit – Erkundungen und Praxis

Ulrich Kropač · Uto Meier · Klaus König (Hg.)

Zwischen Religion und Religiosität

Ungebundene Religionskulturen in Religionsunterricht und kirchlicher Jugendarbeit – Erkundungen und Praxis

echter

Bibliografische Information der Deutschen Nationalbibliothek

Die Deutsche Nationalbibliothek verzeichnet diese Publikation
in der Deutschen Nationalbibliografie; detaillierte bibliografische Daten
sind im Internet über ‹http://dnb.d-nb.de› abrufbar.

1. Auflage 2015

www.echter-verlag.de
Umschlag: Hain-Team (www.hain-team.de)
Umschlagabbildung: © iStock.com/PhilipBeasley
Druckerei: Friedrich Pustet, Regensburg
ISBN 978-3-429-03757-4

Unseren Kindern und Enkelkindern

Charlotta

Elena

Elias

Emilia

Gloria

Johanna

Markus

Moses

Raphael

Simon

Stefanie

Vorwort

Das 2013 erschienene Buch „Der verlorene Himmel. Glaube in Deutschland seit 1945“ des Münsteraner Zeithistorikers Thomas Großbölting mündet in ein Fazit, das Angehörige der beiden großen Kirchen in Deutschland aufhorchen und aufschrecken lässt: „Ein ‚christliches Deutschland‘ gibt es nicht mehr.“ Wenige Zahlen, entnommen dem „Religionsmonitor“ 2013, unterstreichen diese These nachdrücklich: 2010 gehörten etwa je 30 % der deutschen Bevölkerung der katholischen Kirche und den evangelischen Landeskirchen an, der Anteil der Konfessionslosen lag in etwa gleich hoch. Diese Daten gewinnen zusätzlich Kolorit, wenn man sich vergegenwärtigt, dass die konfessionelle Bindung 1950 bei knapp 96 % lag.

Die exemplarisch angeführten Zahlen machen schonungslos deutlich, dass *Religion*, die sich als kirchliche Religion bzw. Konfession versteht, massiv zurückgeht. Und selbst da, wo junge Menschen getauft sind, wird die Ausbildung einer religiösen Identität im Sinne konfessioneller bzw. institutioneller Zugehörigkeit schwächer, denn immer mehr getaufte Schüler/-innen wachsen ohne explizite kirchlich-religiöse Sozialisation auf: Wiewohl de iure getauft sind sie de facto konfessionslos!

Zum Befund einer massiven Erosion kirchlicher bzw. konfessioneller Religion tritt ein zweiter: *Religiosität* bei jungen Menschen ist kein marginales Phänomen. Je nachdem, wie man den Religionsbegriff definiert und welches Forschungsdesign man anlegt, können mehr als 50 % aller jungen Leute als religiös bezeichnet werden, wie der Pastoraltheologe Matthias Sellmann festgestellt hat. Das Problem dieser juvenilen Religiosität ist – kurz gesagt –, dass sie sich als komplexes, uneindeutiges Gebilde darstellt. Sie löst sich von inhaltlichen Geltungsansprüchen ab, schenkt der Wahrheitsfrage so gut wie keine Bedeutung und tendiert zu einem freien Arrangement religiöser Elemente in hochindividualisierter Gestalt.

Neben der signifikanten Abnahme institutionell organisierter Religion einerseits und der Präsenz einer davon unterschiedenen individuellen Religiosität andererseits ist ein dritter Befund in heutiger Gesellschaft namhaft zu machen. In der profanen Gegenwartskultur ist Religiöses – aber auch Religionsanaloges oder Quasireligiöses – vielfältig verbreitet. Derartige religiöse Phänomene kommen in nicht zu unterschätzender Häufigkeit in Fernsehsendungen, Popmusik, (Kino-)Filmen und im Internet bzw. Cyberspace vor. Mit anderen Worten: Die profane Gegenwartskultur ist selber religionsproduktiv, sie generiert eine eigene *Religionskultur*.

Mit diesen drei Schlaglichtern auf das religiöse Feld – Religion, Religiosität, Religionskultur – ist die Ausgangssituation des Kongresses „Zwischen Religion und Religiosität. Herausforderungen für Religionsunterricht und kirchliche

Jugendarbeit durch ungebundene Religionskulturen" markiert, der vom 09. bis 11. Oktober 2013 an der Katholischen Universität Eichstätt-Ingolstadt stattfand. Die interkonfessionell ausgerichtete Tagung interessierte sich für ein nicht leicht zu fassendes *Zwischen*, nämlich den Raum zwischen ‚objektiver' Religion in Gestalt institutioneller, konfessioneller bzw. kirchlicher Religion einerseits und ‚subjektiver' Religiosität andererseits. In diesen Zwischen-Raum treten die vielfältigen Phänomene einer religionsproduktiven Kultur, die nicht den Vorgaben der großen Kirchen oder der Lehrsysteme von Religionen folgt, sondern in ganz eigener, gewissermaßen unorthodoxer und durchaus heterodoxer Weise mit dem Religiösen verfährt.

Diese Konstellation stellt den Religionsunterricht in der staatlichen Schule und die kirchliche Jugendarbeit vor neue Herausforderungen:

- Wird – weil Religion und Religiosität in der Postmoderne immer weiter auseinandertreten – der Religionsunterricht der Zukunft nicht nur ein Religions-, sondern auch ein Religiositätsunterricht sein müssen?
- Wo situieren sich kirchliche Jugendarbeit und Sakramentenkatechese im Spannungsfeld zwischen einer immer stärker individualisierten Religiosität junger Menschen und dem Christentum als einer Religion, die sich zentral von Bekenntnissen, Lehrinhalten, normierten rituellen Vollzügen und umschriebenen Glaubensgemeinschaften her versteht?
- Welche Konsequenzen hat der veränderte Umgang junger Leute mit Religion, nämlich die Rezeption und Artikulation von Religion in ästhetischen und multimedialen Formaten, für den Religionsunterricht und die kirchliche Jugendarbeit?
- Wie stellt sich die Situation junger Muslime in der Spannung zwischen religiöser Individualisierung und Identifizierung mit dem Islam dar? Wie die Situation von Jugendlichen aus den neuen Bundesländern mit Tendenzen zu säkularer Religiosität?

Die skizzierten Herausforderungen lassen sich nicht durch eine bloße Verlängerung oder Modifikation dessen, was gegenwärtig als ‚state of the art' im schulischen Religionsunterricht und in der kirchlichen Jugendarbeit anerkannt ist, bewältigen. Es braucht vielmehr neue Ansätze. In diesem Sinn verstand sich der Eichstätter Kongress von 2013 als eine Suchbewegung, die sich in einen Raum, besser: einen Zwischen-Raum, vortastete, der in weiten Teilen terra incognita ist.

Der Eichstätter Kongress 2013 ist nicht der erste seiner Art. Vor drei Jahren fand an gleicher Stelle das internationale und interdisziplinäre Forschungssymposion „Jugend – Religion – Religiosität" statt, das sich mit Resultaten, Problemen und Perspektiven der aktuellen Religiositätsforschung beschäftigte. Beide Kongresse zusammen wollen in Theorie und Praxis Wege erschließen, wie unter den gegenwärtigen gesellschaftlichen und religiösen Bedingungen institutionell verfasste Religion, individuelle Religiosität und in der Kultur flottierende religiöse Artikulationen zusammengedacht und zusammengebracht werden können, und zwar so, dass der Religionsunterricht in der Schule und die kirchliche Jugendarbeit daraus Profit ziehen können.

Der vorliegende Band versammelt die Vorträge, die auf dem Kongress gehalten wurden (Carsten Gennerich, Peter Hahnen, Martin Jäggle, Ruprecht Mattig, Heinz Streib, Ines Sura/Roland Rosenstock), Artikel, die aus den Workshops dieser Tagung hervorgingen (Clemens Bohrer, Patrik C. Höring, Bärbel Husmann, Helga Kohler-Spiegel, Ulrich Kumher, Hans Mendl, Martin Ostermann, Manfred M. Pirner, Roland Rosenstock), sowie Beiträge, die eigens erbeten wurden, um die Dokumentation thematisch zu arrondieren (Hans Hobelsberger, Marcus Minten).

Dass der Kongress 2013 durchgeführt und in diesem Band dokumentiert werden konnte, ist der tatkräftigen Unterstützung verschiedener Personen und Institutionen geschuldet. Unser herzlicher Dank gilt der Pädagogischen Stiftung Cassianeum in Donauwörth (Prof. Dr. Werner Schiedermair), Herrn Anton F. Börner, Präsident des Bundesverbandes Großhandel, Außenhandel, Dienstleistungen e.V., Berlin, und dem Schulkommissariat in Bayern (Prälat Dr. Lorenz Wolf) für ihre großzügige finanzielle Unterstützung. Danken möchten wir auch dem Verband der Diözesen Deutschlands (P. Dr. Hans Langendörfer SJ), der Eichstätter Universitätsstiftung, der Eichstätter Universitätsgesellschaft, dem Förderverein Religionspädagogik und Kirchliche Bildungsarbeit sowie dem Bischöflichen Ordinariat Eichstätt. Schließlich wissen wir uns Prof. Dr. Claus Hipp sowie Graf Guy von Moy zu Dank verpflichtet.

Für vielfältige Hilfen bei der Durchführung des Kongresses danken wir den studentischen Mitarbeiterinnen und Mitarbeitern Laura Grabski, Matthäus Kamuf, Marina Koppold und Benedikt Winkel; der wissenschaftlichen Mitarbeiterin Teresa Braun und dem wissenschaftlichen Mitarbeiter Bernhard Lehner; und nicht weniger Frau Heidi Klehr, der Lehrstuhlsekretärin, die im Vorfeld und während des Kongresses die logistischen Fäden zusammenhielt.

Herzlichen Dank sagen wir schließlich Frau Verena Lauerer für das sorgsame Gegenlesen der Textvorlagen und – erneut – Frau Heidi Klehr: Ihrer präzisen, kompetenten Arbeit ist es zuallererst zu verdanken, dass eine vorzügliche Textvorlage für die Drucklegung entstanden ist.

Eichstätt, im Februar 2015
Ulrich Kropač, Uto Meier, Klaus König

Inhaltsverzeichnis

(Un-)Gebundene Religionskulturen in Religionsunterricht und kirchlicher Jugendarbeit

Problem- und Themenaufriss

Ulrich Kropač / Uto Meier / Klaus König

Junge Menschen begegnen unterschiedlichen Aspekten von Religion auf dem Feld einer weitgespannten und komplexen Religionskultur. In ihr gehen viele Akteure auf mannigfache Weisen und in verschiedenen Bereichen mit religiösen Motiven, Inhalten und Praktiken um. Eine mögliche Strukturierung dieser Vielfalt ergibt sich z. B. aus der Frage, in welchem Verhältnis religionskulturelle Erscheinungsweisen zu den großen religiösen Traditionen stehen. Eine solche Relation besitzt ein heuristisches und ein hermeneutisches Potenzial:

- Religionskultur wird beschreibbar, weil die großen religiösen Überlieferungen Inhalte, Phänomene, Praktiken und Funktionen von Religion angeben, die es ermöglichen, über den Binnenraum der Überlieferungen hinaus nach Analogien, Transformationen und Kontextverschiebungen dieser Kategorien zu fragen und zu suchen. Eine Verhältnisbestimmung gibt Kriterien an, die Religionskultur von anderen kulturellen Bereichen abgrenzt.
- Gleichzeitig kann eine Verhältnisbestimmung kultureller Formen und Gehalte zu tradierter Religion einen wechselseitigen Verstehensprozess fördern, der die Kulturhaltigkeit religiöser und die Religionshaltigkeit kultureller Erscheinungsformen analysiert. Dem Begriff Religionskultur liegt die Annahme zugrunde, dass es zu kontext- und zeitbedingten Diffusionen zwischen Religion und Kultur kommt, deren Analyse ein Verständnis beider Bereiche erhellt.

Eine erste, weitgefasste und gleichzeitig zentrale Unterscheidung im religionskulturellen Feld lässt sich durch die Differenz von gebunden und ungebunden markieren:

- Als gebunden lassen sich Bereiche der Religionskultur bezeichnen, in denen sich die Akteure sichtbar und ausdrücklich auf Gehalte und Praxisformen religiöser Tradition beziehen. Religiöse Institutionen, heilige Schriften, ethische Normen aus religiöser Überlieferung und tradierte rituelle Praktiken können unter wechselnder Akzentuierung Bezugsgrößen für eine Bindung sein, die immer mehr eine personale Entscheidung voraussetzt.

- Ungebunden sind Erscheinungsformen der Religionskultur, die sich außerhalb einer sichtbaren Bindung an religiöse Traditionen artikulieren. Sie finden sich im weiten Feld kultureller Manifestationen, treten eher selten unter der Selbstbezeichnung Religion auf und beziehen sich häufig nur auf einen Bereich von Religion – also auf Motive oder Gehalte, auf Normen oder rituelle Praktiken. Aspekte der ungebundenen Religionskultur werden kaum explizit wahrgenommen, sondern als implizite Elemente der kulturellen Formen oder Aktionen angeeignet, in denen sie erscheinen. Ungebunden bedeutet allerdings nicht völlig losgelöst, denn auch in den ungebundenen Elementen der Religionskultur können Aspekte tradierter Religion transformiert, ins Fiktive gewendet oder direkt zitiert werden.

Die Unterscheidung von gebundenen und ungebundenen Aspekten der Religionskultur ist an das Begriffspaar Religion / Religiosität anschlussfähig. Eine aus inhaltlichen, phänomenologischen und funktionalen Aspekten definierte Religion bildet das Fundament für eine Religionskultur, die ihren Akteuren verschiedene Weisen der Bindung anbietet. Religiosität meint in diesem Zusammenhang eine immer wieder veränderbare Aneignung der offenen Angebote durch die Subjekte. Für religiöse Bildung ist sowohl die Breite des Angebots als auch die subjektive Form der Begegnung und Rezeption relevant. Erst aus dem Zusammenspiel von Angebot und Aneignung lassen sich Kompetenzen religiöser Bildung formulieren.

Dabei bildet religiöse Bildung in Schule und Gemeinde selbst ein Segment der Religionskultur. In ihr nimmt der Religionsunterricht – mit etwas anderem Akzent auch die gemeindliche Jugendarbeit – eine besonders ausgewiesene Position ein: Religiöse Bildungsprozesse sind oder sollen noch intensiver als bisher die Orte sein, die die Religionskultur als Ganzes unter bildenden Vorzeichen in den Blick nehmen. Auf diese Weise haben die Lernenden die Chance, ihre heterogenen Begegnungen mit den gebundenen und ungebundenen Aspekten der Religionskultur deutlicher wahrzunehmen und vertieft zu reflektieren. Nur wer sich den unterschiedlichen Implikationen der Religionskultur wenigstens in Ansätzen gebildet nähert, kann sich von ihrer Unmittelbarkeit distanzieren, eine eigene Position ausbilden und seine Beziehung zur Religionskultur aktiv auf je eigene Weise gestalten. Dies kann gelingen, wenn die Religionskultur in ihren gebundenen und ungebundenen Formen die materiale Basis religiöser Bildungsprozesse in der Schule und vermehrt auch in der gemeindlichen Katechese bildet. Eine Beschränkung auf die gebundene Form ist defizitär, weil inzwischen immer mehr junge Menschen auch – oder sogar primär – den ungebundenen Erscheinungsweisen der Religionskultur begegnen. Da religiöse Bildung sich auf real existierende Religion beziehen muss, wenn sie Bildung nicht in einer fiktiven Sonderwelt verorten will, kann sie nicht umhin, die Breite der Religionskultur zu ihrem Gegenstand zu machen.

Die Vielfalt konzeptioneller und praktischer Fragen, die sich aus dem Ineinander von Religionskultur, Religion und Religiosität stellt, kann in diesem Band nur exemplarisch aufgenommen und bearbeitet werden. Der Schwerpunkt liegt auf der materialen Analyse von Elementen aus (un)gebundener Religionskultur und ihrem religionspädagogischen Stellenwert. Ihm vorangestellt sind empirisch angelegte Beiträge, die erkunden, wie junge Menschen gegenwärtig gebundenen und ungebundenen Formen der Religionskultur begegnen. Welche Begriffe sind notwendig, um dieser Begegnung, die durch (pop)kulturelle Medien angestoßen wird und sich in unterschiedlichen Subkulturen vollzieht, auf die Spur zu kommen (Kap. I)? Auf die Praxis religiöser Bildungsprozesse bezogen lässt sich weiter fragen, auf welche Weise Religion und Religiosität Konstitutionsmerkmale dieser Prozesse sind und wie sich beide zueinander verhalten (Kap. II)? Wenn zudem die Beobachtung zutrifft, dass Jugendliche eine Beziehung zu Religion weniger durch die Auseinandersetzung mit Inhalts- und Wahrheitsfragen, sondern eher durch Erleben in geprägten und offenen Formen herstellen, ist zu analysieren, wo solche Formen auffindbar sind und in welchen Transformationen rituelle Aspekte gebundener Religionskultur auf dieses Bedürfnis eingehen (Kap. III)? Im vorletzten Abschnitt versammelt der Band eine Fülle von materialen Analysen zur ungebundenen Erscheinungsweise von Religion in popkulturellen Medien und Gattungen. Computerspiele, eine Fernsehserie, Musik, Spiel- und Fantasyfilme geben Aspekte des Religiösen eher preis, wenn sie religionshermeneutisch geschult rezipiert werden (Kap. IV). Schließlich formulieren die Herausgeber einige konzeptionelle, unterrichtspraktische sowie katechetische Konsequenzen aus den Befunden und Anregungen der Beiträge (Kap. V).

Kapitel I: Empirische Erkundungen

Das empirisch ausgerichtete Kapitel eröffnet Heinz Streib. Er entfaltet zunächst Theorieperspektiven auf die Differenz zwischen Religion und Religiosität, die als „Grundsignatur" (post)moderner Gesellschaften bezeichnet werden kann. Religionstheoretisch hat dieses Phänomen verschiedene historische Haftpunkte und Facetten, etwa bei Schleiermacher, in der – teils kirchenkritischen – Mystik, in Peter Bergers These vom „häretischen Imperativ" und Thomas Luckmanns Unterscheidung von öffentlicher Religion, die in Teilen unsichtbar geworden sei, und privater Religiosität. Streib arbeitet sodann exemplarisch heraus, wie Religiosität insbesondere außerhalb kirchlicher Religion vielfältige Gestalten hervorbringt, und zwar gerade dadurch, dass sie sich von institutionalisierten Formen abstößt oder neue Semantiken sucht. In diesem Kontext spielt der Begriff der „Spiritualität" eine Schlüsselrolle.

Manfred Pirner weist auf die immer wichtigere Rolle der Selbstsozialisation im Gesamt jugendlicher Sozialisation hin. Dies ist auch religiös relevant, weil sich die moderne Pop- bzw. Medienkultur verstärkt als informeller Ort religiösen Lernens erweist. Als ein Beispiel führt Pirner die Gothic-Kultur an. Dieser sind Züge zu eigen, die sowohl aus pädagogischer als auch aus theologischer Sicht Beachtung und Wertschätzung verdienen. Zwischen ihr und der christlichen Religionskultur zeigen sich zahlreiche Parallelen. Gleiches gilt für das zweite Beispiel einer religiösen Jugendkultur, nämlich die Hip-Hop-Szene: Sie verfügt in Teilen über religionsähnliche Züge und birgt religiös relevante Sinn- und Orientierungspotentiale. Pirner zieht daraus den Schluss, dass es für die Kirchen und die Religionspädagogik lohnenswert ist, sich intensiv mit der modernen Jugendkultur auseinanderzusetzen, um dafür sensibel zu werden, wie die (religiösen) Bedürfnisse und Potentiale heutiger Jugendlicher in Bildung und Pastoral besser aufgegriffen werden können.

Ausgehend vom Faktum einer Mediatisierung der Alltagskultur (Smartphone, Tablet, PC), die nachhaltig auf die Lebensbezüge von Jugendlichen durchschlägt, präsentieren Ines Sura und Roland Rosenstock erste Ergebnisse eines Projekts, das der Erforschung impliziter Religiosität in der Online-Computerspielkultur gewidmet ist. Die Studie erhält ihren besonderen Reiz dadurch, dass narrative Interviews mit Jugendlichen und jungen Erwachsenen aus den neuen Bundesländern geführt wurden, deren religiöse Sozialisation ganz erheblich von der westdeutschen Situation abweicht. Sura und Rosenstock verweisen darauf, dass zahlreiche Computerspiele über Strukturen verfügen, die mit religiösen Phänomenen vergleichbar sind und religiöse Inhalte transportieren bzw. transformieren. Dieses Medium eröffnet für junge Menschen einen bedeutsamen religiösen Lernort. Religionspädagogisch ergibt sich daraus die Aufgabe, wesentlich intensiver als bisher das Augenmerk auf religiöse Inhalte von Computerspielen und Religionskulturen in Computerspiel-Communitys von Jugendlichen zu legen, um besser zu verstehen, in welcher Weise digitale Spielwelten religiös relevante Bildungspotenziale bergen.

Einen ergänzenden Kontrapunkt zu den bisherigen Beiträgen bilden die Überlegungen Martin Jäggles zur gebundenen Religiosität junger Muslime. Dabei begibt er sich, wie er in einem ersten Schritt selbstkritisch einräumt, auf schwankenden Boden, sind doch Begriffe wie „Religion“ und „Religiosität“ Fremdkörper für die islamische Tradition. Jäggle präsentiert in einem zweiten Schritt ausgewählte Studien zu muslimischer Religiosität, die erkennen lassen, dass die Religiosität junger Muslime alles andere als ein monolithischer Block ist, sondern, im Gegenteil, ein Gebilde mit zahlreichen Facetten und Nuancen. In einem dritten Schritt skizziert Jäggle Schwierigkeiten interreligiöser Bildung wie z. B. die Geringschätzung des Islam, dessen Fixierung auf Stereotypen, problematische Vergleiche zwischen Christentum und Islam sowie eine unterentwickelte Kultur der Anerkennung des Islam und von Muslimen in Schule und Gemeinde

– womit im Umkehrschluss zugleich Postulate für eine zukunftsfähige (interreligiöse) Bildungsarbeit erhoben werden.

Kapitel II: Religion und Religiosität in religiöser Bildung

Das zweite Kapitel widmet sich Religionskulturen in der Praxis religiöser Bildung sowohl in der Schule als auch in der kirchlichen Jugendarbeit. Helga Kohler-Spiegel bedenkt das Verhältnis von Religion und Religiosität für den schulischen Religionsunterricht. Ein Teil ihrer Überlegungen beschäftigt sich mit Begriffsklärungen: Sie unterscheidet zwischen individueller Religiosität und institutioneller Religion, zwischen fides qua und fides quae, zwischen Religion im subjektiven und im objektiven Sinn, zwischen „religiös im engeren Sinn" und „religiös im weiteren Sinn". Basal für Kohler-Spiegel ist die Verankerung von Religion und Religiosität in „religio", worunter sie – vor aller Inhaltlichkeit – eine Handlung und eine Bewegung versteht, nämlich das Sich-Festmachen in einer Beziehung. Ausgehend von ihrem religionspädagogischen Grundverständnis von Bildung benennt Kohler-Spiegel schließlich didaktisch-methodische Konsequenzen wie die Differenzierung von Perspektiven und Sprachebenen im Umgang mit Religion und Religiosität sowie die Anlage emotional relevanter Lernsettings, um beides, die individuellen religiösen Erfahrungen und den Strom religiöser Tradition, miteinander in Beziehung zu setzen.

Mit einer dezidiert protestantischen Stimme nähert sich Bärbel Husmann den Brennpunkten „Religion" und „Religiosität". Aus der Erfahrung des religionspädagogischen Konzeptes des „Hamburger Weges" – pointiert: „Religiöse Bildung für alle – Bekenntnis später!" – plädiert die Autorin dafür, dass nicht Religiosität Bildungsziel des Religionsunterrichts sein kann, sondern „ressentimentfreies Urteilen über Religion". Es gehöre essentiell zum Protestantismus, dass das subjektive Erleben religiöser Erfahrung – in bewusstem Gegensatz zum normativen Anspruch einer Glaubensgemeinschaft – konstitutiv für den Glauben sei; daher müsse auf ein apriori-Verständnis von Religion verzichtet werden. Religion ist so eine Folge diskursiver Tatbestände, zu denen man sich verhält. Mit innovativen Erkenntnissen mittels empirischer Forschung belegt Husmann diese These und zeigt anhand eines komplexen Fallbeispiels auf, welch schwierige Fragen sich für den institutionalisierten staatlichen Religionsunterricht ergeben, wenn subjektive Religiositätserfahrungen mit verobjektivierter „Religionstradierung" in der Schule konfligieren.

Carsten Gennerich reanimiert in seinem starken Plädoyer für Emotionen in der religiösen Bildung die pointierte Definition von Johann Baptist Metz über „Religion als Unterbrechung" und weist aus den gängigen Emotionstheorien die Chancen für Religion als einem gangbaren Sinnkonstruktionsprozess aus, auch für säkulare Kontexte. Verschiedene theologische Ansätze von Jüngel, Hollenstein u. a. legen die Möglichkeiten offen, wie über den Weg glaubensbasierter Kontingenzbewältigung selbst-integrative Potenziale erschlossen werden können. Exemplarisch an der Bewältigung destruktiver Neid-Emotionen zeigt der Autor, welch konstruktive Lernwege – unter Rekurs auf die Theologie Kierkegaards – eine eben emotional-theologische Auseinandersetzung mit dem „Laster Neid" haben kann. So bieten die christlichen Traditionen transzendierender Selbst-Akzeptanz eine Befreiung aus der Existenz-Sorge des Vergleichens an, die über das Gottesbild unbedingter Annahme – gerade den Schwachen gegenüber – relationale oder gar hierarchische Konzepte von Selbstwertkonstrukten überflüssig machen. Mit dem Versuch einer probatorischen „Als-ob-Rechtfertigung" deutet Gennerich auch didaktisch innovative Wege einer nachhaltigen „Emotionstheologie" für postchristliche Kontexte an, die ein Lernen aus Emotionen für eine umfassende Personbildung relevant machen.

Kapitel III: Form, Ritual und Liturgie in der Religionskultur, in Schule und Katechese

Das dritte Kapitel eröffnet Zugänge in konkrete, liturgisch-rituelle Handlungssegmente, die die Polarität von Religion und Religiosität konstruktiv überwinden wollen. Dabei stecken sie auch Grenzen ab, die der Spannung und der gegenseitigen Verwiesenheit der Brennpunkte von tradierter Religion und individualisierter Aneignung eigen ist.

Ruprecht Mattig stellt die Durkheim'sche These, dass Religion nur als Dyade von Glaubensinhalten und Ritualen recht verstanden werden kann, in den Mittelpunkt seiner Überlegungen zur „religiösen" Popkultur, die er als Ausdruck für die Sehnsucht moderner Menschen nach rituell-religiöser Erfahrung begreift. Ausgehend von der Ritualtheorie der Ethnologie (Victor Turner, 1920–1983), sieht Mattig in diesem Ansatz einer transzendierenden (und anarchischen) „Communitas" einen Code, der als „Anti-Struktur" auch für eine Deutung moderner antistruktureller Räume – eben in Pop- und Subkultur – fruchtbar wird. So vertritt er die These, dass auch popkulturelle Phänomene moderner Gesellschaften auf die Zunahme struktureller Ordnungen mit ihren anti-strukturellen Bewegungen über impliziten Religionsersatz antworten: Neue Messiasse (Robbie Willams) oder Göttinnen (Madonna) transzendieren – erheblich renditestark wie euphorisierend – attraktiv irritierend unsere Funktionswelten, durchaus eine kräftige Herausforderung für die Präsentation der alten Heiligen in den traditionalen Kirchen.

In seinem Beitrag über Jugend und Liturgie überwindet Peter Hahnen die übliche theoretische Dichotomie von jugendgemäßen und jugendfernen Liturgieformen. Mit einem Fokus auf die notwendige „Ästhetik" der liturgischen Handlungen als Ausdrucks- und Eindruckshandlungen schärft der Autor den Blick für die notwendige transitäre Funktion der Liturgie, die ästhetisch kohärent sein und nicht affirmativ nur Erwartungshaltungen bedienen soll. Es ist – nach Hahnen – ein fundamentaler Irrtum, die nicht mehr überschaubare Vielzahl der schnell wechselnden Jugendkulturen und Jugendstile im gottesdienstlichen Handeln abbilden zu wollen. Dagegen gilt, mit Jugendlichen einen Transit in die intrapersonale Gottesbeziehung zu wagen, die im Spannungsgefüge von Freiheit und Ordnung, von Lebenswelt und Alterität den Grundakten des Dankens, Bittens und der Umkehr vor Gott Raum geben kann. Dies vollzieht sich weniger in der Methodenvielfalt oder gar Methodeninnovation, sondern in Reduktion und Authentizität. Authentisches Feiern wäre demgemäß weniger Reduplikation von Jugendstilen, sondern der Transit vom Konsum zur Beteiligung im Lobpreis des Höchsten.

In seiner – auch empirischen – Analyse zu Erwartungen an die Firmkatechese sieht Patrik C. Höring die Dichotomie zwischen individualisierter Suche nach eigenem (weniger kirchlichem) Glauben und sakramentaler Selbstvergewisserung in einem theologischen Zwiespalt: Eine (eher subjektvergessene) starke Gnadentheologie, die in kirchlicher Vorbereitungspraxis überhaupt keinen Auftrag zur Glaubensermöglichung sehen möchte, steht einem Sakramentenverständnis gegenüber, das gerade die Mündigkeit des Glaubens durch spirituelles Engagement initiieren und auch selegierend „höher hängen" will. Dem stellt Höring ein – aus der Theologie des II.Vaticanums herausgearbeitetes – Verständnis von Firmung entgegen, das dieses Sakrament stärker im Licht der Beauftragung, Sendung und des Apostolates der Geist-Berufung sieht. Firmung könnte so als „Liebesschule" gemäß 1 Kor 13 eine zeitgemäße Form – auch in Integration des Autonomieanspruches der Moderne – annehmen, die auch und gerade Jugendliche unprätentiös einlädt, aus dem Geist Gottes ihre individuelle Glaubenserfahrung weiterzugeben.

Mit seinen Überlegungen zur „Brückenfunktion" von Jugendkirchen („Bridge the gap") erschließt Hans Hobelsberger eine pastoraltheologische Konzeption der französischen Bischöfe, die mit dem Postulat des „Proposer la foi" – den „Glauben vorschlagen" – eine Umsetzung von Gaudium et spes Nr. 44 anempfehlen, weil hier die Enkulturation des Evangeliums subjektorientierte Formen fordert, die die freie Aneignung des Glaubens in den Mittelpunkt stellen und dies eben über freie „Vorschläge" in der Sprache der Jugendlichen, in ihrer Ästhetik und über ihr ungeplantes Raumerleben in Jugendkirchen. Hobelsberger belegt empirisch, wie – am Beispiel der Jugendkirche Münster – gelingendes Angesprochen-Werden über existentiell-religiöse Lebensdeutung und aktive Lebensformung durch entschiedenes Eingehen auf die thematischen Suchbewegungen, über ästhetische Präferenzen und Kirchenraumresonanzen wirksam wird. Jugendkirchen werden so zu produktiven christlichen „Anders-Orten" (Foucault), die eine relecture des Evangeliums mit Aneignungspotenzialen für ein autonomes wie gebundenes Glaubensleben ermöglichen – und das auch für die Verkünder, die sich über Jugendliche bekehren können (Kardinal Billé).

Den Teil dieses Bandes zu rituell-liturgischen Fragen schließt Hans Mendl mit einem deutlichen Votum für Laienliturgie und Schulreligion ab. Da Sprache, Musik, Inszenierung und auch die Tageszeiten gemeindlicher Gottesdienste eine kaum mehr überbrückbare Distanz zu den Ausdrucksstilen und Lebensgewohnheiten Jugendlicher besitzen, bietet z.B. die Schule mit Morgenkreisen, Frühschichten, Pausenandachten u.ä. andere liturgische Formen an. Vorbereitung und Durchführung liegen in den Händen von Laien – Schülerinnen und Schülern, Lehrerinnen und Lehrern –, was geänderte Ausdrucksformen, eine Aufnahme alltagsrelevanter Themen und den Verbleib im Handlungsort Schule ermöglicht. Solche niederschwelligen Angebote besitzen für Mendl eine eigene Dignität, sie sind keineswegs nur Vorbereitung für die Teilnahme an der Gemeindeliturgie – im Gegenteil: Könnte nicht eine traditions- und mittelschichtorientierte Gottesdienstgemeinde von der Laienverantwortung, der Sprachgestalt und den differenten liturgischen Handlungsorten der Schulliturgie lernen?

Kapitel IV: Religionspädagogische Zugänge zu Beispielen ungebundener Religionskultur

Die Reihe von Beiträgen, die sich einer religionspädagogisch ambitionierten Hermeneutik popkulturellen Materials widmen, eröffnet Clemens Bohrer mit einer Analyse von Computerspielen. Einige Spiele integrieren aktiv Gestalten – z.B. Engel, Dämonen, Priester – und Gehalte – z.B. Auferstehung, Seele, Unsterblichkeit – aus dem religiösen Bereich, ordnen dies aber klischeehaft in ihre Spieldramaturgie ein. Religionspädagogisch relevanter ist die Möglichkeit, sich im Spiel auf verdichtete Weise mit menschlichen Grunderfahrungen auseinanderzusetzen, die für die personale Entwicklung junger Menschen bedeutsam sind. Zudem unterstützen Computerspiele Jugendliche bei der Bewältigung von Entwicklungsaufgaben, die das Selbstbild, die Positionierung in sozialen Bezügen sowie die Sachauseinandersetzung betreffen. In dieser Sicht macht Bohrer auf funktionale Parallelen zwischen religiösen Bildungszielen und dem Spiel am Computer aufmerksam. Auf dieser gemeinsamen Basis kann eine inhaltliche Verhältnisbestimmung Aufgabe religiöser Lernprozesse sein.

Einen exemplarischen Zugriff auf eine Episode der amerikanischen Zeichentrickserie „Die Simpsons" trägt Roland Rosenstock bei. Er zeigt an der Episode „Bart verkauft seine Seele", wie die Protagonisten unterschiedliche Füllungen des Begriffs Seele entwickeln und dabei auf literarische, philosophische sowie religiöse Bezüge und Quellen zurückgreifen. Die bewegten Bilder liefern eigenständig zusätzliche Assoziationen zum Seelenbegriff, sodass ein beziehungsreiches Gewebe aus Wort und Bild entsteht. Die Vielfalt, die ironische Brechung z.B. durch die Funktion des Verkaufsvertrags und der dichte Handlungsstrang ermöglichen eine differenzierte Auseinandersetzung. Mit dieser Analyse zeigt

Rosenstock, wie in einem Unterhaltungsformat religiöse Inhalte aufgegriffen und verarbeitet werden, ohne Religion als einen herausgehobenen, nur schwer mitteilbaren Aspekt menschlichen Lebens zu thematisieren. Entsprechend vielfältig können die religiösen Bilder und Positionen wirken.

Um sich dem religiösen Potential von Songs der Rock- und Popmusik zu nähern, schlägt Marcus Minten eine theologisch ambitionierte Kulturhermeneutik vor, die sich darum bemühen muss, immer wieder neu die „Zeichen der Zeit" zu entziffern. Gerade sie scheinen in vielfältigen Texten und Arrangements von Rock- und Poptiteln auf sensible Weise auf. Mit dieser Intention begibt sich der Autor auf vielfältige Spurensuche: Themen, Textbilder und Fragen findet er in deutschen und internationalen Titeln, die ein breites Panorama religiöser Anknüpfungspunkte erschließen. Der Topos der Selbsttranszendierung von Hans Joas liefert eine Basis, um Rock- und Popmusik sowohl als Deutung von Erfahrung als auch als Ermöglichung transzendierender Erfahrung zu begreifen.

Populäre Spielfilme bilden für Martin Ostermann einen möglichen Türöffner für die Auseinandersetzung mit religiösen Fragen. Ein Film kann Bilder, Dramaturgien und Personen präsentieren, die zusammen auf intensive Weise eine in sich abgeschlossene Erzählung formen. Diese lässt sich auf verschiedene Weisen wahrnehmen. Eine Wahrnehmung aus religiöser oder christlicher Perspektive oder mit einem religiös ambitionierten Bildungsinteresse kann einerseits bestimmte Akzente setzen, darf andererseits aber das Medium nicht den eigenen Interessen unterordnen. Am Beispiel des Spielfilms „Avatar" zeigt der Autor, welche Fragen, Zeitzeichen und Themen vom Film her rezipiert werden können, damit eine Herausforderung deutlich wird, die sich dann z. B. unter religiösen oder christlichen Vorzeichen bearbeiten lässt. Filme wollen also in der Regel keine Theologie vermitteln und nicht zum Glauben führen, sondern Geschichten erzählen, die religiös relevant sein können. In der Entdeckung und Bearbeitung dieser Geschichten liegt das religionspädagogische Potential der Filme.

Eine besondere Filmgattung analysiert Ulrich Kumher. Er beobachtet in den weit verbreiteten Fantasyfilmen einerseits die Aufnahme von Elementen aus tradierten Religionen, andererseits werden fiktive religiöse Gehalte und Praktiken generiert. Über die Präsenz explizit religiöser Motive hinaus bildet die Darstellung anderer Welten mit ihren Helden, die die Welt retten, Sehnsüchte bedienen, zwischen Gut und Böse changieren und Geheimnisse nicht preisgeben, strukturelle Analogien zum Feld des Religiösen. Ohne Probleme, die z. B. aus den Gewaltszenen vieler Fantasyfilme herrühren, zu verschweigen, will Kumher die Analogien zwischen Fantasyfilmen und Religion für die Erarbeitung religiöser Wahrnehmungs-, Sprach- und Urteilskompetenzen nutzen. Die Basisanalogie besteht in der Signatur der Filme als Fantasy: Sie brechen – wie auch die wirklichkeitstranszendierenden Aspekte von Religion – aus der normativen Geltung des Faktischen aus, indem sie den Sinn für Mögliches wecken oder bedienen. Dies kann produktiv sein, wenn Grenzen nicht ganz vergessen werden.

Kapitel V: Konsequenzen aus den Beiträgen

Aus den Befunden, Reflexionen und Materialien der Beiträge lassen sich unter vielen Fragestellungen Folgerungen ziehen. Die Herausgeber treffen eine Wahl, indem sie Perspcktiven für ausgewählte konzeptionelle Aspekte der Religionspädagogik, einige unterrichtspraktische Fragen im Umgang mit ungebundenen Religionskulturen und eine Neuausrichtung der Katechese veränderter Religiosität zur Diskussion stellen.

I

(Un-)Gebundene Religionskulturen –

Empirische Erkundungen

Die Differenz zwischen Religion und Religiosität bei jungen Menschen

Ein Problemaufriss

Heinz Streib

Thomas ist 48 Jahre alt zum Zeitpunkt des Interviews. Er ist aufgewachsen in einer größeren norddeutschen Stadt, hat das Gymnasium abgeschlossen und an einer Universität auf Lehramt studiert. Unglücklicherweise wurde Thomas nicht in den Schuldienst übernommen, sondern hat in den darauffolgenden 20 Jahren seinen Lebensunterhalt mit Gelegenheitsjobs bestritten. Zur Zeit des Interviews lebt Thomas zusammen mit einer Frau, ihren zwei kleinen Kindern und einem 8 Monate alten gemeinsamen Kind. Zwischen Hochschulabschluss und dem Interview liegt eine religiöse Karriere, die bunt ist wie ein Regenbogen: Thomas war Mitglied in einer Bhagwan-Kommune, einer Bioenergetik-Gruppe, einige Zeit lang bei Scientology, dann Mitglied einer Gospel Church, um sich zuletzt der örtlichen Kirchengemeinde anzuschließen. Zur bewegten Geschichte seines religiösen Lebenswegs sagt Thomas im Rückblick:

> „[...] *ich würde aber jetzt nicht sagen, Christentum, das ist das Schlimmste, was es gibt, sondern ich würde sagen, dass da, ich hab ja gesagt, da hab ich Befreiung erlebt, ich hab aber auch gesagt* [...] *öh kann aber auch sagen, bei dieser, Se- wo ich wirklich sage ne Sekte, die Scientology* [...] *hat mir das geholfen und bei Bhagwan hat mir das geholfen, denn bei jeder, und ich hab ne gute Freundin, die sagt* [...] *ich hab überall mir son Pünktchen rausgezogen von den Anthroposophen, das von Bhagwan das und das* [...]*“.*

Die Fallstudie zeigt Thomas als einen rastlosen Sucher, für den Glaubenssysteme und die Zugehörigkeit zu einer Religion sekundär sind und ohne Problembewusstsein für inhaltliche Widersprüche gewechselt werden können. Zugleich zieht sich durch die wechselhaften Mitgliedschaften wie ein roter Faden eine Such- und Bewältigungsstrategie, eine Suche nach „Befreiung“, die man als Religiosität verstehen kann, wenn man die Bearbeitung von Gefühlen der Einsamkeit und Isolation und die Suche nach Annahme als religiös verstehen darf.

Warum präsentiere ich diesen Fall, der 1998 der Enquete-Kommission des Deutschen Bundestags vorgestellt wurde?[1] Der Fall Thomas führt die Differenz

[1] Vgl. *Streib,* Teilprojekt Biographieverläufe; *Ders.,* Milieus und Organisationen.

von Religion und Religiosität mit Deutlichkeit vor Augen, weil in diesem eher extremen Fall die Diskontinuität von Religion so offenkundig wird, dass man nahezu zwangsläufig nach der Kontinuität von Religiosität fragt. In diesem Sinn war der Fall Thomas für mich seinerzeit zuerst sehr außergewöhnlich und danach äußerst aufschlussreich. Ich habe für Thomas und ähnlich gelagerte Fälle die Bezeichnung „akkumulativer Häretiker" geprägt, um eine Variante religiöser Biographieverläufe auf den Begriff zu bringen, die damals eher selten war und Erstaunen hervorrief, inzwischen aber größere Verbreitung gefunden zu haben scheint. Im Unterschied zu den augenfälligen, teils spektakulären Religions-Wechseln der akkumulativen Häretiker liegt die mögliche Kontinuität ihrer Religiosität auf einer eher latenten Ebene, die erst bei genauerem Hinsehen und genauer Interpretation erkennbar werden kann.

1. Theorieperspektiven zur Profilierung der Unterscheidung von Religion und Religiosität

Die Unterscheidung von Religion und Religiosität ist nicht neu. Sicher können in der Religions- und Kirchengeschichte Ansätze für eine Unterscheidung von Religion und Religiosität aufgespürt werden auch für Zeiten, ehe der Begriff ‚Religion' aufkam und diskursfähig wurde. Offenkundig aber gehört diese explizite Unterscheidung – wie auch der Begriff Religion selbst – in die Zeit nach der Aufklärung und hat mit der Moderne zu tun. Man kann gar behaupten, die Differenz zwischen Religion und Religiosität sei eine „Grundsignatur" der „(post)modernen Gesellschaften".[2] Dass die Unterscheidung von Religion und Religiosität mit modernen Entwicklungen zusammenhängt, soll im Folgenden anhand einiger ausgewählter religionstheoretischer Beiträge profiliert werden. Dass eine vermutlich wachsende Zahl von Zeitgenossen Religiosität ohne Religion bevorzugt, bzw., wie empirische Studien zeigen, Religionstraditionen mehr oder weniger mühevoll wechselt[3] oder akkumulativ-häretisch kombiniert, könnte man – auch ohne postmoderne Theorien zu bemühen – als konsequent zu Ende gedachte und konsequent gelebte Moderne verstehen. Zunächst also einige Beiträge aus der Theologie und Religionssoziologie.

Einen prominenten Ansatz für die Differenz zwischen Religion und Religiosität, verbunden mit einem entschiedenen Plädoyer für den Primat von Religio-

[2] So lautet die Titelformulierung des Workshops, in dem der diesem Text zugrundeliegende Vortrag gehalten wurde.

[3] Vgl. dazu unser kulturvergleichendes Forschungsprojekt über Dekonversion: *Streib*, Deconversion.

sität, kann man bei Schleiermacher sehen. Der frühe Schleiermacher der Reden[4] an die Gebildeten unter den Verächtern der Religion verteidigt diese vehement gegen ihre Verwechslung mit Metaphysik und Moral.[5] Was von Schleiermacher als „Anschauung und Gefühl" und „Sinn und Geschmack fürs Unendliche" charakterisiert wird, ist eine Tätigkeit – oder vielmehr: eine Empfänglichkeit – des *Einzelnen*, die, wenn wir Religion und Religiosität unterscheiden wollen, eher als „Religiosität" zu verstehen wäre. Scharf abgegrenzt wird diese „Religiosität" von Metaphysik und Moral, die, unter den Vorzeichen unserer Unterscheidung, der etablierten Tradition von Religion, Theologie und Kirche zuzurechnen sind. In Schleiermachers Reden ist somit nicht allein die Differenzierung zwischen Religion und Religiosität angelegt, sondern auch ein Plädoyer für Religiosität als Ausgangspunkt und Grund, deren Primat gegenüber Moral und Metaphysik verteidigt wird. Man kann mit einigem Recht Schleiermachers Reden und sein später ausgearbeitetes theologisches Werk als Entwurf einer Theologie nach der Aufklärung bezeichnen. Und nicht ganz zufällig gewinnt in dieser Theologie nach der Aufklärung auch die Differenz zwischen Religion und Religiosität Profil. Und die induktive Grundstruktur von Schleiermachers Theologie setzt konsequent beim Einzelnen und seiner Religiosität an.

Zweiter – primär kirchenhistorischer – Beitrag: Auch in manchen religiösen Bewegungen, die sich in Spannung zu den etablierten Kirchen entwickelt haben, kommt die Differenz zwischen Religion und Religiosität zum Vorschein. Dies zeigen etwa Troeltschs[6] Analysen der Mystik als Unterströmung etablierter christlicher Religion. Freilich sind für Troeltsch die mystischen Strömungen Phänomene von soziologischer Grenzwertigkeit.[7] Besonders interessant sind für unser Thema die Beschreibungen jener Mystik, die Züge kirchenkritischer Eigen-Sinnigkeit und Separation angenommen hat.[8] Troeltsch schreibt über diese Art von Mystik:

> „Die in solcher Mystik wirksamen Kräfte können ... auch gegen die konkrete Religion sich prinzipiell verselbständigen, von ihr lösen und eine Theorie ihrer selbst aufstellen, die an Stelle der konkreten Religion und ihres Dogmas tritt, sei es mit offener Verneinung, sei es mit allegorisierender Umdeutung. Damit empfindet die Mystik ein sich dann als selbständiges religiöses Prinzip, als eigentlichen allgemeinen Kern aller religiösen Vorgänge, der sich in den verschiedenen mythischen Äußerungen nur verkleidet."[9]

4 Vgl. *Schleiermacher*, Religion.
5 Vgl. ebd. 28f.
6 Vgl. *Troeltsch*, Soziallehren.
7 Darin unterscheidet sich Troeltsch nur wenig von Simmel und Weber, auch wenn es 1911 eine heftige Diskussion gab, siehe: *Simmel*, Verhandlungen.
8 Vgl. *Garrett*, Maligned Mysticism; *Steeman*, Church; *Daiber*, Mysticism; *Streib/Hood*, „Spirituality"; *Dies.*, Religious Field.
9 *Troeltsch,* Soziallehren 854.

Mit Hood sehe ich in dieser kirchenkritischen Mystik einen Vorläufer der Haltung vieler von uns befragten Menschen, die sich als „spirituell, aber nicht religiös“ bezeichnen.[10]

Ein weiterer bedeutender – religionssoziologischer – Beitrag zum spannungsreichen Verhältnis zwischen Religion und Religiosität aus der zweiten Hälfte des 20. Jahrhunderts ist Bergers These vom „häretischen Imperativ“.[11] Diese These besagt, dass die Zugehörigkeit zu einer Religion in westlichen Gesellschaften zu einer Frage der individuellen Wahl geworden sei, der sich niemand entziehen kann. „Häretisch“ ist dem Griechischen „härein“ entlehnt und bedeutet – ganz und gar nicht abwertend – schlicht „eine Wahl treffen“. Die These vom häretischen Imperativ meint also nichts anderes, als dass jeder Mensch in den westlichen Gesellschaften in Sachen Religion einem Zwang zur Wahl unterworfen ist. Freilich verbleibt Bergers Situationsbeschreibung überwiegend im Kontext von institutionalisierter „Religion“. Doch kann man im Blick auf die gegenwärtige religiöse Landschaft mit Soeffner davon sprechen, dass, „(a)nders als die Formel vom ‚Zwang zu Häresie‘ suggeriert, sich … daneben ein bequemer Mittelweg (findet), der vom pragmatisch Alltagsreligiösen … gewählt wird: eine temporäre Polyhäresie“[12]. Bergers häretischer Imperativ führt demnach konsequent zu einer Verhältnisbestimmung von Religion und Religiosität, wie wir sie beim akkumulativen Häretiker beobachten.

Ähnlich verlaufen die Argumentationslinien von Luckmanns[13] These von der unsichtbaren Religion und der Weiterführung dieses Ansatzes bei Knoblauch.[14] Dies ist wohl eine der einflussreichsten gegenwärtigen Differenzierungen zwischen Religion und Religiosität in der deutschsprachigen Diskussion. Sie beruht auf der Unterscheidung von öffentlicher Religion (die in Teilen unsichtbar geworden sei) und privater Religiosität (die nach wie vor besteht und ihre Funktion erfülle). Bereits 1963 setzt Luckmann der seinerzeit weithin plausiblen Rede von der Säkularisierung (als Verschwinden der Religion) die Behauptung entgegen, die er 1969 als *Invisible Religion* und 1991 in deutscher Rückübersetzung und Erweiterung publiziert. Luckmann behauptet: „So sehr sich … die Menschen in den modernen Gesellschaften in der Lebensart von anderen Kulturen unterscheiden mögen, die grundlegend religiöse Verfassung ihres Lebens ist nicht verloren gegangen. ... Die grundlegenden sozialen und kulturellen Wandlungen änderten nichts an der konstitutiv religiösen Natur des menschlichen Lebens.“[15]

10 Vgl. *Streib / Hood,* „Spirituality“; *Dies.,* Religious Field.

11 Vgl. *Berger*, Heretical Imperative.

12 *Soeffner,* Religion und Kultur des Individuums 298.

13 Vgl. *Luckmann*, Problem der Religion; *Luckmann*, Unsichtbare Religion.

14 Vgl. *Knoblauch*, Verflüchtigung; *Ders.*, Unsichtbare Religion im Jugendalter; *Ders.*, Populäre Religion; *Ders.*, New Age.

15 *Luckmann*, Unsichtbare Religion 164f.

Luckmanns Behauptung beruht auf einem Neuansatz im Religionsbegriff, in dem nun in der sozial-phänomenologischen Tradition von Schütz[16] *Transzendierung* als Kernmerkmal von „Religiosität" (und darum auch für „Religion" als der Kommunikations-, Ontologisierungs- und Vergemeinschaftungsinstanz von Religiosität) gilt.

Luckmanns Perspektive spiegelt sich auch in der definitorischen Unterscheidung zwischen Religion und Religiosität, die Soeffner[17] jüngst vorgetragen hat:

> „Religion/Religionen [...] sind gesellschaftlich kommunizierte, tradierte und kollektiv geglaubte, dem Anspruch nach erfahrungsbasierte Vorstellungen und Vorgaben, die es ermöglichen, den Einzelnen in eine gesellschaftlich und geschichtlich ‚überhöhte' Wirklichkeit einzupassen. [...]
>
> Religiosität entspringt der strukturell gegebenen und immer möglichen Erfahrung der völligen Vereinzelung: des ‚Solitär-Seins'. In dieser Erfahrung erlebt sich das Individuum als gesellschaftlich ‚exkommuniziertes', isoliertes, den eigenen Krankheiten, Schmerzen, Leidenschaften, Affekten und dem eigenen Sterben ausgeliefertes Wesen, das eine Hilfe sucht, die ihm andere/die Gesellschaft, nicht geben können."[18]

Den Faden von Luckmanns Modell der unsichtbaren Religion aufnehmend habe ich die etwas sparsamere, aber möglicherweise robustere These von der „De-Institutionalisierung" von Religion vorgetragen.[19] In ihr rückt der Traditionsverlust der Religion in den Vordergrund. Mit „De-Institutionalisierung" ist eine Gewichtsverlagerung beschrieben: Religion als Institution tritt zurück, während individuell gesuchte und gestaltete Religiosität – zumindest für Teile des religiösen Felds – in den Vordergrund tritt. Die Frage nach der soziologischen Gestalt ist dabei offen: unterhalb der *Institution* (die den Einzelnen von der Wiege bis zur Bahre einbindet und begleitet) sind durchaus Formen von religiöser *Organisation* denkbar. Aus dieser Perspektive sind z.B. die US-amerikanischen Kirchen keine Institutionen – und „shopping for faith" eine ganz logische Kon-sequenz. Unter der Prämisse der De-Institutionalisierung von Religion sind aber auch völlig individualisierte Formen von Religiosität denkbar.

Zusammenfassend kann für die Unterscheidung von Religion und Religiosität auf verschiedene theologische und religionssoziologische Diskussionslinien verwiesen werden. Ungeachtet ihrer Unterschiede in der Bestimmung dessen, was unter ‚Religiosität' zu verstehen sei, zeigen sie weitgehende Übereinstimmung ...

16 Vgl. *Schütz*, Der sinnhafte Aufbau; *Schütz/Luckmann*, Strukturen der Lebenswelt, Bd.1 und 2.

17 Vgl. *Soeffner*, Religion und Kultur.

18 Ebd., 287f.

19 Vgl. *Streib,* Religious Praxis.

- in der Hintanstellung von oder Abgrenzung gegen Religion als Institution, als gesellschaftlich etabliertes, kollektives System von Glaubensinhalten und/ oder moralisch-rituellen Vorschriften sowie
- im Primat eines prinzipiell individuellen – de-institutionalisierten – Zugangs zum Universum, zur Transzendenz, zu einem sinnerfüllten Leben, einer individuellen Religiosität.

Als Konsequenz für die Beschreibung dessen, wie in der de-institutionalisierten Situation die Bildung von Religiosität vonstatten geht, finde ich mit Matthes[20], Feige[21] und Gennerich[22] einen diskursiven Religionsbegriff treffend: Die je individuell konstruierte Religiosität entsteht daraus, dass „‚kulturelle Pragmatiken' in der Selbstreflexion des Subjekts als religiös begriffen und symbolisiert werden"[23]. In diesem kommunikativen, diskursiven Religionsbegriff ist in gewisser Weise Bergers häretischer Imperativ aufgenommen, aber die gegenwärtige Situation zunehmender Pluralität der Religionsangebote und damit der Veränderung der Aneignung von Religiosität genauer in den Blick genommen.

2. Religiosität im religiösen Feld

Was bedeutet es für einen Entwurf des religiösen Feldes, wenn außer Religion (als Institution oder Organisation) eben auch Religiosität in ihren vielfältigen Formen eingezeichnet werden soll?

Der prominente Entwurf des religiösen Feldes geht auf Weber zurück und ist von Bourdieu detailliert und werkgetreu nachgebildet worden.[24] Das religiöse Feld wird von Bourdieu nach dem ökonomischen Marktmodell strukturiert und beschreibt das Verhältnis zwischen Kirchen bzw. Religionsgemeinschaften und den Laien im Prinzip eines Austauschs von Gütern und der Konkurrenz um Klienten. Weber und Bourdieu stellen in diesem Modell besonders die Konkurrenzverhältnisse heraus, die zwischen Kirchen und Sekten bestehen. Als dritter magnetischer Punkt wurden die Magier ins Feldmodell eingetragen – wenngleich bei Weber und Bourdieu dieser dritte Pol soziologisch von untergeordneter Bedeutung zu sein scheint und die Magier als Kleinunternehmer im Hinterhof charakterisiert werden.

[20] Vgl. *Matthes*, Einführung, Bd. 1 und 2; *Ders.*, Wie erforscht man heute Religion?; *Ders.*, Auf der Suche.

[21] Vgl. *Feige*, Soziale Topographie; *Ders.*, Jugend und Religion.

[22] Vgl. *Streib/Gennerich*, Jugend und Religion. Bestandsaufnahmen; *Dies.*, Jugend und Religion. Begriffserklärungen.

[23] *Streib/Gennerich*, Jugend 14.

[24] Vgl. *Bourdieu*, Interpretation der Religion; *Ders.*, Genese und Struktur.

Dieses Modell des religiösen Feldes ist das beste, was wir haben, und dennoch bedarf es m.E. der Fortentwicklung: Aus Webers Magiern sind schon bei Troeltsch die Mystiker geworden.[25] Hier ist der Weg geebnet, neue Formen individualisierter Religiosität und Spiritualität einzutragen. Zusammen mit Hood habe ich einen entsprechenden neuen Entwurf des religiösen Felds vorgestellt,[26] der ein wenig oder überhaupt nicht organisiertes Segment – und damit Raum für privatisierte Religiosität, Mystik und „Spiritualität" – vorsieht. Freilich sind damit nicht alle offenen Fragen abschließend beantwortet, besonders die Fragen nach der soziologischen Struktur und Dynamik. Aber dass neue religiöse Strömungen und Angebote im religiösen Feld verortet werden müssen, ist evident. Wo sonst als im religiösen Feld wäre der Raum für das, was neuerdings auch unter der neuen Semantik „Spiritualität" firmiert?[27]

3. Religion, Religiosität und „Spiritualität" bei Jugendlichen

Welche Formen von Religiosität stehen derzeit im religiösen Feld im Vordergrund? Das ist eine Frage an die empirische Forschung. In den USA (und teilweise in England) haben eine ganze Reihe empirischer Studien gezeigt, dass für zunehmende Teile des religiösen Feldes die Formen neuer Religiosität in eine neue Semantik gefasst wurden: „Spiritualität". Zu beobachten ist eine stetige Zunahme der Selbstbezeichnung „I am spiritual". Während sich nach wie vor eine Mehrheit als „spiritual and religious" bezeichnet, gibt es eine zunehmende Gruppe von Menschen, die sich als „spiritual, but not religious" beschreibt. Daher wurde von einem „spiritual turn"[28] oder einer „spiritual revolution"[29] gesprochen. Ist auch in Deutschland ein Trend zu beobachten, der individualisierte „Religiosität" in die Semantik von „Spiritualität" kleidet? In Bielefeld gehen wir seit einigen Jahren in empirischen Studien dieser Frage nach.

Während für die USA kurz vor der Jahrtausendwende knapp 20 % als „spiritual, but not religious" identifiziert wurden[30] und es Daten für Europa und Deutschland noch nicht gab, haben wir in einer Pilotstudie ca. 21 % Studienanfänger in Bielefeld und 31% in Chattanooga, USA, identifiziert, die sich für

[25] Vgl. *Daiber*, Mysticism; *Troeltsch,* Das stoisch-christliche Naturrecht; *Ders.*, Soziallehren.

[26] Vgl. *Streib/Hood*, „Spirituality"; *Dies.*, Religious Field.

[27] Vgl. *Streib,* More Spiritual; *Ders.,* Deconversion; *Streib/Hood*, „Spirituality"; *Streib*, Deconversion.

[28] *Houtman/Aupers*, Spiritual Turn.

[29] *Heelas/Woodhead/Seel*, Spiritual Revolution; *Tacey*, Spirituality Revolution.

[30] Vgl. *Streib*, More Spiritual.

„mehr spirituell als religiös" halten.[31] Die Überraschung in der darauf folgenden Hauptstudie über Dekonversion, die Abwendung von Kirchen, religiösen Gemeinschaften und Gruppen aller Art, war, dass sich die Neigung zur „Spiritualität" bei den Dekonvertiten geradezu verdoppelt.[32] Dieses sehr erstaunliche Ergebnis verlangte nach näherer Untersuchung – zumal insgesamt nur ganz wenige Ergebnisse vorliegen zur Semantik von selbstattributierter „Spiritualität". Was heißt es eigentlich, wenn jemand von sich sagt: „ich bin spirituell" oder „ich bin mehr spirituell als religiös"? Aus diesem jüngst abgeschlossenen Forschungsprojekt zur „Spiritualität" in Deutschland und den USA stelle ich einige empirische Ergebnisse vor. Dabei konzentriere ich mich, wo es geht, auf die Jugendlichen.[33]

Ein bemerkenswertes Ergebnis aus unseren Analysen ist, dass die Selbstbezeichnung „ich bin spirituell" mit hoher Zustimmung auf Hoods Mysticism Scale[34] einhergeht. Daraus lässt sich schließen, dass für die Teilnehmer/-innen an unserer Forschung „Spiritualität" eng mit Mystizismus zusammenhängt und an der Zustimmung zum Mystizismus abgelesen werden kann. Auch für die Jugendlichen unter 26 Jahren (N = 509) erscheint Mystizismus als starker Prädikator (R^2 = 0,47) für „Spiritualität", auch für sie hängt die Mysticism-Scale stark mit der Selbstbezeichnung „ich bin spirituell" zusammen. Für die „Spiritualität" der Adoleszenten scheinen mystische Erfahrungen – besonders Erfahrungen des *introvertiven* Mystizismus, also solche Erfahrungen, die den Verlust von Raum- und Zeitgefühl oder das Aufgehen und Verschmelzen mit etwas Größerem, sowie die Erfahrung, die man nicht oder nicht leicht in Worte fassen kann – eine entscheidende (β = 0,67, p < 0,001) Rolle zu spielen. Unsere Analysen bestätigen, dass die meisten unserer Probanden mit „Spiritualität" eine individuelle, nach innen gerichtete, erfahrungsorientierte – eine mystische Religiosität assoziieren.

Um die semantischen Profile von „Religion" und „Spiritualität" zu kontrastieren, haben wir alle ca. 2.000 Probanden nach ihrer persönlichen Definition gefragt und die allermeisten der Probanden aus den USA (N = 1.045) und Deutschland (N = 742) haben uns in freien Eintragungen ihre Texte in den Fragebogen geschrieben. In der Auswertung dieser Daten kann man sehen, wie „Religion" und „Spiritualität" von unseren Teilnehmer/-innen kontrastiert

[31] Vgl. *Ders.,* Research on Life Style.

[32] Vgl. *Ders.*, More Spiritual; *Ders.*, Deconversion.

[33] Siehe zum Design, dem Sample und den Methoden des Projekts: www.uni-bielefeld.de/spirituality-research [Stand: 17. Juni 2014].

[34] Vgl. *Hood*, Construction.

werden. In korpusanalytischer Auswertung[35] wird ein durchgängiges Muster sichtbar: „Religion" wird assoziiert mit Regeln, Kirche, Gemeinschaft, Dogmen, Tradition etc., während „Spiritualität" verbunden wird mit Geist, Meditation, Natur, Jenseits, Esoterik, Suche – um nur die markantesten Substantive zu nennen.

Aufschlussreich sind auch die freien Eintragungen von Jugendlichen – quasi das Rohmaterial. Die Jugendlichen, die sich als „mehr spirituell als religiös" bezeichnen, schrieben in den Fragebogen:

Spiritualität ist für mich die Bewunderung der Natur.
spiritualität ist eine art glaube an höheres,von der wissenschaft noch nicht erklärtes. ... eine art innere stimme,die dem mechanistisch-materiellen weltbild widerspricht
Suche nach Sinn u. Wahrheit ohne gewissheit sie gefunden zu haben. undogmatischer Glaube an hörere Macht, offenheit, Toleranz ggf. Ablehnung einer absoluten Wahrheit. Beispiel: Buddhismus, Esoterik, Philosophie, Parapsychologie, Kosmologie, Quantenp
Der Glaube und die Offenheit für etwas, das sich außerhalb der für uns erklärbaren Dinge bewegt. Der Ansatz etwas aus anderen Blickwinkeln zu betrachten.
Spiritualität ist für mich kein absolut klarer Begriff. Meine Vorstellung davon geht in die Richtung, dass es sich bei Spiritualität um das Spüren/ Erkennen/Fühlen von Nicht-Stofflichem/Geistigem handelt.
Spiritualität ist die Begegnung mit und Erfahrung von sich Selbst. Spirituell ist, wer nach seinen eigenen Antworten sucht.
Spiritualität bedeutet für mich persönlich, das Ganze zu sehen und zu leben, unvoreingenommen und in harmmonie mit meinen Menschen und mir zu leben. Frei vom materialistischen Denken! Zusammen in Harmonie leben!
Die gelebte Beziehung zwischen Mensch und Gott

Jugendliche, die sich zugleich als „mehr spirituell als religiös" und als „atheistisch" oder „non-theistisch" bezeichnen, bilden eine kleine, aber hochinteressante Gruppe. Diese „spirituellen Atheisten" sind eine Überraschung, die sich aus unseren Daten ergeben hat. Diese adoleszenten „spirituellen Atheisten" definieren „Spiritualität" folgendermaßen:

[35] Vgl. *Altmeyer* u.a., Subjective definitions. Stefan Atmeyer hat für uns die freien Eintragungen zu „Religion" und „Spiritualität" nach dem linguistischen Verfahren der Korpusanalyse ausgewertet. Dabei werden in Textkorpora die besonders auffällig häufigen Wörter berechnet und erhalten so einen sog. Keyness-Wert.

Spiritualität hat für mich weniger mit höheren Wesen und unerklärlichen Mächten zu tun und mehr damit die natürlichen Mächte zu verstehen. Zum Beispiel finde ich dass alternative Heilpraktiken oder Meditation auch eine Form von Spiritualität sind.
Spiritualität ist das Glauben an etwas, was nicht als Gott bezeichnet wird. Man lebt, um zu leben, nicht um sich für Himmel oder Hölle qualifizieren zu müssen.
verschwommener Begriff für den glauben der menschen an verschiedene phänomene, die sich durch wissenschaftliche methoden nicht beweisen lassen, wie beispielsweise geister, götter, ein leben nach dem tod, seelenwanderung, aberglauben aller art
Spiritualität ist für mich das Auslegen und Interpretieren sowie der Umgang mit der eigenen Innenwelt (geistig) und der Außenwelt (materiell).

Aus diesen freien Eintragungen gewinnt man einen Eindruck von der Vielzahl erheblich verschiedener Varianten von Religiosität bei Jugendlichen, die sich teils sehr vehement von „Religion“ abgrenzen. Damit gewinnt die Differenz zwischen Religion und Religiosität – die eben unter der Bezeichnung „Spiritualität“ gefasst wird – aus der Sicht der Jugendlichen selbst an Profil. Dazu abschließend ein Fall:

Philipp R. ist der Autor der letztgenannten freien Eintragung zu „Spiritualität“. Diese auf den ersten Blick nicht so hervorstechende Definition, die dennoch bei näherem Hinsehen einen durchdachten Eindruck macht, stammt von einem Jugendlichen, den ich darum etwas näher vorstellen kann, weil wir ein persönliches Interview mit ihm geführt haben.

Philipp R. ist ein 24-jähriger Student mit bosnischem Migrationshintergrund. In einer streng katholischen Familie aufgewachsen, ist Philipp R. heute ohne Mitgliedschaft oder Bindung an eine Religionsgemeinschaft. Im Fragebogen bezeichnet er sich zugleich als „mehr spirituell als religiös“ und als „Atheist“. In den Daten zeigt er überdurchschnittliche Werte für *introvertive mysticism* und ziemlich niedrige Zustimmung zu religiösen Absolutheitsansprüchen.

Auf die Frage „Halten Sie sich für religiös, spirituell oder gläubig?“ antwortet Philipp R.:

> *Also ich würde, wenn ich, ich würde sagen: Ja, ich bin religiös, weil ich halt religiöse Einflüsse, religiösen Einfluss habe. Gerade meine Familie, vaterseits ist streng katholisch und, also ich bin kein Katholik, aber ich bin halt, habe halt diesen Einfluss. So Religion hat halt auch, obwohl ich nicht der Kirche angehöre oder so, hat einen gewissen Wert für mich persönlich. Spirituell Ja, spirituell, weil ich, ich denke, jeder Mensch ist spirituell, weil es halt einfach nur eine Frage ist, wie die Innenwelt, also wie man selber zu der Außenwelt steht, und das ist für mich schon eine Art von Spiritualität, und das hat jeder.*

Philipp R. führt zu seiner „Spiritualität" weiter aus:

> [...] *und dieses Spirituelle das sind, ist etwas, das ich mir selber gebe. Und dadurch, dass ich mich mit meiner Spiritualität beschäftige, ist es halt einfach nicht etwas, was von außen gegeben wird, irgendwelche Geschichten, sondern diese Spirituelle ist etwas, das von innen herauskommt, wenn ich mich mit mir selber beschäftige, mit der Welt, dass ich, ich sage mal, gewisse Einsichten habe, gewisse Erkenntnisse und die kommen von mir selber heraus.*

Gefragt, ob er bete, meditiere oder auf andere Art etwas für seine Spiritualität tue, antwortet Philipp R., er versuche zu meditieren:

> [...] *und in dem Moment, in dem ich das schaffe, schalte ich halt einfach in einem gewissen Sinne einfach dieses analytische Denken, schaltet einfach ab. Ich kann mich einfach nur auf mein Gefühl konzentrieren, und dass dann einerseits entspannt und andererseits bringt das dann auch Einsichten mit sich, für mich persönlich. ... und manchmal muss man sich einfach nur auf, von seinen Gefühlen leiten lassen, auf das Bauchgefühl, auf die Intuition. Und die Meditation hilft dann, diese, diesen Einfluss von sich selber dann auch wahrzunehmen und nicht nur auf das andere Gedankengeplapper zu hören.*

Philip R. ist insofern ein etwas außergewöhnlicher Fall eines „mehr spirituellen Atheisten", als er sich weniger als viele andere, die wir interviewt haben, gegen Religion abgrenzt, Religion nicht scharf ablehnt, sondern als Teil seiner Sozialisation akzeptiert, und dennoch seinen ganz eigenen Weg zu einer „gelebten Religiosität" gesucht und gefunden hat. Und dieser Weg führt in die eigene Innenwelt und präferiert Intuition und Meditation.

Für Philipp R., wie für viele andere Jugendlichen und Erwachsene in unseren Daten, scheint „Spiritualität" ein semantisches Angebot zu sein, ihre Religiosität oder Suche danach zur Sprache zu bringen – und damit als Weg aus einer a-religiösen oder religionskritischen Sprachlosigkeit. „Spiritualität" als Label für individualistische, erfahrungsorientierte „gelebte Religiosität".

4. Zum Schluss

Mit den präsentierten Einblicken auf Ergebnisse unserer empirischen Forschung zur „Spiritualität" erhebe ich freilich nicht den Anspruch, das gesamte Spektrum von Religiosität bei Jugendlichen abgedeckt und schon gar nicht, das abschließende Wort über die Verhältnisse von Religion und Religiosität bei Jugendlichen gesagt zu haben. Aber ich hoffe, ein Schlaglicht darauf geworfen zu haben, dass Religiosität nicht allein innerhalb der Kirchenmauern, also eingebettet in etablierte ‚Religion', lebt und gedeiht, sondern in einer wachsenden Vielfalt auch außerhalb und dabei auch – de-institutionalisiert und in neuer semantischer Einkleidung – „spirituelle, aber nicht religiöse" oder „atheistisch-spirituelle" Blüten treibt. Aus den empirischen Forschungsergebnissen ergeben sich somit Hinweise darauf, was Religiosität bei Jugendlichen *eben auch* bedeuten kann.

Die „gelebte" Religiosität der Jugendlichen und Erwachsenen ist der Prüfstein, an dem sich die konzeptionellen Interpretationsrahmen – auch die eingangs in diesem Text skizzierten – messen lassen müssen, ob sie hinreichend sind, und ob und wie sie gegebenenfalls situationsbezogen neu bestimmt, neu justiert werden müssen – wie das für das Modell vom religiösen Feld offenkundig der Fall ist. Somit ist die Diskussion und Forschung zur Unterscheidung von Religion und Religiosität noch längst nicht an ein Ende gekommen.

Literatur

Altmeyer, Stefan / Klein, Constantin / Keller, Barbara u. a.: Subjective Definitions of Spirituality and Religion. An Explorative Study in Germany and the USA. In: International Journal of Corpus Linguistics (submitted).

Berger, Peter L.: The Heretical Imperative. Contemporary Possibilities of Religious Affirmation, New York 1979.

Bourdieu, Pierre: Eine Interpretation der Religion nach Max Weber. In: *Egger, Stephan / Pfeuffer, Andreas / Schultheis, Franz* (Hrsg.): Das religiöse Feld. Texte zur Ökonomie des Heilsgeschehens, Konstanz 1971, 11–37.

Ders., Genese und Struktur des religiösen Feldes. In: *Egger, Stephan / Pfeuffer, Andreas / Schultheis, Franz* (Hrsg.): Das religiöse Feld. Texte zur Ökonomie des Heilsgeschehens, Konstanz 1971, 39–110.

Daiber, Karl-Fritz: Mysticism: Troeltsch's Third Type of Religious Collectivities. In: Social Compass 49 (2002) 329–341.

Feige, Andreas: Soziale Topographie von ‚Religion': Ein empirischer Zugang zu ihrer religionssoziologisch-theoretischen Definitionsproblematik. In: International Journal for Practical Theology 2 (1998) 52–64.

Ders., Jugend und Religion. In: *Krüger, Heinz-Hermann / Grunert, Cathleen* (Hrsg.): Handbuch der Kindheits- und Jugendforschung, Wiesbaden 2010, 917–931.

Garrett, William R.: Maligned Mysticism. The Maledicted Career of Troeltsch's Third Type. In: Sociological Analysis 36 (1975) 205–223.

Heelas, Paul / Woodhead, Linda / Seel, Benjamin u. a.: The Spiritual Revolution: Why Religion is Giving Way to Spirituality, Oxford 2005.

Hood, Ralph W.: The Construction and Preliminary Validation of a Measure of Reported Mystical Experience. In: JSSR 14 (1975) 29–41.

Houtman, Dick / Aupers, Stef: The Spiritual Turn and the Decline of Tradition. The Spread of Post-Christian Spirituality in 14 Western Countries, 1981–2000. In: JSSR 46 (2007) 305–320.

Knoblauch, Hubert: Die unsichtbare Religion im Jugendalter. Geschlossene Sinngebiete, symbolische Universa und funktionale Äquivalente der Religion bei Jugendlichen. In: *Tzscheetzsch, Werner/Ziebertz, Hans-Georg* (Hrsg.): Religionsstile Jugendlicher und moderne Lebenswelt, München 1996, 65–93.

Ders.: Die Verflüchtigung der Religion ins Religiöse. In: *Luckmann, Thomas*: Die unsichtbare Religion, Frankfurt a. M. 1991, 7–41.

Ders.: Populäre Religion: Auf dem Weg in eine spirituelle Gesellschaft, Frankfurt a. M. 2009.

Ders.: Vom New Age zur populären Spiritualität. In: *Lüddeckens, Dorothea/Walthert, Rafael* (Hrsg.): Fluide Religion. Neue religiöse Bewegungen im Wandel. Theoretische und empirische Systematisierungen, Bielefeld 2010, 149–174.

Luckmann, Thomas: Das Problem der Religion in der modernen Gesellschaft. Institution, Person und Weltanschauung, Freiburg i. Br. 1963.

Ders.: Die unsichtbare Religion, Frankfurt a. M. 1991.

Matthes, Joachim: Einführung in die Religionssoziologie, Bd.1: Religion und Gesellschaft, Reinbek bei Hamburg 1967.

Ders.: Einführung in die Religionssoziologie, Bd. 2: Kirche und Gesellschaft, Reinbek bei Hamburg 1969.

Ders.: Wie erforscht man heute Religion? In: Glaube und Lernen 5 (1990) 125–135.

Ders.: Auf der Suche nach dem ‚Religiösen'. Reflexionen zu Theorie und Empirie religionssoziologischer Forschung. In: Sociologia Internationalis 2 (1992) 129–142.

Schleiermacher, Friedrich: Über die Religion. Reden an die Gebildeten unter ihren Verächtern (Erstdruck: 1799), Hamburg 2004.

Schütz, Alfred: Der sinnhafte Aufbau der sozialen Welt. Eine Einleitung in die verstehende Soziologie, Frankfurt a. M. 1932.

Schütz, Alfred/Luckmann, Thomas: Strukturen der Lebenswelt, Bd. 1, Frankfurt a. M. 1979.

Dies.: Strukturen der Lebenswelt, Bd. 2, Frankfurt a. M. 1984.

Simmel, Georg (Hrsg.): Verhandlungen des Ersten Deutschen Soziologentages vom 19.–22. Oktober 1910 in Frankfurt a. M., Tübingen 1911.

Soeffner, Hans-Georg: Religion und Kultur des Individuums. Zwölf Thesen. In: *Berger, Peter A./Hock, Klaus/Klie, Thomas* (Hrsg.): Religionshybride. Religion in posttraditionalen Kontexten, Wiesbaden 2013, 285–304.

Steeman, Theodore M.: Church, Sect, Mysticism, Denomination. Periodical Aspects of Troeltsch's Types. In: Sociological Analysis 26 (1975) 181–204.

Streib, Heinz: Deconversion. In: *Rambo, Lewis R./Farhadian, Charles E.* (Hrsg.): Oxford Handbook on Religious Conversion, Oxford 2014.

Ders.: Milieus und Organisationen christlich-fundamentalistischer Prägung. In: *Deutscher Bundestag. Enquete-Kommission „Sogenannte Sekten und Psychogruppen"* (Hrsg.): Neue religiöse und ideologische Gemeinschaften und Psychogruppen. Forschungsprojekte und Gutachten der Enquete-Kommission ‚Sogenannte Sekten und Psychogruppen', Hamm 1998, 107–157.

Ders.: More Spiritual than Religious. Changes in the Religious Field Require New Approaches. In: *Streib, Heinz/Dinter, Astrid/Söderblom, Kerstin* (Hrsg.): Lived Religion – Conceptual, Empirical and Practical-Theological Approaches, Leiden 2008, 53–67.

Ders.: Religious Praxis: De-Institutionalized? Theoretical and Empirical Considerations. In: *Ders.* (Hrsg.): Religion inside and outside Traditional Institutions, Leiden 2007, 147–174.

Ders.: Research on Life Style, Spirituality and Religious Orientation of Adolescents in Germany. In: *Francis, Leslie J./Robbins, Mandy/Astley, Jeff* (Hrsg.): Religion, Education and Adolescence. International and Empirical Perspectives, Cardiff 2005, 131–163.

Ders.: Teilprojekt ‚Biographieverläufe in christlich-fundamentalistischen Milieus und Gruppen'. In: *Deutscher Bundestag. Enquete-Kommission „Sogenannte Sekten und Psychogruppen"* (Hrsg.): Endbericht der Enquete-Kommission ‚Sogenannte Sekten und Psychogruppen'. Neue religiöse und ideologische Gemeinschaften und Psychogruppen in der Bundesrepublik Deutschland, Bonn 1998, 416–430.

Ders./Gennerich, Carsten: Jugend und Religion. Begriffserklärungen, Entwicklungsdynamik, Modelle und Typen. In: *Klöcker, Michael/Tworuschka, Udo* (Hrsg.): Handbuch der Religionen, München 2013.

Dies.: Jugend und Religion. Bestandsaufnahmen, Analysen und Fallstudien zur Religiosität Jugendlicher, Weinheim/München 2011.

Streib, Heinz/Hood, Ralph W.: Modeling the Religious Field. Religion, Spirituality, Mysticism and Related World Views. In: Implicit Religion 16 (2013) 137–155.

Dies.: „Spirituality" as Privatized Experience-Oriented Religion: Empirical and Conceptual Perspectives. In: Implicit Religion 14 (2011) 433–453.

Streib, Heinz/Hood, Ralph W./Keller, Barbara u.a.: Deconversion. Qualitative and Quantitative Results from Cross-Cultural Research in Germany and the United States of America, Göttingen 2009.

Tacey, David: The Spirituality Revolution. The Emergence of Contemporary Spirituality, Andover 2004.

Troeltsch, Ernst: Das stoisch-christliche Naturrecht und das moderne profane Naturrecht. In: *Deutsche Gesellschaft für Soziologie* (Hrsg.): Verhandlungen des Ersten Deutschen Soziologentages vom 19.–22. Oktober 1910 in Frankfurt a.M./Tübingen 1911, 166–214.

Ders.: Die Soziallehren der christlichen Kirchen und Gruppen, Tübingen 1912.

Religiöses Lernen in Jugendkulturen

Manfred L. Pirner

1. Lernen in Jugendkulturen als Selbstsozialisation Jugendlicher

Dass Jugendliche nicht nur in Familie und Schule lernen, sondern auch in ihren sogenannten „peer groups" und bei ihren diversen Freizeitaktivitäten, ist eigentlich keine neue Einsicht. Dennoch ist das non-formale und informelle Lernen erst in jüngerer Zeit (wieder) verstärkt in den Fokus der Bildungsforschung gerückt. Neue Akzente stellen dabei die Fragen nach dem lebenslangen Lernen sowie nach den Bezügen und Vernetzungen der unterschiedlichen Lernorte und Lernmodalitäten untereinander dar.[1] Der Zwölfte Kinder- und Jugendbericht des Bundesministeriums für Familie, Senioren, Frauen und Jugend von 2005 versucht in diesem Sinn programmatisch die verschiedenen formalen und non-formalen Settings sowie die formellen und informellen Bildungsprozesse in ein strukturierendes Schaubild zu bringen.[2]

[1] Vgl. v. a. *Dohmen*, Das informelle Lernen. Nach Dohmen kann unter informellem Lernen alles Lernen verstanden werden, „das sich in unmittelbaren Lebens- und Erfahrungszusammenhängen außerhalb des formalen Bildungswesens entwickelt" (25). Während non-formales Lernen sich mehr auf die Lernorte außerhalb des institutionalisierten Bildungswesens bezieht, kann informelles Lernen als „ungeplantes, beiläufiges, implizites und oft auch unbewusstes Lernen" (18) auch in formalen Settings, z. B. durch Schulkameraden in der Schule, stattfinden.

[2] *BMFSFJ*, Zwölfter Kinder- und Jugendbericht 130.

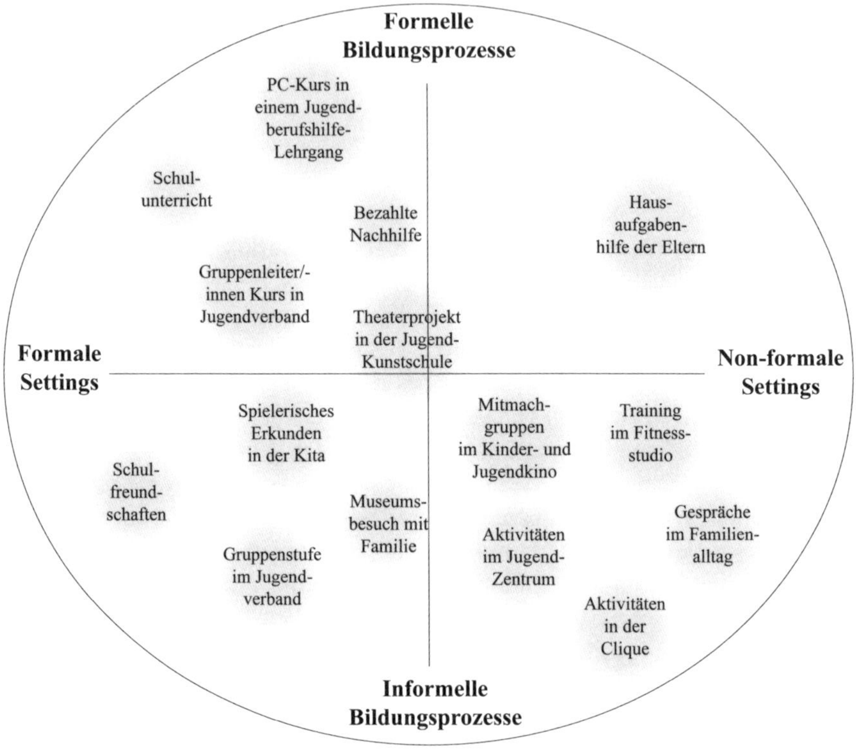

Abb.1: Bildungsmodalitäten

Ziel einer solchen Zusammenschau ist es, die unterschiedlichen Sozialisationseinflüsse und Lerngelegenheiten, die für die Bildung eines Individuums relevant werden können, gemeinsam und in ihren vielfältigen Wechselbeziehungen in den Blick zu bekommen und somit ein sowohl biographisches wie topographisches Gesamtbild von „Bildung als Landschaft“ zu rekonstruieren, wie dies auch in einem aktuell laufenden Promotionskolleg versucht wird.[3]

Dieser bildungs- und lerntheoretisch orientierte Diskurs überlappt sich mit sozialisationstheoretischen Perspektiven und Forschungen, nach denen die „Selbstsozialisation“ von Kindern und Jugendlichen in der Medienkultur und in Jugendkulturen eine immer wichtigere Rolle im Gesamt jugendlicher Sozialisation spielt. Mit dem Begriff „Selbstsozialisation“ versuchen Wissenschaftler/-innen einerseits anzuzeigen, dass jegliche Sozialisation immer starke eigene Anteile von Selbstkonstruktion enthält; andererseits werden mit „Selbstsozia-

[3] Vgl. http://www.bildungslandschafterforschen.de/.

lisation" eben solche Formen von Sozialisation charakterisiert, durch die sich Kinder und Jugendliche weitgehend selbstbestimmt und ohne dominante Einflüsse von Erziehenden in gesellschaftliche Zusammenhänge einfinden und „kulturelles Kapital" aneignen.[4] Während Jugendkulturen und -szenen[5] im zitierten Kinder- und Jugendbericht des BMFSFJ nur am Rande im Blick sind, betonen insbesondere Forschungsarbeiten aus dem Umfeld der Cultural Studies und der Jugendkulturforschung schon seit langem, dass „Lernen", „Identitätsbildung", „Selbstsozialisation" und „Kompetenzentwicklung" in erheblichem Umfang in diesen non-formalen Settings stattfinden.[6] Zur allgemeinen Forschungslage ist allerdings mit Nicolle Pfaff festzuhalten: „Das Lernen in der Gleichaltrigengruppe markiert trotz breiter sozialwissenschaftlicher Thematisierung der Peergroup in der Jugendforschung […] noch immer weitgehend eine Leerstelle in der Forschung zum informellen Lernen. Dies betrifft [...] insbesondere außerschulische und im weiteren Sinne außerinstitutionelle Gruppen Gleichaltriger – wohl auch, weil diese für empirische Forschung schwer zugänglich sind."[7]

2. Religiöses Lernen in Jugendkulturen als religiöse Selbstsozialisation

Die mit den Begriffen „populäre (Medien-)Kultur" und „Jugendkultur" gemeinten Phänomene überschneiden sich insofern, als Jugendliche zu den besonders intensiven Nutzern und kreativen Innovatoren populärer Kultur gehören.[8] Von daher sind in den vielfältigen theologischen und religionspädagogischen For-

4 Vgl. *Zinnecker*, Selbstsozialisation; *Abels/König*, Sozialisation 229ff.; *Pirner*, Selbstsozialisation.

5 Die Begriffe „Jugendkultur" und „Jugendszene" sind nicht eindeutig und scharf zu definieren, meinen aber netzwerkartige Gemeinschaftsformen, die bestimmt werden durch „eigene Werte, Rituale, Kulturmuster und Lebensstile, die oft in despektierlicher und selbstbewusster Abgrenzung von der mittleren und älteren Generation ausgeprägt und gelebt werden" (*Reinhold/Lamnek/Recker*, Soziologie-Lexikon 408). Vgl. auch *Hitzler/Niederbacher*, Leben in Szenen; *Farin*, Jugendkulturen; sowie www.jugendkulturen.de und www.jugendszenen.com.

6 Vgl. exemplarisch: *Müller*, Selbstsozialisation; *Tully*, Lernen; *Harring* u. a., Freundschaften; *Pfadenhauer*, Kompetenzen durch Szenen; *Dies.*, Identitätsbildung; *Ruile/Eberhard*, Inklusion.

7 *Pfaff*, Informelles Lernen 21.

8 „Populäre Kultur" bzw. „Popkultur" bzw. „Populärkultur" lässt sich nur schwer definitorisch fassen. Hilfreich erscheint mir der Versuch von Christoph Jacke, der sie als „den kommerzialisierten, gesellschaftlichen Bereich" versteht, „der Themen industriell produziert, medial vermittelt und durch zahlenmäßig überwiegende Bevölkerungsgruppen – egal, welcher Schicht oder Klasse zugehörig – mit Vergnügen genutzt und weiterverarbeitet wird" (*Jacke*, Medien[sub]kultur 22). Zur Definition von Jugendkultur vgl. Anm. 5.

schungen der vergangenen 20 Jahre zur populären Kultur und deren religiösen Dimensionen jugendkulturelle Aspekte immer wieder präsent gewesen.[9] Dass es in der Popkultur bzw. der Medienkultur zu Einflüssen kommt, die als *„religiöse Selbstsozialisation"* bezeichnet werden können, konnte mittlerweile in mehreren empirischen Studien nachgewiesen bzw. wahrscheinlich gemacht werden.[10] Dennoch lässt sich feststellen, dass es so gut wie keine religionspädagogischen Forschungen gibt, die spezifische Jugendkulturen (z.B. Hip-Hop, Gothics, Technoszene, Hardcore) genauer in den Blick nehmen.[11] Und umgekehrt gehen soziologische Arbeiten zu Jugendkulturen und -szenen in aller Regel kaum auf religiöse Aspekte ein.[12]

Dabei ist auf religionspädagogischer und kirchlicher Seite die Offenheit für eine vorurteilsfreie Wahrnehmung der Jugendlichen und ihrer Kulturen erfreulich gewachsen. Neben der noch jungen Forschungsrichtung der „Jugendtheologie" kann dies die 2010 erschienene EKD-Handreichung „Kirche und Jugend" signalisieren, auch wenn sie ekklesiologisch teilweise in einem eher konservativen Fahrwasser bleibt.[13] Erfreulich ist, dass die Handreichung konsequent dafür eintritt, die, „Kulturen der Kommunikation Jugendlicher [zu] achten und sich von der Theologie Jugendlicher inspirieren [zu] lassen" (78).

Ich möchte meine eigenen Versuche einer empirischen Annäherung an Jugendkulturen in dem von der EKD-Handreichung angedeuteten Rahmen verstehen. Sie beinhalten dabei die Sensibilität dafür, dass der von der Handreichung konstatierte Verlust an „religiöser Sprachfähigkeit" (14) möglicherweise nur die halbe Wahrheit ist; es könnte auch sein, dass in Jugendkulturen eigene Kommunikationsformen zur Thematisierung von existenziellen und religiösen Themen entwickelt werden – was lediglich aus kirchlicher Sicht als Sprach*verlust* erscheint.

[9] Vgl. für Überblicke: *Fechtner* u. a., Handbuch; *Schroeter-Wittke*, Popkultur und Religion.

[10] Vgl. zur Mediensozialisation bzw. popkulturellen Sozialisation als Überblick: *Pirner*, Religion; *Ders.*, Religiöse Mediensozialisation; zur religiösen Sozialisation in Jugendkulturen: *Gründer/Scherr*, Jugend und Religion, v. a. 72ff.

[11] Positive Ausnahmen sind insbesondere: *Streib*, Entzauberung; *Schweitzer*, Jugendkultur und Religionspädagogik.

[12] Auch hier gibt es zum Glück Ausnahmen wie *Helsper*, Okkultismus; oder *Schmidt/Neumann-Braun*, Die Welt der Gothics.

[13] *Kirchenamt der EKD*, Kirche und Jugend; vgl. ausführlicher dazu meine Rezension in: ZPT 64 (2012) 83–85.

3. Jugend und Religion in Nürnberg – ein regionales Projekt forschenden Lernens

Im Sommersemester 2013 haben wir in Nürnberg mit einem Seminar zum Thema „Religiöse Sozialisation und Entwicklung" ein Projekt gestartet, das in den kommenden Semestern weitergeführt werden soll. Ziel ist es, die Vielfalt der religiös-weltanschaulichen Orientierungen von Nürnberger Jugendlichen wahrzunehmen und zu dokumentieren. Dazu haben Studierende kleine Forscherteams gebildet und jeweils zwei bis drei, manchmal auch mehr Jugendliche aus einer bestimmten Religion oder Jugendkultur interviewt. Die Interviewergebnisse wurden dann mit bereits vorhandenen empirischen Studien verglichen und in der Gesamtauswertung entsprechend eingeordnet.

Im vorgegebenen Rahmen werde ich mich auf einige wenige Befunde aus den Jugendszenen der Gothics und des Hip-Hop beschränken. Im Vordergrund steht dabei die Frage, ob bzw. in welcher Weise in der jeweiligen Jugendszene religiös-weltanschauliche Orientierungen vermittelt bzw. angeeignet werden und somit eine Art von religiöser Sozialisation im weitesten Sinn stattfindet.

4. Informelles Lernen und religiöse Selbstsozialisation in der Gothic-Jugendszene

Die befragten Nürnberger Gothics waren Nici, 19 Jahre, und Alex, 22 Jahre. Zugleich konnten wir auf weitere Original-Interviews zurückgreifen, die im Rahmen einer von mir betreuten Zulassungsarbeit an der PH Ludwigsburg 2008 entstanden waren.[14] Es wurde deutlich, dass die Musik und der Kleidungsstil sowie das Gemeinschaftsgefühl beim Einstieg in die Szene eine große Rolle spielen:

> *„Schwarze Klamotten, ich fand die einfach schön."* (Nici, 19 J., aus Nürnberg).

> *„Des mit den Leuten ist wie Heim kommen, da bin ich einfach daheim [...] wie so eine große Familie."* (Alex, 22 J., aus Nürnberg).

Aber auch eine gewisse Lebenslage und emotionale Stimmung war für manche ausschlaggebend:

> *„Ein Kumpel von mir ist gestorben und ich stand direkt daneben. Ich war ziemlich scheiße drauf und viele Leute haben sich von mir abgewendet, aber die ‚Schwarzen' waren da total offen und hatten Verständnis."* (Benjamin, 21 J., aus Ludwigsburg).

[14] Vgl. *Sprio*, Religiöse Aspekte. Genauer zur religiösen Selbstsozialisation in der Gothic-Jugendkultur: *Pirner*, Religiöse und politische Selbstsozialisation.

Attraktiv ist offensichtlich die Kombination von Spaßhaben und Partymachen auf der einen und sich dennoch den ernsten, leidvollen Seiten des Lebens zu stellen auf der anderen Seite. Mehrere Befragte betonten:

„Einen Goth erkennt man am Denken.“ (Sina, 20 J., aus Ludwigsburg).

„Goths denken vielleicht inniger über Sachen nach und beschäftigen sich mehr mit Geschehnissen, als es normale Leute tun.“ (Anne, 20 J., aus Ludwigsburg).

Unsere Befunde unterstützen die Ergebnisse aus der bisherigen Forschung, welche darauf verweisen, dass die Kultur der Gothics Ausdruck eines schwarzen Lebensgefühls ist, „einer Traurigkeit und Melancholie vor dem Hintergrund ihrer Familienbiographien, verstärkt oder aktualisiert durch adoleszente Krisen, schulische Probleme, den Verlust nahestehender Menschen oder das Ende erster Liebesbeziehungen“[15]. Schwarz als Trauerfarbe wird zum Kennzeichen, auch zur Absetzung vom Normalen: „Diese Absetzung von der ‚Happy-Oberflächlichkeit‘ bringt auch eine Art jugendkulturelles ‚Elite‘-Bewusstsein gegenüber der Oberflächlichkeit, dem vordergründigen ‚Happy‘-Leben, der sozialen Verdrängung von Trauer, Tod und Apokalypse der Anderen zum Ausdruck.“[16]

Dem Thema Religion standen unsere Nürnberger Gothics eher distanziert gegenüber, offenbar weil sie es sofort mit „Kirche“ gleichsetzten:

„Mit der Kirche an sich kann ich eigentlich gar nix anfangen. Die Kirche ist starr und verkrustet, und ich bin flexibel und eher freigeistig eingestellt; das passt nicht zusammen.“ (Nici, 19 J., aus Nürnberg).

„Jedem das Seine! Also wenn's einer braucht, dann soll er in die Kirche gehen.“ (Alex, 22 J., aus Nürnberg).

Etwas differenzierter äußerten sich einige der Ludwigsburger Szenegänger:

„Um zu glauben brauche ich keine Institution, die mir vorschreibt, was ich zu tun habe. Keine Frage, wir haben auch Christen dabei und es sind die wenigsten, die an gar nichts glauben. Zwar nicht unbedingt an Gott, aber an Geister oder Ähnliches.“ (Sina, 20 J., aus Ludwigsburg).

„Also ich glaub nicht dran, aber ich find's eigentlich ganz gut, wenn die Leute dran glauben [...] Ich hab da kein Problem mit, ich mein manche Leute brauchen das im Leben, das Glauben, es hilft ihnen auch [...] Wenn sie es brauchen [...] Ich brauch's nicht. [...] Mein Gott, irgendwann kommt man so in ein Alter, in dem man sich selber aussucht, was man eigentlich will. (Janina, 17 J., aus Ludwigsburg).

Und auch solche Erfahrungen kamen zur Sprache:

„Einmal saß ich in der Kirche in der letzten Reihe und der Pfarrer hat mich gebeten hinauszugehen, weil sich die Leute von mir gestört fühlten.“ (Anne, 20 J., aus Ludwigsburg).

15 *Schmidt/Neumann-Braun*, Die Welt der Gothics 67.

16 *Helsper*, Okkultismus 251.

Die religionsbezogenen Interviewpassagen lassen sich ebenfalls gut mit Interpretationsperspektiven zusammenbringen, wie sie Schmidt/Neumann-Braun anbieten, nach denen die Gothic-Kultur „eine Möglichkeit der Auseinandersetzung mit Religion [bietet], einen Ausdruck von Religionskritik und eine Befreiung aus der Umklammerung eines abgeschlossenen Lebensraums. Sie bearbeitet die Brüche, Begrenzungen und Widersprüche von tendenziell gegen- und entmodernisierten Milieus inmitten einer hochmodernisierten kulturellen und sozialen Realität“[17]. Dabei sei der Hintergrund bzw. die familiäre Herkunft der Szene-Zugehörigen eher eng und traditionell, so dass die Szene die Chance der Auseinandersetzung gerade mit konservativen Orientierungen biete, insbesondere auch auf dem Gebiet der Religion: Eine Gemeinsamkeit der Szene ist nach einem von Schmidt/Neumann-Braun befragten Manfred, 27 Jahre, „dass man versucht, etwas zu finden, was zwischen Himmel und Erde ist und das sich nicht durch Berührung, Sehen oder durch ähnliche wissenschaftliche forensische Methoden beweisen lässt. Die suchen alle nach was anderem. Da muss doch noch irgendetwas sein [...]“[18].

Bereits die wenigen vorgestellten Beispiele deuten an, dass die Gothic-Szene Grundzüge aufweist, die aus theologischer wie pädagogischer Sicht wertgeschätzt werden können und die deutliche Affinitäten zur christlichen Religionskultur erkennen lassen. Dies gilt für den nachdenklichen, Leid und Tod sowie Transzendenz nicht aussparenden Lebensstil ebenso wie für die Gemeinschaftssolidarität, die gerade auch Leidenden oder Trauernden zuteil wird. Dabei zeigt sich, dass die Gothics durchaus sprachfähig und insbesondere auch symbolisierungsfähig sind, indem sie traditionelle Symbole aufgreifen und teilweise eigenständig transformieren. Aufschlussreich ist, wie die Spannung zwischen Tradition und Gemeinschaftskultur auf der einen sowie Innovation und Selbstbestimmung auf der anderen Seite in der Gothic-Szene inszeniert und austariert wird. Offensichtlich sind die überwiegend ästhetisch gefassten szenetypischen Stilmerkmale einerseits weit genug, um individuelle Spielräume zu ermöglichen, und setzen andererseits so deutliche Gegenakzente gegen den kulturellen Mainstream, dass hier spezifische Freiheits-, Identitäts- und Solidaritätsgefühle entstehen können. Deutlich ist, dass Selbstbestimmung in der Gothic-Kultur einen hohen Wert darstellt, gerade auch auf dem religiösen Feld; für die Jugendkulturen insgesamt spricht Winfried Gebhardt von „religiöser Selbstermächtigung“[19].

17 *Schmidt/Neumann-Braun*, Die Welt der Gothics 67.

18 Ebd. 245.

19 *Gebhardt*, Jugendkultur und Religion. Der Untertitel des Artikels lautet: „Auf dem Weg zur religiösen Selbstermächtigung“.

5. Informelles Lernen und religiöse Selbstsozialisation in der Hip-Hop-Jugendszene

Bei den Nürnberger Interview-Partnern handelt es sich hier um die beiden Brüder Marco (17 Jahre) und Nico (16 Jahre), die über eine Präsentation von Hip-Hop-Songs im Internet ausfindig gemacht wurden. Wie sich auch in anderen empirischen Studien bestätigt, spielt die Eigenaktivität, das eigene Rappen, DJing, Sprayen oder Breakdancen in der HipHop-Szene eine wichtige Rolle und gibt gerade sozial eher am Rande stehenden Gruppen oder Individuen Selbstbestätigung und Selbstbewusstsein. Der Einstieg erfolgt häufig über die Musik.

> *„Also mit 12 Jahren oder so hab ich Bushido gehört; das war's dann einfach für mich."* (Marco, 17 J., aus Nürnberg).

> *„Ich hab dann halt verschiedene Leute getroffen und mit denen an einem Album gearbeitet, Texte geschrieben und so. Seitdem bin ich sozusagen in der Szene drin. [...] Warum ich angefangen habe, Hip-Hop-Texte zu schreiben? Ich wollte halt beliebt sein. Ich war schon immer Außenseiter, in der Schule, in der Familie, überall; ich wollte halt wer sein, verstehst du? [...] Man will halt Spaß haben und Erfolg haben. Das muss nicht Geld sein, Geld ist mir eigentlich egal, es ist schön, wenn's klappt, aber für mich ist wichtig, dass ich mein Album gemacht hab und mein Video gedreht hab. Ich will halt ein Video machen, das einen Sinn macht, das auch zeigt, wie die Leute im Ghetto leben und was es auch in Nürnberg für kaputte Gegenden gibt."* (Nico, 16 J., aus Nürnberg).

In den Studien von Pfaff und Ruile wird noch deutlicher, dass für die Entwicklung von Selbstbewusstsein und Zusammenhalt das wechselseitige Lehren und Lernen eine wichtige Funktion hat.

> *„Am: ich mach gerne für andre Leute Beats und so. ich helfe anderen Leuten gerne. einfach da fühl-ich mich einfach gut einfach fühl-ich mich viel besser ja so befreit einfach wenn-ich Leuten was beibringen kann. weil ich kann so-n-so nich viel beibringen in der Schule kann ma mich ganz vergessen aba wenigstens in einer Sache kann ich Leuten was beibringen [...]*
>
> *Bm: Also mir haste was beigebracht."*[20]

Offensichtlich liegt in der Steigerung des Selbstbewusstseins durch Selbermachen und Wahrgenommenwerden auch eine besondere Attraktivität von Hip-Hop für Jugendliche mit Migrationshintergrund. Außerdem spielt nach Aussagen des schon etwas älteren David sowohl die kreative Freiheit als auch die Internationalität von Hip-Hop eine Rolle für seine Popularität:

[20] *Pfaff*, Informelles Lernen 13. Aus der Gruppendiskussion mit der Hip-Hop-Crew „G-Twings", 14–18-jährige Jugendliche; das kleine „m" steht für „männlich".

„Jeder Aspekt von Hip-Hop hat mich echt interessiert, so weil's einfach 'ne Form von freier Kunst ist, so, du kannst echt machen was du willst, [...] Egal, wo ich jetzt hingeh', ob ich nach Frankreich geh' oder egal wo in Deutschland, wenn ich irgendwo bin in einer Stadt, ich kenn' dort einen, ich kann den anrufen, solche Sachen, ‚Hey, kann ich bei dir pennen' oder ‚Was machst du so, lass uns zusammen das und das machen, Party machen', und eben, man kennt sich, es ist wie eine große Familie sag' ich mal, egal wo auf der Welt." (David, 28 J.).[21]

Was das Thema Religion betrifft, wird in der Literatur verschiedentlich auf Wurzeln des Hip-Hop in der afroamerikanischen Spiritualität hingewiesen[22] und werden in jüngerer Zeit vor allem Bezüge zwischen Islam und Hip-Hop hergestellt.[23] Außerdem gibt es immer wieder Rapsongs oder Hip-Hop-Gruppen, die religiöse Themen zur Sprache bringen. In unseren eigenen und den in der Literatur dokumentierten Interviews zeigt sich eine distanzierte Haltung gegenüber (traditioneller) Religion bei gleichzeitiger Offenheit für religiöse Themen und erkennbaren religionsähnlichen Zügen der Hip-Hop-Kultur.[24]

„Ich glaub' an Gott, ob ich in Religion oder Ethik geh, ist doch scheißegal. Ich find' halt Ethik besser; macht mehr Spaß als Religion. [...] Für mich hat Hip-Hop gar nichts mit Religion zu tun. Aber ich kann mir schon vorstellen, einen Rapsong über den Tod und was danach kommt zu schreiben, oder darüber, was im Leben wichtig ist. [...] Hip-Hop ist mehr als ein Hobby, das ist für mich mein Leben. Wenn du Frust hast oder Ärger, kannst du es einfach rausschreiben, auf ein Blatt schreiben. Das hilft enorm, wenn du Konflikte oder Probleme hast." (Nico, 16 J., aus Nürnberg).

„Manchmal denke ich schon so, das Leben ist doch scheiße, mach einfach Schluss. Aber dann denke ich, Gott hat mir das Leben gegeben und dass ich entscheiden kann. Und dann schreib ich den nächsten Song und es geht mir wieder besser. [...] Das Wichtigste im Hip-Hop ist: Du darfst den Glauben an dich selbst nicht verlieren." (Marco, 17 J., aus Nürnberg).

Auch hier deuten die wenigen Beispiel-Befunde bereits darauf hin, dass in der – durchaus vielfältigen und heterogenen – Hip-Hop-Kultur Sinnpotentiale und Orientierungsangebote vorliegen, die Kirche und Religionspädagogik in Teilen

[21] *Ruile*, Kulturunternehmen HipHop 241 u. 261.

[22] Vgl. z.B. *Miller*, Religion and HipHop; sowie http://www.relevantmagazine.com/culture/music/religion-and-hip-hop [Stand: 19. November 2014].

[23] Vgl. *Nordbruch*, Islamische Jugendkulturen; *Fischer*, HipHop und Islam.

[24] Ersatzreligiöse Ansprüche des Hip-Hop werden z.B. auch in dem Buch „The Gospel of Hip Hop" des populären Rappers *KRS One* deutlich. In der Verlagswerbung zum Buch heißt es: „Set in the format of the Christian Bible, this 800-plus-page opus is a life-guide manual for members of Hip Hop Culture that combines classic philosophy with faith and practical knowledge for a fascinating, in-depth exploration of Hip Hop as a life path."

durchaus wertschätzen können, durch die sie aber vor allem herausgefordert werden. Dass die (kommerzielle) Hip-Hop-Kultur aus theologischer und pädagogischer Sicht auch ihre problematischen Seiten hat, die sich vor allem in Tendenzen zur Geschlechtertypisierung, Sexualisierung sowie in der Verherrlichung von Gewalt und Kriminalität zeigen können, kann hier nur noch abschließend angemerkt werden.[25]

Die exemplarischen Befunde aus der Gothic- und Hip-Hop-Kultur sollten zeigen, dass es sich für die Kirchen und die Religionspädagogik lohnt, sich mit den Jugendkulturen und -szenen intensiver als bisher auseinanderzusetzen. Sie werfen vor allem die doppelte Frage auf, wie den in den Jugendkulturen deutlich werdenden Bedürfnissen, Sehnsüchten und vor allem auch *Potentialen* der Jugendlichen in kirchlichen bzw. religionspädagogischen Angeboten mehr Raum gegeben werden kann, und wie sie in religiösen Bildungsprozessen im Sinne einer lebenshelfenden, kritisch-konstruktiven Begleitung aufgegriffen werden können.[26]

Literatur

Abels, Heinz / König, Alexandra: Sozialisation, Wiesbaden 2010.

Dohmen, Günther: Das informelle Lernen. Die internationale Erschließung einer bisher vernachlässigten Grundform menschlichen Lernens für das lebenslange Lernen aller, Bonn 2001.

Farin, Klaus: Jugendkulturen in Deutschland (Bundeszentrale für Politische Bildung), überarb. Neuaufl., Berlin 2011.

Fechtner, Kristian / Fermor, Gotthard / Pohl-Patalong, Uta u. a. (Hrsg.): Handbuch Religion und Populäre Kultur, Stuttgart 2005.

Fischer, Jonathan: Hiphop und Islam. Rappen mit Allahs Segen (2007). Spiegel-Online Kultur: http://www.spiegel.de/kultur/musik/hiphop-und-islam-rappen-mit-allahs-segen-a-477449.html (Stand: 13. Mai 2014).

Gebhardt, Winfried: Jugendkultur und Religion. Auf dem Weg zur religiösen Selbstermächtigung. In: *Pöhlmann, Matthias* (Hrsg.): Sehnsucht nach Verzauberung. Religiöse Aspekte in Jugendkulturen (EWZ-Texte 170), Berlin 2003, 7–19.

[25] Vgl. dazu aus pädagogischer Perspektive: *Peschke*, HipHop in Deutschland.

[26] Überlegungen zu einer lebensbegleitenden religiösen Bildung im Hinblick auf die Medienkultur finden sich bei *Pirner*, Medienweltorientierte Religionsdidaktik. Im Januar-Heft 2012 der Zeitschrift „Religion unterrichten" des Bistums Hildesheim befassen sich mehrere Beiträge mit Jugendkulturen, u. a. auch den Gothics: http://www.bistum-hildesheim.de/bho/dcms/sites/bistum/bildung/schule/religionsunterricht/dok/Religion_Unterrichten_1-2012.pdf [Stand: 19. November 2014].

Gründer, René/Scherr, Albert: Jugend und Religion. Soziologische Zugänge und Forschungsergebnisse, In: Theo-Web 11 (2012) 64–79 (online: www.theo-web.de).

Harring, Marius/Böhm-Kasper, Oliver/Rohlfs, Carsten u.a. (Hrsg.): Freundschaften, Cliquen und Jugendkulturen. Peers als Bildungs- und Sozialisationsinstanzen, Wiesbaden 2010.

Helsper, Werner: Okkultismus – die neue Jugendreligion? Die Symbolik des Todes und des Bösen in der Jugendkultur, Opladen 1992.

Hitzler, Ronald/Niederbacher, Arne: Leben in Szenen. Formen jugendlicher Vergemeinschaftung heute, Opladen 2001.

Jacke, Christoph: Medien(sub)kultur. Geschichten – Diskurse – Entwürfe, Bielefeld 2004.

Kirchenamt der EKD (Hrsg.): Kirche und Jugend. Lebenslagen – Begegnungsfelder – Perspektiven. Eine Handreichung des Rates der Evangelischen Kirche in Deutschland, Gütersloh 2010 (online unter: http://www.ekd.de/download/kirche_und_jugend.pdf [Stand: 13. Mai 2014]).

Miller, Monica R.: Religion and Hiphop, New York 2013.

Müller, Renate: Selbstsozialisation. Eine Theorie lebenslangen musikalischen Lernens. In: Jahrbuch Musikpsychologie 11 (1995) 63–75.

Nordbruch, Götz: Islamische Jugendkulturen in Deutschland. (Bundeszentrale für politische Bildung) 2010 (Online unter: http://www.bpb.de/apuz/32655/islamische-jugendkulturen-in-deutschland [Stand: 13. Mai 2014]).

Peschke, André: HipHop in Deutschland. Analyse einer Jugendkultur aus pädagogischer Perspektive, Hamburg 2010.

Pfadenhauer, Michaela: Identitätsbildung in juvenilen Geselligkeiten? Über Leben und Lernen in Szenen. In: *Theunert, Helga* (Hrsg.): Jugend – Medien – Identität. Identitätsarbeit Jugendlicher mit und in Medien, München 2009, 35–51.

Dies.: Kompetenzen durch Szenen. In: *Richard, Birgit* (Hrsg.): Inter-cool 3.0. Jugend, Bild, Medien. Ein Kompendium zur aktuellen Jugendkulturforschung, München 2010, 281–292.

Pfaff, Nicolle: Informelles Lernen in der Peergroup – Kinder- und Jugendkultur als Bildungsraum, 2009. Online unter: http://www.informelles-lernen.de/fileadmin/dateien/Informelles_Lernen/Texte/Pfaff_2009.pdf (Stand: 13. Mai 2014).

Dies.: Jugendkultur und Politisierung. Eine multimethodische Studie zur Entwicklung politischer Orientierungen im Jugendalter, Wiesbaden 2006.

Pirner, Manfred L.: Medienweltorientierte Religionsdidaktik. In: *Grümme, Bernhard/Lenhard, Hartmut/Pirner, Manfred* (Hrsg.): Religionsunterricht neu denken. Innovative Ansätze und Perspektiven für den Religionsunterricht (Religionspädagogik Innovativ 1), Stuttgart 2012, 159–172.

Ders.: Religiöse Mediensozialisation. Wie die Medien die Religiosität von Kindern und Jugendlichen beeinflussen. In: *Englert, Rudolf* u. a. (Hrsg.): Gott googeln? Multimedia und Religion (Jahrbuch der Religionspädagogik JRP 28), Neukirchen-Vluyn 2012, 59–69.

Ders.: Religiöse und politische Selbstsozialisation. Wahrnehmungen und Herausforderungen am Beispiel der Gothic-Jugendszene. In: *Benedict, Hansjürgen/Engelschalk, Andreas/Pirner, Manfred* (Hrsg.): „Hey, Mr. President ...". Politik und populäre Kultur. Sozialwissenschaftliche und theologische Perspektiven, Jena 2011, 123–145.

Ders.: Religion. In: *Vollbrecht, Ralf/Wegener, Claudia* (Hrsg.): Handbuch Mediensozialisation, Wiesbaden 2009, 294–301.

Ders.: Selbstsozialisation – Zur pädagogischen Tragfähigkeit eines soziologischen Konzepts. In: Online-Magazin „Ludwigsburger Beiträge zur Medienpädagogik" 5/2004, 13–16 (online unter: http://www.ph-ludwigsburg.de/fileadmin/subsites_1b-mpxx-t-01/user_files/Online-Magazin/Ausgabe5/Schwerpunkt5.pdf [Stand: 13. Mai 2014]).

Reinhold, Gerd/Lamnek, Siegfried/Recker, Helga (Hrsg.): Soziologie-Lexikon, 2. überarb. Aufl., München 1992.

Ruile, Anna M./Eberhard, Daniel M. (Hrsg.): „each one teach one". Inklusion durch kulturelle Bildung im Kontext von Jugendszenen, Marburg 2013.

Ruile, Anna M.: Kulturunternehmen HipHop. Von der Szene zum Beruf, Marburg 2012.

Dies.: Lernen in Jugendszenen. Ein Ausweg aus sozialer Ungleichheit im Bildungssystem?, Marburg 2010.

Schnoor, Oliver/Pfadenhauer, Michaela: Kompetenzentwicklung in Jugendszenen. Das Karriere-Konzept als Zugang zur Rekonstruktion situierter Lernprozesse. In: Zeitschrift für qualitative Forschung 11 (2009) 293–320.

Schmidt, Axel/Neumann-Braun, Klaus: Die Welt der Gothics. Spielräume düster konnotierter Tranzendenz, Wiesbaden [2]2008.

Schroeter-Wittke, Harald (Hrsg.): Popkultur und Religion. Best of…, Jena 2009.

Schweitzer, Friedrich: Jugendkultur und Religionspädagogik. In: *Biehl, Peter/Wegenast, Klaus* (Hrsg.): Religionspädagogik und Kultur. Beiträge zu einer religionspädagogischen Theorie kulturell vermittelter Praxis in Kirche und Gesellschaft, Neukirchen-Vluyn 2000, 165–178.

Sprio, David: Religiöse Aspekte in der Jugendkultur des Goth. Pädagogische Herausforderungen für den Religionsunterricht in Realschulen (Wissenschaftliche Hausarbeit zur Ersten Staatsprüfung für das Lehramt an Realschulen an der PH Ludwigsburg 2008).

Streib, Heinz: Entzauberung der Okkultfaszination. Magisches Denken und Handeln in der Adoleszenz als Herausforderung an die Praktische Theologie, Kampen (NL) 1996.

Tully, Claus J. (Hrsg.): Lernen in flexibilisierten Welten. Wie sich das Lernen der Jugend verändert, Weinheim 2006.

Zinnecker, Jürgen: Selbstsozialisation – Essay über ein aktuelles Konzept. In: Zeitschrift für Soziologie der Erziehung und Sozialisation 20 (2000) 272–290.

„Mein Avatar und ich“

Religion und Computerspielkultur in den Neuen Bundesländern

Ines Sura/Roland Rosenstock

Die Entwicklung von Jugendlichen hat sich in den vergangenen Jahren nachhaltig verändert. Es kann von einer Mediatisierung der Alltagskultur gesprochen werden, die sich besonders in den veränderten Sozialisationsprozessen und Lebensbezügen von Jugendlichen beobachten lässt. Das Smartphone, Tablet oder der PC erzeugen eine ständige Präsenz der Peergroup als maßgeblichen Erfahrungs- und Handlungsraum in der Adoleszenz. Die Medien sind von hoher Bedeutung für die Schaffung von Jugendkulturen und die Zuordnung zu den jeweiligen Jugendszenen. In diesem Kontext übernehmen Medien die Funktion des gemeinsamen Bezugspunktes und der Abgrenzung zur Welt der Erwachsenen. Jugendliche leben in einer medial geprägten Welt, in der nicht mehr zwischen „realer“ und „virtueller“ Welt unterschieden wird.

Wurden medial vermittelte Spielkulturen lange Zeit aus einer kulturpessimistischen Skepsis heraus betrachtet, werden sie heute als Kulturgut anerkannt und ihre kreativ-produktiven und partizipativen Möglichkeiten hervorgehoben.[1] Die quantitative Medienforschung macht gegenwärtig deutlich, in welchem Ausmaß Computerspiele die Sozialisation von Jugendlichen bestimmen. Onlinebasierte Spieleplattformen bieten einen Reiz und ein Experimentierfeld für religiöse Erfahrungen. Die intermediale Form von Religionskulturen in digitalen Spielen verbindet narrative, ästhetische und symbolische Strukturen. Dabei stehen der soziale und experimentelle Charakter im Vordergrund und es kann zwischen Religionen, Rassen, Klassen und Gruppen, die verschiedene rituelle Praktiken ausprägen, ausgewählt werden.

In unserem Beitrag möchten wir erste Ergebnisse eines Forschungsprojektes vorstellen, dessen Pretest von Juli bis September 2013 in Mecklenburg-Vorpommern durchgeführt wurde. Zur genaueren Beschreibung des Forschungsvorhabens werden erste Ergebnisse des Pretests zusammengefasst.

[1] Im August 2008 wurde der Bundesverband der Entwickler von Computerspielen (G.A.M.E.) in den Deutschen Kulturrat aufgenommen, vgl. *Griefahn,* Computerspiele 31–36.

1. Jugend und Computerspiele

Die Ergebnisse der JIM-Studie des Medienpädagogischen Forschungsverbandes Südwest, einer Basisstudie zur Geräteausstattung und zum Medienumgang der 12- bis 19-Jährigen, verdeutlicht die quantitative Medienausstattung der Heranwachsenden: 80 % der Jugendlichen besitzen einen Computer oder einen Laptop und 72 % ein Smartphone. Computer und Internet sind für Jugendliche im Alltag und auch in der Schule von zentraler Bedeutung. Täglich oder mehrmals pro Woche beschäftigen sich 90 % der Mädchen und 89 % der Jungen mit dem Internet. Von den 179 Minuten, die 12- bis 19-Jährige im Durchschnitt täglich (von Montag bis Freitag) im Netz verbringen, verwenden sie die meiste Zeit auf den Bereich Kommunikation (Online-Communities: 75 % mindestens mehrmals pro Woche). Besonders häufig wird das Internet als Informationsvermittler (Google 80 %) und Präsentationsportal (YouTube 74 %) genutzt. Ähnlich gelagert ist die Nutzungsfrequenz des Handys (93 % Mädchen / 87 % Jungen).

Ein hoher Anteil von 70 % der Jungen beschäftigt sich mit Computer-, Konsolen- oder Onlinespielen. Bei den Mädchen sind es inzwischen 19 %. Insgesamt widmen sich 45 % der 12- bis 19-Jährigen dieser medialen Freizeitaktivität. Für unsere Forschungsfrage besonders interessant ist der Prozentanteil von 29 % der Jugendlichen, die ihre Zeit am liebsten mit Onlinespielen füllen, sowie der Anteil von 34% der Befragten, die sich im Freundeskreis zum Spielen treffen.[2]

Digitale Spiele knüpfen an die klassischen Funktionen des Spiels an, in denen die Spieler/-innen miteinander im Wettbewerb stehen oder gemeinsam ein Ziel erreichen. In diesem Zusammenhang sei auch auf die klassische Formulierung des „Spiels" bei Johann Huizinga hingewiesen.

> „Spiel ist eine freiwillige Handlung oder Beschäftigung, die innerhalb gewisser festgesetzter Grenzen von Zeit und Raum nach freiwillig angenommenen, aber unbedingt bindenden Regeln verrichtet wird, ihr Ziel in sich selbst hat und begleitet wird von einem Gefühl der Spannung und der Freude und einem Bewußtsein des ‚Andersseins' als das ‚gewöhnliche Leben'."[3]

Die Computerspielkultur zeigt der Bonner Medienwissenschaftlerin Caja Thimm zufolge dieselben Merkmale wie auch die klassischen Kinder- und Brettspiele oder Mannschaftssportarten: Im Spiel wird der Kampf rivalisierender Gemeinschaften kanalisiert, es geht um die Entwicklung von Selbst- und Sozialkompetenz und um ein Regelwerk, das den Rahmen für die Spielhandlung bildet.[4]

[2] Vgl. Medienpädagogischer Forschungsverbund Südwest: JIM-Studie 2013. Jugend, Information, (Multi)media. Online einzusehen: www.mpfs.de/fileadmin/JIM-pdf13/JIM13_35.pdf; Stand: 3. Dezember 2013).

[3] *Huizinga,* Homo ludens 37.

[4] Vgl. *Thimm,* Muster und Metapher.

Im Spiel kann auch das Heilige symbolisiert werden: Der spielende Mensch schlüpft auf der Bühne in eine Rolle und wird Teil einer Narration. Dabei spielt die Maske (πρόσωπον) eine wichtige Rolle für die Wahrnehmung von sich selbst und durch andere.[5]

Auch in Computerspielen werden große Geschichten erzählt oder mit ihrer Hilfe eigene Narrationen erdacht (z. B. Machinima) und so selbstbestimmt von den Heranwachsenden gestaltet.[6] Der hohe Einsatz von Konzentration und Aufmerksamkeit seitens der Spielerin bzw. des Spielers führt zu einem Flow-Erlebnis, also zu einem Zustand, der Alltag und Probleme in weite Ferne rücken lässt, bei dem „man in eine Tätigkeit so vertieft ist, dass nichts anderes eine Rolle zu spielen scheint“[7]. Bei Computerspielen tauchen die Jugendlichen in vorgeprägte Erfahrungswelten ein und grenzen sich von ihrem Alltag ab, der nicht zuletzt aus den Anforderungen der Schul- und Erwachsenenwelt besteht. Die virtuellen Spielewelten werden selbst zu erweiterten sozialen Räumen, in denen die Heranwachsenden Abenteuer erleben und sich ausprobieren können.

Nicht nur Ablenkung, Unterhaltung oder Entspannung, sondern auch Austausch, Kommunikation und Begegnung sprechen für die Beschäftigung mit Computerspielen: Die Community zeichnet sich durch spielerische und kommunikative Interaktion aus. Durch Teamspeak oder Lan-Party wird die Verabredung zum ‚Zocken‘ auch zu einer Verabredung zum Reden.[8] In virtuellen und realen Netzwerken werden gemeinsame Aktivitäten geplant und organisiert. Die Verwendung und Entwicklung einer eigenen Gamer-Sprache erweitert ebenso die kommunikative Kompetenz und ist als „Spiel mit der Sprache“ anzuerkennen. Es bleibt nicht bei einem einfachen Erfahrungsaustausch; auch die dezidierte Stellungnahme zu bestimmten Spielinhalten und Expertenwissen zu digitalen Welten bieten Gesprächsstoff innerhalb der Spielgemeinschaften. So etablierte sich in diesem Zusammenhang eine „Let's Play“-Szene, die vor allem

[5] Vgl. *Weihe,* Paradoxie der Maske 99f.

[6] Der Neologismus ergibt sich aus ‚machine‘ und ‚cinema‘ und bezeichnet Filme, die mithilfe eines speziellen Programmiergerüsts (game engine) für Computerspiele hergestellt werden. Man könnte sie auch als Echtzeit-3D-Animationsfilme bezeichnen, die aber trotzdem als Video gespeichert werden können und einem großen Publikum zugänglich gemacht werden. Vgl. www.youtube.com/user/machinima [Stand: 8. Januar 2014].

[7] *Csikszentmihalyi,* FLOW 16.

[8] ‚Teamspeak‘ ist ein Sprachchat, der vor allem unter Computerspielerinnen und -spielern sehr verbreitet ist. Gerade bei Spielen, in denen mehrere Spieler/-innen als Team antreten, wird Teamspeak genutzt, um Kommandos zu geben und die Mannschaft zu koordinieren. Dafür benutzt man in der Regel ein Headset (Kopfhörer mit Mikrofon), um die Hände für das Spiel frei zu haben. ‚LAN-Partys‘ sind Treffen mehrerer PC-Spieler/-innen, um in einem lokalen Netzwerk (LAN) an mehreren Computern mit- oder gegeneinander zu spielen. Vgl. die folgenden Erklärungen zu Fachbegriffen: www.medienkompetenz-in-mv.de/lexikon/index.html [Stand: 10. Januar 2014].

bei jugendlichen Spielerinnen und Spielern einen hohen kulturellen Stellenwert einnimmt und auch als eigenes Format in den YouTube-Kanälen vertreten ist. Es handelt sich dabei um moderierte Spielvideos, von Gamern für Gamer, in denen unterschiedliche Computerspiele gespielt werden, das Spielgeschehen abgefilmt und gleichzeitig kommentiert wird. Dadurch muss ein Spiel nicht mehr selbst gespielt werden, um es kennenzulernen, und die Jugendlichen sind trotzdem befähigt, im aktuellen Meinungsaustausch ihrer Peer-Group Stellung zu beziehen.[9]

Die Peer-Group kann in diesem Kontext eine Gilde oder ein Clan sein, also eine enge Form der Spielgemeinschaft bzw. „Gruppierungen, die sich gebildet haben, um als relativ geschlossene Gruppe die spielerischen Herausforderungen gemeinsam zu meistern."[10]

Besondere Spielleistungen, ein beeindruckendes Expertenwissen oder ein herausragend kreativer Umgang mit Computerspielen werden in den Spielgemeinschaften mit Anerkennung und Wertschätzung honoriert. Die Jugendlichen erleben sich – unabhängig von vorangegangenen Erfolgs- oder Misserfolgserlebnissen beispielsweise am Lernort Schule – als kompetente und emanzipierte Individuen. Innerhalb gewisser Gemeinschaften werden den Gruppenmitgliedern Statusrollen zugewiesen, deren Aufgabenerfüllung durchaus mit Konsequenzen behaftet ist. Welches Verhalten akzeptiert wird und welches nicht, fassen die offiziellen und inoffiziellen Regelwerke der Clans und Gilden zusammen. Explizite und implizite Regeln und Normen werden von Gamerinnen und Gamern in der digitalen Welt mit einer überraschenden Vehemenz vertreten, ohne dass je eine konkrete Sanktionierung oder Reglementierung seitens Erwachsener erfolgt wäre.

Mithilfe eines Avatars kann über Jahre eine digitale Stellvertreterin oder ein digitaler Stellvertreter in einer narrativen Struktur zu einem Teil der Identität und damit der Persönlichkeitsentwicklung werden, der von anderen Mitspielerinnen und Mitspielern als das „Ich" im Netz wahrgenommen wird. Der Avatar ist ein Platzhalter für die Spielerin bzw. den Spieler im Spiel, eine gestaltbare Figur, die die Spielerin oder den Spieler symbolisiert und gleichzeitig eine Rolle in der Narration im Spiel übernimmt.

Einen eigenen Avatar zu generieren ist nicht nur eine ästhetische Ausdrucksform, indem die äußeren Merkmale des Spielenden auf die virtuelle Stellvertreterin bzw. den virtuellen Stellvertreter übertragen werden können, sondern hat eo ipso eine religiöse Bedeutung. Der Begriff leitet sich aus dem Sanskrit ab und

[9] Immerhin bejahten 41 % der männlichen Teilnehmer der JIM-Studie die Aussage: „Es ist mir wichtig, beim Thema Spiele immer auf dem Laufenden zu sein." (Insgesamt waren es 26 %). Vgl. Medienpädagogischer Forschungsverbund Südwest: JIM-Studie 2013. Jugend, Information, (Multi)media. Online einzusehen: www.mpfs.de/fileadmin/JIM-pdf13/JIM13_35.pdf [Stand: 3. Dezember 2013].

[10] *Geisler,* Soziale Prozesse 172.

bezeichnet den Herabstieg eines göttlichen Wesens in die Welt. In einer digitalen Spielkultur wird der Avatar zum Stellvertreter des digitalen Selbst. Betrachtet man die digitalen Charaktere näher, spiegeln sie „persönliche Wünsche, Neigungen, Sehnsüchte, Fantasien und eventuelle Korrekturen von als defizitär erlebten Attributen der personalen Identität.“[11]

Spielwelten eröffnen Jugendlichen die Möglichkeit, sich entweder bewusst authentisch zu präsentieren und in eine Wechselwirkung zu treten oder alternative Ich-Entwürfe auszutesten.[12] Sabina Misoch ist der Ansicht, dass die virtuellen Stellvertreter/-innen eine wichtige Funktion bei der Persönlichkeitsentwicklung von Heranwachsenden erfüllen: „Durch die Identifikation mit dem Avatar kann dieser für einen Jugendlichen identitätsrelevante Funktionen erfüllen, da für das Erarbeiten der Identität – das zu den zentralen Entwicklungsaufgaben der Adoleszenz gehört – medial vermittelte Identifikationsangebote oder Identifikationsflächen einen wichtigen Beitrag liefern können“[13].

2. Computerspielkultur in religionspädagogischer Perspektive

Computerspiele weisen Strukturen auf, die mit religiösen Phänomenen vergleichbar sind und religiöse Inhalte bzw. Symbole transportieren bzw. transformieren. In Spielen wie „World of Warcraft“, „Black&White“, „Diablo“, „Civilisation“ oder „Bioshock Infinite“ sind religiöse Spielinhalte entweder spielbestimmend oder sie werden als Stilmittel eingesetzt.[14] Elke Hemminger kommt zu dem Schluss, dass die Verwendung von Religion lediglich ein Mittel zum Zweck sei, um eine stimmige Geschichte zu erzeugen. Offensichtlich erachteten User und Entwickler Religion so sehr als Teil unserer Kultur, sodass sie selbst in der Konzeption von Computerspielen einen festen Platz einnähmen. Dadurch erzeugen sie eine dichte Atmosphäre und nützten der Darstellung authentischer schlüssi-

[11] Ebd. 174f.

[12] Ebd. 174–176.

[13] *Misoch,* Avatare 178.

[14] Vgl. dazu folgende Spieltitel [Publisher (Erscheinungsjahr in Europa)]: World of Warcraft [Activision Blizzard/Vivendi (2005)], Black&White [Electronic Arts (2005)], Diablo III [Activision Blizzard (2012)], Bioshock Infinite [2K Games (2013)]. Die Kategorie ‚spielbestimmend‘ trifft auf „Black&White“ zu. Die Spielbeschreibung fasst zusammen: „In Black&White bist du ein Gott – die Frage ist nur, ob gut oder böse [...] Wirst du eine perfekte Welt erschaffen, voller Harmonie und Schönheit? Oder wirst du ein Reich der Dunkelheit und der Verzweiflung kreieren? Und welches Schicksal ist deiner Welt vorherbestimmt? In Black&White hat jede Handlung ihre Konsequenz. Jede Entscheidung hat ihre Konsequenz. Jede Entscheidung hat ihre Folgen. Entdecke dein wahres Ich. Spiele Black&White.“

ger Charaktere und Konflikte, da sich diese Wahrnehmung mit der Alltagserfahrung der Spieler/-innen decke.[15]

Am Beispiel von „Bioshock Infinite“ soll gezeigt werden, wie religiöse Symbole im Computerspiel als Stilmittel eingesetzt werden. Der erst vor einigen Monaten erschienene dritte Teil der Ego-Shooter-Reihe ist bei Jugendlichen weit verbreitetet. Das Spiel ist offensichtlich von religiösen Phänomenen und Bildern geprägt und bietet sich deshalb als Beispiel an.

Im Spiel gibt es einen Eingangsritus, um in die ‚heilige Stadt‘ zu kommen. Das Thema Taufe wird häufig im Spiel aufgegriffen und funktioniert hier als ein Symbol für die Entscheidung zwischen einem guten oder einem verfehlten Leben. Auch weitere Motive des Christentums sind von zentraler Bedeutung für den Spielverlauf: Sünde und Schuld, Wegsymbolik und die Hoffnung auf Erlösung.

Der narrative Zusammenhang des Spiels wird bestimmt von der Botschaft des Propheten, durch dessen Weisung die Stadt Columbia zunächst als eine fliegende Stadt in den Wolken gebaut wurde. Sein ganzer Verdienst besteht darin, die Einwohner gesammelt und ermutigt zu haben, die Stadt zu bauen. Die Nähe zum Mosebild ist unverkennbar. Daneben tritt die fast schon anstößige Hybris der Stadt in den Wolken (der Turm zu Babel) in einer narrativen Klimax auf.

Neben dem religiösen Charakter war den Machern daran gelegen, ein Gegenstück zu den Vorgängern der Serie zu kreieren. Diese fanden allesamt in einer Stadt auf dem Meeresboden statt. Die Enge und die stete Bedrohung zu ertrinken wurden so durch überwältigende Weite und die allgegenwärtige Gefahr des Fallens ersetzt. Die Hybris wird jedoch auch im narrativen Zusammenhang fortlaufend thematisiert, wenn sie auch nicht mehr im Vordergrund steht wie bei den Vorgängern.

Der Protagonist Booker de Witt wird angehalten, in die Stadt zu reisen, um dort eine Frau namens Elizabeth zu entführen, die offensichtlich in derselben festgehalten wird. Im Laufe der Geschichte stellt sich heraus, dass sie über besondere Fähigkeiten verfügt. Sie ist imstande, Portale in andere Dimensionen zu erschaffen, in denen die Welt ein Stück weit anders, die Geschichte eben ein bisschen anders verlaufen ist. Je nach Dimension kann dies zum Vorteil oder Nachteil der Menschen sein. Sie ist die Figur, der es obliegt, zu verdammen oder zu erlösen.

Interessanterweise liegt die Entscheidung von Erlösung und Verwerfung in letzter Konsequenz bei der Spielerin bzw. dem Spieler. Der Protagonist, der Avatar Booker de Witt, den die Spielerin oder der Spieler spielen kann, ist gleichzeitig der Antagonist und Prophet Father Comstock. Der Weg zur Erlösung führt so über die Selbstaufgabe. Dies führte in der Spielcommunity zu einiger Verwir-

[15] Vgl. u.a. *Hemminger,* Gelobt sei Elune 24–42.

rung und füllte Seiten mit sich daraus ergebenden ethischen, theologischen und politischen Fragen.[16]

3. Erhebung: Implizite Religiosität in der Online-Computerspielkultur

Die angestrebte empirische Untersuchung soll ein Verstehen der Jugendlichen und jungen Erwachsenen im Verhältnis zu Inhalten religiösen Lernens ermöglichen.[17] Matthias Sellmann charakterisiert das diffuse Phänomen jugendlicher Religiosität und hebt ihre mythische, selbstreferentielle, pragmatische und narrative Signatur hervor. Seiner Auffassung nach dient Religiosität dem Aufbau von Identität – genauer: dem Aufbau subjektiver biografischer Kohärenz. Im Rahmen des Biografisierungshorizontes nennt er ein Charakteristikum, welches für unsere Forschung nicht unerheblich ist: Dispersion. Nicht nur, dass der Weg zum individuellen Identitätsgewinn primär über eine religiöse Selbstsozialisation führe, der Bezug dieser Selbstsozialisation liege vor allem in popkulturellen Inszenierungen:[18]

> „In Videoclips, Filmen, Romanen, Werbeanzeigen, viralem Marketing, Events und anderen popkulturellen Impulslieferanten finden junge Leute Erzählmaterial, das entweder selbst religoid sein will oder hierfür benutzt werden kann. […] Religiös ist, was man selber religiös nennt.“[19]

Computerspiele als popkulturelle Impulslieferanten kommen in seiner Aufzählung nicht vor. Inwiefern diese ebenfalls Transmitter der Popkultur darstellen und welche religiöse Fremdsprache in die eigene Kultursprache eingepasst wird, gilt es herauszufinden.

Auch die Ergebnisse einer Interviewstudie zur Impliziten Religiosität der Psychologin Tatjana Schnell finden Einzug in die verbindende Theorie. Bei ihrer Untersuchung konkreter Äußerungen Jugendlicher zur „Religion“ kommt sie zu dem Schluss, dass Jugendliche keine areligiösen Pragmatiker sind, sie entdeckt vielmehr eine Sehnsucht nach Transzendenz. Heranwachsende wendeten sich zu dem hin, was sie unmittelbar berühre. Unter impliziter Religiosität versteht sie, in Anknüpfung an den Theologen Paul Tillich (1886–1965), eine aktive Orientierung an dem, was persönlich bedeutsam sei, was eine Person „unbedingt

[16] Vgl. u.a. http://meinekraft.gronkh.de/kommentar/3292005 [Stand: 7. Januar 2014].

[17] Damit deckt sie einen der drei großen Teilbereiche der empirischen Religionsforschung ab, der sich nicht unmittelbar auf Unterrichtszusammenhänge bezieht, vgl. *Gennerich,* Empirische Religionsforschung 68.

[18] Vgl. *Sellmann,* Jugendliche Religiosität.

[19] Ebd. 38.

angeht". Sellmann nicht unähnlich, bestimmen drei wichtige Elemente implizite Religiosität:

(1) Das Bemühen um eine stimmige, kohärente Lebensgeschichte:
Die narrative Identität ermögliche in der späten Moderne Identitätsfindung, welche an die Stelle der monolithischen Identität trete. Der ‚persönliche Mythos' biete sinnstiftende Richtung und Orientierung.

(2) Regelmäßig wiederholte, stilisierte Handlungen, die in ihrer Bedeutung über sich hinausweisen auf das, was als ultimativ bedeutsam angesehen wird – persönliche Rituale:
Jene Rituale bräuchten einen persönlichen Bezug, was kirchlichen Riten nicht mehr zu gelingen scheine, um auf das zu verweisen, was die Jugendlichen unmittelbar angehe. Sie erleichterten oder ermöglichten so Transzendenzerfahrungen.

(3) Rituell vorbereitete oder spontan auftauchende kurzfristige Überschreitungs-, Verschmelzungs- oder Hingabeerlebnisse würden mit Bezug auf Inhalte und Überzeugungen des persönlichen Mythos' interpretiert. Es sei die Rede von Transzendierungserlebnissen, durch die das Normalbewusstsein überschritten werde.

Als inhaltlichen Brennpunkt, der alle Merkmale impliziter Religiosität zusammenführe, nennt Tatjana Schnell persönliche Beziehungen. Beziehungen seien der primäre Inhalt der Sinnsysteme Jugendlicher und kämen sowohl im persönlichen Mythos, in persönlichen Ritualen als auch in Transzendierungserlebnissen vor.[20]

Ziel des Forschungsprojektes soll es zunächst sein, mit Hilfe qualitativer empirischer Methoden, namentlich durch narrative Interviews mit Jugendlichen und jungen Erwachsenen, die sich der Online-Computerspielkultur zugehörig fühlen und in den neuen Bundesländern sozialisiert wurden (überwiegend Mecklenburg-Vorpommern), Erkenntnisse über deren religiöse Mediensozialisation durch die Online-Computerspielkultur zu erlangen. Angestrebt wird ein Beitrag zur stärkeren theoretischen Beachtung des Alltagsmediums Computerspiel in der Religionspädagogik mit dem Schwerpunkt auf Religionsähnlichkeit und Religionshaltigkeit, einer Subkultur der massenmedialen Popularkultur bzw. auf Ausdrucksformen jugendlicher impliziter Religiosität.

Um sicherzustellen, dass die Fragestellungen verständlich sind und bestimmte Schlüsselkenntnisse oder -erfahrungen, die vorausgesetzt werden, von den Interviewpartnerinnen und -partnern in gleicher Weise verstanden werden sowie auch zur technischen Überprüfung, wurde ein Pretest durchgeführt.

[20] Vgl. *Schnell,* Für meine Freunde 87–106; umfassende Beschreibung der Interviewstudie: *Dies.,* Implizite Religiosität.

Angesichts der Vielfalt angebotener digitaler Spiele scheint es schier unmöglich, bei der Nutzung einen ‚Mainstream‘ auszumachen. Hier im Voraus Typen und Kategorien klar voneinander abzugrenzen gestaltet sich, angesichts der unterschiedlichsten Medienbiografien, Ludografien und den jeweiligen Bedeutungszuschreibungen, als äußerst schwierig. Eine qualitative Vorgehensweise, in Anlehnung an das narrative Interview, lag also nahe.[21] Religionsähnlichkeit und Religionshaltigkeit der Computerspielkultur im Selbstverständnis der jugendlichen Gamer/-innen durch ein standardisiertes Verfahren zu erfragen würde wohl auch kaum zu dem gewünschten Ergebnis führen.[22] Vielmehr soll das a-theoretische Wissen der Spieler/-innen erfragt werden, also konjunktive Erfahrungen, die durch soziale Praxis entstehen und sich in einer bestimmten Gemeinschaft oder Gruppe von selbst entwickeln und vermittelt werden, ohne dass sie detailliert erläutert werden müssten. Erst wenn Personen hinzutreten, die von dieser Gruppe oder diesem impliziten Wissen ausgeschlossen sind, wird es notwendig, konjunktives Wissen explizit zu kommunizieren. Dieses konjunktive Wissen wird durch das Verfahren der narrativen Interviews zugänglich gemacht werden.[23]

Überdies ermöglicht es die „Grounded Theory“, Theorien im Laufe der Forschung systematisch mit Bezug auf die Daten auszuarbeiten.[24] Im Pretest wurden zehn halbstrukturierte, durch einen Leitfaden gestützte Interviews durchgeführt und dokumentiert, denen je ein Selektionsfragebogen vorangegangen war. Die Auswertung der qualitativen Daten erfolgte durch ein interpretatives Verfahren.[25]

[21] Religiöse Entwicklung ist per se als dynamischer lebensbegleitender Prozess zu verstehen. Das narrative Interview ist besonders dazu geeignet, biografische Verläufe bzw. Entwicklungen des Individuums zu rekonstruieren und ermöglicht so eine Analyse individueller Erfahrungsverarbeitung.

[22] Da Fragen wie: „Sind dir bereits Rituale im Zusammenhang mit Computerspielen aufgefallen?“ lediglich einen Rückschluss darauf zulassen, was der Interviewpartner unter Ritualen versteht. Siehe dazu Ruprecht Mattig, welcher in seiner Untersuchung *Rock und Pop als Ritual* vor ähnlichen Problemen stand: Vgl. *Mattig,* Rock und Pop als Ritual.

[23] Vgl. dazu die Methode der rekonstruktiven Sozialforschung nach *Bohnsack,* Rekonstruktive Sozialforschung. Durch die vergleichende Analyse lassen sich dann nicht nur unterschiedliche Typen rekonstruieren, sie wird ebenso notwendig, um die Standortgebundenheit des Interpreten methodisch zu kontrollieren.

[24] Am Anfang des Verfahrens stehen sehr offen gehaltene Fragestellungen, wobei Veränderungen der Fragestellungen und Verlagerungen der Schwerpunkte möglich und sogar angestrebt werden. Entscheidend für die empirische Untersuchung sind dabei nicht Theorien und Hypothesen, die im Anschluss bewiesen werden, sondern vielmehr der Untersuchungsbereich an sich. Vgl. *Glaser/Strauss,* Grounded Theory.

[25] Hierfür bildeten die von Audioaufnahmen transkribierten Texte die Grundlage. Es wurde wörtlich transkribiert, also nicht lautsprachlich oder zusammenfassend. Vorhandene Dialekte wurden nicht transkribiert. Die Sprache und Interpunktion wurden leicht geglättet. Alle Angaben, die einen Rückschluss auf die befragte Person erlauben, wurden anonymisiert, um ihre Persönlichkeitsrechte zu wahren.

Die Merkmale der Grundgesamtheit, auf welche in den Ergebnissen Rückschlüsse gezogen worden sind, können demnach folgendermaßen zusammengefasst werden: Es handelt sich um junge Erwachsene im Alter zwischen 18 und 26 Jahren, welche im Durchschnitt täglich zwei Stunden oder mehr digitale Spiele konsumieren und sich regelmäßig mit Onlinespielen beschäftigen. Die Teilnehmer/-innen gehören so zu der ersten Generation, die mit digitalen Spielen groß geworden ist, sie waren Teil ihrer Mediensozialisation und ihres Alltags.[26]

Sie gehören dadurch gleichzeitig zu einer Bevölkerungsgruppe, welche indirekt von den Bestrebungen der DDR nach Entchristlichung betroffen waren und weitgehend entkonfessionalisiert aufgewachsen sind. Bei über der Hälfte der teilnehmenden Befragten fehlen religiöse Selbstzuschreibungen gänzlich.

4. Ergebnisse und Thesen

Die Ergebnisse der Untersuchung sollen im Folgenden in Thesen zusammengefasst werden, die jeweils mit Aussagen der Interviewpartner/-innen veranschaulicht und belegt werden.

4.1 Ich erkenne nur, was ich weiß

Besonders jene Teilnehmer/-innen, welche sich nach eigenen Aussagen als entkonfessionalisiert, kirchenfern, kirchenfremd, kirchenfeindlich oder gar atheistisch einstuften, konnten religiöse Symbole im Computerspiel selten bis gar nicht identifizieren. Ein Teilnehmer, welcher der Kategorie kirchenfern einzuordnen wäre, antwortete auf Nachfrage zur religiösen Symbolik in seinem derzeit präferierten Computerspiel „World of Warcraft“:

I: Was passiert denn zum Beispiel, wenn du gestorben bist in *WOW*?
M: Dann werde ich zu einem Geistheiler gebracht.
I: Und wie sieht der aus?
M: Wie ’n Engel. Der Erzengel!

[26] Die Stichprobe für das Leitfadeninterview wurde bezüglich bestimmter Merkmale vorab festgelegt. Dabei waren das Alter, die Zugehörigkeit zu einer Gilde / einem Clan, der Geburtsort, viel wichtiger jedoch, der, nach eigenen Aussagen, Ort der Sozialisation, entscheidende Kriterien. Grundvoraussetzung war dabei, dass der Befragte regelmäßig Onlinespiele konsumiert. Weiterhin enthielt der Selektionsfragebogen Fragen nach bevorzugten Narrationen, Moral- und Wertevorstellungen, Kirchenverbundenheit bzw. explizit nach religiöser Sozialisation. Fragen zu dem derzeitigen Spielverhalten ermöglichten es, einen optimalen Interviewleitfaden zu entwerfen und verdeutlichten dem Befragten, dass der Interviewer mit der Thematik vertraut ist.

Der Nachtrag „Der Erzengel!“ erschien hier eher assoziativ. In „World of Warcraft“ ist nicht die Rede von Erzengeln, die Figur des Geistheilers in Erscheinung eines Engels ist jedoch allgegenwärtig, ist es doch nicht ungewöhnlich, in diesem Spiel alle Lebenspunkte zu verlieren und zu sterben. Der Befragte konnte trotzdem zunächst nicht auf diese offensichtliche inhaltlich religiöse Verknüpfung zurückgreifen, weil die Gestalt oder Figur schlicht zum Spielkonzept gehört – religiös ist sie nur innerhalb der Narration des Spiels. Das Religiöse daran hat die Narration selbst zu verantworten: Einer weiblichen Interviewpartnerin fiel es deshalb ähnlich schwer. Zur Zeit engagiert sie sich innerhalb eines Clans, der sich einmal wöchentlich online trifft, um sich der Ego-Shooter-Spieleserie „HALO“ zu widmen.[27] Die Handlung des Spiels erweist sich als zu komplex, um sie hier in aller Kürze darzustellen. Bei den Vorbereitungen auf das Interview fielen allerdings problemlos Schlagwörter und Inhalte ins Auge, welche sofort Assoziationen mit Religion zulassen würden.[28]

I: Ich gebe jetzt mal ein paar Schlagwörter, die mir aufgefallen sind und du sagst, was es damit auf sich hat. Theokratie?
W: Sagt mir gar nichts.
I: Propheten?
W: Das ist auch wieder eine bestimmte Rasse. Und dieser Prophet kommt im Spiel sehr zum Tragen. Ich habe zwar für mich im Kopf, was gespielt wird, worum es da geht, aber ich kann es schwer in Worte fassen. [...]
I: Transzendenz?
W: Nein. Ich weiß nicht, was ich dazu sagen soll.
I: Was ist *Halo* eigentlich?
W: Der Begriff? Ein Heiligenschein.
I: In dem Spiel.
W: *Halo* sind diese Ringe. Es gibt bestimmte Halo-Ringe, die auch wieder eine extreme Bedeutung haben, dafür, dass alles existiert.
I: Wenn man nach der Geschichte von *Halo* sucht, auf Wikipedia, dann kommt der Eintrag, dass die Blutsväter irgendwann das Problem hatten mit der „Flood“ und dagegen eine Arche bauten, aber das ist jetzt per se kein religiöses Symbol?

27 HALO 4 [Microsoft Studios (2012)].

28 Ein gewisses Vorwissen war äußerst zuträglich, wenn es darum ging, allzu weite, themenferne Ausschweifungen zu verhindern. Außerdem erschien es wertvoll, sich mit den Inhalten der derzeit vom Probanden konsumierten Spiele vorher auseinandersetzen zu können, um im Gespräch beispielsweise auf religiöse Symbolik in jenem Spiel hinweisen zu können. Entweder war es ihm möglich, das Spiel durch Ausprobieren auf religiöse Symbole zu untersuchen oder, wenn dies nicht der Fall war, musste das nötige Hintergrundwissen angelesen werden. Dabei wurde nicht ein Spiel genannt, in dem keinerlei religiöse Elemente transformiert worden sind.

W: Das ist ein religiöses Symbol, darüber bin ich mir auch bewusst, aber ich hab es nie als, ich hab es nie so extrem wahrgenommen. Mir war es egal. Ich konnte Verbindungen ziehen, aber es war, ja, ok.

Religiöse Symbole und Inhalte werden nur erkannt und können auch nur als solche kommuniziert werden, wenn ein Vorwissen vorhanden ist, an das angeknüpft werden kann. Dies ist bei den teilnehmenden Interviewpartnern aus o. g. Gründen nicht ohne Weiteres vorauszusetzen. Religiöse Inhalte mögen zwar als Mittel zum Zweck gedacht sein, um den Spielinhalten Tiefe zu verleihen. Die Inhalte decken sich allerdings nicht mit den Alltagserfahrungen der Userinnen und User, da sie keine religiösen Alltagserfahrungen haben, an denen sie anknüpfen können.

4.2 Digitale Spielewelten als religiöse Bildungschance

Besonders Personen, die sich selbst betont als kirchenfern bezeichnet haben und vermeintlich keinerlei religiöse Anspielungen in ihren konsumierten Spielen sehen wollten, reagierten interessiert und gaben später an, sich nach dem Interview weiterhin damit beschäftigt und nun auch an anderen Stellen religiöse Inhalte entdeckt zu haben. Übertragen auf religiöse Bildungsprozesse werden damit Chancen sichtbar, religiöse Sachinhalte und religiöse Symbole zu vermitteln, da die Spielproduzentinnen und -produzenten selbst die Spielinhalte religiös konnotiert haben, um bestimmte Emotionen und Stimmungen zu erzeugen, welche dem ‚säkularisierten Spieler' allerdings verwehrt blieben. Besonders im angelsächsischen Raum fällt auf, dass Computerspiele Narrationen und Symbolwelten anbieten, in denen ethische Fragestellungen beim Spieler angeregt werden, die den Spielerinnen und Spielern möglicherweise eine Sinnorientierung anbieten können.

Ganz andere Antworten erhielten die Interviewer von Teilnehmerinnen und Teilnehmern, die zumindest teilweise religiös sozialisiert wurden, also entweder am schulischen Religionsunterricht teilnahmen oder außerschulischen Kontakt mit Religion in Form von Bezugspersonen oder institutionellen Angeboten hatten.

I: Sind dir in deinen Computerspielen bereits religiöse Aspekte aufgefallen?

L: Ja. Also zum Beispiel *Gothic 1.* Da gibt's halt die Sekte im Sumpf, die halt den Schläfer anbieten und der Schläfer ist der Erlöser, der uns alle aus der Barriere hinausführen wird und dieser Schläfer stellt sich dann als Erzdämon heraus und aufgrund dieses Spiels hab ich dann auch darüber nachgedacht: Was wäre, wenn Gott ein Erzdämon wäre? Oder ne ultraböse Person, man kann es auch Diabolo nennen. Da hab ich mich auch mit meiner Schwester drüber unterhalten und wir sind dann auch zum Schluss gekommen, dass das nicht sein kann, weil wenn wir davon ausgehen, dass Gott ein gütiger Gott ist und uns hier erschaffen hat, dann passt das nicht. Das geht nicht. Und ich zerstör mir ja auch nicht absichtlich mein Glaubensbild. Auch dass es Gott nicht gibt, das kann mir ja keiner sagen, weil er kanns nicht beweisen. Ansonsten sind mir auch häufiger so Parallelen aufgefallen. Dass man so Parallelen zu Gleichnissen ziehen kann.[29]

Computerspiele schaffen einen Erfahrungs-, Handlungs- und Experimentierraum, der es auch ermöglicht, eigene Wertorientierungen und Überzeugungen zu entwickeln.

M: [...] Ja also ich spiel halt auch gerne Sachen, wo Entscheidungen getroffen werden müssen, die nicht Larifari sind. Nehm ich zum Beispiel Person A mit, muss B sterben oder umgedreht. Das hat für mich ne Konsequenz. Ich hab auch bei *The Walking Dead* versucht, in meinem ethischen Kontext zu entscheiden und ich finde in dem Spiel gibt es viele Referenzen zu Glaubenssachen. Gerade bei Computerspielen, so mit Apokalypse und so, steht ja häufig die Frage im Hintergrund: Warum tut Gott so etwas? Warum tut er mir das an?[30]

In jedem Fall eröffnet dieses neue Medium Lernorte, die über traditionelle Lernorte weit hinausgehen. Mediatisierung wirkt auf den Aufbau subjektiver Religiosität und ermöglicht es, lebensweltorientiert informelle Lernprozesse anzustoßen. Computerspiele regen durch die unbestrittene Transformation religiöser Inhalte eine Kommunikation über religiöse Sprach-, Denk- und Handlungsmuster an. Daraus ergibt sich, dass sich religiöse Bildungsarbeit noch intensiver mit der Computerspielkultur auseinandersetzen sollte, um in ihren Angeboten an die Erfahrungen der Jugendlichen anknüpfen zu können.[31]

4.3 Communio und Communicatio

Internetbasierte Computerspiele ermöglichen den Jugendlichen, komplexe soziale Beziehungen einzugehen. Sie können als erweiterte soziale Räume und als Ort der vernetzten Kommunikation angesehen werden. Online-Games sind Instrumente der sozialen Kontaktpflege und des gemeinsamen Erlebens:

I: [...] Auch wenn du nicht mehr in einer Gilde oder einem Clan spielst, triffst du dich trotzdem regelmäßig mit den gleichen Leuten zum Spielen?

M: Ja, wir verabreden uns über Skype. Das sind zwei, drei Leute, mit denen ich beinahe jeden Tag jeweils unterschiedliche Spiele spiele. Also mit dem einen *Dota2*, mit dem andern *Day Z* und mit einem beides. Oder *Minecraft*.[32]

[29] Gothic [Shoebox (2001)] (Fantasy-Rollenspiel).

[30] The Walking Dead [Telltale Games (2012)] (Point-and-Click-Adventure).

[31] Vgl. dazu auch die Greifswalder Dissertation von *Haack,* Computerspiele.

[32] Defense of the Ancients 2 (DotA2) [Valve Corporation (2013)] (Action-Echtzeit-Strategiespiel); DayZ [Designer: Dean Hall (2013)] (Survival-Horror-Computerspiel); Minecraft [Mojang/Microsoft Game Studios (2011)] (Open-World-Rollen-Spiel).

Es entstehen Verbindungen zwischen Personen, welche sich möglicherweise nie begegnen werden und trotzdem eine gemeinsame Erfahrungswelt miteinander teilen. „[...] In World of Warcraft ergibt sich das immer," bestätigt ein Teilnehmer, dass auch neue Kontakte mit unbekannten Menschen mühelos geknüpft werden. So entstehen Gilden oder Clans entweder über neue Internetkontakte oder über bereits bestehende Freundeskreise:

I: [...] du bist nicht in einem Clan oder einer Gilde, aber du spielst online mit Freunden zusammen, die du in der echten [...] Welt nicht jeden Tag triffst.

M: Genau, wir sind mehrere 100 Kilometer entfernt.

I: Erzähl mal ein bisschen darüber. Was spielt ihr und wie kam das zustande?

M: Also angefangen hat das Ganze mit *DotA* und *League of Legends, DotA* vor allem, weil wir das früher mit der WG zusammen gespielt haben und dann ist die WG auseinander gegangen und ich war in Greifswald, der andere in Rostock der dritte in Ilmenau und, um das weiterhin aufrecht zu erhalten, haben wir *DotA* eben online gespielt [...].[33]

Die intensive Gemeinschaftserfahrung kann als verbindender „Kult" einer Jugendkultur verstanden werden. Gilden/Clans erarbeiten für sich selbst Regeln, tragen Sorge für ihre Umsetzung und sanktionieren Fehltritte – im schlimmsten Fall mit Ausschluss aus der Gemeinschaft.

I: Habt ihr ein Regelwerk?

W: Kein niedergeschriebenes, aber sicherlich ein mündliches, allgemein bekanntes. Dinge wie: Wer übernimmt das Training? Regeln wie, dass ich eben nicht die ganze Zeit im Spiel nur rumflame, sondern mich auch ordentlich unterhalte, nicht beleidige, solche Dinge. Wir haben feste Clanzeiten, wann wir trainieren. Da ist die Regel, dass man sich nicht unbedingt verspätet und wenn man sich verspätet oder nicht kann, dass man dann auch absagt.[34]

Diese Fehltritte können neben spielerischem Fehlverhalten, potentiellen Negativwirkungen, kommunikativen Störungen, Problem- und Konfliktsituationen im Allgemeinen auch ein Verstoß gegen den gemeinsamen Wert- und Normenkatalog sein.

I: Fallen dir noch andere Prinzipien innerhalb deines Clans ein?

M: Wir hatten natürlich auch Verhaltensregeln, die auch relativ streng geahndet wurden. Also da der Gründer des Clans türkischstämmigen Hintergrunds war, hat er natürlich sehr viel Wert darauf gelegt, dass keine rassistischen Äußerungen stattgefunden haben. Wir hatten dann gerade so aus dem Kölner Raum so ein,

[33] League of Legends [Riot Games(2009)] (Multiplayer Battle Online Arena); Defense of the Ancients (DotA) [Entwickler: Icefrog (2003)] (Action-Echtzeit-Strategiespiel).

[34] ‚Flamen' ist im weitesten Sinne als Beleidigung, Beschimpfung oder anders geartete Belästigung eines Spielers durch einen anderen Spieler zu verstehen.

zwei Leute, die damit sehr lax umgegangen sind. Ja da musste dann, also die mussten sich dann vom Clan verabschieden. […]

Ihre zum Teil verbindlichen Rituale, wie z. B. Initiationsriten, und die sichtbare Gestaltung nach außen, z. B. durch ein Wappen, dienen der Abgrenzung und sind als ästhetische Signatur auch Ausdruck eigener Religiosität.

4.4 Mein Avatar und Ich – Rollenverständnis, Identitätsbildung und Genderfrage

Berichteten die Befragten über Avatare, welche sie beispielsweise in Massive-Multiplayer-Online-Role-Playing-Games (MMORPG) individuell gestalten konnten, fiel auf, dass alle Teilnehmer/-innen stets größten Wert auf die Ästhetik und Repräsentation ihrer eigenen Erscheinung legten. [35]

M: […] Ich möchte meinen Avatar möglichst meiner realen Identität anpassen, um mehr das Gefühl zu haben, dass ich es bin, die dort spielt. Möchte überhaupt meinem Avatar eine Identität geben. Das wirkt für mich authentischer und ich bin etwas ehrgeiziger in kleinen Arcade-Spielen, die mit meinem Avater funktionieren. Ich empfinde auch mehr mit. Das finde ich spannender und spaßiger. […]

Der Avatar spiegelt in den meisten Fällen die reale Identität der Spielerin bzw. des Spielers wider, neben dem Aussehen werden auch Vorlieben und Abneigungen, Schwächen und Stärken deutlich, die sich die Spielerin bzw. der Spieler selbst zuschreibt. Obwohl die Generierung eines Avatars die Möglichkeit bieten würde, sich völlig neu zu erfinden, versuchten die Teilnehmer/-innen, sich selbst oder eine ‚modifizierte Version‘ ihres eigenen Selbst abzubilden. Im Sinne einer ästhetischen Signatur ist dies als eine Ausdrucksform einer identitätsfördernden Religiosität zu verstehen.

Interessanterweise bieten auch die angebotenen Rollen innerhalb der Spielwelt, neben der Statusrolle innerhalb eines Clans oder einer Gilde, den Jugendlichen die Möglichkeit, Verhaltens- und Identitätserwartungen der Umwelt anzueignen, umzuformen oder zurückzuweisen.

M: […] Da gibt’s den Big Daddy, den man spielen kann und das fand ich insgesamt eine ganz interessante Figur und ich find das eigentlich spannend, wenn man

[35] Charakteristisch für MMORPGs ist die gleichzeitige Teilnahme mehrerer 1000 Spieler/-innen an diesen Online-Rollenspielen. Die Spieler/-innen schließen sich in Gilden zusammen, um gemeinsam Aufgaben zu lösen. Vorraussetzungen sind ein Account und gegebenenfalls monatliche Gebühren. World of Warcraft (WoW) fällt als das populärste Spielbeispiel in diese Kategorie. Eine Gilde kann sich dabei auch einer Religion zuordnen, die ihr von WoW angeboten wird, und in sakralen Räumen religiöse Handlungen vollziehen.

so interessante Figuren vorgeführt bekommt und dann irgendwie in die Rolle von denen reinschlüpfen kann.

Bei der Untersuchung selbstgewählter Wunschrollen in der Spielwelt manifestierten sich auch das männliche und weibliche Rollenverständnis. Im Gespräch fielen Ausführungen über Reaktionen männlicher Spieler auf Gamerinnen auf, die sich von den Reaktionen auf männliche Mitspieler unterschieden. Vermehrt haben die männlichen Interviewpartner bestätigt, dass sie sich gegenüber vermeintlich oder tatsächlich weiblichen Spielerinnen anders verhalten bzw. dass ihnen dies bei anderen Spielern aufgefallen sei.

I: Ist dir dabei aufgefallen, dass sich Mitspieler daraufhin [nachdem du einen weiblichen Avatar gewählt hattest] dir gegenüber anders verhalten haben?
M: Ja, na klar.
I: Zum Beispiel?
M: Wie zum Beispiel: Die sind nett, sehr nett. Ne? Wenn sie denken, da sitzt ne Frau dahinter, da sind die meisten Menschen netter.

Die traditionelle Geschlechterrollenzuweisung greift offenbar auch in der digitalen Welt, obwohl ganz offensichtlich die gewählte Figur durch Aussehen und Nickname nur den Eindruck eines weiblichen oder männlichen Spielers macht, der schwerlich auf seinen Wahrheitsgehalt zu überprüfen ist. Offenbar richten männliche Spieler ihr Wettkampfbestreben nur gegen das eigene Geschlecht. Sie sind weiblichen Avataren gegenüber rücksichtsvoller, hilfsbereiter und nachsichtiger, was deren spielerische Defizite betrifft.

M: [...] also manche bei Frauenavataren, da wird einem ja geholfen zum Beispiel auch.
I: Ach ja, ist das so?
M: Das ist wirklich so. Sobald man dann gesehen wird, am besten noch einen weiblichen Namen natürlich, und im Teamspeak, wenn die denn sehen, dass du ne Frau bist, ja dann wird dir das Gold zugeschanzt und Gegenstände und: ‚Ja ich könnt dir ja helfen – kein Problem!'

5. Konsequenzen

Bei der Zusammenarbeit mit nicht-religiös sozialisierten Jugendlichen in Ostdeutschland zeigte sich, dass schon allein der explizite Gebrauch des Begriffs „Religion" lediglich zu einer Assoziation mit Kirche führte, was wiederum eine wenig fruchtbare Fokussierung auf Abgrenzung zu institutionalisierter Religion seitens der Interviewpartner/-innen zur Folge hatte. Die begrifflichen Zuschreibungen sind demnach zu überdenken. Bemerkenswerterweise stellte der Begriff „Spiritualität" für die Befragten einen authentischeren Erfahrungsraum zum Transzendenten dar, etwas, das institutionalisierte Religion für die Jugendlichen offensichtlich nicht zu leisten vermag. ‚Religion‘ oder auch ‚Religiosität‘ stehe dem entgegen – als Sinnbild für Dogmenglauben, Hierarchie und sogar Intoleranz:

M: Meiner Meinung nach muss man klar unterscheiden zwischen Religiosität und Spiritualität. Spiritualität bedeutet für mich nicht, dass ich an etwas Bestimmtes glaube oder dass ich andere Religion nicht gezielt abweisen würde, sondern offen und tolerant rangehe, wenn es mich in meinem Leben bereichert; es auch aufnehme in mein eigenes Wertesystem. Das bedeutet es für mich: Dass ich solchen Sachen offen gegenüber bin. Dass ich durchaus über das Konzept von Gott oder Göttern nachdenke, oder anderen Formen, aber jetzt nicht gezielt Religion praktiziere.

In den kommenden drei Jahren wird das empirische Forschungsprojekt in der Kooperation mit der ComputerSpielSchule Greifswald, einem religionspädagogischen Medienprojekt am Lehrstuhl für Religions- und Medienpädagogik an der Universität Greifswald, auch auf andere ostdeutsche Bundesländer ausgeweitet, um noch genauer die Religionskulturen in den Computerspiel-Communitys von Jugendlichen aus entkonfessionalisierten Räumen noch genauer zu verstehen. Welche spezifischen Merkmale weist diese jugendliche Religiosität auf? Welche Rolle spielten dabei Computerspiele? Wieviel Einfluss nahmen ihre Inhalte auf die Religiosität der Spielerinnen und Spieler?

Literatur

Bohnsack, Ralf: Rekonstruktive Sozialforschung. Einführung in qualitative Methoden, Opladen [5]2003.

Csikszentmihalyi, Mihaly: FLOW. Das Geheimnis des Glücks, Stuttgart 1992.

Geisler, Martin: Soziale Prozesse bei Computerspielen und in Computerspielgemeinschaften. In: *Ganguin, Sonja/Hoffmann, Bernward* (Hrsg.): Digitale Spielkultur (Schriften zur Medienpädagogik 43), München 2010, 167–177.

Gennerich, Carsten: Empirische Religionsforschung und religionspädagogische Herausforderungen. In: *Kropač, Ulrich/Meier, Uto/König, Klaus* (Hrsg.): Jugend, Religion, Religiosität. Resultate, Probleme und Perspektiven der aktuellen Religiositätsforschung, Regensburg 2012, 68–86.

Glaser, Barney G./Strauss, Anselm L.: Grounded Theory. Strategien qualitativer Forschung, Bern [2]2005.

Griefahn, Monika: Computerspiele als Kulturgut? In: *Ganguin, Sonja/Hoffmann, Bernward* (Hrsg.): Digitale Spielkultur (Schriften zur Medienpädagogik 43), München 2010, 31–36.

Haack, Astrid: Computerspiele als Teil der Jugendkultur. Herausforderungen für den Religionsunterricht, Erlangen 2010.

Hemminger, Elke: „Gelobt sei Elune!“ Religion im Computerspiel. In: *Dies./Ruch, Christian:* Virtuelle Welten (EZW-Texte 223), Berlin 2013, 24–42.

Huizinga, Johann: Homo ludens. Vom Ursprung der Kultur im Spiel, Hamburg 1994.

Mattig, Ruprecht: Rock und Pop als Ritual. Über das Erwachsenwerden in der Mediengesellschaft, Bielefeld 2009.

Pirner, Manfred L.: Populäre Kultur und Religion. Ein Literaturbericht. In: Praktische Theologie 38 (2003) 207–216.

Schell, Fred: Förderung der Medienkompetenz als Bildungsaufgabe. In: *Demmler, Kathrin/Lutz, Klaus/Menzke, Detlef* u. a. (Hrsg.): Medien bilden – aber wie?! Grundlagen für eine nachhaltige medienpädagogische Praxis, München 2009, 79–94.

Schnell, Tatjana: „Für meine Freunde könnte ich sterben“. Implizite Religiosität und die Sehnsucht nach Transzendenz. In: *Kropač, Ulrich/Meier, Uto/König, Klaus* (Hrsg.): Jugend, Religion, Religiosität. Resultate, Probleme und Perspektiven der aktuellen Religiositätsforschung, Regensburg 2012, 87–106.

Dies.: Implizite Religiosität. Zur Psychologie des Lebenssinns, Lengerich [2]2009.

Sellmann, Matthias: Jugendliche Religiosität als Sicherungs- und Distinktionsstrategie im sozialen Raum. In: *Kropač, Ulrich/Meier, Uto/König, Klaus* (Hrsg.): Jugend, Religion, Religiosität. Resultate, Probleme und Perspektiven der aktuellen Religiositätsforschung, Regensburg 2012, 26–55.

Theunert, Helga: Handlungsfelder der Medienpädagogik. Alltags- und Medienwelten von Kindern und Jugendlichen. In: *Demmler, Kathrin/Lutz, Klaus/Menzke, Detlef* u. a. (Hrsg.): Medien bilden – aber wie?! Grundlagen für eine nachhaltige medienpädagogische Praxis, München 2009, 23–40.

Thimm, Caja (Hrsg.): Das Spiel. Muster und Metapher der Mediengesellschaft, Wiesbaden 2010.

Weihe, Richard: Die Paradoxie der Maske. Geschichte einer Form, München 2004.

Internetquellen

www.youtube.com/user/machinima [Stand: 8. Januar 2014].

www.ekd.de/download/kirche_und_bildung.pdf [Stand: 3. Dezember 2013].

Medienpädagogischer Forschungsverbund Südwest: JIM-Studie 2013. Jugend, Information, (Multi)media. Online einzusehen: www.mpfs.de/fileadmin/JIM-pdf13/JIM13_35.pdf [Stand: 3. Dezember 2013].

www.medienkompetenz-in-mv.de/lexikon/index.html [Stand: 10. Januar 2014].

meinekraft.gronkh.de/kommentar/3292005 [Stand: 7. Januar 2014].

Angeführte Spiele

Defense of the Ancients (DotA) [Entwickler: Icefrog (2003)]
Diablo III [Publisher: Activision Blizzard (2012)]
Bioshock Infinite [Publisher: 2K Games (2013)]
Black&White [Publisher: Electronic Arts (2005)]
Gothic [Publisher: Shoebox (2001)]
HALO 4 [Publisher: Microsoft Studios (2012)]
League of Legends [Riot Games (2009)]
The Walking Dead [Publisher: Telltale Games (2012)]
World of Warcraft [Publisher: Activision Blizzard/ Vivendi (2005)]
Defense of the Ancients 2 (DotA2) [Publisher: Valve Corporation (2013)]
DayZ [Publisher: Bohemia Interactive (2013)]
Minecraft [Publisher: Mojang/Microsoft Game Studios (2011)]

Zur Religiosität muslimischer Jugendlicher

Probleme der Forschung – Forschungsbilanz – Konsequenzen für die Bildungsarbeit

Martin Jäggle

1. Einführung

1.1 Zur Ausgangssituation – „vielfältiges Bild muslimischer Religiosität" (Religionsmonitor 2008)

Nach Thielmann besitzt „die Zentralität der Religiosität die größte Bedeutung für Glaubensvorstellungen und -praktiken von Muslimen in Deutschland", womit aber keineswegs „rigider Dogmatismus oder Fundamentalismus verbunden" ist.[1] Die Ergebnisse des Religionsmonitors 2008 zeigen hochreligiöse Muslime in Deutschland als „kritisch und reflektiert, mit einer hohen Akzeptanz von religiösem Pluralismus und einem eher pragmatischen Umgang mit religiösen Konsequenzen im Alltag". Es ergibt „deutlich ein sehr vielfältiges Bild muslimischer Religiosität".[2] Brumlik erkennt in den Daten des Religionsmonitors 2008, dass sich in Deutschland muslimische Jugendliche in ihrem religiösen Interesse grundsätzlich kaum von nichtmuslimischen Jugendlichen unterscheiden. Die 20- bis 30-Jährigen lassen „keinen massiven Traditionsabbruch gegenüber den vorhergehenden Generationen erkennen, [...] etwa 30 % legen eine positiv religiöse Haltung an den Tag". Es gibt aber einen wesentlichen sozialen Unterschied. Während „kirchliche Religiosität in Deutschland [...] vornehmlich ein Mittelschicht-, ein bürgerliches Phänomen ist, stellt sich der Islam in Deutschland aufgrund seiner Herkunft aus der Arbeitsimmigration noch vor allem als Teil einer Unterschichtkultur dar."[3] Damit verbunden setzt das System privater Religionsunterweisung „vor allem auf Traditions- und Identitätssicherung". Un-

1 So identifiziert der Religionsmonitor 2013 20 % „reine Dogmatiker" bei den Muslimen, gegenüber 8 % bei Katholiken oder Evangelischen. *Bertelsmann-Stiftung,* Religionsmonitor 19.

2 *Thielmann,* Religiosität 20; vgl. *Krämer*, Religiosität.

3 *Brumlik*, Jugend 42.

angemessen ist es nicht nur für ihn, wenn nun „fälschlich und unreflektiert ein soziales Problem als theologisches Problem diskutiert“ wird.[4]

Die Motive steigender Tendenz zur Religiosität sind vielfältig, die Sorge der Eltern um die Erziehung der Kinder ist ein gewichtiges. „Sie fühlen sich mit Problemen der Erziehung alleingelassen und greifen deshalb verzweifelt zur Religion, in der Hoffnung, durch religiöse Wertorientierung ihre Kinder vor Problemen der Gewalt, Drogen und Ähnlichem zu schützen.“[5]

Der islamische Religionspädagoge Behr resümiert: „Nicht zu glauben gilt sogar demjenigen als unklug, der nur wenig Glaubenspraxis erkennen lässt. Dass das im Koran entwickelte Zutrauen in Gott (dort auf Arabisch tawakkul) zusammenhängt mit dem Selbstvertrauen dessen, der daran glaubt, ist für Muslime integrierbar in die postmodernen Denkkulturen.“[6]

1.2 Religiosität: die Probleme des Begriffs – besonders für Muslime

Als Wort und Begriff ist Religiosität in einer christlich geprägten Kultur entstanden und kennt eine kaum überschaubare Zahl an Definitionen. „Da ‚Religiosität‘ immer konkretes, prozesshaftes Leben bezeichnet, lässt sie sich auch nicht abschließend und endgültig definieren.“[7] Wer Religiosität erforschen will, muss aber den Begriff definieren und sich darüber Rechenschaft geben, worauf damit jeweils der Blick gelenkt wird und was damit außer Betracht bleibt. Religionssoziologie als „‚Anwältin‘ konkret gelebter Religiosität“ kann „die Vielfalt und vor allem den Eigen-Sinn religiösen Lebens beschreiben“, für die normativen Fragen bedarf es hingegen „Kriterien der Unterscheidung“. Die damit verbundene Pluralität der Diskussion kann „erklären, wie WissenschaftlerInnen zu widersprüchlichen Ergebnissen kommen können, denen zufolge Jugendliche als ‚religiös‘ oder ‚nicht religiös‘ eingeschätzt werden.“[8]

Zu unterscheiden ist zwischen dem subjektiven Selbstverständnis, wie sich junge Menschen selbst als religiös definieren, den sogenannten „ethnografischen Kategorien“ (Knoblauch) und der Interpretation des jeweiligen Selbstverständnisses mit Hilfe des gewählten Religiositätsbegriffes und somit einer Deutungskategorie zweiter Ordnung. Die religionssoziologische Arbeit geht dabei in zwei Richtungen: das religiöse Selbstkonzept und den Eigen-Sinn junger Menschen so genau wie möglich zu beschreiben, zu verstehen und diese dann in einem größeren Rahmen mit transparenten Parametern zu deuten. Wer sich selbst als

[4] Ebd. 43.
[5] *Salehzadeh*, Integration 253.
[6] *Behr*, Schule 54.
[7] *Polak*, Lebenshorizonte 129.
[8] Ebd. 130f.

„nicht-religiös“ definiert, weil „religiös“ mit „Glaube an Gott“ verbunden wird, kann soziologisch dennoch als „religiös“ bezeichnet werden, falls etwa Religiosität als „an ein Leben nach dem Tod glauben“ definiert wird und der Jugendliche an die Wiedergeburt glaubt. Die Widersprüche und Vieldeutigkeit, die dabei sichtbar werden, entsprächen der Komplexität der Phänomene.[9]

Eine theologische Herausforderung sieht Polak in der „Differenz zwischen subjektivem Selbstverständnis und sekundärer Interpretation“ sowie in der „Pluralität und Mehrdimensionalität von Religiosität“. Für sie ist es wichtig, „die Spannung zu halten, einerseits den Eigen-Sinn der soziologisch entdeckten Religiositäten zu sichern, andererseits theologisch differenziert Kritik zu üben, also Christliches von Unchristlichem zu unterscheiden, ohne abzuwerten, ohne zu vereinnahmen, ohne schönzufärben.“ Schließlich unterscheide die Theologie auch „zwischen Glaube und Religiosität – ohne beide aber grundsätzlich scharf zu trennen. Die biblische Tradition und deren theologische Reflexion ermöglichen [...] zu unterscheiden zwischen gottvoller und gottloser, humaner und inhumaner Religiosität.“ Ob allerdings „eine wahrgenommene Religiosität [...] jenen heilsstiftenden Glauben aufweist, der von Gott her nötig ist“, entzieht sich selbstverständlich jeder wissenschaftlichen Diagnose. Außerdem ist „Religiosität im Sinn von christlichem Glauben nicht nur eine Frage kognitiver Interpretationen und Überzeugungen, sondern zugleich und konstitutiv Praxis [...]: eine Lebensform“[10]. Die biblische Sicht kommt treffend bei Matthäus zum Ausdruck: „Nicht jeder, der zu mir sagt: Herr! Herr!, wird in das Himmelreich kommen, sondern nur, wer den Willen meines Vaters im Himmel erfüllt.“ (Mt 7,21) Angesichts dieser großen Bedeutung der Lebenspraxis im Horizont der Bibel mutet es schon merkwürdig an, wenn dogmatische Vorstellungen und rituelle Bezüge so oft im Vordergrund von Religiositätsforschungen stehen.

Besonders differenziert ist das Konzept von Religiosität, das Feige vorlegt. Er rezipiert den Ansatz von Matthes, der ‚Religion‘ und ‚Religiosität‘ als „diskursive Tatbestände“ versteht. Sie „konstituieren“ sich „im gesellschaftlichen Diskurs“, wobei nach Matthes ‚Religion‘ für eine „kulturelle Programmatik, die einen Möglichkeitsraum absteckt“, in dem es zu „Verwirklichungen“ kommt bzw. kommen kann, steht. „Mit der Differenzierung zwischen ‚Programmatik‘ und ‚Verwirklichung‘ bezieht dieser wissenssoziologische Verstehenszugang die in den Menschen angesiedelten Gefühls-, Sprach- und Reflexionsprozesse bei der Performanz von Verwirklichungen konstitutiv in das empirisch zu beschreibende bzw. zu identifizierende ‚Phänomen Religion‘ mit ein“, wobei „Verwirklichungen als Äußerungsgestalten von Lebenspraxis“ zu verstehen sind.[11]

[9] Vgl. ebd. 131.

[10] Ebd. 131f.

[11] *Feige*, Religiosität 118f.; s.a. *Feige/Gennerich*, Lebensorientierungen 17–22.

„Religiosität? Schlechtes Wort! Es nützt nichts, es bringt nichts. Ein ganz schlechtes Wort!! Es zählt nur der Glaube, und bei diesem Wort kommt nur eins raus – Nervosität! Nervosität kommt raus! Im Heiligen Buch findest du das Wort nicht, da steht nur ‚ihr Gläubigen!' [...].“[12] Dieses Zitat, das aus einem Experteninterview mit einem Sufimeister stammt, illustriert das Problem, von christlich geprägten Begrifflichkeiten ausgehend etwa Muslime verstehen zu wollen. Begriffe wie „Religiosität“ und „Religion“ sind der islamischen Tradition fremd und bedeuten Verschiedenes. „Ein abstrahiert-individualisierter, schwerpunktmäßig kognitiv-weltanschaulich orientierter Religionsbegriff ist Menschen aus Ländern, in denen Religion ein elementarer Bestandteil kultureller Tradition ist, eher fremd.“[13] Renner/Polak verweisen auf die Ergebnisse der Migrationsforschung, wonach „sich migrationsbedingte soziale und kulturelle Faktoren auf Werte und Einstellungen wesentlich signifikanter auswirken als die Religiosität der Befragten“[14]. Die österreichische Jugendwertestudie beschreibt Religiosität junger Muslime als „familial formatiert“, die „zudem durch die sozial prekäre Zuwanderungssituation als identitätsstiftende Zugehörigkeitsgröße und soziales Sicherheitsnetz noch bedeutsamer“ wird.[15] Jedenfalls bedarf es eines sorgsamen Umgangs mit dem Begriff Religiosität, wenn er etwa auf Menschen in der islamischen Tradition übertragen wird, und eines respektvollen Umgangs mit der islamischen Tradition. „Gerade der interreligiöse Dialog zeigt, dass islamische, christliche oder jüdische Religiosität in wechselseitiger Achtung wahrgenommen werden müssen, um religionspädagogisch fruchtbar zu werden“[16].

1.3 Islam – mehrdimensional und plural

„Den Islam“ gibt „es als einen einzigen homogenen Sachverhalt ohnehin nicht“, neben „der doktrinal normativen Realität (steht) die kulturell faktische; und beide gibt es plural“.[17] Warum sollte auch der Islam weniger plural sein als das Christentum oder das Judentum. Für Zirker, den am intensivsten mit dem Islam vertrauten deutschsprachigen Religionspädagogen, entzieht sich der Islam als „komplexe, vielgestaltige und auch widerspruchsvolle Lebensrealität [...] den Systematisierungen und lässt sich nie als ganzer auf den Begriff und unter ein Urteil bringen“[18]. Er verweist darauf, dass der Islam „in erster Linie *Lebensform* und *Handlungssystem*, nicht dogmatisches Gebäude“ ist und eine „*pragmati-*

[12] *Totchilovski*, Religiosität 5.
[13] *Renner/Polak*, Religiosität 188.
[14] Ebd.
[15] Ebd.
[16] *Hemel*, Religiosität 1841.
[17] *Zirker*, Islam 12.
[18] Ebd.

sche Grundhaltung“ hat.[19] „Die islamische Gemeinschaft [...] bezieht prinzipiell alle Dimensionen der Kultur mit ein.“[20] Die „erhebliche *Variationsbreite* und *Flexibilität*“ zeigen „eine beträchtliche *kulturelle Vielgestaltigkeit in regionalen Ausdifferenzierungen*“, „*mystischen Strömungen*“ gegen die zunehmende „Vorherrschaft der Rechtsgelehrten“ sowie „einen weitreichenden und kräftigen *Pragmatismus*“[21]. Dieser Pragmatismus „fördert notwendigerweise weiterhin die Pluralität von ‚Islam‘“[22]. Dass es „den Islam“ nicht gibt und geben kann, dokumentiert auch das deutschsprachige Standardwerk von Ende und Steinbach[23] mit seinen Beiträgen über die verschiedenen islamischen Richtungen und Strömungen, aber auch über zwei Dutzend Staaten und Regionen werden dokumentiert. „Der Islam“ wird im deutschsprachigen Raum in der Regel mit der Türkei oder dem Nahen Osten identifiziert, während Indonesien und Bangladesch die bevölkerungsreichsten islamischen Staaten sind. Gerade in der europäischen Diaspora, wo Muslime aus verschiedenen Ländern und mit verschiedenen Traditionen aufeinandertreffen, kann „die gelassene Pluralität leicht *unter den Druck uniformierender Einheitsbedürfnisse zur streitbaren Polarisierung* geraten.“[24] So kommt es dann in der Diaspora zum Auftritt von Muslimen als Vertreter des „wahren“ Islam, wozu es aber genügend Analogien im christlichen Bereich gibt. In Österreich ist deshalb im seit 1983 bestehenden islamischen Religionsunterricht zwischen den muslimischen Schülerinnen und Schülern interkulturelles Lernen angesagt, um mit der für viele ungewohnten islamischen Pluralität angemessen umgehen zu können. Während das öffentliche Islambild stark geprägt ist von sogenannten Islamisten, werden diese, deren Ideologie und Praxis dem islamischen Pragmatismus widersprechen, in ihren Ländern zutreffender als „Extremisten“ bezeichnet.[25]

2. Ausgewählte Studien zu muslimischer Religiosität

„Ist die Religiosität und religiöse Sozialisation islamischer Jugendlicher ein Sonderfall?“ Mit Recht merken Streib/Gennerich kritisch an, dass „kaum systematische und repräsentative Untersuchungen vorliegen, in denen die Religiosität islamischer Jugendlicher angemessen operationalisiert und differenziell erforscht worden sind.“ Hinzu kommt, dass quantitative Studien dazu neigen,

[19] Ebd. 292.
[20] Ebd. 293.
[21] Ebd. 294f.
[22] Ebd. 296.
[23] *Ende/Steinbach*, Islam.
[24] *Zirker*, Islam 296.
[25] Vgl. ebd. 295f.

„die Heterogenität individueller Lebensentwürfe auszublenden“.[26] Von den Studien zur muslimischen Religiosität junger Menschen wurde gesellschaftlich und politisch jene von Heitmeyer/Müller/Schröder besonders rezipiert. Mit Blick auf Religiosität, religiös motivierte Gewaltbereitschaft und islamzentrierte Überlegenheitsansprüche schreiben sie türkischen Jugendlichen diesbezüglich ein erhöhtes Ausmaß zu. Während die Autoren darauf aufmerksam machen, dass dies als Reaktion auf Anerkennungsdefizite und Diskriminierungserfahrungen zu verstehen ist,[27] verstärkte der öffentliche Diskurs über diese Studie das bestehende Bild eines gewaltbereiten Islam. Mittlerweile liegt eine größere Zahl von Studien vor, die sich aus vielfältigen Blickwinkeln und unterschiedlichen Forschungsansätzen der Frage nach der muslimischen Religiosität nähern und insgesamt dazu beitragen, sich mit der Frage differenziert auseinandersetzen zu können.

2.1 Subjektive Funktion des Muslim-Seins (Kelek)

Kelek versteht Religion im Anschluss an Geertz als kulturelles Subsystem, das die Funktion eines sozialen Sinn-Systems hat,[28] und erforscht in einer qualitativen Studie „muslimische Gläubigkeit und religiöse Praxis von türkischen Migrantenjugendlichen in ihrer subjektiven Bedeutung für Selbstkonzept, Orientierung und soziales Handeln“[29]. Ihre Forschungsleitfragen waren:

„1. In welchem Umfang und in welcher Intensität ist eine Selbstzuordnung von türkischen Migrantenjugendlichen als Muslime zu beobachten?“

„2. Welche Bedürfnisse möchten die Jugendlichen mit ihrer Religiosität befriedigen?“

„3. Wie praktizieren die Jugendlichen ihre Religiosität sowohl rituell wie individuell?“

„4. Inwieweit ist in den Orientierungen der Jugendlichen eine kulturelle Dimension des Islam wirksam und erkennbar, die in ihrem Alltagsbezug als türkisch-islamischer Common Sense zu beschreiben ist?“[30]

Die acht Porträts 14- bis 17-Jähriger zeigen eine „Selbstverständlichkeit des Muslim-Seins“[31], wobei die Befragten stets auf den familiären Einfluss als Ur-

[26] *Streib/Gennerich*, Jugend 113.

[27] *Heitmeyer/Müller/Schröder*, Fundamentalismus 183f.; vgl. *Streib/Gennerich*, Jugend 113.

[28] Vgl. *Kelek*, Islam 84.

[29] Ebd. 92.

[30] Ebd. 93.

[31] Ebd. 172.

sprung ihrer Religiosität verweisen. Die gemeinsam geteilte Überzeugung und Vorstellung von der „Existenz Gottes und seiner Ordnungsprinzipien (wird) zu allererst [über] die eigene Zugehörigkeit zur muslimischen Gemeinschaft vermittelt“[32]. Muslim-Sein muss aber „keineswegs für eine auf die islamischen Religionsvorschriften ausgerichtete religiöse Praxis stehen“[33]. In Kenntnis der „religiösen Regeln und vorgeschriebenen Rituale“, überzeugt von deren Geltung und Verpflichtung, ist trotzdem die religiöse Praxis der Jugendlichen stark reduziert. Zu einem ähnlichen Ergebnis kommen übrigens Renner/Polak: „Muslim/a sein, sich als Muslim/a zu bezeichnen und sich mit dem Islam zu identifizieren, ist für Jugendliche mit Migrationshintergrund ein selbstverständlicher Bestandteil der Identität, unabhängig von religiöser Praxis und vom Glauben.“[34]

Im Bekenntnis des Muslim-Seins stimmen die Interviews überein, dass „dessen Funktion ganz wesentlich in der identifikativen Verankerung der Herkunft liegt und Orientierung durch die Normen und Werte der Migrantengesellschaft vermittelt“, aber nicht primär bzw. rein religiös zu verstehen ist. Zugleich findet „mit der identifikativen Zuordnung zum Muslim-Sein auch ein Loslösungsprozess vom traditionellen Teil ihrer Lebenswelt statt, der keine hinreichenden Orientierungen für die Bewältigung des Lebens in Deutschland zur Verfügung stellen kann.“[35]

2.2 Fundamentalisten – Schalenmuslime – Reflektierte Muslime – Spirituelle Muslime – Marginalisierte Distanzierte – Assimilierte Distanzierte (Khorchide)

Khorchide untersucht in Österreich an jugendlichen Muslimen im Alter von 16 bis 26 Jahren quantitativ und qualitativ, „wie die subjektive Bedeutung des Islam im Alltag der Muslime der zweiten Generation ihre Einstellung zur Interaktion mit Nichtmuslimen beeinflusst.“ Darüber hinaus fragt er nach der „Bindung der zweiten Generation an die Praktiken und Vorschriften der Religion“, um eine Typologie erstellen zu können.[36] Dabei orientiert er sich an den Dimensionen der Religiosität nach Glock[37] und identifiziert sechs Typen:

- Fundamentalisten, die eine starke subjektive Bindung zum Islam haben und sich streng an Rituale und Vorschriften halten. Sie machen 7 % der Ge-

[32] Ebd. 177.
[33] Ebd. 182.
[34] *Renner/Polak*, Religiosität 189.
[35] *Kelek*, Islam 188.
[36] *Khorchide*, Bedeutung 218.
[37] Vgl. ebd. 223.

samtstichprobe aus und grenzen sich zur österreichischen Gesellschaft mehr oder weniger ab.

- Schalenmuslime, die Interaktionen mit der Mehrheitsgesellschaft eher ablehnen, aber kaum die Regeln des Islam praktizieren. Sie nähern sich dem Islam um einer kollektiven Identität („Wir Muslime") willen „reaktiv" an. Ihr Anteil beträgt 24 %.
- Reflektierte Muslime, die einen starken Bezug zum Islam haben und die Rituale und Vorschriften streng befolgen, der österreichischen Gesellschaft jedoch offen gegenüberstehen. Ihr Anteil beträgt 7 %.
- Spirituelle Muslime, die eine starke Beziehung zum Islam haben und deren „individualisierte" Religiosität mit einer offenen Haltung gegenüber der österreichischen Gesellschaft verbunden ist. Ihr Anteil beträgt 6 %.
- Marginalisierte Distanzierte, die dem Islam distanziert und der österreichischen Gesellschaft (eher) verschlossen gegenüber stehen. Ihr Anteil beträgt 20 %.
- Assimilierte Distanzierte, für die der Islam praktisch keine Relevanz hat und die der österreichischen Gesellschaft offen gegenüberstehen. Ihr Anteil beträgt 31 %, womit sie die größte Gruppe sind.[38]

Aber die Frage der Integration ist laut Khorchide nicht nur „durch die Stärke der Bindung an die Religion bestimmt; nur 17 % der Muslime mit starker religiöser Bindung sind gegenüber der österreichischen Gesellschaft verschlossen." Ebenso wird die Einstellung zu Geschlechterrollen „nicht allein von der Religiosität bestimmt".[39]

2.3 Eine große Einstellungsheterogenität (Feige / Gennerich)

Die methodisch-theoretisch innovative und zukunftsweisende Jugendstudie von Feige / Gennerich zur Lebensorientierung junger Berufsschüler/-innen, die in ihrer Konzeption hier nicht angemessen dargestellt werden kann, bietet auch Ergebnisse zur Religiosität muslimischer Jugendlicher.[40] Da diese dort aber nicht eigens zusammenfassend erörtert werden, folgt hier die komprimierte Darstellung der Ergebnisse den Ausführungen von Streib / Gennerich.[41] Feige / Gennerich stellen „eine große Einstellungsheterogenität"[42] bei muslimischen Jugendlichen fest, die größer ist als bei anderen Konfessionen. Im Blick auf die statistischen

[38] Ebd. 229ff.
[39] Ebd. 242.
[40] Vgl. *Feige / Gennerich*, Lebensorientierungen.
[41] Vgl. *Streib / Gennerich*, Jugend 124–128.
[42] Ebd. 114.

Mittelwerte, die diese Streuungen ausblenden, bejahen muslimische Jugendliche stärker konservativ-materialistische Werte, religiöse Kindererziehung, eher konservativere Beziehungswerte und tendieren weniger dazu, Werte zu relativieren. Das Wort „Gemeinschaft" zeigt bei ihnen „deutlich ambivalentere Konnotationen". Sie interpretieren die Wirklichkeit sowie die eigene Biographie deutlich stärker mit religiösen Kategorien und erfahren „Moschee stärker als einen ‚heiligen Ort' als ‚zu Hause sein' und ‚Freude'". Muslimische Jugendliche affirmieren stärker eschatologische Aussagen sowie „Gott als Schöpfer" und distanzieren sich stärker von Alternativerklärungen zur Weltentstehung.[43]

2.4 Glaubensentwicklung (nach Fowler) im islamischen Kontext (Aygün)

Grundsätzlich haben komparative Studien einen besonders hohen Erkenntniswert und sind zugleich als kulturvergleichende sehr anspruchsvoll.[44] Von besonderem Interesse ist die von Streib betreute, bereits 2010 fertiggestellte, aber erst 2013 publizierte Studie von Adem Aygün, der die religiöse Sozialisation und Entwicklung bei islamischen Jugendlichen in Deutschland und in der Türkei untersucht. Ihr liegt die kritische Rezeption der Theorie der Glaubensentwicklung von Fowler im Modell religiöser Stile nach Streib zugrunde. Wie alle strukturgenetischen Stufentheorien des Glaubens ist auch sie den Werten der modernen Gesellschaft verpflichtet: Autonomie, Rationalität und Subjektivität, wie Streib herausgearbeitet hat. Fowler untersucht Glauben als mehrdimensionale Struktur und fasst diesen „als dynamisches und erfahrungsgeprägtes Grundmerkmal des Vertrauens auf." „Glaube sei die Art und Weise, wie eine Person sich selbst, andere und die Welt erfahre, basierend auf dem von ihr konstruierten Sinnhorizont."[45] Für Streib ist es erforderlich, um Religion besser zu verstehen, neben der kognitiven Dynamik ebenso die Lebensgeschichte und Lebenswelt zu berücksichtigen, die Wurzel religiöser Stile sind und für deren Verstehen entscheidende Bedeutung haben. Religiös-strukturelle Analyse und die Transformation der lebensgeschichtlichen und lebensweltlichen Kontextualisierung sind als Stilanalyse Teil der Untersuchung.[46]

Besonders zu würdigen sind die anthropologischen Reflexionen zur „Glaubensentwicklung im Hinblick auf den islamischen Kontext"[47] im theoretischen Teil, die nach der Anschlussfähigkeit eines im christlichen Kontext generierten Modells fragen. „Die Glaubensentwicklung des Menschen in der Suche nach ei-

[43] Ebd. 125f.
[44] S. a. *Tietze*, Identitäten.
[45] *Aygün*, Sozialisation 20.
[46] Vgl. ebd. 26.
[47] Ebd. 27–39.

nem inneren Gleichgewichtszustand und Integrität ist rein islamischer Entwicklungsgedanke, der der Annahme Fowlers ähnelt." Die menschliche Natur (Fitrah = wörtlich: erste Schöpfung) wird „als angeborene, natürliche und positive Veranlagung des Menschen" verstanden. Jeder Mensch kommt „mit dem Bewusstsein auf die Welt, in Einheit mit Gott zu sein", es braucht jedoch Intelligenz und Willen, „um sich dessen bewusst zu werden". Abraham gilt als Beispiel für einen reflektierenden Glauben.[48]

Der Körper wird als das Haus des Selbst (Nafs), der inneren Welt des Menschen, und der Seele bezeichnet. Nafs kennzeichnet das menschliche Wesen sowie die Individualität der Person und vergeht mit dem Tod. Der Koran mahnt, das Selbst zu erziehen. „Der Mensch ist also von Natur aus veranlagt, sich zu entwickeln."[49] Somit „besteht eine Ähnlichkeit zwischen der Theorie menschlicher Entwicklung und dem menschlichen Bemühen, zur Einheit mit Gott und Wahrheit zu gelangen", wobei der „sufische Lebensstil als religiöse Seite der Entwicklungspsychologie betrachtet werden kann."[50] Aus islamischer Sicht sei der Mensch „fromm, wenn er die Grenzen (gemeint Gesetze) Gottes einhalte und seine angeborenen Kräfte wahrnehme."[51] Angesichts des Ziels, „eine gesellschaftliche Ordnung zu bilden, die sich auf Moral und Gerechtigkeit gründet", muss sich Frömmigkeit im gesellschaftlichen Kontext bewähren.

Die große Mehrheit der türkisch-islamischen Jugendlichen wurde der synthetisch-konventionellen Glaubensstufe 3 nach Fowler zugeordnet, weniger erreichten die individuierend-reflektierende Stufe 4, wobei hier ein Zusammenhang mit Alter und Bildung zu erkennen ist. „Diese entsprechen den beiden Grundtypen der islamischen Theologie, […] die im Koran als nachahmende[r] bzw. bewusste[r] Glauben bezeichnet werden."[52] Aygün kann vier Typen grundlegender religiöser Orientierung türkisch-islamischer Jugendlicher identifizieren: den „traditionellen Typ", den „ideologischen Typ", „den laizistischen (säkularen) Typ" und den „individuellen Typ".[53]

Schon einleitend verweist Aygün auf ein für ihn besonders bemerkenswertes Ergebnis, dass „die Gottesbilder bei den Jugendlichen in der Türkei ‚breiter und offener angelegt sind' als bei den Jugendlichen in Deutschland. […] Die vorfindliche Religiosität Jugendlicher ist […] nicht durch die Tradition festgelegt, sondern offenkundig der Entwicklung und entsprechender Bildungsbemühungen zugänglich."[54] In Deutschland haben gegenüber der Türkei die Moscheen

48 Ebd. 28ff.
49 Ebd. 32f.
50 Ebd. 34.
51 Ebd. 36.
52 Ebd. 98.
53 Ebd. 100.
54 Ebd. 5.

eine wesentliche Bedeutung in der religiösen Sozialisation. Angesichts der notwendigen Bildungsanstrengungen sieht Aygün im „normative[n] Anspruch des Hochislam“ ein „Hindernis in Bezug auf die angestrebte Mündigkeit“, „weil eine solche Art des Islam die Menschen in Abhängigkeit hält.“ Deshalb verlangt er eine islamische Religionspädagogik, „die sich Selbständigkeit und religiöse Mündigkeit zum Ziel setzt und in diesem Sinn zur Identitätsfindung ihren Beitrag leistet.“[55]

3. Konsequenzen für die Bildungsarbeit

3.1 Das Problem der Verletzung religiöser Integrität durch Geringschätzung

Wenn Religion in der Schule thematisiert wird, in welchem Fach auch immer, werden Kinder der säkularen und pluralen Gesellschaft mit Inhalten und Formen in der Schule konfrontiert, die ihre Eltern so nicht teilen oder sogar ablehnen und abwehren. In der Regel haben sie auch nicht gelernt, ein auf gegenseitiges Verstehen gerichtetes Gespräch über Religion zu führen. In besonderer Weise trifft dies auf Islam und Muslim-Sein zu, noch dazu Themen, die medial und gesellschaftlich negativ aufgeladen sind, und mit denen ganz andere Fragen gewissermaßen mitverhandelt werden. Stehen gläubige Menschen gesellschaftlich unter Rechtfertigungsdruck, umso mehr erst Muslime. Religiöse Menschen können aber durch aggressive oder obszöne Äußerungen zu religiösen Fragen oder Praktiken zutiefst verletzt werden. Verbote werden hier nicht weiterhelfen, aber ein Unterricht, der Religion nicht isoliert betrachtet, „sondern als etwas, das konkrete Menschen bewegt, beseligt, tröstet, zur Verantwortung ruft“ (Balser), wäre konstruktiv und ermöglicht jungen Menschen, religiös andersgläubigen Menschen denselben Respekt entgegenzubringen, den sie gegenüber sich selbst erwarten. Das vermeidet auch die Gefahr, die mit der verbreiteten Position verbunden ist, selbst über (dem Thema) Religion zu stehen und aus dieser Überlegenheit sowie der damit verbundenen Vogelperspektive eine Art Aufsicht über Religion einzunehmen. So kann Religion und können gläubige Menschen, erst recht Muslime, nicht verstanden werden, weil die Augenhöhe und das Augenmaß fehlen.[56]

3.2 Das Problem der Zuschreibung und Stereotypen

Es wäre sachlich angemessen und hilfreich, (auch junge) Menschen nicht als Repräsentanten des Islam zu sehen, sondern als Subjekte, die in einem islamischen

[55] Ebd. 186.
[56] Vgl. *Jäggle*, Religionen-Didaktik.

Kontext stehen, in einer religiösen Tradition, die sich (als „Co-Konstrukteure der Wirklichkeit") auf eine islamische Tradition beziehen, hinter denen eine islamische Tradition steht, oder wie auch immer sich diese Beziehung darstellen mag. Ein solcher Zugang nimmt auch ernst, dass es innerhalb des Islam eine Pluralität gibt, dass auch der Islam eine geschichtliche Größe ist und somit einem geschichtlichen Wandel unterliegt. Dieser Zugang hilft die Entwicklung und Bedeutung von Stereotypen zu reduzieren. Zugleich gilt es zu bedenken, dass – was immer man unter religiöser Identität und Religiosität verstehen mag – für das Selbstverständnis von Menschen u. a. auch Kultur, Alter, Geschlecht, Bildung, soziale und gesellschaftliche Situation bzw. Stellung entscheidend sind. Ohne diese mitzubedenken, kann man leicht in die Falle einer Religionsvariante des Kulturalismus gehen. Ein Prozess der Verständigung ist nicht möglich. So dürfen Diskriminierungen, Ausgrenzungen und Machtasymmetrien nicht verschleiert und niemand auf ein religiöses Stereotyp fixiert werden, von dem her eine junge Frau oder ein junger Mann sowie deren Verhalten interpretiert werden („typisch..."). Es bedarf daher einer kritischen und differenzierten Betrachtungsweise, die Gleichheit und Verschiedenheit der Person in Balance hält.[57]

3.3 Das Problem des Vergleichens – ein Beitrag zur Gleich-Gültigkeit?

Vergleichen setzt Verstehen voraus und kann dieses wiederum fördern. Durch unsachgemäße Vergleiche werden jedoch Vorurteile gefestigt. Die dabei erworbenen Kenntnisse verhindern jede weiterführende Erkenntnis. Vergleiche, die Munition für oder gegen eine Religion sammeln oder Fremdes erniedrigen wollen, disqualifizieren sich selbst. Falsche Vergleiche – etwa stets in der Kategorie des Komparativs besser/schlechter – verhindern Verstehen und können auch neurotisch machen. Wird das Andere zu einer Variante des Eigenen, wird es gleichgültig. Eine solche Praxis wird Gleichgültigkeit als Einstellung fördern. Sachgerecht kann die respektvolle Suche nach Entsprechungen sein, die Gemeinsames im Verschiedenen so anzielt, dass Verschiedenes nicht zur Variation des Einen abgestuft wird, die Verständnis und Respekt für fremde Lebensweisen fördert, diese als fremde anerkennt, manch Eigenes relativiert und mit Hilfe des Fremden auch Eigenes entdecken lässt.

Auf die vorherrschende – schulisch meist fest etablierte – Praxis schematischer Vergleiche sollte verzichtet werden. Wer z. B. bei Wallfahrt – meist aus katholischer Sicht – einfach die Wallfahrtsorte von Christentum und Islam vergleicht, bekommt keinen Blick dafür, dass Wallfahrt in der christlichen Tradition eine fromme Übung und im Islam eine religiöse Pflicht ist. Mit den vertrauten,

[57] Vgl. *Jäggle*, Interreligiosität.

eigenen Kategorien die Anderen wahrnehmen verhindert, die Anderen und sich selbst besser zu verstehen.

Bei einer Suche nach Entsprechungen ist stets die Unvergleichlichkeit (Einmaligkeit) der jeweiligen Tradition nicht aus den Augen zu verlieren. Ein Vergleichen, das sich als „Suche nach Entsprechung" versteht, will aber methodisch beherrscht sein. Es verlangt Zurückhaltung gegenüber einem – letztlich undifferenzierten – „Vergleich von Religionen als Ganzheit" und empfiehlt, innerhalb derselben „Dimension" nur einzelne Segmente (Gottesbild, Erlösungsvorstellungen, heilige Orte, rituelle Reinheit, Gebetsformen usw.) zu vergleichen. Dabei sollte der innere Zusammenhang von Lehre und Praxis, der innerreligiöse Pluralismus sowie auch der „Unterschied von theoretischer und gelebter Religion" berücksichtigt werden. Jede Religion kennt Tendenzen der Entartung. „Wer vergleicht, sollte niemals das eigene Ideal mit der fremdreligiösen Praxis vergleichen".[58]

3.4 „Kultur der Anerkennung"[59] von Islam und Muslimen in Schule und Gemeinde

Die Demokratiefähigkeit einer Gesellschaft entscheidet sich nicht am abstrakten Postulat der Gleichheit, sondern am konkreten Umgang mit Verschiedenheit. Wir brauchen eine Schule (und Gemeinde) des gemeinsamen Lernens an Differenz.[60] Nur so ist die Entwicklung nicht-diskriminierender Kommunikation möglich, damit wir „den besseren Zustand aber denken als den, in dem man ohne Angst verschieden sein kann"[61].

„Mit Hochachtung betrachtet die Kirche auch die Muslim[e]"[62], erklärt das II. Vatikanische Konzil. Diese Erklärung ist 50 Jahre danach jedoch noch immer nicht angemessen umgesetzt. Da Anerkennung an Öffentlichkeit gebunden ist, wie der Konflikt um die Aufstellung zweisprachiger Ortstafeln in Kärnten/Österreich dokumentiert hat, sind die teilweise menschenrechtswidrigen Einschränkungen bei Moscheebauten eine spezifische Form gesellschaftlicher Demütigung. Die gesetzliche Anerkennung des Islam (in Österreich seit 1912) und die Einführung eines islamischen Religionsunterrichts (in Österreich seit 1983) sind für eine Kultur der Anerkennung notwendig, aber nicht hinreichend. Religiöse Differenz bedarf der gesellschaftlichen Würdigung und Wertschätzung, wozu gegenseitige Einladungen, Grußbotschaften, der gemeinsame Ein-

58 *Jäggle*, Religionen-Didaktik.
59 *Jäggle/Krobath/Stockinger,* Kultur.
60 Vgl. *Krobath/Lehner-Hartmann/Polak,* Anerkennung.
61 *Adorno*, Minima Moralia 114.
62 Nostra aetate 3.

satz gegen Diskriminierung beitragen. Es geht darum, „sich aufrichtig um gegenseitiges Verstehen zu bemühen und gemeinsam einzutreten für Schutz und Förderung der sozialen Gerechtigkeit, der sittlichen Güter und nicht zuletzt des Friedens und der Freiheit für alle Menschen.“[63]

Literatur

Abu-Hamdeh, Tamara: Muslimische Jugendliche in Österreich. Untersuchung zur Religion, Diplomarbeit Universität Wien, Wien 2012.

Adorno, Theodor W.: Minima Moralia. Reflexionen aus dem beschädigten Leben, Frankfurt a. M. 1951.

Aygün, Adem: Religiöse Sozialisation und Entwicklung bei islamischen Jugendlichen in Deutschland und in der Türkei. Empirische Analysen und religionspädagogische Herausforderungen, Münster / New York / München u. a. 2013.

Behr, Harry H.: Was hat Schule mit Allah zu tun? Anmerkungen zum statistisch erfassten Zusammenhang von Religiosität und Bildung bei jungen muslimischen Erwachsenen im Alter zwischen 18 und 29 Jahren. In: *Bertelsmann-Stiftung* (Hrsg.): Religionsmonitor 2008, a. a. O., 51–59.

Bertelsmann Stiftung (Hrsg.): Religionsmonitor. Verstehen was verbindet. Religiosität und Zusammenhalt in Deutschland, Gütersloh 2013: http://www.religionsmonitor.de/pdf/Religionsmonitor_Deutschland.pdf (Zugriff 14.2.2014).

Dies. (Hrsg.): Religionsmonitor 2008. Muslimische Religiosität in Deutschland. Überblick zu religiösen Einstellungen und Praktiken, Gütersloh: http://www.bertelsmann-stiftung.de/bst/de/media/xcms_bst_dms_25864_25865_2.pdf (Zugriff 14.2.2014).

Brumlik, Micha: Jugend, Religion und Islam – einige grundsätzliche Erwägungen. In: *Hunner-Kreisel, Christine / Andresen, Sabine* (Hrsg.): Kindheit und Jugend in muslimischen Lebenswelten. Aufwachsen und Bildung in deutscher und internationaler Perspektive, Wiesbaden 2010, 29–44.

Ende, Werner / Steinbach, Udo (Hrsg): Der Islam in der Gegenwart, München [3]1991.

Feige, Andreas: Die „Religiosität“ von Jugendlichen: Was eigentlich ist die Frage? Eine wissenssoziologische Analyse prototypischer empirischer Arbeiten und eine Skizze für ein theoretisch fundiertes Konzept empirischer Forschung. In: Theo-Web. Zeitschrift für Religionspädagogik 11 (2012) 95–127; http://www.theo-web.de/zeitschrift/ausgabe-2012-01/ (Zugriff 14.2.2014).

[63] Ebd.

Ders./Gennerich, Carsten: Lebensorientierungen Jugendlicher. Alltagsethik, Moral und Religion in der Wahrnehmung von Berufschülerinnen und -schülern in Deutschland. Eine Umfrage unter 8.000 Christen, Nicht-Christen und Muslimen, Münster/New York/München u.a. 2008.

Friesl, Christian/Kromer, Ingrid /Polak, Regina (Hrsg.): Lieben – Leisten – Hoffen – Die Wertewelt junger Menschen in Österreich, Wien 2008.

Heitmeyer, Wilhelm/Müller, Joachim/Schröder, Helmut: Verlockender Fundamentalismus, Frankfurt a.M. 1997.

Hemel, Ulrich: Art. „Religiosität". In: LexRP, Bd. 2, Neukirchen-Vluyn 2001, 1839–1844.

Jäggle, Martin: Interreligiosität und Dialog. In: Das Wort. Evangelische Beiträge zu Bildung und Unterricht 3/2008, 30–31.

Ders.: Religionen-Didaktik, in: *Figl, Johann* (Hrsg.): Handbuch der Religionswissenschaft. Religion und ihre zentralen Themen, Innsbruck/Wien/Göttingen 2003, 817–833.

Ders./Krobath, Thomas/Stockinger, Helena u.a. (Hrsg.): Kultur der Anerkennung. Würde – Gerechtigkeit – Partizipation für Schulkultur, Schulentwicklung und Religion, Baltmannsweiler 2013.

Krämer, Gudrun: Hohe Religiosität und Vielfalt. Muslimische Aspekte des Religionsmonitors. In: *Bertelsmann-Stiftung* (Hrsg.): Religionsmonitor 2008, a.a.O., 219–229.

Kelek, Neklá: Islam im Alltag. Islamische Religiosität und ihre Bedeutung in der Lebenswelt von Schülerinnen und Schülern türkischer Herkunft, Münster/New York/München u.a. 2002.

Khorchide, Mouhanad: Die Bedeutung des Islam für Muslime der zweiten Generation. In: *Weiss, Hilde* (Hrsg.): Leben in zwei Welten. Zur sozialen Integration ausländischer Jugendlicher der zweiten Generation, Wiesbaden 2007, 217–244.

Krobath, Thomas/Lehner-Hartmann, Andrea/Polak, Regina (Hrsg.): Anerkennung in religiösen Bildungsprozessen. Interdisziplinäre Perspektiven, Göttingen 2013.

Polak, Regina: Lebenshorizonte: Religion und Ethik. In: *Friesl, Christian/Kromer, Ingrid/Polak, Regina* (Hrsg.): Lieben, a.a.O., 126–213.

Renner, Katharina/Polak, Regina: Religiosität muslimischer Jugendlicher, in: *Friesl, Christian /Kromer, Ingrid /Polak, Regina* (Hrsg.): Lieben, a.a.O., 188–203.

Salehzadeh, Rejeh: Integration – Ein unmögliches Projekt? Einblicke in „Innenansichten" von Personen mit türkischem Migrationshintergrund – Analysen und Interpretationen auf der Basis von qualitativen Interviews, Berlin 2010.

Streib, Heinz/Gennerich, Carsten: Jugend und Religion. Bestandsaufnahmen, Analysen und Fallstudien zur Religiosität Jugendlicher, Weinheim/München 2011.

Thielmann, Jörn: Vielfältige muslimische Religiosität in Deutschland. Ein Gesamtüberblick zu den Ergebnissen der Studie der Bertelsmann Stiftung. In: *Bertelsmann-Stiftung* (Hrsg.): Religionsmonitor 2008, a. a. O., 13–21.

Tietze, Nikola: Islamische Identitäten. Formen muslimischer Religiosität junger Männer in Deutschland und Frankreich, Hamburg 2001.

Totchilovski, Viktoria: Religiosität im Islam. Diskrepanzen zwischen selbsteingeschätzter Religiosität und religiösem Wissen, Hamburg 2013.

Zirker, Hans: Islam. Theologische und gesellschaftliche Herausforderungen, Düsseldorf 1993.

http://www.religionsmonitor.de/pdf/Religionsmonitor_Deutschland.pdf.

II

Religion und Religiosität in religiöser Bildung

„Wer nichts vom Menschen versteht, versteht auch nichts von Religion"

Wie viel Religion braucht Religiosität in der Schule?

Helga Kohler-Spiegel

1. Zum Grundverständnis der Fragestellung / Hinführung Schule zwischen „Religion" und „Religiosität"

Religiöses Lernen im Raum von öffentlicher Schule ist immer wieder neu gefordert, das eigene Bildungs- und Religionsverständnis zu reflektieren und in den öffentlich-gesellschaftlichen Diskurs über das Verständnis des Religionsunterrichts zu diskutieren. Gegenwärtig beschäftigt die Differenz zwischen Religion und Religiosität im Raum der Schule die Diskussion, damit verbunden ist das Selbstverständnis des Religionsunterrichts, ob er als Religions- oder als Religiositätsunterricht ausgelegt wird.

Auch wenn es zuerst etwas abstrakt klingt, ist danach zu fragen, welcher Art von „Religion" Kinder und Jugendliche im Rahmen öffentlicher Schulbildung inhaltlich und erfahrungsbezogen begegnen und womit sie sich auseinandersetzen sollen. Es gibt Versuche, Religion und Religiosität gegeneinander auszuspielen. Wie bei Geschwistern hilft es, die Unterschiedlichkeit gut zu sehen und Differenzierungen zu nutzen, ohne Differenzen zu schüren. Für die Praxis des Religionsunterrichts ist es wohl wichtig, von Religion und von Religiosität etwas zu verstehen und zu wissen, wann „Religion" und wann „Religiosität" für den religiösen Lernprozess förderlich und zielführend ist. Oder – anders formuliert: Wie viel Religion braucht Religiosität in der Schule? Wie viel Religiosität braucht Religion in der Schule? Wann geht es im Religionsunterricht um „Religion", wann um „Religiosität"? Und wie reagieren Lehrpersonen? Welche Haltung, welche Sprache, welche Didaktik braucht Religion, und welche braucht Religiosität?

2. Begrifflichkeit und Begriffsverständnis

2.1 Ein offener Begriff von Religion

Ambivalenz, Heterogenität, Pluralisierung, Individualisierung – längst ist klar, dass Menschsein, auch religiös, nur im Plural zu verstehen ist. Erich Fromm

(1900–1980) versteht unter Religion „jedes System des Denkens und Tuns [...], das von einer Gruppe geteilt wird und dem Individuum einen Rahmen der Orientierung und ein Objekt der Hingabe bietet“[1]. So verstanden kann er sagen: „Die Frage lautet nicht: ob Religion oder ob nicht?, sondern: welche Art von Religion? Fördert sie die Entwicklung des Menschen, die Entfaltung der spezifisch menschlichen Kräfte, oder lähmt sie die Kräfte?“[2] Mit diesem weiten Begriff von Religion macht Erich Fromm deutlich, dass Bindung, Orientierung und Hingabe konstitutiv für menschliches Leben sind, dass jeder Mensch – in unterschiedlichster Ausprägung – das Bedürfnis danach, also ein so verstanden „religiöses“ Bedürfnis hat. Viktor Frankl (1905–1997), der Begründer der Logotherapie, hat aufgezeigt, dass das Fehlen dieser Orientierung auf Dauer einen Menschen krank macht.[3]

2.2 Religion und Religiosität – zur Differenzierung

„Religion“ kann als ein Gegenstand verstanden werden, als ein Inhalt, der geglaubt werden muss, als institutionalisierte Form, die zwar stabil, aber zugleich auch unbeweglich ist. „Religiosität“ meint die eigenen Einstellungen und Vorstellungen, die Haltung und die Entscheidung, sich – auch – an einer „höheren Macht“ zu orientieren. „Da eine so verstandene Religiosität jedoch Teil des Menschseins ist, ist sie im Unterschied zum feststehenden Glaubens- und Normengut einer Religion dem Wandel des Weltverstehens unterworfen.“[4] Religiosität ist angebunden an eigene Entwicklungen im Leben, ist Ausdruck des Lebens und somit ständigen Veränderungen ausgesetzt. Und – auch wenn Religion statisch erscheint, wirken sich vielfältige Formen von Religiosität auf Religion aus und verändern diese. Zugleich entfalten und entwickeln sich innerhalb oder unterhalb vorgegebener Formen von Religion zahlreiche Ausprägungen von Religiosität. „(Individuelle) Religiosität kann durch (institutionelle) Religion geformt werden. Doch muss dies nicht so sein. Zudem wird Religion stets durch konkrete Menschen mit eigener, individueller Religiosität vermittelt und interpretiert.“[5]

Aus der Perspektive tradierter Religion wird Religiosität als individualisiert, oft als zu individuell erlebt. Nur auf die einzelne Person bezogen, von der einzelnen Person verantwortet und gelebt scheint die Verankerung in der Institution und die inhaltliche Ausprägung von Religion zu kurz zu kommen. Während individuell vor allem danach gefragt wird, wie eine Person ihre eigene Religiosität erlebt, wie sie diese empfindet, ob diese sie stärkt und trägt, wird bei institutionalisierter

1 *Fromm*, Psychoanalyse 27.
2 Ebd. 31.
3 Vgl. *Frankl*, Leiden 48.
4 *Walf*, Religion 125.
5 Ebd.

Religion viel mehr gefragt nach der wahren Tradition, den richtigen Formen von Gebet und Ritual. Die unterschiedlichen Ebenen, auf denen Religion und Religiosität den Menschen ansprechen, verunmöglichen einen direkten Vergleich der beiden Ebenen. Denn schnell wird bewusst, dass institutionell verbürgte Überlieferungen, Inhalte und Formen sich – oft – nicht ungebrochen eingliedern in Verarbeitung und Deutung von erlebtem und gelebtem Leben. „Ein individueller oder subjektiver, in der Regel existenznotwendiger Versuch des Menschen, Religion für sich plausibel zu machen und in eine mögliche Übereinstimmung zu seiner Alltagswelt zu bringen“[6], ist eben nicht unveränderlich, sondern bewegt und entwickelt sich mit den Erfahrungen und Deutungen eines Menschen. Oder anders gesagt: Es kann sein, dass in der religiösen Sozialisation, in der religiösen Erziehung tradierte Muster, Vorstellungen, Lehren und Normen so sehr verinnerlicht wurden, dass im Verlauf der weiteren Jahre kaum mehr Entwicklung im Religiösen stattfinden kann, weil eine Veränderung als Verstoß gegen diese verinnerlichten religiösen Inhalte und Gebote empfunden würde. Es kann auch sein, dass sich eine Person, die so religiös sozialisiert wurde, bei Brüchen zwischen Religion und anderen Lebensbereichen der Religion entledigen muss, „Religion“ hinter sich lassen muss, um die Brüche zu ertragen und in den anderen Lebensbereichen handlungsfähig zu bleiben. Oder es kann sein, dass ein Mensch von der anerzogenen zu selbstverantworteter Religiosität findet, was zu (inneren und äußeren) Konflikten zwischen Religion und Religiosität führen kann.

2.3 Begriffsunterscheidungen

Die Unterscheidung zwischen „objektive[r] und subjektive[r] Religion“ geht auf Georg Wilhelm Friedrich Hegel (1770–1831) zurück. Er unterscheidet zwischen „subjektivem Geist“ im Sinne des einzelnen Geistes bzw. der einzelnen Person, und „objektivem Geist“ im Sinne des gemeinsamen Geistes, der Ausdrucksmöglichkeiten einer Gesellschaft, Kultur, Religion. Analog dazu kann auch im religiösen Bereich unterschieden werden zwischen „Religion im objektiven Sinn“ und „Religion im subjektiven Sinn“. „Religion im subjektiven Sinn“ ist dann zu verstehen als der personale Glaubensvollzug des Einzelnen, als „fides qua“, d. h. das Glauben als Vorgang, als Handlung, als persönlicher Glaubensakt, als meine Glaubensüberzeugung, meine Religiosität. Dies kann sich im persönlichen Bekenntnis ausdrücken, das sich nicht (in allen Bereichen) mit den Bekenntnissen der jeweils eigenen Kirche/Glaubensgemeinschaft decken muss. „Religion im objektiven Sinn“ ist zu verstehen als die „Vergegenständlichungen“ (Objekte) des Glaubens von Menschen vor unserer Zeit und über unsere Zeit hinaus; Glaube und Glaubenslehren, die unabhängig des personalen Glaubens vorhanden sind, wie

[6] Ebd. 126.

die Bibel, dogmatische Glaubensformulierungen, tradierte Bekenntnisse, religiöse Symbole und Bauten.

Die Differenzierung zwischen „religiös im engeren Sinn“ und „religiös im weiteren Sinn“ beschreibt den Horizont, vor dem religiöse Deutungsmuster zur Verfügung stehen und aufgenommen werden, ebenso aber auch die Selbstdefinition der eigenen Religiosität. Von „religiös im engeren Sinn“ wird dann gesprochen, wenn die Antworten auf letzte Sinnfragen in einer institutionalisierten Religion wie dem Christentum, Judentum, Islam u. a. gefunden werden und ein Höchstes anerkannt und verehrt wird. „Religiös im weiteren Sinn“ meint ein Sich-Öffnen über sich selbst hinaus als Vertrauen, Dankbarkeit, Verzeihen, Glücklichsein und Hoffnung haben, Hilfsbereitschaft und Freude. Damit ist ein Sich-selbst-Übersteigen gemeint, eine Ahnung von Tiefendimensionen, ohne dass dies ausdrücklich mit einer institutionalisierten Religion und einem ausdrücklichen Bezug auf ein Höchstes verknüpft wird.

2.4 Dimensionen von Religion und Religiosität

Die Beschreibung der (Kern-)Dimensionen von Religiosität nach Charles Glock stellt bis heute einen fachlichen Konsens dar, sie können verbunden werden mit den entsprechenden Dimensionen religiöser Begleitung:

- RELIGIÖSER GLAUBE
  Hinführung zu einer persönlichen Grundentscheidung
- RELIGIÖSE PRAXIS
  Vermittlung von Erfahrung und Tradition durch Feste, Riten, Bräuche
- RELIGIÖSES ERLEBEN
  Teilhaben an Erfahrungen, Führung zu Staunen, Offenheit, zu Haltungen und Einstellungen
- RELIGIÖSES WISSEN
  Kognitive Orientierungshilfe
- RELIGIÖSE WIRKUNGEN
  Hinführung zu ethisch-sozialem Handeln
- RELIGIÖSE BEZIEHUNG
  Hinführung in die Gemeinschaft der Glaubenden, Zugehörigkeit.[7]

Die einzelnen Dimensionen sind nicht hierarchisch zu verstehen, sondern beschreiben Teilbereiche, individuell und biografisch sind diese Dimensionen unterschiedlich ausgeprägt, auch in verschiedenen Gemeinschaften und Gruppen kann die Gewichtung dieser Dimensionen differieren.

[7] Vgl. z. B. *Wilke*, Religion 3–21.

2.5 Aspekte religiösen Lernens

Religion ist immer mehrdimensional, vielfältig zu verstehen, seit Generationen überlieferte Inhalte und Glaubensformen verbinden sich – oder kollidieren – mit persönlichen Erfahrungen, spirituelle Erfahrungen der einzelnen Person sind nicht notwendig deckungsgleich mit tradierter Religiosität und öffentlich sichtbarer Religion. Für religiöse Bildungsprozesse ist deshalb eine Unterscheidung wichtig, auf die Friedrich Schweitzer hingewiesen hat: Religiöses Lernen beinhaltet

- religionskundliche Aspekte („learning about religion"),
- Werterziehung aus reflektierter Grundhaltung („learning from religion")
- und Elemente gelebten Glaubens und spirituellen Lebens in einer konkreten Tradition („learning in religion"). Dieser Aspekt wird v. a. von den konfessionellen Angeboten religiöser Bildung abgedeckt.

2.6 Und: Der Genauigkeit wegen: Katechese

Bei der Klärung von Begrifflichkeiten hilft es auch, den Begriff „Katechese" von den bisher dargestellten Begrifflichkeiten und Dimensionen zu unterscheiden. Das altgriechische Wort „katecheo" – auch das deutsche Lehnwort „Echo" ist darin erkennbar – ist am besten mit „antönen, anklingen lassen" zu übersetzen. Katechese wird häufig als Unterweisung oder Glaubensvermittlung verstanden, meint aber vom Wort her, dass jemand so vom eigenen Glauben redet, dass im anderen Menschen etwas antönt, anklingt, dass beim Gegenüber etwas zum Schwingen und Klingen kommt. Denn Religiöses geschieht ganz konkret: Wenn sich mir jemand zuwendet, dann geschieht Zuwendung, wenn mir jemand für einen Moment die Hand hält, dann bin ich gehalten, wenn mich jemand bewusst ansieht, bin ich angesehen. Katechese setzt eine vorläufige Glaubensentscheidung voraus. Dies unterscheidet Katechese klar vom Religionsunterricht, diese vorläufige Glaubensentscheidung muss beim Religionsunterricht (seit den Synoden in den 1970er-Jahren) nicht gegeben sein.[8]

3. Grundverständnis von „religio"

„Religio" bildet die Basis für „Religion" und „Religiosität", der mehrfache Bedeutungshintergrund beschreibt nicht primär einen Inhalt, sondern eine Handlung, eine Bewegung.[9]

[8] Vgl. *Kohler-Spiegel*, Fremde Geschwister 82–91; vgl. auch *Englert*, Grundfragen.

[9] Religare – sich zurückbinden, sich beziehen auf jemanden oder etwas; relegere – immer wieder lesen; reeligere – auswählen.

3.1 Bindung – die besondere Beziehung: Sicher gebunden

Das hebräische Wort für Glauben bedeutet „sich fest machen", „festen Halt und Stand gewinnen", es meint Festigkeit, Beständigkeit, Zuverlässigkeit, Vertrauen.[10] „Bindung" gibt Geborgenheit, Zuwendung und soziale Anerkennung, auch Sicherheit und Orientierung als Grundbedürfnisse des Menschen.[11] Attachment ist (nach Mary Ainsworth) „die besondere Beziehung eines Kindes zu seinen Eltern oder Personen, die es beständig betreuen." Es ist ein „imaginäres Band, das in den Gefühlen einer Person verankert ist und das sie über Raum und Zeit hinweg an eine andere Person, die als stärker und weiser empfunden wird, bindet."[12] Es ist ein Grundbedürfnis, um Sicherheit zu erlangen, sich zu orientieren, um Angst zu mindern, und auch Werte zu vermitteln. Bindungsverhalten wird gezeigt, wenn Gefahr für den Erhalt der Bindung besteht. Bindung entwickelt sich im Kontakt, in der Beziehung.

Gerade die jüdisch-christliche Tradition beschreibt die Beziehung zwischen Gott und dem Menschen häufig mit den Bildern von Bindung, Beziehung und Begegnung. Von Gott reden, heißt jüdisch-christlich: vom Menschen reden. Mary Ainsworths Verständnis von Bindung kann also auch im Blick auf Religion und Religiosität gesehen werden.[13]

3.2 Erzählen und Deuten

Bindungserfahrungen werden emotional, in Szenen erlebt, ihre Verarbeitung und Speicherung im emotionalen Erfahrungsgedächtnis ist ein kognitiver und emotionaler Prozess. Leben verlangt nach Deutung, der Zwang zu deuten kann als Existenzial beschrieben werden.[14] Um sich selbst wahrzunehmen und um zu lernen, muss die einzelne Person in den Blick kommen. Szenen sind Ausgangspunkt für Wahrnehmung, Deutung und Erinnerung von Erlebtem, in Szenen wird Erlebtes aufgenommen und konstruierend verarbeitet, in Szenen kann es abgelegt und wieder vergegenwärtigt werden, dies geschieht emotional. So werden diese Szenen auch erinnert und können erzählt werden, in den Narrationen, dem Erzählen dieser Szenen (mit allen Anpassungen, Veränderungen …) wird Identität konstruiert, individuell und kollektiv.[15]

Religiöse Überlieferungen und Traditionen stellen kollektive Szenen zur Verfügung und halten diese präsent. In den „heiligen Geschichten", in den Bildern,

[10] Vgl. *Kohler-Spiegel*, Erfahrungen.
[11] Vgl. exemplarisch *Stern*, Tagebuch.
[12] Zit. nach *Grossmann/Grossmann*, Bindungen 72; vgl. auch *Holmes*, Bowlby 86ff.
[13] Vgl. *Kohler-Spiegel*, Bindungserfahrungen 109–127.
[14] Vgl. *Gennerich*, Emotionen.
[15] Vgl. exemplarisch *Holderegger*, Trauma 22; *Reeder*, Narration 24.

Gebeten und Liedern sowie in den Ritualisierungen werden Narrationen – in der Differenziertheit kollektiver Tradierungsprozesse mit ihren Anpassungen, Ergänzungen und Auslassungen – weitergegeben. Die „großen Szenen" der religiösen Überlieferung unterbrechen gewohnte Deutungen bzw. können diese unterbrechen, und sie können sich immer wieder neu mit erlebten eigenen Szenen verbinden, mit Erfahrungen, die im Erzählen das Erinnerte gegenwärtig setzen. In dieser Verbindung kann auch eine einseitig individualisierte Perspektive zugunsten von gemeinschaftlich kollektiven Erfahrungen und Deutungen überwunden werden.

4. Religionspädagogisches Grundverständnis von Bildung und Lernen

4.1 Die Basis pädagogischen Handelns

Beziehung ist die Basis für Erziehung, konkretisiert als Geborgenheit, Zuwendung und soziale Anerkennung. Darin ist emotionale und kognitive Rückmeldung möglich, sodass ein Kind sich entwickeln und ungestört auf eine Sache konzentrieren kann. Im „Fit-Misfit-Konzept" löst Remo Largo[16] die Grundfrage nach dem Zusammenspiel zwischen Kind und Umwelt durch „Passung", indem er die Faktoren möglichst hoher Übereinstimmung zwischen den individuellen Bedürfnissen und Entwicklungseigenheiten des Kindes und der Umgebung zu beschreiben versucht. In der Schule geht es um eine optimale Passung zwischen den individuellen Lernvoraussetzungen des Kindes einerseits und dem Lernangebot andererseits.

4.2 Lernen als aktiv konstruierende Leistung des Subjekts

Lernen zielt auf Überraschendes, auf eine Unterbrechung in unserem Denken, Fühlen und Handeln. Lernen hat mit Veränderung zu tun, mit der Freude, in Bewegung zu bleiben, Altes loszulassen und Neues aufzunehmen, Vertrautes in Frage zu stellen und Verunsicherndes und Fremdes in die eigene Person zu integrieren. Lernen im umfänglichen Sinn ist selbstverständlich nicht auf intentionale Lernprozesse eingeschränkt. „Der Vorgang des Lernens ist vielmehr grundlegend für jede Art von aktueller Anpassung, die sich als Resultat von Erfahrungen bildet."[17] Nach Zimbardo kann man „Lernen als einen Prozeß definieren, der zu relativ stabilen Veränderungen im Verhalten oder im Verhaltenspotential führt und auf Erfahrung aufbaut."[18]

[16] Vgl. exemplarisch *Largo*, Babyjahre 248ff.; vgl. *Oerter/Montada*, Entwicklungspsychologie.
[17] *Krech/Crutchfield/Livson*, Grundlagen 7.
[18] *Zimbardo*, Psychologie 227.

Gegenwärtig wird Lernen aktiv konstruierend verstanden: Die Lehrperson macht Angebote – zu Inhalten, zu Strukturen, Prozessen, Regeln. Die Lehrperson schafft Rahmen und Raum zum Lernen, ist Dialogpartner und unterstützt den Lern- und Konstruktionsprozess bei Schülerinnen und Schülern, die Lehrperson plant und leitet Lernschritte, hält den Lernprozess in Bewegung, bietet verschiedene Lernwege und Materialien an, begrenzt Einseitigkeiten und Irrwege, erschließt Fragestellungen und Themen u. v. m., entscheidend dabei aber ist immer: Die Lernangebote sind ausgerichtet auf die dadurch ausgelösten Lernprozesse bei Schülerinnen und Schülern. Die modellhaft begleitende Lehrperson ist unverzichtbar in diesem Prozess des aktiv verarbeitenden Lernens. Lernen geschieht also selbsttätig und selbstgestaltet, ist orientiert an den je eigenen Verstehensvoraussetzungen der Lernenden, ist verknüpft mit den je eigenen Lernschritten. „Der systemisch-konstruktivistische Ansatz stellt keine neue Methodenlehre zur Anwendung bestimmter Fragetechniken oder Unterrichtsmethoden dar, sondern eine Grundhaltung, die geprägt ist durch die Anerkennung von Autonomie, Respekt, Wertschätzung, Anteil nehmende Neugierde, Eigenverantwortung sowie die Suche nach lebbaren Entwicklungs- und Lösungsräumen.“[19] Im Begriff der „Pädagogik“ wurzelt dieses Verständnis, Kinder an Orte zu begleiten, an denen sie lernen, sich orientieren, Erfahrungen sammeln und diese deuten können, an denen sie Kompetenzen entwickeln und einen eigenen Standpunkt finden können.

Aneignungsprozesse geschehen also individuell, auch wenn in kollektiven Settings gelernt wird, sie geschehen aktiv, erfahrungs- und biografiebezogen. Kinder, Jugendliche und Erwachsene sind Konstrukteure ihres eigenen Lernens – indem sie Erfahrungen wahrnehmen, benennen, deuten und einordnen.[20]

4.3 Kinder religiös begleiten

Religiöse Bildung und Begleitung geschieht an verschiedenen Orten, in der Familie (unabhängig von ihrer jeweiligen Konstellation) werden bedeutsame Erfahrungen gemacht, diese werden erweitert und ergänzt durch Schule, Religionsunterricht, außerschulische Arbeit mit Kindern und Jugendlichen. Kinder und junge Menschen erhalten Möglichkeiten, sich in Religion und Religiosität zu orientieren, Wissen und Erfahrungen zu sammeln und diese zu deuten, um so ihren eigenen Standpunkt zu finden. Auch im Religiösen wachsen Kinder in die jeweilige religiöse Kultur und Tradition hinein, zugleich aber geschieht im Hineinwachsen eine Umgestaltung, inklusive der Entscheidung, was aufgenommen und was vergessen wird. Bei der religiösen Begleitung von Kindern werden

[19] *Voß*, Unterricht 53.

[20] Vgl. *Mendl*, Einführung 9–28; vgl. *Kohler-Spiegel*, Kompetenzorientiert 27–38.

nicht fertige Inhalte weitergegeben, sondern es wird Begegnung ermöglicht – mit Inhalten, mit Personen, mit Ritualen, mit Traditionen. Ein Raum entsteht, in dem Erfahrungen gemacht werden, um selbst zu lernen und sich zu entwickeln. Menschen können niemand anderen lernen machen,[21] auch religiöses Lernen ist ein aktiver Prozess, zugleich geschieht dies in Begegnung und Beziehung, ist also personal und dialogisch – und damit wie jede Kommunikation konfliktträchtig und störungsanfällig.

5. Didaktisch-methodische Konsequenzen

Diese Überlegungen verändern auch das alltägliche Tun im Religionsunterricht. Ein erster Aspekt zielt auf die Herausforderung und die Chance für die Lehrperson selbst.

5.1 „Verdaute Theologie"

„Überblickswissen ist erforderlich, um Zusammenhänge zu erkennen, selbständig Spezialwissen zu erwerben und zu verknüpfen. Denken verhält sich zu Wissen wie die Welle zum Wasser [...] – ohne Wissen kein Denken."[22] Was die Lehrperson denkt und glaubt, soll kognitiv erfasst und eingebettet sein in das Wissen um Traditionen theologischen Denkens. Zugleich aber soll der Gedanke in der Lehrperson selbst gereift sein, „verdaut" im eigenen Leben. Wie soll eine Lehrperson über „Erlösung" reden, wenn sie neben der intellektuellen und reflexiven Auseinandersetzung keinen Zugang zum Erleben hat, dass es z. B. an einem entscheidenden Punkt im Leben notwendig sein kann, „den" erlösenden Satz zu hören, das erlösende Wort selbst zu sagen. Vielleicht selbst in Schuld verstrickt zu erleben, dass der andere sagt, es ist wieder gut ... In der Liturgie erinnert „Sag nur ein Wort, und meine Seele ist gesund..." an diese Erfahrung.

Theologie nimmt die Szenen in den Blick, in denen die Erfahrungen wurzeln und die Worte dazu entwickelt wurden. Dann können sich „Religion" und „Religiosität" miteinander verbinden, dann können beide Perspektiven und beide Zugangsweisen Raum bekommen, mit Kognition und Emotion umzugehen. Oft wird die Lehrperson bedeutsam, indem sie modellhaft diese Verbindung schafft.

[21] Vgl. exemplarisch *Englert*, Bloß Moden 296–303; *Ders.*, Was sich lernen lässt 50–58.
[22] *Riedl*, Schule 18.

5.2 Didaktisch-methodische Anliegen

PERSPEKTIVEN UND SPRACHEBENEN DIFFERENZIEREN:
Im Religionsunterricht ist es hilfreich, wenn die Lehrperson ihren Unterricht im Blick auf die Differenzierung der religiösen Dimensionen nach Charles Glock plant und reflektiert. Es macht inhaltlich und didaktisch-methodisch einen Unterschied, ob es um ein Gespräch über den persönlichen Glauben oder um religiöses Wissen geht. Klarheit und Konsens über Dimension und damit verbunden Perspektive und Sprachebene unterstützen den Lernprozess und verhindern Frustrationen. Zugleich kann so auch Sprache auf verschiedenen Ebenen gelernt und Kompetenz zu religiöser Kommunikation eingeübt werden. Religiöse (Fach-)Sprache und eine Sprache für Religiöses können sich so ergänzen.

EMOTIONAL RELEVANTE LERNSETTINGS:
Wenn Lernen mit Unterbrechung zu tun hat und Unterbrechung emotional anspricht, braucht es emotional relevante Lernsettings, damit Lernen gelingt. Emotional bestärkende oder irritierende Lernangebote sowie kognitiv bestärkende oder irritierende Lernmöglichkeiten verbinden sich in verschiedenen methodischen Angeboten. Exemplarisch seien Lerntagebücher genannt oder „Mein Buch der guten Worte“ (in dem Worte, Sätze und Gedanken aus tradierter Religion aufgeschrieben und aus eigener Religiosität heraus formuliert werden können), Werkstattunterricht oder Stationen-Unterricht oder andere Formen des Lernens, in denen von der Lehrperson geführter Unterricht sich verbindet mit vorrangig vom Schüler bzw. der Schülerin selbst gesteuertem Unterricht. All diese Lernformen sind auch biografiebezogen zu verstehen; wie bereits benannt geht Lernen nicht ohne Anbindung an eigenes Nachdenken und Erleben. Die Leitfrage für Lernen ist damit, wie im Religionsunterricht zum Nachdenken angeregt werden kann und Erlebnisse ermöglicht werden können. Oder kurz gesagt: Wie ist es im Religionsunterricht möglich, „Kopf, Hand und Herz“ anzusprechen?

Ein kurzes Beispiel sei stellvertretend erwähnt: Bei der neutestamentlichen Erzählung vom Sturm auf dem See malen Kinder die Szene. Ein Kind malt vor allem Wellen, ganz viele Wellen, ein kleines Boot obenauf, das Kind selbst ist in dem Boot, aber vor allem: ganz viele Wellen. Und in den Wellen steht immer und immer wieder „Scheidung“. Diesen Sprach- und Deutungsanlass nicht zu nutzen wäre fatal …

5.3 Und das System?

Es sei erwähnt, dass das Verhältnis zwischen Religion und Religiosität im Religionsunterricht immer auch systemisch zu verstehen ist. Schule und Kirche (mit allen konfessionellen Differenzierungen) beschreiben zwei verschiedene Systeme mit unterschiedlichen Spielregeln, unterschiedlichem Selbstverständnis und unterschiedlichen Aufträgen. Sich als Religionslehrperson in beiden Systemen

– und manchmal auch zwischen beiden – zu bewegen ist eine Herausforderung. Die Reflexion der jeweiligen Perspektive kann helfen wahrzunehmen, ob die Frage nach der Verhältnisbestimmung aus der Perspektive von Schule oder von Kirche gestellt wird und inwiefern die jeweilige Perspektive die Antwort mit beeinflusst.[23]

6. Schluss

Lernprozesse, die „Religion" und „Religiosität" in den Blick nehmen, können ermöglichen, angebunden an die individuellen Erfahrungen zu lernen, ohne zu vereinzeln und ohne den großen Strom der Überlieferung aus den Augen zu verlieren. Beide Perspektiven werden für die Zukunft hilfreich sein.

Literatur

Englert, Rudolf: Bloß Moden oder mehr? Konzeptionen von Religionsunterricht. In: KatBl 136 (2011) 296–303.

Ders.: Religionspädagogische Grundfragen. Anstöße zur Urteilsbildung, Stuttgart 2007.

Ders.: Was sich im Religionsunterricht lernen lässt. In: KatBl 134 (2009) 50–58.

Frankl, Viktor: Das Leiden am sinnlosen Leben. Psychotherapie für heute, Freiburg i. Br. 1977.

Fromm, Erich: Psychoanalyse und Religion, München 1985.

Gennerich, Carsten: Emotionen als „Hot spots" religiöser Bildung, in diesem Band.

Grossmann, Karin / Grossmann, Klaus E.: Bindungen – das Gefüge psychischer Sicherheit, Stuttgart [5]2012.

Holderegger, Hans: Der Umgang mit dem Trauma, Stuttgart [2]1998.

Holmes, Jeremy: John Bowlby und die Bindungstheorie, München / Basel 2002.

Kohler-Spiegel, Helga: Erfahrungen des Heiligen. Religion lernen und lehren, München 2008.

Dies.: Fremde Geschwister – Schule und Gemeinde. In: KatBl 32 (2007) 82–91.

Dies.: Kompetenzorientiert Religion unterrichten. In: Amt und Gemeinde 61 (2010) 27–38.

Dies.: Supervision. Ein integratives Modell. In: KatBl 18 (1993) 751–754.

[23] Vgl. *Kohler-Spiegel*, Supervision 751ff.

Dies.: Über uns selbst hinaus … Bindungserfahrungen und Religion. In: *Kalcher, Anna M./Lauermann, Karin* (Hrsg.): Kompetent für die Welt. Bindung – Autonomie – Solidarität. Tagungsband der 59. Internationalen Pädagogischen Werktagung Salzburg, Wien 2010, 109–127.

Krech, David/Crutchfield, Richard/Livson, Norman: Grundlagen der Psychologie. Studienausgabe, Bd. 3, Weinheim 1992.

Largo, Remo: Babyjahre. Entwicklung und Erziehung in den ersten vier Jahren. München 2010.

Mendl, Hans: Einführung in den pädagogischen Konstruktivismus. In: *Ders.* (Hrsg.): Konstruktivistische Religionspädagogik. Ein Arbeitsbuch. Münster 2005, 9–28.

Oerter, Rolf/Montada, Leo (Hrsg.): Entwicklungspsychologie, Weinheim [8]2008.

Reeder, Jürgen: Die Narration als hermeneutische Beziehung zum Unbewußten. In: Psyche 59 (Beiheft 2005) 22–34.

Riedl, Johannes: Schule als Szenario der Begegnung. Der Beitrag des Religionsunterrichts zu einem Paradigmenwechsel. In: Österreichisches Religionspädagogisches Forum 4 (1994) 16–22.

Schweitzer, Friedrich: Interne Mitschrift einer Expertentagung über „Religion und Kultur“ am 16. Dezember 2003 an der Universität Zürich.

Stern, Daniel N.: Tagebuch eines Babys. Wie ein Kind sieht, spürt, fühlt und denkt, München [19]2011.

Voß, Reinhard: Unterricht ohne Belehrung. Kontextsteuerung, individuelle Lernbegleitung, Perspektivwechsel. In: *Ders.* (Hrsg.): Unterricht aus konstruktivistischer Sicht, Weinheim/Basel [2]2005, 40–62.

Walf, Knut: Religion – Unbehagen und Verlangen zugleich. In: *Ders.* (Hrsg.): Erosion. Zur Veränderung des religiösen Bewusstseins, Luzern 2000, 122–141.

Wilke, Annette: Religion zwischen Ritual, Glauben, Wissen und Erfahrung. In: Zeitschrift für Didaktik der Philosophie und Ethik 25 (2003) 3–21.

Zimbardo, Philip: Psychologie, Berlin [5]1992.

„Ich bin dankbar, dass ich den Weg zu Gott gefunden habe."

Wie viel Religiosität verträgt der Religionsunterricht?

Bärbel Husmann

Die Spannweite könnte größer nicht sein: Auf der einen Seite gibt es in Deutschland einen „Religionsunterricht für alle", der gemeinsam von Staat (Stadtstaat Hamburg) und Kirche (Ev.-luth. Kirche Nordelbien[1]) verantwortet wird – von den Protagonisten inzwischen richtigerweise als „Hamburger Weg" oder „Hamburger Konzept" beschrieben,[2] vereinzelt allerdings immer noch als Hamburger „Modell"[3] bezeichnet. Ein Modell beansprucht, übertragbar zu sein. Die Nichtteilnahme der Katholischen Kirche am Hamburger Weg kann jedoch schwerlich als modellhaft angesehen werden. Auf der anderen Seite hat der Deutsche Katechetenverein 2010 einen Band vorgelegt, der sich – nun zu Recht mit dem Anspruch, ein Modell sein zu können – mit einer Religionspädagogik der Gastfreundschaft befasst.[4] Hier wie dort ist es derselbe Ausgangspunkt, über Religionsunterricht neu nachzudenken: Die Heterogenität der Schüler/-innen, die am Religionsunterricht teilnehmen, nimmt zu. Es ist schon längst nicht mehr die Frage, ob neben Evangelischen auch Katholiken in der Lerngruppe sind. Vielmehr gibt es Buddhisten, Muslime (Schiiten wie Sunniten), Nicht-Getaufte, Noch-nicht-Getaufte, Agnos-

[1] 2012 aufgegangen in die Evangelisch-Lutherische Kirche in Norddeutschland („Nordkirche").

[2] *Doedens/Weiße*, Religion 50–67.

[3] *Butt*, Verständigung 186.

[4] Vgl. *Schmid/Verburg*, Gastfreundschaft. – Man kann die Metapher „Gast" kritisch im Sinne von nicht gleichwertig sehen; sie bildet aber besser als das Wort „alle" die Anerkennung von Differenz ab, nämlich der Differenz zwischen der Verantwortung für diesen Unterricht (sei es Kirche oder Lehrkraft) und *den* Teilnehmenden, die die konfessionelle Positionierung der Lehrkraft *nicht* teilen. Mag sein, dass dem Rechtsgutachten von Christoph Link zufolge in Hamburg der evangelischen Kirche zugetraut werden kann, auch die „Grundsätze der (anderen) Religionsgemeinschaften" anzuerkennen (*Doedens/Weiße*, Religion 55). Anzustreben ist aber doch in jedem Fall, dass Religionsgemeinschaften sich selbst vertreten und nicht vertreten werden.

tiker, Atheisten, Orientierungslose, freikirchlich Gebundene, russisch Orthodoxe usw. Wir können uns über diese Vielfalt nur freuen, zeigt sie doch, dass die religionsmündigen Schüler/-innen bzw. deren Eltern dem konfessionellen Religionsunterricht zutrauen, auch für sie Bildungschancen bereitzuhalten. Sie gehen dabei von der Annahme aus, dass ihre (andere) Religiosität oder ihre Nicht-Religiosität für den Bildungsprozess keine oder nur eine untergeordnete Rolle spielt und behandeln den Religionsunterricht wie jeden anderen schulischen Unterricht auch: (Religiöse) Bildung bedarf keiner bestimmten vorgängigen Sozialisation oder Einstellung. Was es zu lernen gibt, lernt man in der Schule.

1. Religionsunterricht – ein Angebot für alle

Bevor ich der Frage nachgehe, wie didaktisch mit religiöser Heterogenität umzugehen ist, sei der Brief einer Mutter zitiert. Vorausgegangen waren Probleme mit einer zu großen Lerngruppe in Religion, die aufgrund von Lehrkräftemangel nicht geteilt werden konnte. Die konfessionslosen Schüler/-innen, die keinen Anspruch auf Religionsunterricht haben, wurden der „Werte und Normen“[5]-Lerngruppe zugeteilt.[6]

> *Liebe Frau [Name der Klassenlehrerin], ich habe am Wochenende noch einmal intensiv über die Entscheidung, Jasper nicht die Möglichkeit zu geben, am Religionsunterricht teilzunehmen, nachgedacht.*
> *Ich finde sie sehr bedauerlich. Wie ich Ihnen schon am Telefon berichtete, haben wir Jasper bewusst nicht taufen lassen, um ihm später die Möglichkeit zu geben, bewusst und mit entsprechendem Hintergrundwissen versehen, diesen Schritt zu gehen (wenn er es dann möchte).*
> *Um so eine bewusste Entscheidung treffen zu können, müssen Kinder auf vielfältige Weise Kontakt zu Religion und religiösen Themen erhalten. So habe ich die aktive Teilnahme Jaspers an vielfältigen Kirchenaktivitäten in der Vergangenheit immer sehr bewusst gefördert. Es ist sehr schade, dass ihm nun die Teilnahme am Religionsunterricht verwehrt wird, denn ich sehe in ihr einen wichtigen Beitrag zu seinem „religiösen Reifungsprozess“. Ich bitte Sie, gemeinsam mit ihren KollegInnen, Ihre Entscheidung noch einmal zu besprechen und ihre „Ausschlusskriterien“ evtl. noch einmal zu überdenken.*
> *Vielleicht gibt es ja doch noch eine Möglichkeit, Jasper trotz der knappen Personaldecke am Religionsunterricht teilnehmen zu lassen.*
>
> *Wir würden uns sehr darüber freuen.*
>
> *Mit freundlichen Grüßen [Name der Mutter]*

[5] In Niedersachsen das Ersatzfach für Religionslehre.
[6] Vgl. zum folgenden Beispiel: *Husmann*, Etablierung 295–305.

Der Brief macht deutlich, dass Religionsunterricht in seinem Bildungsbeitrag wahrgenommen wird. Religiöse Bekenntnisse, wie sie dem Taufakt zugrunde liegen, werden als das Ende eines Weges betrachtet, in dem sich eine Eingewöhnung in die kulturelle Praxis der Religion (Kirchengemeinde) und ihre reflexive Bearbeitung (Religionsunterricht) gegenseitig ergänzen und durchdringen. Besseres an elterlichem erzieherischem Gestaltungswillen in Bezug auf religiöse Bildung kann sich eine Religionslehrerin und kann sich eine Schule nicht wünschen.

Auch wenn der Brief nicht repräsentativ ist, so zeigt er doch, dass es eine Offenheit für religiöse Bildung gibt – die zweifelsohne mit eigenem Gebildetsein und eigenen positiven Erfahrungen mit Religion zusammenhängt –, die aber keine Passung mehr zum konfessionellen Religionsunterricht findet, der für die Mitglieder der entsprechenden Religionsgemeinschaft gedacht und juristisch entsprechend ausgestaltet ist. Henning Schluß hat dementsprechend als *die* Herausforderung der Religionspädagogik unserer Tage „die Frage der schulischen Bildung außerhalb des Religionsunterrichts“[7] benannt. Schluß geht von der Begründung der allgemeinen Schulpflicht aus, die darin liege, „sicherzustellen, dass die Heranwachsenden das Können erwerben, das sie für die Teilhabe an der Gesellschaft und für die eigene Entfaltung grundlegend benötigen und das sie nicht anderswo ohnehin schon erwerben“.[8] Da der Religionsunterricht in seiner bisherigen rechtlichen Konstruktion vor allem in den Ost-Bundesländern, aber zunehmend auch in einigen westlichen Bundesländern, auf bereits Getaufte abziele, erreiche er eine zunehmende Anzahl von Kindern und Jugendlichen nicht mehr, deren Schulkarrieren dann gänzlich frei von jeglicher religiöser Bildung verliefen.

Anders als Schluß, der die Herausforderung *außer*halb des Religionsunterrichtes sieht, muss es aber m. E. um die Wahrnehmung einer umfassenden Bildungsverantwortung *inner*halb des Religionsunterrichtes gehen, weshalb es auch auf der normativen Ebene dringend nötig ist, sich mit religiöser Bildung für alle zu befassen. Dass dabei „nicht Religiösität das Bildungsziel ist, wohl aber die Kompetenz, ressentimentfrei über Religion zu urteilen“[9], muss offenbar immer noch eigens betont werden.

2. Religiosität – die subjektive Seite von Religion

2012 formulierten Ulrich Kropač, Uto Meier und Klaus König die Unhintergehbarkeit der Unterscheidung zwischen Religion und Religiosität als eigenen Punkt in ihrem Tagungsresümee zur Tagung von 2010. Sie halten es für „unzu-

7 *Schluß*, Überlegung.

8 Ebd. 3.

9 *Dressler*, Religion 119.

reichend, Religiosität lediglich als subjektive Aneignungsform ‚objektiver‘ Religion zu verstehen“ und rechnen beiden Größen „Gleichursprünglichkeit“ zu.[10]

Aus protestantischer Sicht ist die Unterscheidung von subjektiver und objektiver Religion wenig ertragreich, denn die reformatorische Theologie ist wesentlich aus dem subjektiven Erleben (und Erleiden, wie Wilfried Härle bemerkt)[11] Martin Luthers erwachsen. Von daher ist die Relevanz des Subjektiven von vornherein eine gänzlich andere als im Katholizismus. Härle etwa definiert „Dogma“ zwar als „verbindliche kirchliche Lehre“,[12] aber er präzisiert gleich darauf das Wort „verbindlich“ so: „Soweit die neuere evangelische Theologie den Begriff ‚Dogma‘ zustimmend aufgenommen hat [...], hat sie ihm eine vom römisch-katholischen Dogmenbegriff unterschiedene Fassung gegeben. Wesentlich ist vor allem, daß das kirchliche Dogma nach evangelischem Verständnis stets von der Offenbarung Gottes zu *unterscheiden*, ihr *unterzuordnen* und an ihr kritisch zu *messen* ist.“[13] Gleiches gilt für den Begriff des Bekenntnisses, der zwar „*Lehrgesetz* einer Kirchengemeinschaft“[14] bedeuten kann, dessen Verbindlichkeit aber „nicht in einem Zustimmungsanspruch an *andere*, sondern in der freien Anerkennung des Bekenntnisses als derjenigen Interpretation des christlichen Glaubens, die für den Bekennenden *selbst* verbindlich ist, an die sie sich also aus Überzeugung gebunden wissen“ besteht.

Vor diesem Hintergrund ist „objektive“ Religion gar nicht anders zu haben als in den je subjektiven Aneignungen, Anverwandlungen, Zustimmungen und Modifizierungen zu theologischen (nicht: kirchlichen) Lehrmeinungen. Diese subjektiven Aneignungen wiederum verbleiben nicht in den Subjekten, sondern werden – mehr oder weniger – geteilt, gehen ein in gemeinschaftliche Glaubenssätze und in gemeinsame Bekenntnisse. Der „Gemeinschaft der Glaubenden“ (congregatio sanctorum), also gemäß der Confessio Augustana, Artikel VII der „Kirche“, kommt dabei keine normative Dignität zu.

Es ist dennoch sinnvoll, Religion von Religiosität zu unterscheiden, wenn es vor allem auf diese subjektiven Anverwandlungen in der Betrachtung ankommt. Die Konnotation, die dem Begriff „Religiosität“ innewohnt, ist facettenreicher und umfasst verschiedene Dimensionen.[15] Allerdings bietet auch der Matthes'sche Religionsbegriff genügend Potenzial, um genau diese subjektiven Aneignungen in den Blick zu nehmen: Joachim Matthes schlägt vor, „„Religi-

[10] *Kropač/Meier/König*, Elf Thesen 246.
[11] Vgl. *Härle*, Dogmatik160.
[12] Ebd. 147.
[13] Ebd. 148 (Hervorhebungen im Original).
[14] Ebd. 149 (Hervorhebungen im Original).
[15] Beispielhaft beschrieben von Charles Glock bzw. religionspädagogisch adaptiert von *Hemel*, Ziele.

on‘ und ‚Religiöses‘ (sic!) als *diskursive Tatbestände* zu betrachten – als Tatbestände also, die sich im gesellschaftlichen Diskurs konstituieren.“[16] Wer sich auf diesen Religionsbegriff einlässt, muss darauf verzichten, vorgängig zu definieren, was „Religion“ sei und welche Dimensionen „Religiosität“ habe, um dann anschließend an dieser normativen Setzung Schüler/-innen zu messen und ihnen zu attestieren, sie seien „religiös“ oder eben nicht. Zugleich aber muss in Betracht gezogen werden, wie der Begriff in gesellschaftlichen (nicht: fachtheologischen) Sprachspielen verwendet wird. Schüler/-innen mit dem Etikett „religiös“ zu versehen, die sich selbst nicht so nennen, aber Teil einer Popularkultur sind – sei dies nun Hip-Hop, Fantasy, Gothik oder Fußball –, die funktionale Äquivalente zum praktizierten Christentum hat, ist demnach nicht möglich.

Für den Religionsunterricht wie für die religionspädagogische Theoriebildung ist das aus meiner Sicht eine angemessene Arbeitsgrundlage.

3. Selbstkonzepte Jugendlicher – Standpunkte und Suchbewegungen

Wie nun beschreiben sich Jugendliche selbst? Wie beschreiben sie ihre religiösen Suchbewegungen und ihre (vorläufigen) Positionierungen im „weiten Feld“ der Religion? Dieser Frage bin ich mit Hilfe von qualitativen Fallstudien nachgegangen.[17] Die wesentlichen Ergebnisse seien im Folgenden skizziert:

„Die Wege, die die interviewten Jugendlichen zwischen Gemeinschaft und Individualität suchen, sind ausdifferenziert. [...] Religiosität ist für alle befragten Jugendlichen (sofern auch die Eltern einen christlichen Hintergrund haben) gekoppelt mit christlicher Kirche und mit vordergründigen Operationalisierungen wie Kirchgang und Beten. Diese Kopplung geschieht intuitiv und wird nicht eigens benannt. Religiosität wird entweder als Teilhabe an Tradition gelebt [...] oder aber die religiösen Verortungen vollziehen sich in mehr oder weniger starken Abgrenzungen zu kirchlichen Ausdrucksformen oder Traditionen. [...] Aber auch in der Abgrenzung bleibt Kirche ein auf Religiosität bezogener Aspekt. Der Glaube an Gott kann dementsprechend mit der Selbstbezeichnung religiös einhergehen, muss es aber nicht.“[18] Religiosität wird dabei nie ohne Transzendenzbezug beschrieben; die Jugendlichen unterscheiden genau zwischen funktionalen Äquivalenten und Religiosität.

„Bei allen interviewten Jugendlichen spielen Personen eine ganz entscheidende Rolle für das, was ihnen im Bereich Religiosität persönlich bedeutsam ist.“[19]

16 *Matthes*, Suche 129.
17 *Husmann*, Das Eigene.
18 Ebd. 166.
19 Ebd. 172.

Die Rolle ist dabei durchaus ambivalent: Nur da, wo kein Einfluss beabsichtigt ist, wirkt sich ein Einfluss aus. In der Regel wird die eigene religiöse Entwicklung als eine Folge unabhängiger und eigenständiger Entscheidungen gesehen.

„Wer so großen Wert auf eigene Entscheidungen und auf Selbstständigkeit legt, wird schwerlich ein Gottesbild haben können, bei dem dieser als allzuständig gedacht wird. Alle befragten Jugendlichen haben ein Wissen darum, dass Gott entweder der ‚ganz Andere‘ (Karl Barth) ist oder nicht Gott. [...] Die These von der Theodizee als einer ‚zentralen Einbruchstelle‘ des Glaubens (Nipkow) lässt sich mit Hilfe der qualitativen Daten, die dieser Studie zugrunde liegen, nicht stützen – und dies nicht, weil die interviewten Jugendlichen keine einschneidenden Erfahrungen in dieser Hinsicht gemacht hätten.“[20]

„Die Frage der Konfession spielt für die befragten Jugendlichen zum Teil eine erhebliche Rolle; am stärksten scheinen katholische Jugendliche [...] fest in der katholischen Kirche bzw. fest in ihrem katholischen Mehrheitenmilieu verankert zu sein. Obgleich alle befragten katholischen Jugendlichen Wert darauf legen, eigene Entscheidungen zu treffen und als Individuen wahrgenommen zu werden, so ist ihnen doch gemeinsam, dass sie sich leichter als die evangelischen auf ein größeres Ganzes beziehen können. [...] Aber auch die befragten evangelischen Jugendlichen [...] zeigen auf je eigene Weise einen ‚protestantischen Habitus‘.“[21] Dieser besteht zum Beispiel in der Bindung an eine bestimmte, lokale Kirchengemeinde (statt an „die“ Kirche), in der Inanspruchnahme sakraler Räume für ein individuelles, religiöses Ausdrucksverhalten oder in der Entwicklung einer subjektiven Rechtfertigungslehre. Für die interviewten weiblichen Jugendlichen spielt die Frage eine Rolle, in welcher Konfession sie als Frauen und gleichwertige religiöse Subjekte geachtet werden.

„Explizites Wissen, etwa Wissen zu Ursprung und Geschichte der eigenen Religion, religionskundliches oder konfessionsspezifisches Wissen, liturgisches Grundwissen, biblisches Wissen – all dies spielte in den Gesprächen mit den Jugendlichen so gut wie keine Rolle.“[22] Das heißt: Kognitive Aspekte (Schule!) sind für „das Eigene“ unerheblich.[23]

Religiöse Erfahrungen, d. h. religiöse Deutungen bestimmter Erlebnisse, sind von mehreren der befragten Jugendlichen erzählt worden. „Bei allen [...] spielt der Aspekt eine Rolle, dass die religiöse Deutung eines besonderen Erlebnisses auch sprachlich schnell an die ‚Grenze des Sagbaren‘ gerät. Gerade darin scheint mir ihre Glaubwürdigkeit und Echtheit zu liegen, denn diese spürbaren Grenzen bedeuten, dass sich noch keine ‚Geschichte‘ (oder gar Bekehrungsgeschichte)

[20] Ebd. 179f.

[21] Ebd. 197.

[22] Ebd. 208.

[23] Vgl. auch den Aufsatz von *Carsten Gennerich* in diesem Band.

verfestigt hat, die [...] erzählt werden könnte. Die ‚religiösen Erfahrungen' sind dementsprechend keine Super-Story, sondern werden verhalten erzählt, oft erst auf Nachfrage und sprachlich gerade *nicht* ausgefeilt."[24]

4. Didaktischer Umgang mit der Diversität – ein Beispiel

Es ist nun allerdings etwas anderes, ob man als Forscherin Jugendliche qualitativ befragt oder ob sie Teil einer Lerngruppe in der Schule sind und sich einer Lehrerin gegenübersehen, die, so freundlich und zugewandt sie auch sein mag, ihre Leistungen dennoch benoten wird, die die mündliche Mitarbeit bewertet, die Inhalt, Fachsprache und Ausdruck in Klausuren einer Korrektur unterzieht. Die Lerngruppe ist kein Freundeskreis; es sind Mitschüler/-innen darin, mit denen man seine (religiösen) Empfindungen und Befindlichkeiten nicht teilen möchte oder aber: deren religiöse Orientierung man für eigentümlich hält. Es gibt in einer solchen Lerngruppe wortgewaltige Leader-Figuren, stille „Mäuschen", aufrechte, faire und verantwortungsbewusste Menschen, aber auch unreife Charaktere, die ihr Selbstbewusstsein gern auf Kosten anderer stärken.

Als Lehrerin lässt sich viel unternehmen, um eine gute und von Achtung, Respekt und Vertrauen getragene Unterrichtsatmosphäre herzustellen. Es wäre aber vermessen, wollte man glauben, alle oben beschriebenen Divergenzen durch das eigene Handeln und das eigene Vorbild nivellieren zu können.

Es kommt deshalb didaktisch darauf an, Lernsettings zu konstruieren, in denen Schüler/-innen sich individuell und unbeobachtet von anderen mit ihrer eigenen religiösen Biografie auseinandersetzen können. In einem solchen Setting ist die nachfolgende Klausurersatzleistung[25] von Heinrich (Name geändert), einem 17-jährigen Schüler, entstanden:

> „Im Sommer des vorangegangenen Jahres, Sommer 2010, befand ich mich zusammen mit meiner Familie in Trapani. Unsere Erkundungstouren führten uns auch zu der Kirche *Maria SS. Annunziata di Trapani*, in der sich die *Madonna di Trapani* befindet. Fasziniert und zutiefst ergriffen von den eindrucksvollen Geschichten, die uns einer der Priester im Laufe eines Gesprächs mitteilte, gelangte ich zu dem Entschluss, selber einmal die *Madonna di Trapani* um Hilfe

[24] *Husmann*, Das Eigene 205.

[25] Es handelt sich um Auszüge aus dem Reflexionsbericht eines Portfolios zum Oberthema „Erinnerung". Das Portfolio konnte (musste aber nicht) als Wettbewerbsbeitrag zum Schülerwettbewerb eingereicht werden, den die evangelischen Landeskirchen in Niedersachsen im Schuljahr 2012/2013 ausgeschrieben hatten. Näheres siehe unter www.rpi-loccum.de/wettbewerbe. Vgl. auch *Husmann*, Portfolios 157–167.

in einer für mich zu dem Zeitpunkt schwierigen Situation zu bitten. Aus persönlichen Gründen möchte ich an dieser Stelle nicht weiter auf die Ereignisse eingehen, die mich zu diesem Zeitpunkt schwer belasteten. Ich entschied mich, mich der *Madonna di Trapani* anzuvertrauen und sie um Hilfe zu bitten. Auch legte ich einen Schwur ab, dass ich sobald es mir möglich sei, erneut herkäme und mich für ihre Hilfe bedanken würde. Wenige Tage später verließen wir Italien und kehrten zurück nach Deutschland.
Dort angekommen, pendelte sich das normale Leben allmählich wieder ein, doch mit einem – für mich – großen Unterschied: Es fiel mir deutlich leichter, mich mit den für mich belastenden Ereignissen auseinanderzusetzen. Es gelang mir, mich mit den Ereignissen zu befassen und diese zu verarbeiten. Mein Leben veränderte sich. Ich wurde fröhlicher, und mein Leben gewann immer mehr an Farbe und Freude. Meiner Meinung nach verdankte ich diese Geschehnisse der *Madonna di Trapani*, die ich um Rat und Hilfe gebeten hatte. Mein Versprechen, nochmals zur *Madonna di Trapani* zu kommen und mich bei ihr zu bedanken, vergaß ich nicht.
Da uns der Sommerurlaub in Trapani so gut gefallen hatte, fuhren wir im Sommer 2011 erneut nach Sizilien. Nach einer längeren Diskussion mit meinen Eltern durfte ich mich, in Begleitung von ihnen, zu Fuß zur *Madonna* aufmachen. (Es folgt eine Beschreibung des viereinhalbstündigen Fußmarsches – wegen der Hitze nachts angetreten – sowie der Begegnungen mit anderen Pilgern, B. H.) Als wir die *Madonna* schließlich erreichten, überschwamm mich ein Gefühl der Freude, erneut bei der *Madonna di Trapani* zu sein und Wort gehalten zu haben. Es war eine sehr harmonische, wenn auch für mich kleine Pilgerreise, die mir gezeigt hat, wie man zu seinem Glauben gelangt und was es heißt, wenn man durch seinen Glauben genug Kraft erhält, um – so wie manche Menschen – weite Wege zurückzulegen.
Mich persönlich hat dieses Ereignis sehr geprägt. Durch dieses Erlebnis fand ich den Weg zum christlichen Glauben, der bis heute noch immer zu mir gehört. Rückblickend auf mein Erlebnis der Marienwallfahrt lässt sich sagen, dass sich mein Leben seither in bestimmten Bereichen geändert hat. Durch den Glauben an Gott schaffte ich es, aus schwierigen Situationen einen Ausweg zu finden und nicht zu verzagen. Durch ihn ist es mir gelungen, wieder das Gute zu sehen und Freude am Leben zu gewinnen. Der Glaube an Maria, Jesus und Gott hilft mir im alltäglichen Leben und bietet mir immer Zuflucht und Trost. Ich bin sehr dankbar, dass ich den Weg zu Gott gefunden habe."

Wie viel Religiosität verträgt der Religionsunterricht? Ist „das" zu viel? Für mich als Heinrichs evangelische Lehrerin? Oder für seine Mitschüler/-innen? Hat Heinrich Kompetenzen religiöser Bildung erworben?

Zunächst: Ein solcher Text ist ein Geschenk – zeugt er doch von einer intensiven Auseinandersetzung mit der eigenen religiösen Herkunft (Heinrichs Mutter ist Italienerin, der Vater ist Deutscher). Er zeugt zugleich von einem großen Vertrauen in seine Lehrerin, dass sie mit einem solchen Text als Teil eines Leistungsdokuments schon angemessen würde umgehen können *und* dass sie, aus einer ganz anderen konfessionellen Tradition kommend, ihn dennoch „irgendwie verstehen“ würde. Das Vertrauen hatte sicher Anhaltspunkte darin, dass Heinrich von mir bestärkt worden war, dieses Thema zu bearbeiten. Dennoch war er einer derjenigen Schüler gewesen, die mir im gesamten mehrwöchigen Verlauf der Arbeit bis zum Abgabetermin nicht eine einzige Zeile ihres Portfolios zu lesen gegeben hatten. Dieser Reflexionstext ist, anders als manche andere Einlage des Portfolios, wohl auch am häuslichen, nicht am schulischen Schreibtisch entstanden.

Aus dem folgenden Beurteilungsbogen – zum gesamten Portfolio! – lässt sich ablesen, wie man mit einer solchen sehr persönlichen individuellen Lernleistung umgehen kann:

Thema:	Eine Marienwallfahrt nach Trapani
Verfasser:	Heinrich
Gesamtpunktzahl:	08

Bewertungskriterien	Kommentar
1. Wird der Zusammenhang zwischen Portfolio-Thema und dem Thema „Erinnerung“ deutlich?	Indirekt.
2. Ist eine relevante Fragestellung beim eigenen Thema erkennbar (in der ersten Einlage)	Ja.
3. Enthält das Portfolio (mindestens) fünf Einlagen plus erste plus letzte Einlage?	Ja, genau fünf.
4. Hat die erste und letzte Einlage je einen Mindestumfang von zwei Seiten?	Nein. Die erste Einlage umfasst eine gute halbe Seite, die letzte eine halbe Seite.
5. Haben alle Einlagen Deckblätter?	Ja. Es fehlt der Punkt „Wie ich an dieser Einlage gearbeitet habe“ wohl auch deshalb, weil nicht alle Einlagen im strengen Sinne Ergebnisse bzw. Leistungsnachweise sind, sondern eher Illustrationen (die Fotos).
6. Beträgt der Gesamtumfang der fünf Einlagen nicht mehr als insgesamt 15 Seiten?	Ja.
7. Sind Namen anonymisiert worden?	Ja. (Inga/Elke sollte noch vereinheitlicht werden, aber die Anonymität ist auf jeden Fall gewahrt).

Bewertungskriterien	Kommentar
8. Haben die Einlagen und Deckblätter ein übersichtliches Layout?	Ja. Sie haben jedoch nicht alle die gleiche Struktur, manche Fragen fehlen bei manchen Deckblättern (s. o.).
9. Enthält das Portfolio ein Inhaltsverzeichnis oder/und nummerierte Seiten?	Ja, beides.
10. Sind unterschiedliche Informationsquellen oder Perspektiven einbezogen worden?	Verwendet wurden: Erfahungsberichte im Internet, die Tante.
11. Wird reflektiert, inwieweit religiöse Sichtweisen einbezogen wurden?	Ja. Insbesondere in der Einlage „Meine Marienwallfahrt ...“ wird deutlich, wie Religion und Erinnerung zusammenhängen.
12. Sind die Texte inhaltlich klar und enthalten sie eine „message“?	Ja.
13. Sind die Sachinformationen richtig, oder wurden Meinungen mit Informationen verwechselt?	Es wird nicht deutlich, dass es sich bei den Sachtexten um eine konfessionsspezifische Sichtweise handelt, nicht aber um eine allgemeine Information.
14. Werden benutzte Quellen immer vollständig und korrekt angegeben?	Nein: In der Einlage „Marienwallfahrten im Allgemeinen“ ist aus http://www2.erzbistum-freiburg.de/Warum-Marienwallfahrten.763.98.html zitiert, ohne die Quelle kenntlich zu machen, d. h. ein fremder Texte wurde als eigener ausgegeben.
15. Ist eine Auseinandersetzung mit (zunächst) fremden Auffassungen erkennbar?	In Ansätzen ja (die Tante).
16. Sind Orthographie und Zeichensetzung durchgängig korrekt?	Nein, es gibt sehr, sehr viele Rechtschreib- und Zeichensetzungsfehler, auch viele Tippfehler.
17. Nimmt der Reflexionsbericht auf die Fragen in der ersten Einlage Bezug?	Ja, obwohl er vor allem den eigenen inneren Prozess während der Wallfahrt beschreibt, und nicht den Prozess der Portfolio-Erstellung reflektiert.
18. Gibt es einen inneren Zusammenhang der Einlagen?	Ja.

Lieber Heinrich,
dein Portfolio hat mich sehr beeindruckt, und ich kann gut nachvollziehen, dass du über eine sehr entscheidende Wendung in deinem Leben geschrieben hast. Dein Portfolio zeigt, welche Kraft selbst ein Gebet haben kann, das man aus lauter Verzweiflung spricht – noch ohne festen Glauben. Vielleicht hat dieser starke, emotionale, persönliche Bezug zum Thema es dir schwer gemacht, dich mit kritischen Stimmen zum Pilgern auseinanderzusetzen oder Einlagen zu gestalten, die sich mit der (evangelischen) Kritik an der Heiligenverehrung befassen. Dass Menschen deines Alters eher blindlings dem Internet vertrauen und als Informationsquelle eher auf Interviews zurückgreifen als auf Druckerzeugnisse, daran scheint auch der gesamte Schulunterricht nichts ändern zu können.
Für's Einreichen als Wettbewerbsbeitrag solltest du die Internetquelle nennen und im Sprachduktus allzu enge Anlehnungen an diese Quelle vermeiden. Die Orthographie korrigiere ich dir. Überlegen könntest du, ob du noch eine Einlage machst, die sich mit der Kritik an Wallfahrten auseinandersetzt. Im Loccumer Pelikan 1/2007 findet sich ein kritischer Text von Klaus Bröhenhorst mit dem Titel „Ja, wo laufen sie denn?" (leicht über www.rpi-loccum.de zu finden). Dazu könntest du zum Beispiel einen Leserbrief schreiben. Dann könntest du auch auf ein Printmedium als Informationsquelle verweisen. Und wenn du Lust/Zeit hast, dann schreibe noch etwas zum Reflexionsbericht hinzu.

Bewertungsbogen für die Portfolios zum Oberthema „Erinnerung" re 12 (Hm), Jg. 12.

Entscheidend war, dass die Bewertungskriterien im Vorfeld den Schülerinnen und Schülern bekannt waren. Für Heinrichs positive Aufnahme der Bewertung (und sein Einverständnis, seinen Text und meine Antwort zu publizieren) hat eine Rolle gespielt, dass ein persönlicher Text auch persönlich gewürdigt wurde. Nicht ganz einfach ist eine solche persönliche Rückmeldung, wenn – wie hier – die eigene konfessionelle Bindung von der des Schülers abweicht. Es braucht aufseiten der Lehrkraft sowohl Klarheit über den eigenen konfessionellen Standpunkt als auch die Fähigkeit, die jeweils andere Konfession (bzw. Religion) jenseits von Klischees wahrnehmen und darüber kommunizieren zu können. Was bisher im Studium wie im Referendariat in Evangelischer wie Katholischer Religionspädagogik geleistet wird, um solche Sprachfähigkeit auszubilden, reicht bei Weitem nicht aus. Von daher wäre schon viel gewonnen, wenn *vor* der Forderung, mehr religionswissenschaftliche Kenntnisse zu vermitteln, Kenntnisse in der jeweils anderen Konfession eine Rolle spielten!

Seinen Mitschülerinnen und Mitschülern hat Heinrich nicht zugetraut, dass sie verantwortlich, respektvoll und verschwiegen mit seinem (evangelisch gesprochen:) Bekehrungserlebnis wie seinem Bekenntnis umgehen. Nach meiner Einschätzung der Lerngruppe war das eine richtige Entscheidung, die ich auch dann respektiert hätte, wenn ich seine Einschätzung nicht geteilt hätte. Es ist didaktisch viel leichter, selbstbewussten agnostischen wie religiös gebundenen

Schülerinnen und Schülern gerecht zu werden als denen, die noch auf der Suche sind, die ihren Glauben (oder Noch-nicht-Glauben oder ihren verlorenen Glauben) nicht im schulischen Umfeld zur Diskussion und damit zur Disposition gestellt wissen wollen. Für diese letzte Gruppe, zu der Heinrich gehörte, müssen Möglichkeiten der Zwiesprache gefunden werden, auch Möglichkeiten einer intensiven Auseinandersetzung mit der eigenen Religiosität.

Eine letzte Frage: Hat Heinrich etwas gelernt? Hat er „Kompetenzen religiöser Bildung“[26] erworben? Die Vorgabe, das Portfolio mit einem Reflexionsbericht abzuschließen, hat bei Heinrich vor allem Kompetenzen im Bereich der Gestaltungsfähigkeit abverlangt: Er konnte

- „Aspekten des christlichen Glaubens in textbezogenen Formen Ausdruck verleihen“
- „religiös relevante Inhalte und Positionen medial und adressatenbezogen präsentieren“ und
- „Ausdrucksformen des christlichen Glaubens erproben und ihren Gebrauch reflektieren“.[27]

Bei der Formulierung dieser zitierten Kompetenzen hat die Kommission, deren Mitglied ich war, nicht an Texte wie den von Heinrich gedacht, weil dieser Text sehr stark auf die biografische Situation beschränkt bleibt, und weil das „Erproben“ außerhalb des Unterrichts stattfand. Dennoch hätte aus meiner Sicht der Religionsunterricht sein Ziel verfehlt, wenn dort nicht auch (im geschützten Rahmen) die eigene Religiosität der Schüler/-innen zur Sprache kommen könnte.

Literatur

Butt, Christian: Verständigung an der Grenze des Lebens. Unterrichtserfahrungen aus dem dialogischen Religionsunterricht. In: Loccumer Pelikan 4/2013, 186–190.

Doedens, Folkert/Weiße, Wolfram: Religion unterrichten in Hamburg. In: Theo-Web. Zeitschrift für Religionspädagogik 6 (2007) 50–67.

Dressler, Bernhard: Religion im Ethikunterricht. Problemanzeigen. In: Zeitschrift für Pädagogik und Theologie 62 (2010) 112–128.

Einheitliche Prüfungsanforderungen in der Abiturprüfung (EPA). Evangelische Religionslehre. Beschluss vom 1.1.1989 i.d.F. vom 16.11.2006, hrsg. von der KMK.

[26] So die Formulierung in den „Einheitlichen Prüfungsanforderungen in der Abiturprüfung“ (EPA) der KMK von 2006 in beiden christlichen Konfessionen.

[27] EPA 9.

Härle, Wilfried: Dogmatik, Berlin ²2000.
Hemel, Ulrich: Ziele religiöser Erziehung. Beiträge zu einer integrativen Theorie (Regensburger Studien zur Theologie 38), Frankfurt a. M./Bern/New York u. a. 1988.
Husmann, Bärbel: Das Eigene finden. Eine qualitative Studie zur Religiosität Jugendlicher (Arbeiten zur Religionspädagogik 36), Göttingen 2008.
Dies.: „Mir fehlt da nichts." – Zur Etablierung einer religionssensiblen Schulkultur in einem religionsabstinenten Umfeld. In: *Guttenberger, Gudrun/Schroeter-Wittke, Harald* (Hrsg.): Religionssensible Schulkultur, Jena 2011, 295–305.
Dies.: Portfolios als Wettbewerbsbeitrag. Wie außerschulische Initiativen Unterrichtsentwicklung beeinflussen können, in: *Biermann, Christine/Volkwein, Karin* (Hrsg.): Portfolio-Perspektiven. Schule und Unterricht mit Portfolios gestalten, Weinheim 2010, 157–167.
Kropač, Ulrich/Meier, Uto/König, Klaus: Elf Thesen zum Kongress. In: *Dies.* (Hrsg.): Jugend, Religion, Religiosität. Resultate, Probleme und Perspektiven der aktuellen Religiositätsforschung, Regensburg 2012, 243–256.
Matthes, Joachim: Auf der Suche nach dem ‚Religiösen'. Reflexionen zur Theorie und Empirie religionssoziologischer Forschung. In: Sociologia Internationalis 30 (1992) 129–142.
Schluß, Henning: Überlegung zu einer aktuellen Herausforderung der Religionspädagogik. Manuskript 2010 (http://cimuenster.de/themen/Archiv/ru17.php; Zugriff: 17.02.2014).
Schmid, Hans/Verburg, Winfried (Hrsg.): Gastfreundschaft. Ein Modell für den konfessionellen Religionsunterricht der Zukunft, München 2010.

Emotionen als „Hot spots“ religiöser Bildung

Carsten Gennerich

Emotionen zum Ausgangspunkt von religiösen Lernprozessen zu machen, wird schon lange gefordert. Und es wird beklagt, dass sie in Lehrplänen nur unzureichend repräsentiert sind.[1] Worin also liegt der Gewinn einer emotionsorientierten Religionsdidaktik? Anhand von drei Thesen, die Ulrich Kropač, Uto Meier und Klaus König in Auswertung der aktuellen Religiositätsforschung formuliert haben,[2] lässt sich die Relevanz eines solchen Zugangs begründen.

- Der Zwang zum Deuten lasse sich als ein Existential darstellen, so dass ein Diskurs über die Möglichkeiten und Alternativen des Deutens prinzipiell für religiöse und nicht-religiöse Schüler/-innen gleichermaßen zugänglich sei.[3] Da nun Emotionen ihrerseits abhängig sind von Wertungen und Deutungen,[4] bilden sie einen geeigneten Zugang zur Ebene des Deutens von Erfahrungen. Weil darüber hinaus, wie ich im Folgenden zeigen werde, die religiöse Dimension von besonderer Relevanz für den Umgang mit Emotionen ist, können „Emotionen als ‚hot spots‘ religiöser Bildung“ verstanden werden.
- Subjektive und objektive Religion müssen nach Kropač und Kollegen als gleichursprünglich verstanden werden.[5] Geht man davon aus, dass in der Regel die Subjektseite in der Unterrichtspraxis nicht hinreichend wahrgenommen wird,[6] dann kommt den Emotionen besondere Bedeutung zu, denn sie vermögen die tatsächlichen Deutungen eines Individuums aufzudecken. Bewusste und vor allem vorher unbewusste Deutungen können dann in ein Gespräch mit den Deutungsangeboten der objektiven Religion gebracht werden.
- Schließlich verweisen Kropač und Kollegen auf die Rationalitätsstandards der Theologie.[7] Dazu zählt auch die kohärente lebensweltliche Anwendung

[1] *Beutler*, Gefühle 135.
[2] *Kropač/Meier/König*, Thesen 243–253.
[3] Ebd. 243.
[4] *Lazarus*, Emotion 133–152; *Ders.*, Stress 61–100.
[5] *Kropač/Meier/König*, Thesen 246.
[6] Ebd. 243.
[7] Ebd. 253.

religiöser Deutungen.[8] Anhand eines lebensweltlichen Phänomens wie z. B. der Emotion des Neids kann dies exemplifiziert werden. Ich will daher im Folgenden zeigen, wie Deutungsmuster der christlichen Tradition die Emotionsregulation fördern und mit rational benennbaren Lebensgewinnen verbunden sind.

Vor diesem Hintergrund wird erstens zu zeigen sein, dass es die Emotionen sind, die die Ebene des existentiell relevanten Deutens erschließen und Anlässe für Sinnkonstruktionen geben. Zweitens gilt es zu zeigen, dass der theologische Diskurs selbst die Sinnfrage mit Rückgriff auf die Emotionsdimension bearbeitet. Und drittens gilt es aufzuweisen, dass sich die Rationalität theologisch begründeter Deutungsperspektiven exemplarisch anhand einer Emotion wie der des Neids belegen lässt. Die Herausarbeitung der Herausforderungen eines solchen Ansatzes kann dann die vorgetragenen Überlegungen beschließen.

1. Emotionen als Anlässe für Sinnkonstruktionen

Zuerst ist also zu zeigen, dass Emotionen die Ebene existentiell relevanten Deutens erschließen. Wie ist das vorzustellen? Emotionen signalisieren, dass etwas von der Routine abweicht und Aufmerksamkeit verdient. Sie unterbrechen den Alltag und können daher die Perspektive auf einen erweiterten Sinnhorizont öffnen. So weist Karl E. Weick darauf hin, dass Deutungsaktivitäten fortlaufend und immer dann stattfinden, wenn sich Unterbrechungen ereignen.[9] Unterbrechungen wiederum sind ein zentrales Moment von Emotionen. Emotionen verweisen also darauf, dass ein Punkt der Abweichung von der Routine vorliegt, an dem über Deutungen reflektiert werden muss. Somit können Emotionen den Fragehorizont auch für religiöse Wirklichkeitsdeutungen öffnen.

Der Zusammenhang von Emotion und Sinnkonstruktion lässt sich theoretisch mit der Emotionstheorie von George Mandler verstehen. Mandler definiert Emotionen als *Unterbrechungen*. Sie haben einen unwillkürlichen Charakter und werden in der Regel nicht geplant. Das physiologische Korrelat dieser Beobachtung ist, dass Emotionen mit Erregungen des Autonomen Nervensystems (ANS) einhergehen. Mandler stellt dazu fest, dass Unterbrechungen bzw. Diskrepanzen das Hauptprinzip darstellen, durch das Erregungen im ANS entstehen.[10] Erregungen ereignen sich im Bereich des Denkens und Handelns dann, wenn vorhandene Strukturen und Handlungssequenzen nicht zu den aktuellen Ereignissen passen. Das gilt für negativ wie positiv bewertete Ereignisse. Ent-

[8] Vgl. *Gennerich*, Religiosität 129f.
[9] *Weick*, Sensemaking 43–49.
[10] *Mandler*, Mind 151–153.

scheidend ist, dass sich bei der Wahrnehmung neuer bzw. diskrepanter Informationen die Aufmerksamkeit auf die Implikationen für das eigene Ziel- und Wertesystem richtet. Emotionale Erfahrungen sind daher mit Sinnkonstruktionen (d.h. Lernprozessen) verbunden.[11]

Diese Überlegungen lassen sich anhand konkreter Emotionen plausibilisieren. So entsteht nach Mandler *Angst*, wenn organisierte und bewährte Handlungssequenzen unterbrochen werden, ohne dass alternative Handlungssequenzen zur Verfügung stehen. In der Situation wird also ein Kontrollverlust erlebt. Der Organismus ist desorganisiert.[12] Prozesse der Reorganisation setzen ein. Emotionen – in diesem Beispiel Angst – indizieren demnach Erfahrungen, in denen die eigene Weltkonstruktion in Frage gestellt wird und eine neue Organisation gesucht wird. Die Frage ist nun, inwiefern ein solcher Prozess auch eine religionspädagogische Relevanz gewinnen kann.

Die *Selbst-Konzept-Theorie* von Claude M. Steele kann erklären, worin das Besondere liegt, wenn derartige Sinnkonstruktionsprozesse mit Rückgriff auf die religiöse Dimension stattfinden.[13] Die Theorie nimmt an, dass Menschen bestrebt sind, die Integrität ihres Selbst-Systems aufrechtzuerhalten. Dabei ist das Selbst-System extrem flexibel und anpassungsfähig. Denn eine Bedrohung in einem Bereich des Selbst-Systems kann durch eine Bestärkung eines anderen Bereichs kompensiert werden. Das bedeutet, dass nicht allein eine bestimmte Diskrepanz von Ist und Soll entscheidend für die Selbst-Integrität ist, sondern mehr eine globale Vorstellung von Selbst-Integrität.[14] D.h. neben verschiedenen Einflussnahmen auf die wahrgenommene Bedrohung kann auch jenseits der konkreten Bedrohung die globale Integrität des Selbst bestärkt werden.[15] Das hat weiterführende Implikationen: Weil selbst-bestärkende Gedanken auf der globalen Ebene die Bedrohlichkeit einer akuten Bedrohung für das Selbst-System reduzieren, können bedrohliche bzw. konfliktreiche Informationen objektiver und offener wahrgenommen werden. Das hat zur Folge, dass verzerrende Abwehrmechanismen wie Verleugnungen oder Rationalisierungen weniger zum Einsatz kommen und kompetentes Handeln wahrscheinlicher wird.[16] Steele verweist darauf, dass Religion in einer entsprechenden Weise die Selbst-Integrität fördern kann, wenn vorausgesetzt werden kann, dass der bestärkte Bereich des Selbst-Systems (in unserem Fall also die Religion) mindestens so wichtig ist wie der aktuell bedrohte Bereich.[17] Zugleich hängt die Wirksamkeit des Mechanismus

[11] Ebd. 171f.
[12] Ebd. 238.
[13] *Steele*, Psychology 261–302.
[14] Ebd. 267f.
[15] Ebd. 289f.
[16] Ebd. 290.
[17] Ebd. 291.

von der Verfügbarkeit von Wahrnehmungen, Erinnerungen oder Imaginationen ab, die die Selbst-Integrität stärken können.[18] Die von Steele aufgezeigten Möglichkeiten ebenso wie ihre Bedingungen zeigen uns also deutlich die Bedeutung religiösen Lernens für die Selbstkompetenz. Es sei daher im nächsten Schritt weiterführend gefragt, inwiewiefern die theologische Theoriebildung an die beschriebenen allgemeinen Strukturen anschließen kann.

2. Emotionen und die Sinnfrage in der Theologie

Auf den ersten Blick stellen Emotionen in der Theologie kein zentrales Thema dar. Der Sache nach aber lässt sich ihre Bedeutung begründen, wenn nur genügend das Ausgangsphänomen der Unterbrechung bzw. Diskrepanzerfahrung beachtet wird. Dann zeigt sich, dass gerade theologisch begründete Lebensdeutungen gute Grundlagen bieten, um an die beschriebenen psychischen Strukturen anzuknüpfen und erweiterte Freiheitsperspektiven zu erschließen. So konzipiert Johann Baptist Metz einen Begriff der „Unterbrechung“, der neben einem impliziten Diskrepanzbewusstsein im Sinne Mandlers zugleich neue religiös begründete Standards umfasst, so dass ein ethischer Impuls resultiert. Weithin anerkannt ist seine Formulierung: „Kürzeste Definition von Religion: Unterbrechung“.[19] Metz verbindet mit dieser These die Überlegung, dass der christliche Glaube zur geplanten Unterbrechung vertrauter Milieumuster und selbstverständlicher Ideale (z. B. Fortschritt) auffordert. Zentral geht es ihm um Solidarität mit den Leidenden bzw. der Entwicklung einer ethischen Strategie für das Christentum. In der emotionalen Dimension zielt diese Strategie auf das Erwecken von Aufmerksamkeit für Mitgefühl (compassion). Die Unterbrechung konfrontiert also lebensweltliche Normen mit alternativen biblischen Standards. Die Diskrepanz der eigenen Lebensführung gegenüber den biblischen Normen soll zu Bewusstsein kommen. Wenn dies gelingt, dann lässt sich annehmen, dass es auf der emotionalen Ebene zum Erleben von Schuld kommt, die den Impuls zur Umkehr zu einem durch Mitgefühl geprägten Lebensstil freisetzt.

Zusammengefasst lässt sich festhalten, dass mit Metz Religion als Unterbrechung verstanden werden kann. Ungelöst bleibt bei dieser Konzeption allerdings, warum sich etwa eine Person überhaupt durch einen biblischen Standard von außen unterbrechen lassen soll. Ohne eine vorab akzeptierte Relevanz biblischer Perspektiven kommt es nicht zu einer Unterbrechung. In religionspädagogischer Perspektive bleibt hier also die Frage offen, wie auch nicht-religiöse Schüler/-innen an Metz’ Unterbrechungskonzept anknüpfen könnten.

[18] Ebd. 293.

[19] *Metz*, Glaube 150.

Eberhard Jüngel bietet eine erweiterte Variante des Konzepts der „Unterbrechung". Er verweist über Metz hinausgehend darauf, dass sich Unterbrechungen auch als emotionale Ereignisse im Alltag finden und Selbstreflexionen auslösen können.[20] Unterbrechungen beschreibt er als „Ermöglichung von Entdecken", aber auch als Gefährdung, weil die „Möglichkeit des Nichtseins" gegeben sei. Die prekäre Konstruktivität der Wirklichkeit wird also offenbar und kann angstauslösend wirken. Zugleich sei jedoch die Möglichkeit des Nichtseins „im höchsten Maße kreativ"[21], denn losgelöst vom Gegebenen seien sinnstiftende Neuinterpretationen der Wirklichkeit möglich. Soweit beschreibt Jüngel die oben mit Mandler und Weick skizzierte allgemeine Struktur von Unterbrechungen, die prinzipiell für alle Menschen anschlussfähig ist. Eine demgegenüber spezifisch christliche Wahrheitserfahrung liege nun dann vor, wenn sich der Mensch mit seinen bisherigen Erfahrungen der Möglichkeit des Nichtseins inne werde und mit neuer Kraft in den unterbrochenen Lebenszusammenhang zurückkehre. Der Glaubende gewinne diese Kraft nun daraus, dass Gott selbst sich im Tode Jesu Christi durch die Möglichkeit des Nichtseins unterbrechen lasse, „um mit dem Menschen eine gemeinsame Geschichte zu haben"[22]. Angesichts des Nichtseins könne sich das Ich daher auf Gott verlassen und sich von ihm her in gesteigerter Weise neu empfangen.[23]

Mit cinem Rückblick auf Steele kann zunächst die von Jüngel benannte „Steigerung" verstanden werden als eine für Glaubende mögliche Erfahrung globaler Selbst-Integrität. Darüber hinaus relativiere nach Jüngel eine derart christliche Neuinterpretation des Lebens die bis dahin als verbindlich geltenden Selbstverständlichkeiten, so dass der so Befreite kreativ und situationsgemäß tun könne, was nottut.[24] Analog zur Theorie von Steele geht also in der Jüngelschen Konstruktion die Erfahrung globaler Selbst-Integrität mit einer gesteigerten Handlungssouveränität einher. Religiöse Deutungsperspektiven weisen einen benennbaren Mehrwert im Kontext der Sinnreflexion angesichts von „Unterbrechungen" auf. Kann aber eine solch christologische Konstruktion als allgemein plausibel erlebt werden? Lässt sich eine solche Möglichkeit auch religionspädagogisch einlösen? Fragen wir, ob der religionspädagogische Diskurs hier weiterführt!

Emotionen wurden in der Religionspädagogik eher sporadisch und theoretisch sehr heterogen thematisiert.[25] Die hier verfolgte konzeptionelle Linie wurde bisher nur implizit und lediglich bezogen auf „negative" Diskrepanzen reflek-

[20] *Jüngel*, Wahrheit 101.
[21] Ebd. 102.
[22] Ebd. 104.
[23] Ebd. 105.
[24] Ebd. 108.
[25] Z. B. *Baldermann*, Psalmen 544–548; *Beiner*, Kompetenz 156–160; *Haas*, Scham 109–115; *Naurath*, Gefühl; *Sistermann*, Symbole 69–85; *Zwergel*, Lernprozesse 40–60.

tiert, obwohl „positive“ Diskrepanzerfahrungen wie Freude und Dankbarkeit äquivalent zu erschließen sind: So will Helmut Hollenstein in Abgrenzung zu Transzendenzerfahrungen, die eine religiöse Wirklichkeitskonstruktion bereits voraussetzen, Differenzerfahrungen zum religionsdidaktischen Ausgangspunkt für die religiösen Deutungsperspektiven machen.[26] Ähnlich wie Kropač und Kollegen sieht er die Notwendigkeit, dass der Unterricht auch für „unreligiöse“ Schüler/-innen zugänglich bleiben muss. Unter Differenzerfahrungen versteht Hollenstein den erfahrenen Widerspruch zwischen authentischer Selbst- und Welterfahrung auf der einen Seite und erwarteter und erhoffter Sinnerfahrung auf der anderen Seite. Es handle sich um Differenzen zwischen dem, wie die Welt ist und dem, wie sie sein sollte.[27] Diese Erfahrungen würden schon immer in irgendeiner Weise alltagspraktisch bewältigt, aber im Prozess religiösen Lernens könnten diese Differenzerfahrungen auch auf Gott bezogen und so stärker realitätsbewusst und hoffnungsvoll zugleich bewältigt werden.[28] Dabei geht es ihm darum, dass die Differenzerfahrungen nicht vorschnell beschwichtigt und durch psychische Techniken beseitigt werden. Vielmehr fordert er in einer ideologiekritischen Perspektive, dass die Erfahrung der Differenz als bleibende Glaubenserfahrung wachgehalten werde.[29] Bernhard Dressler variiert Hollensteins Überlegungen.[30] So werde durch das Vordringen eines szientistisch-positivistischen Weltbildes, bei dem die Wissenschaft eine Sinnstiftungsfunktion erhält, eine sinnvolle Verarbeitung von Differenzerfahrung unmöglich. Demgegenüber sieht er eine besondere Chance für die Erschließung der biblischen Sprache, die Kindern und Jugendlichen Ausdrucksmöglichkeiten für ihre Differenzerfahrungen bereitstellen kann. Der Rechtfertigungsglaube biete darüber hinaus die Möglichkeit, Differenzerfahrungen in der Wahrnehmung auch bewusst zuzulassen, weil der Glaubende nicht unter dem Zwang stehe, Differenzen durch zu erbringende Leistungen beseitigen zu müssen. Auf diese Weise werde für die widersprüchlichen Erfahrungen des Lebens ein angemessener Reflexionsraum bereitgestellt.

Jüngel, Hollenstein und Dressler benennen also jeweils einen spezifischen Mehrwert der religiösen Lebensdeutung. Die Aneignung ist nicht zwingend. Eine religiöse Deutung kann jedoch probehalber nachvollzogen und dann mit Blick auf ihre mögliche Attraktivität reflektiert werden. Das evtl. neu und positiv Erlebte könnte dann gegebenenfalls wiederholt werden und bei häufigerer Wiederholung die Persönlichkeit prägen. Derartiges „Probehandeln“ oder „Probedenken“ sind, wie Dressler zeigt, grundlegende Modi unterrichtlicher Kom-

[26] *Hollenstein*, Bibelunterricht 439–450.
[27] Ebd. 107.
[28] Ebd. 104–109 u. 318–324; *Hollenstein*, Gott 129 u. 131.
[29] *Hollenstein*, Bibelunterricht 318–324.
[30] *Dressler*, Sinnlosigkeit 11–18.

munikation.[31] Das probehalber Gedachte verortet sich dabei in einem „möglichen Selbst“, das gegenüber einem sozial eher festgelegten, „realen Selbst“ als Experimentierlabor im Dienste der Persönlichkeitsentwicklung verstanden werden kann.[32] Gleiches gilt für Emotionen, die mit Robert C. Roberts als „Konstruktionen“ verstehbar sind, die ebenfalls in einem „als-ob“-Modus erlebt werden können (vgl. entsprechende Phänomene bei Romanen und Spielfilmen).[33] D. h. eine probehalber angenommene christliche Lebensdeutung kann in ihrer emotionalen Konsequenz erlebt werden (z. B. als Erleichterung und Freude aufgrund eines Freiheitsgewinns oder als Mitgefühl in der Logik von Metz). Das alles aber bedeutet, dass anlässlich einer konkreten Unterbrechung, die mit einer konkreten Emotion einhergeht, argumentativ ein Mehrwert religiöser Deutungsperspektiven aufweisbar werden muss. Wir wollen, bezogen auf die bisher wenig beachtete Emotion des Neids, mit Rückgriff auf Deutungsangebote der christlichen Tradition nach einem solchen Mehrwert fragen.

3. Materiale Belege: Die Emotion Neid

Anders als die Themen Schuld und Angst kommt Neid in Bildungsplänen kaum explizit vor. Bereits Siegfried R. Dunde stellt fest, dass Neid als Thema im RU fehle.[34] Dabei wird Neid in zentralen biblischen Texten thematisiert: so u. a. beim Mord Kains an Abel (Gen 4,3–16), dem Dekalog (Ex 20,1–17), dem Gleichnis von den Arbeitern im Weinberg (Mt 20,1–16) oder den paulinischen Briefen (Gal 5,21–26).[35] Auf diese Weise lassen sich gewichtige biblische Traditionen erschließen. Aber auch entwicklungspsychologisch ist die Neidthematik insbesondere für das Jugendalter von hoher Relevanz. Denn in dieser Zeit prägen *soziale Vergleiche* die Entwicklung. Dem korrespondieren Neidgefühle, die sich dann als Bewältigungsaufgabe stellen.[36] Die Neidthematik darf also religionspädagogisch mehr Aufmerksamkeit als bisher beanspruchen. Nimmt man für deren didaktische Erschließung dabei die Gleichursprünglichkeit objektiver und subjektiver Religion ernst, muss im Folgenden Neid von der Subjektseite her hinreichend wahrgenommen werden, um die geeigneten Anschlussstellen für die Deutungs- und Lösungspotentiale der objektiven Religion ausfindig zu machen.

31 *Dressler*, Religionsdidaktik 9.
32 *Gennerich*, Dogmatik 408–410.
33 *Roberts*, Emotions 26.
34 *Dunde*, Neid 243.
35 Vgl. ebd. 240–242; *Nusser*, Neid 247; *Schwartz*, Neid 660.
36 *Levesque*, Envy 846.

Die Subjektseite des Neids sei daher im nächsten Schritt konkretisierend entfaltet. Im Anschluss an Julie J. Exline und Anne L. Zell stelle ich dabei den empirischen Forschungsstand unter drei Aspekten dar, an welche sich dann gut religionspädagogische Überlegungen anschließen lassen.

(1) Neid ist zunächst auf Wünschenswertes ausgerichtet und offenbart nach Exline und Zell möglicherweise auch bisher unbewusste Wünsche.[37] Die Bedeutung von Wünschen und entsprechenden Wertsetzungen bringt bereits die Definition von Neid durch Richard S. Lazarus zum Ausdruck, der Neid bestimmt über das Kernthema „haben wollen, was ein anderer hat“.[38] Nach Line Massé und Françoys Gagné beneiden Jugendliche ihre Peers vor allem bezogen auf deren finanzielle Ressourcen und Beliebtheit (Freunde finden, eine Liebesbeziehung haben). Intelligenz und Talente anderer werden dagegen kaum beneidet. Die Autoren vermuten, dass diese Merkmale aufgrund ihrer Unveränderbarkeit keinen Raum für Wettbewerb lassen und damit weniger Raum für Neid geben. Werden Jugendliche allerdings gefragt, wofür sie selbst beneidet werden, nennen sie vor allem ihre Fähigkeiten und Schulleistungen. Massé und Gagné nehmen an, dass in der sozialen Interaktion eher weniger brisante Formen des Neids mitgeteilt werden (z. B. bezogen auf Schulleistungen, aber nicht auf finanzielle Ressourcen). So spiegele sich in den Themenbereichen, in denen man von anderen beneidet wird, eine Form des Neids, die mit weniger Feindseligkeit einhergehe.[39] Insgesamt ergibt sich, dass Neid relevante Wünsche und Werte Jugendlicher indiziert, die in der Perspektive theologischer Ethik reflektiert werden können. Wir werden dem nachgehen. Zunächst sind jedoch zwei weitere Aspekte zu benennen, die dem Phänomen des Neids innewohnen.

(2) Neid indiziert sodann Annahmen, die das eigene Selbst als defizitär konzipieren. So trete Neid auf, wenn andere Personen besser in einem Bereich sind, der für einen selbst relevant ist.[40] Gerrod W. Parrott beschreibt die Implikationen dieser Situation für das Selbstwertgefühl:[41] Der Vergleich mit Peers, d. h. ähnlichen Personen, löse besonders häufig Neid aus, weil hier ein schlechtes Abschneiden die Aufmerksamkeit auf die eigenen Defizite lenke und eher offenbar werde, dass man selbst vergleichbare Möglichkeiten gehabt hätte, so dass man die Ursache bei sich selber suchen muss. Eine solche neidspezifische Wahrnehmungsfokussierung hat nach Richard Smith,

[37] *Exline/Zell*, Antidotes 316.
[38] *Lazarus*, Emotion 122.
[39] *Massé/Gagné*, Gifts 15–29.
[40] *Smith/Combs/Thielke*, Envy 294f.
[41] *Parrott*, Experience 7.

David J.Y. Combs und Stephen M. Thielke einen starken selbstschädigenden Effekt:[42] Denn eine Person, die mit ihren objektiven Qualitäten gut zurechtkommt, wertet sich durch eine Neubewertung ihrer Qualitäten in Relation zur Vergleichsperson plötzlich ab und beeinträchtigt dadurch ihr Funktionieren in ihrer Gruppe bzw. Organisation. Es kommt hinzu, dass andere Dimensionen im Moment des sozialen Vergleichs in ihrer Bedeutung herabgesetzt werden, obwohl sie für die Qualität des eigenen Beitrags ebenso relevant sein können. Neid wirft damit insgesamt die Frage nach einer Annahme der eigenen Individualität auf.

(3) Neid führt schließlich auch zur Verschlechterung sozialer Beziehungen. Nach Smith und Kollegen geht Neid mit einem Gefühl der Unterlegenheit, Scham und Feindseligkeit einher.[43] So belegen verschiedene Studien, dass Neid eine feindliche Emotion ist, die z.B. dazu führt, dass bereitwillig eigene Verluste in Kauf genommen werden, um einer beneideten Person mit dem Ziel der Herstellung von mehr Gleichheit zu schaden.[44] Ebenso können Unterlegenheitsgefühle feindselige Reaktionsmuster bewirken, die als Bewältigungsversuche von Schamgefühlen aufgrund selbstabwertender sozialer Vergleiche interpretiert werden können.[45] In der Folge genießen nach Smith und Kollegen neidische Personen weniger persönliche Beziehungen bzw. ihre Beziehungsqualität leidet unter dem Neid.[46] So lehnen neidische Personen eher als andere Hilfe ab, die sie gebrauchen könnten, und sie meiden Situationen, in denen Dankbarkeit erwartet wird.[47] Auch sind neidische Personen weniger hilfsbereit und erfahren entsprechend insgesamt weniger positive beziehungsbezogene Gefühle wie Liebe und Dankbarkeit.[48]

Zusammengenommen eröffnet also das Thema Neid gleich drei zentrale Frage- und Problembereiche der menschlichen Existenz: (1) Was ist im Leben wichtig? (2) Wie kann Selbstakzeptanz erworben werden? Und (3) wie können positive soziale Beziehungen gepflegt werden? Fragen wir daher in einem nächsten Schritt nach möglichen Perspektiven für den Unterricht. Zunächst kann mit Exline und Zell für jeden der drei Bereiche gezeigt werden, wie Neid grundsätzlich bewältigt werden könnte. In einer weiterführenden religionspädagogischen Perspektive können wir dann auch fragen, was christliche Deutungsmuster für die Bewältigung von Neid austragen.

[42] *Smith/Combs/Thielke*, Envy 297.
[43] Ebd. 293 u. 296.
[44] *Smith/Kim*, Envy 52f.
[45] Ebd. 54.
[46] *Smith/Combs/Thielke*, Envy 299.
[47] Ebd. 300.
[48] Ebd. 303f.

(1) Nach Exline und Zell ist Neid ein Indikator für wichtige Wünsche, die Anlass geben, die eigenen Energien neu zu fokussieren.[49] Gehen wir mit den zitierten Befunden davon aus, dass Reichtum, Attraktivität und gute Schulleistungen bei Jugendlichen als besonders erstrebenswert gelten, dann stellt sich die Frage, wie daran pädagogisch angeknüpft werden kann. Exline und Zell schlagen vor, danach zu fragen, warum diese Ziele wichtig sind. Meist würden mit solchen Zielen grundlegendere Anliegen verfolgt wie Sicherheit, Liebe und Überlegenheit. Will jemand reich werden, um sich einen Sportwagen und Designerkleidung kaufen zu können, dann müsse gefragt werden, ob denn diese Dinge überhaupt garantieren, Liebe und Sicherheit zu finden.[50] Es könne weitergehend dann auch darum gehen, grundlegende Annahmen über Glück kritisch zu prüfen. So können sich Annahmen darüber, was zum Glücklichsein dazugehört, verschieben, wenn das unvermeidbare Altern und Sterben mitbedacht werde.[51] Besonders ungünstig seien auch Wünsche, die unbestimmt nur durch ein „Mehr" charakterisiert werden, weil dann Glück immer nur unerreichbar vor einem liegen kann. Vielmehr ginge es darum, dass man seine Wünsche so formuliert, dass es möglich wird, mit sich selbst und den eigenen Ressourcen zufrieden zu sein.[52]

Es kann nun angenommen werden, dass Jugendliche derartige Fragen durchaus reflektieren und mutmaßlich nicht nur mit platten materialistischen Antworten aufwarten. Offenkundig sind soziale Beziehungen Jugendlichen deutlich wichtiger als materielle Güter.[53] Umso mehr stellt sich daher die Frage, ob theologisch begründete Deutungsmuster demgegenüber einen Mehrwert offerieren können.

Anhand der klassischen Position von Basilius dem Großen sei dem einmal kurz nachgegangen. In einer Predigt kritisierte er Neid als Ärger über das Wohlergehen des Nächsten.[54] Neid sei damit eine „Feindin der Gaben Gottes"[55]. So richte sich der Neid von Kain und Saul sowie von Josephs Brüdern gegen Wohltaten, die Gott nicht nur dem Rivalen erweist, sondern auch dem Neider erwiesen habe.[56] Um den Neid aufzulösen, verwies er darauf, dass es wichtig sei, keine irdischen Güter für groß zu erachten, sondern sich an die ewigen und wahren Güter zu halten.[57] Reichtum, Macht und Stärken seien

[49] *Exline/Zell*, Antidotes 317–319.
[50] Ebd. 317.
[51] Ebd. 318.
[52] Ebd. 319.
[53] *Feige/Gennerich*, Lebensorientierungen 36.
[54] *Basilius*, Neid 290.
[55] Ebd. 292.
[56] Ebd. 292f.
[57] Ebd. 297–299.

nicht in sich selbst gut, sondern erst durch ihre Ingebrauchnahme für den Mitmenschen. Es käme daher darauf an, den eigenen Ehrgeiz auf den Erwerb von Tugenden zu richten. Der besondere Vorteil sei dabei, dass eine Steigerung von Tugendhaftigkeit in der eigenen Kontrolle liege, wohingegen Reichtum, Schönheit und hohe Würde in der Gesellschaft nicht durch Fleiß errungen werden könnten. Basilius zielt also auf eine neidhemmende Ausrichtung des menschlichen Wünschens, d. h. ausgerichtet auf ewige Güter des Reiches Gottes. Damit werden endliche Güter und Ziele in ihrer Bedeutung relativiert. Im Anschluss an Steele lässt sich dann argumentieren, dass auf der Basis „ewiger Güter" bzw. der Tugend der Nächstenliebe eine Selbst-Integrität konstruiert werden kann, die nicht durch endliche Bedingungen bedroht wird. Insgesamt zeigt sich, dass Basilius auf der Ebene praktischer Weisheit seinen Hörerinnen und Hörern bereits alle Reflexionsstrategien anbot, die heute von der Psychologie analytisch herausgearbeitet wurden. Fraglich bleibt jedoch, ob der Rekurs auf „ewige" Güter heutige Schüler/-innen überzeugen kann, da diese ihre Lebensorientierungen in der Regel ohne einen Gottesbezug konstruieren.[58] Es stellt sich daher weiterhin die Frage nach einem in der Perspektive heutiger Schüler/-innen nachvollziehbaren Mehrwert religiöser Deutungen.

(2) Bezogen auf die dem Neid inhärente Defizitwahrnehmung machen Exline und Zell mehrere Vorschläge. Es gehe zum einen darum, Frieden mit den eigenen Defiziten zu finden und in ihnen eine Möglichkeit zum Persönlichkeitswachstum zu sehen. Ein wichtiger Baustein sei dabei, das Gefühl der Hilflosigkeit zu überwinden und Hoffnungsperspektiven zu konstruieren.[59] Sodann sehen sie eine wichtige Strategie darin, die eigenen Grenzen akzeptieren zu lernen. Dies sei durch Einübung von Demut möglich, die sie definieren als eine Haltung der inneren Sicherheit und des stabilen Selbstwerts, die der Person ermögliche, tolerant auf die eigenen Defizite zu schauen. Dazu gelte es, das eigene Selbst innerhalb einer weitergespannten Perspektive wahrzunehmen, indem man die Natur, Gott, das Universum oder den Bereich des Geistes fokussiere. Dadurch sei es möglich, dass jeder einzelne, obwohl er nur „a small part of the whole" ausmache, doch Wert und Würde besitze.[60] Schließlich ermögliche Dankbarkeit, die Aufmerksamkeit auf das zu richten, was man habe, so dass Neidgefühle reduziert würden. Dabei sei zu bedenken, dass gezielte Vergleiche mit Menschen, die schlechter dran sind, nicht von dem zugrunde liegenden Hierarchiedenken befreien. Sinnvoller sei es vielmehr, ohne soziale Vergleiche den Fokus auf den persönlichen Bereich zu

[58] *Feige/Gennerich*, Lebensorientierungen 32f.
[59] *Exline/Zell*, Antidotes 320.
[60] Ebd. 321.

legen. So können eigene Ressourcen und Begabungen bedacht werden.[61] Vergleichbar fordern auch Smith und Kollegen, die intrinsische Motivation zu fördern und sich an den eigenen Möglichkeiten zu messen.[62] Darin liegt nachvollziehbar auch die Hilfe des Vorschlags von Basilius: Das Streben nach Tugend legt den Fokus auf die eigene Person. Insgesamt benennen Exline und Zell mit den Stichworten „Hoffnung", „Selbstwert", „Dankbarkeit" und „intrinsische Motivation" verschiedene Möglichkeiten der Neidreduktion. In einer theologischen Perspektive lassen sich diese vier Strategien aus der Gottesbeziehung heraus entwickeln. Mit Rückgriff auf die Theologie Søren Kierkegaards (1813–1855) soll im Folgenden der Mehrwert einer solchen Strategie geprüft werden.

Nach Rainer Thurnher liegt der Kern von Kierkegaards Neidverständnis in dessen Wertschätzung der Individualität.[63] Als große Gefahr und Sünde sehe es Kierkegaard nämlich an, wenn das Individuum in der Menge aufgeht und das eigene Selbstsein preisgibt. Vielmehr gehe es ihm darum, dass sich der Einzelne im Gottesverhältnis „durchsichtig" werde, d. h. seine Individualität in Gänze wahrzunehmen lernt.[64] Als motivationale Ursache dafür, das Selbstsein aufzugeben, betrachtet Kierkegaard den Neid. Denn dieser ziele auf Gleichheit in der Mittelmäßigkeit, auf eine Nivellierung von Aspekten der Individualität, die ein Individuum gegenüber einem anderen auszeichnen. Neid bewirke daher, dass Menschen versuchen, vom Maßstab des Durchschnitts nicht abzuweichen.[65] Übersetzt in die psychologische Sprache von Exline und Zell plädiert Kierkegaard für eine explizit *intrinsische Motivation* des eigenen Handelns, die sich eben nicht an äußeren Standards orientiert, sondern an solchen der eigenen Individualität. In der Gottesbeziehung liegt für Kierkegaard dabei die zentrale Ressource des *Selbstwerts*, denn die von Kierkegaard angenommene Selbstbejahung in der Beziehung zu Gott ermöglicht gerade eine „durchsichtige" Selbstwahrnehmung „in Gänze", weil so schmerzhafte Defizite akzeptierend angeschaut werden können.

Mit Rückgriff auf eine Predigt Kierkegaards zu Mt 6,24–34 (Jesu Kritik des Sich-Sorgens) lässt sich dessen Neidverständnis weiter veranschaulichen. Kierkegaard bewertet soziale Vergleiche als Ursache des Sich-Sorgens.[66] Denn durch den sozialen Vergleich werden Wünsche bzw. Standards erworben, die für die eigene Individualität unangemessen seien. Soziale Vergleiche

61 Ebd. 322.
62 *Smith/Combs/Thielke*, Envy 297.
63 *Thurnher*, Kierkegaards 135.
64 Ebd. 136f.
65 Ebd. 140.
66 *Kierkegaard*, Lilien 173 u. 187.

werden also als ein Herausfallen aus der Gottesbeziehung interpretiert, weil im sozialen Vergleich die Gabe Gottes für die eigene Person nicht mehr *dankbar* wahrgenommen wird.[67] Kierkegaard verweist in diesem Zusammenhang auch auf die Gottesebenbildlichkeit des Menschen als seine Würde. So wie Gott als Geist unsichtbar ist, so ist auch die Ebenbildlichkeit eine unsichtbare Herrlichkeit. Nicht der Vergleich mit sichtbaren Standards entspreche daher dieser Würde, sondern die Anbetung Gottes. Denn in der Anbetung werde die unendliche Verschiedenheit des Menschen zu Gott gewahrt und gleichsam sichergestellt, dass als Bezugspunkt der Individualität nicht ein endlicher Vergleichsstandard gewählt wird.[68] In der Anbetung Gottes entgeht also der Mensch dem individualitätsschädigenden Hin und Her der sozialen Vergleiche.[69] Wie bereits Basilius betont Kierkegaard also auch die *Dankbarkeit* für die Gaben Gottes. Sie ist gleichsam ein Ausdruck für die wertschätzende Annahme der eigenen Individualität. Schließlich kann weiterführend davon ausgegangen werden, dass sich mit der Wahrnehmung und Entfaltung der eigenen Begabungen auch das neidbegleitende Gefühl der Hilflosigkeit reduziert und ein *hoffnungsvoller* Ausblick auf die eigenen Möglichkeiten gestärkt wird.
Die Frage ist: Braucht es für derartige Deutungsgewinne tatsächlich den Gottesbezug und damit die Bereitschaft zur Akzeptanz dieser Dimension?
Offenkundig ist ja, dass gesellschaftliche Instanzen – von Organisationen über Gruppen bis hin zu persönlich-privaten Beziehungen – Defizite nicht oder nicht hinreichend genug anerkennen können. Keiner träumt vom Verlieren. Der Symbolische Interaktionismus kann zeigen, dass das Selbst eine *soziale Konstruktion* ist, die stets in einem fragilen Gleichgewicht existiert und damit die Stabilität des Selbst gefährdet. So stellt sich die Frage, wodurch eine Selbstkonstitution zum stabilen Selbst denkbar erscheint. Hier zeigt Kierkegaard nun überzeugend auf, dass nur die Dimension ‚Gott' als ein von sozialen Konfigurationen unabhängiges ‚Gegenüber' zum Individuum diesem die Möglichkeit zu einer Selbstannahme eröffnet. Es ist damit nicht abhängig von zufälligen Sozialbeziehungen, die ja immer nur ein begrenztes Maß an unbedingter Annahme aufbringen können. Dies aber ist die Voraussetzung für die Stabilität bzw. Integrität des Selbst.

(3) Schließlich geht es Exline und Zell darum, die Problematik entfremdeter Beziehungen zu korrigieren.[70] Da Neid mit Scham einhergehe, sei es wichtig, dass Menschen mit Neidgefühlen eine sichere und bestärkende Umge-

[67] Ebd. 196.
[68] Ebd. 200f.
[69] Ebd. 202.
[70] *Exline/Zell*, Antidotes 323–326.

bung erleben können, in der Gefühle des Neids und der Unterlegenheit als normal erfahren werden können. Weiterhin stellt die Konstruktion von Statushierarchien in Beziehungen ein Problem dar. Hier gehe es darum, eher Gemeinsamkeiten zu beachten als Positionsvorteile zu kontrastieren. Denn empirisch zeige sich, dass eine Gründung des Selbstwerts auf Erfolg im Wettbewerb eine unsichere Angelegenheit ist.[71] Sodann sei Liebe mit Neid nicht vereinbar, so dass Liebe Neid reduziere. Die christliche Praxis des Gebets für die Feinde betrachten Exline und Zell in diesem Sinne daher als hilfreich zur Bewältigung von Neid. Weiterhin könne versucht werden, die Vergleichbarkeit mit der beneideten Person zu reduzieren, indem Dinge reflektiert werden, die bei der anderen Person anders sind.[72]

Exline und Zell plädieren demnach für eine gemeinschaftsfreundliche Sozialkultur. Angesichts einer starken Wettbewerbsorientierung der antiken Gesellschaft, die mit einer hohen Prävalenz von Neid einherging, ist hier die Argumentation von Paulus besonders aufschlussreich: So betont er das Gebot der Liebe, um die Beziehungsqualität in den Gemeinden angesichts von Neid zu verbessern (Gal 5,13–6,10).[73] Er positioniert seine Kreuzestheologie gegen die Erfahrung von Beschämung (2 Kor 12,9 „Jesus Christus spricht: Meine Kraft ist in den Schwachen mächtig“) und betont das Gemeinsame in Christus (Röm 3,22 „Es gibt keinen Unterschied“). Denn alle verfehlen den Willen Gottes und sind auf die geschenkte Ehre und Herrlichkeit Gottes angewiesen (Röm 3,24).[74] Schließlich betont sein Gemeindeverständnis zugleich die Verschiedenheit und Einheit der Charismen (1 Kor 12). Einem durch wechselseitige Anerkennung geprägten Miteinander wird so der Grund bereitet. Der von ihm in dieser Situation eingebrachte Gottesbezug leistet dabei Entscheidendes, denn er eröffnet die Perspektive, soziale Differenzen bis hin zur Feindschaft zu überbrücken. Solche Differenzen konnten bisher auf der Basis jener Gründe, die gesellschaftliche Instanzen zu formulieren vermögen, zum Schaden aller offenkundig nicht überbrückt werden.

4. Didaktische Herausforderungen

Im Gang der Argumentation konnte gezeigt werden, dass eine bisher im Religionsunterricht nur wenig beachtete Emotion wie Neid theologisch wie religionspädagogisch ein außerordentliches Erschließungspotential hat. Zentrale

[71] Ebd. 323f.

[72] Ebd. 325.

[73] *Bartmann*, Gebot 93.

[74] *Jewett*, Paul 561.

theologische Themen können ausgehend von einer allen gut bekannten Emotion in ihrer Bedeutung und Sinnhaftigkeit erschlossen werden, ohne dafür apriorisch vom Gottesbegriff zwingend ausgehen zu müssen. Doch um ein derartiges didaktisches Konzept praktisch umsetzen zu können, ist man mit mehreren Herausforderungen konfrontiert.

- Als zentrale Herausforderung erweist sich zunächst, ob es gelingt, einen für das Subjekt erkennbaren Mehrwert religiöser Deutungsperspektiven gegenüber seinen üblichen Alltagsdeutungen einsichtig zu machen. Dass es der Plausibilisierung eines solchen Mehrwerts bedarf, hat seinen Grund darin, dass bei den Schülerinnen und Schülern eine von vornherein religiös fundierte Sicht auf die Wirklichkeit nicht mehr angenommen werden kann. Das bedeutet, dass „Unterbrechungen" in der Regel nicht innerhalb eines religiösen Horizonts erfahren werden, z.B. als Angst vor einem richtenden Gott. Vielmehr werden Emotionen in einem nicht explizit religiösen Deutungsrahmen erfahren. Im Falle negativer Emotionen können diese sogar das Vertrauen in Gott unterminieren, so dass Unterbrechungen eher dahin tendieren, religiöse Weltkonstruktionen in Frage zu stellen („Warum konnte Gott das zulassen, wenn es ihn gibt?").[75] Wenn also ein emotionaler Impuls gegen eine Vertrauenssetzung in Gott sprechen könnte, dann bedarf es umso mehr einsehbarer Vertrauensgründe, die für entsprechende Konstruktionen „auf Probe" sprechen. Für Martin Luther (1483–1546) konnte dies die ihm selbstverständliche Autorität der Heiligen Schrift leisten. Für heutige Schüler(-innen) dagegen müssen diese Vertrauensgründe jedoch durch Wirklichkeitsanalysen einsichtig gemacht werden, die für die Fraglichkeit des Selbst sensibilisieren und methodisch verantwortet die Denkmöglichkeit Gottes erproben. Das bedeutet, dass gerade durch die dargestellte argumentative Dimension der hier vorgeschlagene Ansatz dem Problem autoritärer Zumutungen bzw. überflüssiger Traditionsverweise entgeht, die in der Vergangenheit in der Anwendung eines induktiven korrelationsdidaktischen Vorgehens beobachtet wurden.[76]
- Eine zweite Herausforderung betrifft die Frage nach der Angemessenheit emotionaler Kompetenzen als Zielsetzung in der religiösen Bildung. Eine solche Zielsetzung hat einen tugendethischen Charakter, so dass das Problem einer moralischen Gesetzlichkeit oder leistungsorientierten Steigerungslogik resultieren kann.[77] Dem lässt sich jedoch leicht begegnen, wenn die Gründung gesteigerter emotionaler Kompetenzen in der Zuwendung Gottes beachtet

[75] *Scaer*, Anfechtung 21.

[76] Vgl. *Grümme*, Korrelation 23; *Hilger/Kropač*, Korrelationsdidaktik 55; *Kropač*, Dekonstruktion 7.

[77] *Dallmann*, Kompetenzen 15; *Maaser*, Tugendethik 155f.

wird (mit Jüngel und Dressler ist hier z. B. an Gottes Rechtfertigungshandeln zu erinnern, mit Basilius an die Gaben Gottes oder mit Kierkegaard an die Würde der Gottesebenbildlichkeit). Ein weiteres Problem des Ziels emotionaler Kompetenz besteht darin, dass diese zwar als zentral für die Bewältigung der veränderten Bedingungen des Aufwachsens bei heutigen Jugendlichen angesehen werden.[78] Zugleich ist jedoch mit Roland Reichenbach darauf hinzuweisen, dass damit Jugendlichen u. a. Ansprüche wirtschaftlicher Partikularinteressen aufgebürdet werden.[79] So lässt sich fragen, ob nicht Neid auch als Indikator für ungerechte Verhältnisse in der Gesellschaft zu verstehen ist und eine kompetente Emotionsregulation nicht quietistisch wirken könne. Hinzuweisen ist hier jedoch nicht nur auf Metz, der das Konzept der Unterbrechung bewusst gesellschaftskritisch einbringt, sondern auch auf das Argument Jüngels, nämlich dass die Gründung des Selbst in der Gottesbeziehung eine Freiheit generiert, die zugleich die Wahrnehmung für das Handeln öffnet, das nottut. Die möglichen Probleme eines tugendethischen Ansatzes sprechen also nicht prinzipiell gegen einen solchen. Schließlich lässt sich drittens problematisieren, ob nicht im Dienst emotionaler Kompetenz die Dimension „Gott" funktionalisiert werde, so dass der „Eigenwert" oder das „Andere" der religiösen Tradition aus dem Blick gerät.[80] Demgegenüber ist jedoch wiederum zu bedenken, dass die hier geforderte starke theologische Perspektive, die in der unverfügbaren Zuwendung Gottes gründet, eben Gott als den „Anderen" in der unterrichtlichen Kommunikation wachhält. Die angestrebte religiöse Bildung zielt daher insgesamt auf den Aufbau eines Wissens über theologische Zusammenhänge, über lebensweltliche Implikationen theologischer Grundmotive wie auch sukzessive über deren Interrelationen. Die lebensweltliche Anwendungsperspektive der Emotionen mindert also nicht die Entwicklung eines theologischen Fundaments bei den Lernenden, sondern fördert ein solches, weil dessen Sinnhaftigkeit erschlossen wird.

- Eine letzte Herausforderung betrifft das methodisch-kommunikative Arrangement entsprechender Lernsituationen im Klassenraum. Zu bedenken ist etwa im hier behandelten Fall, dass sich akute Neidgefühle im Klassenraum kaum zum Lernen eignen. Denn so wie positive Gefühle das Denken weiten, können negative Gefühle das Denken verengen, so dass theologische Erkenntnisse eher blockiert werden.[81] Es empfiehlt sich daher bei einem Interesse an theologischer Reflexion, das Thema Neid nicht mit Bezug auf aktuell

[78] *Hurrelmann*, Bedingungen 65.
[79] *Reichenbach*, Skills 46–50.
[80] Vgl. *Grümme*, Korrelation 27; *Prokopf/Ziebertz*, Korrelation 27.
[81] *Fredrickson*, Emotions 120–134.

überfordernde Gefühle zu behandeln, sondern eher mit Rückgriff auf theologische Texte wie die beiden zitierten Predigten von Basilius und Kierkegaard, auf Beispielfälle oder erinnerte persönliche Erfahrungen. Der Unterricht kann dabei durchaus einen autobiographischen Akzent gewinnen, wobei dann entsprechende didaktische Bedingungen beachtet sein wollen.[82] Wie oben berichtet, kann die Kommunikation über manche Emotionen Tabus unterliegen (s. o.: Neid auf finanzielle Ressourcen). Es kommt daher darauf an, akzeptanzsteigernde Deutungshilfen für den Diskurs bereitzustellen, so dass erinnerte „Unterbrechungen" Orte darstellen können, an denen theologisch bedeutsame Erkenntnisse gewonnen werden können.

Literatur

Baldermann, Ingo: Die Psalmen als Sprachhilfe für Kinder. In: Katechetische Blätter 120 (1995) 544–548.

Bartmann, Peter: Das Gebot und die Tugend der Liebe. Über den Umgang mit konfliktbezogenen Affekten, Stuttgart 1998.

Basilius: Über den Neid. In: Des heiligen Kirchenlehrers Basilius des Großen Bischofs von Cäsarea. Ausgewählte Homilien und Predigten, übers. von *Anton Stegmann*, München 1925, 289–300.

Beiner, Melanie: „Woran du dein Herz hängst ...". Emotionale Kompetenz und religiöse Bildung. In: Loccumer Pelikan 4/2011 156–160.

Beutler, Heinz-Günter: „Traurig bin ich sowieso ...". Gefühle im Alltag – Beide Sekundarstufen. In: Religion heute 3–4 (1984) 135–141.

Dallmann, Hans-Ulrich: Eine tugendethische Annäherung an Begriff und Pädagogik der Kompetenzen. In: Ethik und Gesellschaft 1/2009, online unter: http://www.ethik-und-gesellschaft.de/data/EuG-1-2009_Dallmann.pdf (Zugriff am 08.02.2013).

Dressler, Bernhard: Performative Religionsdidaktik. Theologisch reflektierte Erschließung von Religion. In: *Klie, Thomas / Merkel, Rainer / Peter, Dietmar* (Hrsg.): Performative Religionsdidaktik und biblische Textwelten, Rehburg-Loccum 2012, 7–15.

Ders.: Über die Sinnlosigkeit des Leidens – Religionspädagogische Erwägungen über Sinnsuche und Leiderfahrungen von Kindern und Jugendlichen. In: Loccumer Pelikan 1/1996, 11–18.

Dunde, Siegfried R.: Neid. Tabu und Störungssymptom der Kirche. In: Internationale kirchliche Zeitschrift 74 (1984) 233–246.

82 Vgl. *Gennerich*, Religionsdidaktik 226–247.

Exline, Julie J./Zell, Anne L.: Antidotes to envy. A conceptual framework. In: *Smith, Richard H.* (Hrsg.): Envy: Theory and research (pp. 315–331), New York 2008, 315–331.

Feige, Andeas/Gennerich, Carsten: Lebensorientierungen Jugendlicher, Münster 2008.

Fredrickson, Barbara L.: Positive Emotions. In: *Snyder, C.R./Lopez, Shane J.* (Hrsg.): Handbook of positive psychology, Oxford 2005, 120–134.

Gennerich, Carsten: Empirische Dogmatik des Jugendalters, Stuttgart 2010.

Ders.: Narrative Religionsdidaktik. Ansätze, empirische Grundlagen und Entwicklungsperspektiven. In: Theo-Web. Zeitschrift für Religionspädagogik 11 (2012) 226–247.

Ders.: Religiosität Jugendlicher in kompetenztheoretischer Perspektive. Das Konzept der Selbstregulation und die Leitkategorie von „Gesetz und Evangelium“ als Heuristiken einer empirisch basierten Kompetenzvermittlung. In: Theo-Web. Zeitschrift für Religionspädagogik 11 (2012) 128–163.

Grümme, Bernhard: Abduktive Korrelation als Ausweg aus korrelationsdidaktischen Aporien? In: Religionspädagogische Beiträge 48/2002, 19–28.

Haas, Daniela: Roter Kopf … gesenkter Blick – was Lehrkräfte über Scham wissen sollten. In: Theo-Web. Zeitschrift für Religionspädagogik 10 (2011) 109–115.

Hilger, Georg/Kropač, Ulrich: Ist Korrelationsdidaktik „out“? In: Jahrbuch für Religionspädagogik 18 (2002) 52–62.

Hollenstein, Helmut: Der nicht kalkulierbare Gott. In: Religion heute o. Jg. (1986) 128–131.

Ders.: Der schülerorientierte Bibelunterricht am Beispiel der Theodizeefrage, Aachen 1984.

Hurrelmann, Klaus: Veränderte Bedingungen des Aufwachens. In: *Rohlfs, Carsten/Harring, Marius/Palentien, Christian* (Hrsg.): Kompetenz-Bildung. Soziale, emotionale und kommunikative Kompetenzen von Kindern und Jugendlichen, Wiesbaden 2008, 53–67.

Jewett, Robert: Paul, shame, and honor. In: *Sampley, Paul J.* (Hrsg.): Paul in the Greco-Roman world. A handbook, Harrisburg PA 2003, 551–574.

Jüngel, Eberhard: Wertlose Wahrheit: Christliche Wahrheitserfahrung im Streit gegen die „Tyrannei der Werte“. In: *Ders.*: Wertlose Wahrheit. Zur Identität und Relevanz des christlichen Glaubens, Tübingen 1990/2003, 90–109.

Kierkegaard, Søren: Was wir lernen von den Lilien auf dem Felde und den Vögeln des Himmels. In: *Ders.*: Erbauliche Reden in verschiedenem Geist 1847, Düsseldorf 1847/1964, 163–222.

Kropač, Ulrich: Dekonstruktion. Ein neuer religionspädagogischer Schlüsselbegriff? In: Religionspädagogische Beiträge 48/2002, 3–18.

Ders./Meier, Uto/König, Klaus: Elf Thesen zum Kongress. In: *Dies.* (Hrsg.): Jugend, Religion, Religiosität. Resultate, Probleme und Perspektiven der aktuellen Religiositätsforschung, Regensburg 2012, 243–256.

Lazarus, Richard S.: Emotion and adaptation, New York 1991.

Ders.: Stress and emotion. A new synthesis, London 1999.

Levesque, Roger J. R.: Envy. In: *Ders.* (Hrsg.): Encyclopedia of adolescence, New York 2012, 846–847.

Maaser, Wolfgang: Tugendethik. Erwägungen aus evangelischer Perspektive. In: Glaube und Lernen 12 (1997) 148–159.

Mandler, George: Mind and body, New York 1984.

Massé, Line/Gagné, Françoys: Gifts and talents as sources of envy in high school settings. In: Gifted Child Quarterly 46 (2001) 15–29.

Metz, Johann B.: Glaube in Geschichte und Gesellschaft. Studien zur praktischen Fundamentaltheologie, Mainz 1977.

Naurath, Elisabeth: Mit Gefühl gegen Gewalt. Mitgefühl als Schlüssel ethischer Bildung in der Religionspädagogik, Neukirchen 2007.

Nusser, Karl-Heinz: Neid. In: *Müller, Gerhard* (Hrsg.): Theologische Realenzyklopädie, Bd. 24, Berlin 1994, 246–254.

Parrott, Gerrod W.: The emotional experience of envy and jealousy. In: *Salovey, Peter* (Hrsg.): The psychology of jealousy and envy, New York 1991, 3–30.

Prokopf, Andreas/Ziebertz, Hans-Georg: Abduktive Korrelation – eine Neuorientierung für die Korrelationsdidaktik? In: Religionspädagogische Beiträge 44/2000, 19–50.

Reichenbach, Roland: Soft skills. Destruktive Potentiale des Kompetenzdenkens. In: *Rohlfs, Carsten/Harring, Marius/Palentien, Christian* (Hrsg.): Kompetenz-Bildung. Soziale, emotionale und kommunikative Kompetenzen von Kindern und Jugendlichen, Wiesbaden 2008, 35–52.

Roberts, Robert C.: Spiritual emotions. A psychology of Christian virtues, Grand Rapids 2007.

Saarni, Carolyn: The development of emotional competence, New York 1999.

Scaer, David P.: The concept of Anfechtung in Luther's Thought. In: Concordia Theological Quarterly 47 (1983) 15–30.

Schwartz, Werner: Neid. In: *Fahlbusch, Erwin/Lochman, Jan M./Mbiti, John* u. a. (Hrsg.): Evangelisches Kirchenlexikon, Bd. 3, Göttingen 1992, 660f.

Sistermann, Rolf: Symbole, Mythen und Gefühle. Zur Theorie der Gefühle als Grundlage einer symboldidaktischen Glaubenslehre. In: Evangelischer Erzieher 48 (1996) 69–85.

Smith, Richard H./Kim, Sung H.: Comprehending envy. In: Psychological Bulletin 133 (2007) 46–64.

Ders./Combs, David J. Y./Thielke, Stephen M.: Envy and the challenges to good health. In: *Smith, Richard H.* (Hrsg.): Envy. Theory and research, New York 2008, 290–314.

Steele, Claude M.: The psychology of self-affirmation. Sustaining the integrity of the self. In: Advances in Experimental Social Psychology 21 (1988) 261–302.
Thurnher, Rainer: Kierkegaards „Menge“ und „Heideggers „Man“. In: *Gloy, Karen* (Hrsg.): Kollektiv- und Individualbewußtsein, Würzburg 2008, 135–148.
Weick, Karl E.: Sensemaking in organizations, Thousand Oaks 1995.
Zwergel, Herbert A.: Zur emotionalen Verankerung religiöser Lernprozesse. In: Religionspädagogische Beiträge 33/1994, 40–60.

III

Form, Ritual und Liturgie in der Religionskultur, in Schule und Katechese

Die Sehnsucht nach ritueller Erfahrung

Der Popkult als ungebundene Form des Religiösen in modernen Gesellschaften

Ruprecht Mattig

1. Einleitung

Die Bestimmung, die der französische Soziologe Emile Durkheim dem Begriff der Religion vor gut 100 Jahren gab, dürfte auch heute noch Zustimmung finden. Das religiöse Leben, so sagt er, bezieht sich auf das Heilige und hat zwei Bestandteile: Glaubensvorstellungen und Rituale.[1] Allerdings zeigt ein Blick in heutige sozialwissenschaftliche Studien über Religion und Religiosität, dass dort meist dic Glaubensvorstellungen im Mittelpunkt stehen.[2] Rituale erhalten relativ wenig Aufmerksamkeit, was vor dem Hintergrund von Durkheims Überlegungen verwundert, stellt er doch die rituellen Handlungen als eigentlichen Lebensnerv jeder Religion heraus:

> „Wer eine Religion wirklich praktiziert hat, weiß genau, daß es der Kult ist, der die Freude, die innere Ruhe, den Frieden, die Begeisterung erregt, die für den Gläubigen der Erfahrungsbeweis für seinen Glauben ist.“[3]

Durkheim arbeitet seine Thesen unter Bezug auf kulturanthropologische Studien über die Religion der Ureinwohner Australiens heraus, vertritt aber die Auffassung, dass seine Einsichten universelle Gültigkeit beanspruchen und lässt es sich nicht nehmen, hin und wieder einen vergleichenden Blick auf moderne Gesellschaften zu werfen. Dieser von Durkheim geprägte Ansatz der Religionsforschung, bei dem erstens das Rituelle einen zentralen Stellenwert einnimmt und zweitens ein Vergleich der Kulturen vorgenommen wird, ermöglicht es, einen *anthropologischen Begriff des Religiösen* zu entwickeln: Es wird also nicht eine bestimmte Religion untersucht, sondern das religiöse Wesen des Menschen.[4] Der Mensch erscheint hier als ein *homo religiosus*, der seiner Religiosität in mannigfaltigen rituellen Formen Ausdruck gibt. Die Rituale unterschiedlicher

1 Vgl. *Durkheim,* Die elementaren Formen 61ff.
2 Vgl. z. B. *Pickel*, Religionssoziologie.
3 *Durkheim*, Die elementaren Formen 559.
4 Vgl. auch *Wulf*/*Macha*/*Liebau*, Formen des Religiösen.

Gesellschaften können dabei wie „Fenster“ angesehen werden, die einen Blick auf die zentralen kulturellen Werte und Normen dieser Gesellschaften eröffnen.[5]

Vor diesem Hintergrund macht der vorliegende Beitrag das Religiöse in modernen Gesellschaften zum Thema. Es soll gezeigt werden, dass das Religiöse keineswegs verschwunden ist, sondern dass es sich teilweise in Lebensbereichen zeigt, die traditionell nicht als religiös identifiziert werden. So wird im Folgenden der Kult betrachtet, der um die Popmusik herum entstanden ist. Die zentrale These lautet dabei, dass der Popkult als ein Ausdruck für die Sehnsucht moderner Menschen nach rituell-religiöser Erfahrung anzusehen ist. Der Beitrag wird sich schrittweise an diese These herantasten, wobei eine gewichtige Frage sein wird, was aus ritualtheoretischer Sicht unter dem Heiligen zu verstehen ist.[6]

2. Popkultur und Religion: ein Problemaufriss

Schauen wir uns zunächst eine Beobachtung an, welche exemplarisch verdeutlicht, wie schwierig eine anthropologische Untersuchung des Religiösen ist. Im Sommer 2006 befinde ich mich zusammen mit ca. 60.000 anderen Menschen im Berliner Olympiastadion und erwarte den Auftritt des Popstars Robbie Williams. Die Vorgruppe hat ihr Konzert bereits beendet. Nun verlischt die Musik vom Band, auf den Leinwänden hinter und neben der Bühne erscheint ein Kreissymbol, Kunstnebel verströmt auf der Bühne. Die Zuschauer wissen: Jetzt muss es losgehen! Viele pfeifen erwartungsvoll. Doch nach fünf Minuten ertönt wieder nur Musik vom Band. Auf den Leinwänden laufen dann Werbeclips für Autos, Shampoo, einen Kinofilm etc. Schließlich schießt plötzlich ein Bühnenfeuerwerk in die Luft, gleichzeitig setzen Bass und Keyboard mit vereinzelten Tönen und in kräftiger Lautstärke ein. Die Scheinwerfer auf der Bühne beginnen, mit jähen Unterbrechungen, grell zu strahlen. Das Publikum johlt, kreischt und pfeift vor Begeisterung. Auf den Leinwänden erscheint ein Bild des Sternenhimmels. Dann steigt auf dem Ende des Bühnenstegs ein Kreis von Rauchsäulen auf, in dessen Mitte Robbie Williams aus der Tiefe hochgefahren wird. Er beginnt, zum kräftigen und rockigen Sound der Band zu singen. Das Stadion kocht. Viele Konzertteilnehmer/-innen fangen an, sich zum Rhythmus zu bewegen und mitzusingen. Es folgt eine zweistündige Aufführung, bei der das Publikum immer mehr in Verzückung gerät. Höhepunkt ist der bekannte Hit „Angels“, den Williams gegen Ende des Konzerts als Zugabe spielt. Allerdings singt er dieses Lied kaum noch selbst, sondern lässt es zu großen Teilen vom Publikum singen. Wäh-

5 *Wulf*, Ritual, Macht und Performanz 49f.

6 Die anthropologische Perspektive in diesem Beitrag bringt es mit sich, dass zentrale Begriffe wie „Ritual“ oder „Pop“ in einem weiten Sinne verwendet werden.

rend Wunderkerzen, entzündete Feuerzeuge und Leuchtstäbe in der Nachtluft geschwenkt werden, tönen folgende Zeilen aus tausenden Kehlen:

> „When I'm feeling weak // And my pain walks down a one way street // I look above // And I know I'll always be blessed with love // And as the feeling grows // She breathes flesh to my bones // And when love is dead // I'm loving angels instead. And through it all she offers me protection // A lot of love and affection // Whether I'm right or wrong // And down the waterfall // Wherever it may take me // I know that life won't break me // When I come to call she won't forsake me // I'm loving angels instead."

Viele Elemente von Popkonzerten erinnern an religiöse Rituale: der gemeinsame Tanz zur Musik, die immer wiederkehrenden Gesten des Jubelns, durch die die Menschen geradezu ekstatisch miteinander verschmelzen. Im beschriebenen Beispiel lässt vor allem das gemeinsame Singen des Songs „Angels" an eine Gemeinde denken, die während des Gottesdienstes ihre religiösen Lieder anstimmt. Der Text des Liedes hat unbezweifelbar einen religiösen Charakter: Er erzählt von einer Krisensituation, in der der Blick voller Hoffnung zu transzendenten Wesen – zu den Engeln – erhoben wird. Haben wir es hier also mit einem religiösen Ritual zu tun?

Man zögert, auf diese Frage mit einem klaren „Ja" zu antworten. Schon die Werbeclips passen nicht in das Bild eines religiösen Rituals. Auch sehen wir hier keine feste Gemeinde, sondern Individuen, die sich allein für den Moment dieses Events zusammenfinden. Schließlich sind längst nicht alle Lieder des Konzerts religiösen Inhalts, und selbst bei dem Lied „Angels" ist die Frage erlaubt, wie ernst es die Konzertteilnehmer/-innen mit ihrem „Glauben" an die Engel meinen. Unabhängig von diesem Robbie Williams-Konzert gibt es auch viele popmusikalische Veranstaltungen, bei denen kein expliziter Bezug zur Transzendenz hergestellt wird.

So muss die Frage aufgeworfen werden, ob überhaupt noch vom Religiösen gesprochen werden kann, wenn ein textueller Bezug zum Heiligen wegfällt und gleichsam nur das Ritual übrigbleibt. Die Forschung tut sich bei dieser Frage schwer, denn auch wenn in Ritualen kein expliziter Ausdruck von Glaubensvorstellungen zu erkennen ist, haben sie doch oft etwas „Magisches" an sich. So schreibt der Soziologe Hans-Georg Soeffner: „Anders als Verhaltensgewohnheiten und Routinen [...] erzeugen Rituale, versteckt oder deutlich sichtbar, die Aura des ‚Heiligen'."[7] Diese Formulierung ist alles andere als klar. Was mag mit dieser offenbar schwer zu fassenden „Aura des Heiligen" gemeint sein? Im Folgenden wird eine Annäherung an diese Thematik mit Hilfe kulturanthropologischer Überlegungen versucht.

[7] *Soeffner,* Überlegungen 165.

3. Communitas und Anti-Struktur: Ritualtheorie im Anschluss an Victor Turner

Wegweisende Anregungen, über rituelles Handeln nachzudenken, stammen von dem Kulturanthropologen Victor Turner (1920–1983). Nachdem Turner in den 1950er-Jahren Feldforschung bei verschiedenen Stämmen in Afrika betrieben hatte, widmete er sich in späteren Schriften der Frage, inwiefern seine Einsichten über die Bedeutung der afrikanischen Riten auf moderne Gesellschaften übertragen werden können.

3.1 Horizontale Communitas

Fangen wir mit Turners Beobachtungen in Stammesgesellschaften an: Bei Initiationsfeiern, vor allem bei Pubertätsritualen, sah Turner, dass während der Zeit der Rituale eine außergewöhnliche, äußerst komplexe Situation entsteht: Die jugendlichen Novizinnen und Novizen durchlaufen in dieser Zeit ekstatische Zustände, meist im Zusammenhang mit Musik und Tanz, führen sich obszön auf und gehen teilweise sogar plündern, ohne dafür bestraft zu werden. Was ihnen im nicht-rituellen Leben nicht gestattet ist, ist ihnen im Ritual erlaubt. Hinsichtlich ihrer geschlechtlichen Identität durchlaufen die Jugendlichen eine Zeit der symbolischen Ambiguität: Jungen tragen Frauenkleider und umgekehrt. In manchen Stämmen gilt auch die Vorschrift, dass die Jugendlichen uniformierende Kleidung tragen müssen, was dazu führt, dass die im nicht-rituellen Leben eventuell bestehenden Statusunterschiede zwischen ihnen nivelliert werden. Zudem entsteht oft ein intensives Gemeinschaftsgefühl zwischen den Novizinnen und Novizen.

Diese rituelle Form des sozialen Miteinanders, das von Gleichheit, Unmittelbarkeit und angenehmen Gefühlen des „Verschmelzens“ gekennzeichnet ist, nennt Turner „Communitas“.[8]

3.2 Vertikale Communitas

Ein weiteres Element von Pubertätsriten besteht darin, dass die jungen Menschen mit der Welt des Heiligen in Kontakt gebracht werden. Sie bekommen ein Totem, eine heilige Maske oder einen neuen, sakralen Namen, wodurch ihre Identität für das Leben als Erwachsener geformt wird. Der Kontakt zum Heiligen ist dabei durch eine eigentümliche Verschränkung von Nähe und Distanz charakterisiert. Einerseits leben die heiligen Wesen in einer anderen, von Tabus umgebenen Welt. Andererseits werden gerade in den Ritualen Bedingungen

[8] Vgl. *Turner*, Das Ritual 94ff.

hergestellt, durch die die Jugendlichen mit ihnen in einen intensiven Kontakt treten können. So machen die Novizinnen und Novizen mancher Gesellschaften die Erfahrung einer mystischen Vereinigung mit transzendenten Wesen. Gerade weil die Jugendlichen mit der heiligen Sphäre des Stammes in Kontakt sind, gelten sie übrigens auch selbst als sakral und dürfen für ihre Taten nicht bestraft werden.

Dem Religionssoziologen Thomas Luckmann zufolge bildet sich in jeder Gesellschaft ein „Heiliger Kosmos" heraus, dessen Symbole und Handlungen auf einen „letzten Sinn" innerhalb der gesamten Weltsicht der jeweiligen Gesellschaft verweisen.[9] Durch den Kontakt zu den sakralen Wesen ihres Stammes und durch die heiligen Lehren, die ihnen vermittelt werden, kommen die Novizinnen und Novizen während der Initiationsrituale in eine lebendige Beziehung mit dem „Heiligen Kosmos" ihres Stammes. Während die Beziehung der Novizinnen und Novizen untereinander als eine *horizontale Communitas* bezeichnet werden kann, lässt sich die Beziehung der Novizinnen und Novizen zu den heiligen Wesen – und dem Heiligen Kosmos als Ganzem – als eine *vertikale Communitas* ansehen.[10]

3.3 Communitas als anthropologische Kategorie

In den Pubertätsriten wird mit Hilfe zahlreicher Symbole ein Zwischenzustand inszeniert, der genau der Situation der jugendlichen Novizinnen und Novizen entspricht, denn diese befinden sich ja gerade im Übergang zwischen Kindheit und Erwachsensein. Die Jugendlichen fallen gewissermaßen aus der sozialen Ordnung des alltäglichen Lebens heraus, was rituell dadurch zum Ausdruck gebracht wird, dass für sie die üblichen Regeln des gesellschaftlichen Lebens nicht gelten.

Turner nennt diese rituelle Inszenierung von Communitas und Un-Ordnung „Anti-Struktur" und arbeitet heraus, wie wichtig Anti-Struktur aus anthropologischer Sicht nicht nur für die Novizinnen und Novizen, sondern für die gesamte feiernde Gesellschaft ist. Während der Rituale wird nicht nur die bereits angesprochene außergewöhnliche Verbundenheit der jugendlichen Ritualteilnehmer/-innen untereinander hervorgebracht, sondern auch die des gesamten Stammes. Machtkonflikte und Fehden zwischen einzelnen Gruppen werden vertagt, die umfassende Verbundenheit aller Stammesmitglieder wird betont. Insofern tendiert Communitas dazu, universell zu werden.[11]

[9] Vgl. *Luckmann,* Die unsichtbare Religion 87ff.

[10] Diese Unterscheidung habe ich im Anschluss an Turner entwickelt. Vgl. *Mattig,* Rock und Pop 45ff.

[11] Vgl. *Turner*, Das Ritual 128ff.

Wenn die Initiationszeremonien beendet sind, ist auch diese Beziehung der Communitas vorüber. Die Novizinnen und Novizen nehmen nun einen neuen, aber wieder festen Platz in der sozialen Struktur des Stammes ein, das alltägliche Leben mit seinen sozialen Konflikten geht weiter. Aber es hat sich doch etwas verändert. Der Stamm setzt nicht genau dort wieder an, wo er vor den Ritualen aufgehört hatte. Durch die rituelle Communitas entstehen oftmals Verbindungen zwischen den Individuen, die ein Leben lang halten. Womöglich entstehen neue Allianzen innerhalb des sozialen Gefüges des Stammes. Das heißt: Die rituelle Anti-Struktur bringt Bewegung in das ansonsten relativ starre gesellschaftliche Leben. Die Erfahrung der Communitas hat sogar einen sozialkritischen Charakter, denn sie eröffnet ein Gegenmodell zu etablierten, hierarchisch geordneten gesellschaftlichen Strukturen und betont die Gleichwertigkeit aller Menschen. In der Auseinandersetzung mit den Symbolen und in den rituellen Erfahrungen entsteht für die Novizinnen und Novizen ein Freiraum, die Phantasie spielen zu lassen und über den Sinn des Daseins zu reflektieren.

Turner entwickelt aus diesen Beobachtungen die Auffassung, dass das menschliche Leben als eine Dynamik angesehen werden muss, die beides braucht, alltägliche Struktur und rituelle Anti-Struktur:

> „Aus all dem schließe ich, daß für Individuen wie für Gruppen das Leben eine Art dialektischer Prozeß ist, der die sukzessive Erfahrung von Oben und Unten, Communitas und Struktur, Homogenität und Differenzierung, Gleichheit und Ungleichheit beinhaltet. Der Übergang von einem niederen zu einem höheren Status erfolgt durch das Zwischenstadium der Statuslosigkeit. In einem solchen Prozeß konstituieren gewissermaßen die Gegensätze einander und sind für einander unerläßlich.“[12]

Demnach ist Anti-Struktur ein grundlegendes Element des menschlichen Lebens. Jede Gesellschaft, so Turner, steht vor der Herausforderung, eine je angemessene Balance zwischen Struktur und Anti-Struktur zu finden. Ein Ungleichgewicht kann problematische Folgen nach sich ziehen. Eine Gesellschaft, die sich zu sehr am strukturierten Alltag orientiert, droht gleichsam zu verhärten; eine, die zu viel Wert auf Anti-Struktur und Communitas legt, läuft dagegen Gefahr, im permanenten Rausch zu versinken. Soziale und kulturelle Dynamik entsteht diesem Modell zufolge gerade durch rituelle Prozesse.

In unserem Zusammenhang ist Turners Hinweis von Bedeutung, dass die komplexe Inszenierung von Anti-Struktur bei den Ritualteilnehmerinnen und -teilnehmern außergewöhnliche Erfahrungen hervorzurufen vermag, welche mit dem doppelten Gefühl verbunden sind, über sich hinauszuwachsen und gleichzeitig mit etwas in Kontakt zu kommen, was die profane Welt übersteigt.[13] So hat

[12] Ebd. 97.
[13] Vgl. ebd. 107; 135.

die Erfahrung von Anti-Struktur und Communitas etwas Magisches an sich, und sie gibt den Ritualteilnehmerinnen und -teilnehmern die unbestimmte Hoffnung, dass eine gerechtere und menschlichere Welt möglich ist. An dieser Stelle können wir noch einmal zu der Aussage Soeffners zurückkommen, wonach Rituale eine „Aura des ‚Heiligen'" hervorbringen. Mit Turner ist dies so zu verstehen, dass die Inszenierung von Anti-Struktur und Communitas diese Aura erzeugt.

Wenn Anti-Struktur eine so wichtige anthropologische Bedeutung hat, wie steht es dann um sie in modernen Gesellschaften? Es ist ja vielfach festgestellt worden, dass es kaum mehr allgemein verbindliche Riten für den Übergang von der Kindheit ins Erwachsensein gibt.[14] Turner bemerkt aber, dass es in modernen Gesellschaften kulturelle Bereiche gibt, deren zentrale Symbole und rituelle Inszenierungen an die Anti-Struktur in Stammesgesellschaften erinnern. Die Kennzeichen der Anti-Struktur treten dabei nicht mehr in einem geschlossenen rituellen Setting auf, sondern in einer Vielzahl unterschiedlicher kultureller Bereiche wie Literatur, Kunst und Musik. In folgendem Zitat wird deutlich, welche Gemeinsamkeiten, aber auch welche Unterschiede Turner dabei zwischen Stammesgesellschaften und modernen Gesellschaften sieht:

> „Die verschiedenen Gattungen industrieller Muße wie Theater, Dichtung, Literatur, Ballet, Film, Sport, Rockmusik, klassische Musik, Kunst, Pop Art usw. spielen ebenso mit den Faktoren der Kultur, ordnen sie ebenso zu zufälligen, grotesken, unwahrscheinlichen, schockierenden, gewöhnlich experimentellen Kombinationen an, wie wenn Stammesangehörige Masken anfertigen, sich selbst als Monsterwesen verkleiden, disparate rituelle Symbole vereinigen oder die profane Realität in Mythen und Märchen umkehren oder parodieren. Sie tun das aber auf sehr viel kompliziertere Weise, als das in der Schwellenphase von tribalen Initiationsriten der Fall ist, indem sie sich in spezialisierte Gattungen des Kunst- und Unterhaltungssektors, der Massen-, Pop-, Volks-, Hoch-, Gegen-, Untergrund- usw. Kultur [...] aufspalten. Und innerhalb dieser Gattungen haben die Autoren, Dichter, Dramatiker, Maler, Bildhauer, Komponisten, Musiker, Schauspieler, Komödianten, Folksänger, Rockmusiker, die ‚Macher' im allgemeinen sehr viel Spielraum, nicht nur ‚verrückte' Formen, sondern auch, und das nicht eben selten, direkte, gleichnishafte oder Aesopsche Modelle zu entwickeln, die dem Status quo entweder insgesamt oder teilweise äußerst kritisch gegenüberstehen."[15]

In Stammesgesellschaften haben die Rituale oft einen rigiden Charakter: Teilnahme ist Pflicht, selbst die Schrankenlosigkeit ist vorgeschrieben. Wenn es in modernen Gesellschaften dagegen immer weniger verpflichtende religiöse Rituale gibt, so führt dies zu einer Freisetzung der Subjekte, die als ambivalent einge-

[14] Vgl. z. B. *Klosinski*, Pubertätsriten.

[15] *Turner*, Vom Ritual zum Theater 61.

schätzt werden kann. Einerseits kann man es als positiv werten, dass den Subjekten nun nicht mehr rituell vorgeschrieben wird, welche Handlungen sie durchzuführen haben und in welcher Gemeinschaft ihr sozialer Ort ist. Andererseits zeigen soziologische Untersuchungen, dass gerade Jugendliche einer Gruppe bedürfen, in der sie den komplexen Übergangsprozess, in dem sie sich befinden, bewältigen und zum Ausdruck bringen können.[16] Da dieser Prozess immer weniger durch institutionalisierte Riten gestaltet wird, entsteht gleichsam eine Lücke in der Sozialisation Jugendlicher. Aus der in traditionellen Gesellschaften rituell vorgeschriebenen Anti-Struktur wird in modernen Gesellschaften mehr und mehr eine *Suche* nach Anti-Struktur.

4. Popkultur und Anti-Struktur

An dieser Stelle können wir zur Popkultur zurückkehren. Im Folgenden wird gezeigt, dass der Popkult sowohl horizontale als auch vertikale Communitas hervorbringt und damit der Sehnsucht moderner Menschen nach ritueller Erfahrung entgegenkommt.

4.1 Pop und horizontale Communitas

Turner stellt schon Ende der 1960er-Jahre, in dieser für die Geschichte der Popmusik so wichtigen Zeit, mit Blick auf die Hippie-Kultur fest:

> „In Amerika und Westeuropa sind in jüngster Zeit Versuche zur Wiederholung der rituellen Bedingungen unternommen worden, unter denen spontane Communitas [...] heraufbeschworen werden kann. Beatniks und Hippies versuchen durch den eklektischen und synkretistischen Gebrauch von Symbolen und liturgischen Handlungen aus dem Repertoire vieler Religionen und mit Hilfe von ‚bewusstseinserweiternden' Drogen, ‚Rock'-Musik und Lichteffekten, eine ‚totale' Gemeinschaft zu schaffen. [...] Die Communitas, die Stammesangehörige in ihren Riten und Hippies in ihren ‚Happenings' suchen, hat nichts mit der angenehmen und mühelosen Kameradschaft zu tun, die jederzeit zwischen Freunden, Mitarbeitern oder Arbeitskollegen entstehen kann. Jene suchen eine transformierende Erfahrung, die bis in die Tiefe des Seins jedes Einzelnen vordringt und dort etwas grundlegend Gemeinsames findet."[17]

Die Zeit der Hippies und deren Vorstellungen von einer idealen Gemeinschaft sind lange vorbei, die Welt des Pop hat sich seitdem gewandelt. Doch die Funktion der Popmusik, horizontale Communitas zu stiften, ist lebendig geblieben.

[16] Vgl. z. B. *Bohnsack*, Rituale des Aktionismus.

[17] *Turner*, Das Ritual 134.

Man muss nur auf ein Hardcore-Konzert gehen und sich die freiwillige Uniformierung der Jugendlichen in Kleidung und Gestik sowie die exzessive, ritualisierte Gewalt dort anschauen.[18] Hardcore-Konzerte sind rituell inszenierte Ausnahmesituationen, in denen sich Anti-Struktur und Communitas manifestieren können. Den Hardcore-Fans geht es dabei nicht darum, sich auf dem Konzert ernsthaft gegenseitig zu verletzen; vielmehr dienen die aggressiven Gesten dazu, in provozierender Weise eine Distanzierung von den allgemein anerkannten Verhaltensnormen auszudrücken.[19] Der rebellisch-gewalttätige Impuls, der oft in Jugendritualen traditioneller Gesellschaften zu finden ist, taucht hier in anderer Form auf. Wir brauchen aber gar nicht auf so exotische Beispiele wie Hardcore zu verweisen. Auch auf einem Robbie-Williams-Konzert entsteht eine außeralltägliche, euphorische Gemeinschaft unter den Anwesenden. Auch hier sind Handlungen zu beobachten, die im nicht-rituellen Leben nicht geduldet werden, etwa wenn Williams dem Publikum seinen nackten Hintern zeigt oder weibliche Fans vor der Bühne ihre Brüste entblößen.

Trotz der Unterschiede zwischen verschiedenen popmusikalischen Stilen und den damit verbundenen sozialen Szenen, die sich im Laufe der Zeit herausgebildet haben, übernimmt Pop heute eine wichtige Funktion als eine die unterschiedlichen Milieus, und sogar die verschiedenen Länder und Kontinente verbindende Klammer. Für die Beatles können sich Hochschullehrer/-innen genauso begeistern wie Handwerker. Der frühere deutsche Bundeskanzler Gerhard Schröder zeigte sich gerne als Freund der Gruppe Scorpions und des Sängers Marius Müller-Westernhagen, während die amtierende Bundeskanzlerin Angela Merkel ihre Auftritte eine Zeit lang mit dem Rolling-Stones-Klassiker „Angie“ unterlegen ließ. Die politischen Lager sind sich einig in ihrem Bezug auf Pop. Selbst in Kirchen kann man mitunter Popmusik hören. Schließlich machen internationale Groß-Veranstaltungen wie das von Bob Geldof initiierte „Live-8“ deutlich, dass die Pop-Gemeinschaft als eine *globale Communitas* anzusehen ist, die in rituellen Inszenierungen die Gleichheit aller Menschen betont und soziale Gerechtigkeit einfordert. Mit dem Motto „Make Poverty History“ bringt Live-8 eine universelle Verbrüderung und eine Geste des Aufbegehrens gegen die „Mächtigen“ zum Ausdruck.

Pop ermöglicht wichtige kultische Erfahrungen, entbehrt dabei aber der Rigidität und des Pflichtcharakters traditioneller Riten: Niemand ist gezwungen, Fan zu werden und auf Konzerte zu gehen. Zudem verweisen die genannten Beispiele darauf, dass der Popkult ein weites Spektrum an unterschiedlichen Formen von Communitas hervorgebracht hat, so dass es den Individuen möglich

[18] Wie dieser Bezug zu Hardcore deutlich macht, verwende ich einen weiten Begriff von „Popmusik“.

[19] Vgl. zu Hardcore *Blaschke/Mattig*, Gesten auf Rock- und Popkonzerten 191–204.

ist, sich ihren Vorlieben entsprechend einer Fan-Gemeinschaft anzuschließen. So gesehen erfüllt Pop eine wichtige rituelle Funktion, ohne die Freiheit der Individuen einzuschränken.

4.2 Pop und vertikale Communitas

Thomas Luckmann weist darauf hin, dass auch moderne, vermeintlich säkularisierte Gesellschaften einen „Heiligen Kosmos“ – eine Bedeutungsebene „letzter Wirklichkeit“ – ausbilden. Gleichzeitig macht er darauf aufmerksam, dass diese Bedeutungsebene in modernen Gesellschaften nur schwer zu erfassen ist. Im Folgenden wird anhand der Symbolik des Popstars gezeigt, dass und inwiefern die Welt des Pop den modernen Heiligen Kosmos repräsentiert.

Es wurde schon oft darauf verwiesen, dass Stars von ihren Fans wie Heilige verehrt werden. Der Bluesgitarrist Eric Clapton bekam den Beinamen „Gitarrengott“, der Sänger Bob Geldof wurde aufgrund seines Engagements als „Heiliger Bob“ bezeichnet.[20] Aus anthropologischer Perspektive sind Popstars zwar nicht gerade Götter, aber sie lassen sich doch im wahrsten Sinne des Wortes als Sterne im „Heiligen Kosmos“ moderner Gesellschaften sehen, zu denen die Fans in die Beziehung einer vertikalen Communitas eintreten.

Es fällt schon die strukturelle Ähnlichkeit zwischen der Welt der Stars und der Sphäre des Heiligen in traditionellen Gesellschaften auf. Beide Bereiche sind den „Normalsterblichen“ im alltäglichen Leben einerseits weit entrückt, andererseits aber über Symbole ständig präsent.[21] Zwischen Fans und Stars entstehen dabei „parasoziale Beziehungen“[22], die von einer Verschränkung von Nähe und Distanz gekennzeichnet sind. Dabei können sich die Fans ihren Idolen mitunter so eng verbunden fühlen, wie es wohl kaum in einer „normalen“ sozialen Beziehung möglich ist.[23] Das heißt, dass Stars auf viele Fans eine moralische Autorität ausüben, die derjenigen der traditionellen Götter auf ihre Anhänger durchaus

[20] In diesem Zusammenhang ist ein T-Shirt bemerkenswert, welches ich einmal bei einem Jugendlichen gesehen habe. Darauf waren die Portraits von Kurt Cobain, Jim Morrison, John Lennon und Jimi Hendrix zu sehen. Darunter der Schriftzug: „They all met together in Heaven“.

[21] Traditionelle Gesellschaften haben hierfür Masken, Bilder, Statuen etc., moderne die „Medien“.

[22] *Sommer,* Stars als Mittel 119.

[23] Bei einem von mir interviewten Britney-Spears-Fan zeigte sich zum Beispiel, dass der Fan eine geradezu mystisch anmutende Seelenverwandtschaft zwischen sich und seinem Idol empfand. So hatte er das Gefühl, dass die Songtexte auf seine jeweils anstehenden persönlichen Probleme Antwort gaben und ihn auf seine moralischen Schwächen hinwiesen. Er war wie verzaubert von der Empfindung, dass Spears ihm „direkt aus der Seele“ sprach, wie er es nannte. Vgl. *Mattig,* Rock und Pop 200ff.

ähnlich ist. Hier lässt sich tatsächlich von einer vertikalen Communitas, von einem Verschmelzen zwischen Fan und Idol, sprechen. Und diese Form der Communitas hat wiederum eine identitätsstiftende Funktion, ähnlich dem engen Bezug der Novizinnen und Novizen zu ihren Göttern in traditionellen Pubertätsritualen. Zudem sind es gerade die Stars, die durch ihre Musik und ihre Konzerte die Momente erlebter Anti-Struktur hervorrufen: Sie sind moderne Zauberer, die es ihren Anhängerinnen und Anhängern ermöglichen, ihren Alltag zu übersteigen und mit dem Geist der Communitas in Kontakt zu treten. In symbolischer Hinsicht schließlich stehen Stars oftmals für bestimmte Werte und Ideale. Wenn Elvis Presley etwa als „King of Rock 'n' Roll" gilt, so verdichten sich in seiner Person die mit dem Rock 'n' Roll verbundenen Bedeutungen. Diese wiederum weisen mit ihrem Bezug auf das Rebellische, das Zerstörerische, das Ekstatische, das Exzessive und das Sexuelle auf die Symbolik der Anti-Struktur hin.

Darüber hinaus symbolisieren Stars aber noch mehr. Der Sozialpsychologe Carlo Sommer sagt:

> „Ganz gleich, welche Werte sie im Detail verkörpern, Stars stehen grundsätzlich für den Wert des Individualismus, sie leben Möglichkeiten vor, wie man als Einzelner mit den (je spezifischen) Anforderungen der Gesellschaft umgehen kann, wie man dabei seine einzigartige personale Identität, seine Authentizität [...] behaupten kann."[24]

In den Medien wird der Anschein erweckt, als könnten Popstars „ihre Arbeit zutiefst mit ihrem Lebensgefühl verbinden"[25].

In diesem Zusammenhang ist es hier entscheidend, dass nach Luckmanns Analyse das autonome Individuum das zentrale Symbol des Heiligen Kosmos moderner Gesellschaften darstellt, das in den verschiedenen Lebensbereichen von letzter Bedeutung ist:

> „Die Inhaltsanalysen von populärer Literatur, populären Radio- und Fernsehsendungen, Lebensberatungs-Kolumnen in Zeitschriften belegen deutlich, daß Selbstverwirklichung und Selbstdarstellung in der Tat das vorherrschende Thema darstellt."[26]

Nicht nur in den Alltagsmedien, auch in der Philosophie und der Erziehung ist die Fokussierung auf das Individuum zu beobachten, was zeigt, dass dieses Thema die gesamte Gesellschaft durchdringt. Seinen sakralen Status erhält das Individuum vor allem durch die ihm zugeschriebene Autonomie: „Die Sakralisierung des Individuums führt dazu, dass von ihm erwartet wird, was früher von Gott erhofft wurde."[27] Mit dem Individualitätskonzept sind nach Luckmann

[24] *Sommer,* Stars als Mittel 122.
[25] *Voullième,* Faszination der Rockmusik 63.
[26] *Luckmann*, Die unsichtbare Religion 155.
[27] *Wulf,* Religion und Ritual 121.

weitere Themen wie Selbstdarstellung, Selbstverwirklichung, Sexualität oder Konsumorientierung verbunden. Wenn Stars also diese Idee vom autonomen Individuum symbolisieren, so sind sie, um noch einmal Soeffners Ausdruck aufzugreifen, mit einer Aura des „Heiligen" umgeben.

Kommen wir zu einer weiteren Symbolik der Welt der Popstars, dem in den Medien immer wieder herausgestellten materiellen Reichtum der Stars. Der Soziologe Christoph Deutschmann setzt sich mit der sozialen Funktion des Geldes in modernen Gesellschaften auseinander und gelangt zu der Auffassung, dass Geld eine sakrale Qualität erlangt hat. In vielen modernen Mythen und Symbolen wird eine „Verheißung absoluten Reichtums" erzeugt.[28] Ist es Zufall, dass Deutschmann dabei dieselbe Formulierung wählt wie Soeffner? Er schreibt:

> „Die Unermeßlichkeit dessen, was sich mit Hilfe des Geldes in der modernen Gesellschaft erwerben läßt, hebt das letztere über einen rein instrumentellen Status hinaus und umgibt es […] mit der Aura des ‚Heiligen'."[29]

Die Vorstellung absoluten Reichtums verweist auf das „ewige Fest"[30], also auf eine permanente rituelle Auszeit. Sie ist mit der Idee der Entbindung aus ökonomischen Zwängen und damit aus der Sozialstruktur verbunden: Wer absolut reich ist, braucht sich nicht mehr dem täglichen Kampf um Ressourcen zu stellen und kann sich der Anti-Struktur ganz hingeben. Auch Reichtum kann somit als eine Idee im modernen Heiligen Kosmos angesehen werden. Popstars sind zwar sicherlich nicht absolut reich, doch die medialen Darstellungen ihres Vermögens erzeugen durchaus so etwas wie ein Phantasma der pekuniären Entgrenzung.

Luckmann definiert Rituale als Handlungsform von Symbolen und sieht sie als soziale Handlungen an, die Bezug auf den Heiligen Kosmos nehmen und den Alltag transzendieren:

> „Sie sind an anderen orientiert oder darüber hinaus an sie gerichtet: aber an anderen, die grundsätzlich nicht unmittelbar erfahrbar sind und einem anderen als dem alltäglichen, vom Handelnden bewohnten Wirklichkeitsbereich angehören."[31]

Wie die vorangegehenden Ausführungen deutlich machen sollten, verweist die Welt des Pop mit ihren Stars auf sakrale Werte moderner Gesellschaften: Sie ist Teil des modernen Heiligen Kosmos.

[28] Deutschmann bezieht sich allerdings auf Mythen der industriellen Produktion.
[29] *Deutschmann,* Verheißung 84.
[30] *Enderwitz,* Reichtum und Religion 12.
[31] *Luckmann*, Phänomenologische Überlegungen 12.

4.3 Pop als religiöses Zeichen der Zeit

Einleitend wurde gesagt, dass Rituale wie Fenster angesehen werden können, durch die hindurch eine Kultur analysiert werden kann. Reflektieren wir nun also, was wir nach der Betrachtung des Popkultes über unsere Gesellschaft sagen können. Zunächst einmal dürfte in einem allgemeinen Sinne deutlich geworden sein, dass Kulte zum menschlichen Leben dazugehören. Es gibt eine anthropologisch bedingte Sehnsucht nach rituellen Erfahrungen, welche in modernen Gesellschaften zu einem großen Teil durch das Angebot der „Kulturindustrie" bedient wird. Mit seiner Marktorientierung und der dadurch entstandenen Vielfalt an unterschiedlichen musikalischen Stilen hat sich Pop als ein passgenauer Kult in den modernen, von Individualisierung, Pluralisierung und Ökonomisierung gekennzeichneten Gesellschaften etablieren können. Gerade diese Kennzeichen moderner Gesellschaften inszeniert Pop, gleichsam als kultische Rückkopplung, als zentrale Repräsentationen des Heiligen Kosmos. Insofern der Popkult zwar nicht verpflichtend ist, man sich ihm aber aufgrund seiner Omnipräsenz nicht enziehen kann, stellt er eine ungebundene Form des Religiösen in der Moderne dar.

Es zeigen sich aber auch Unterschiede zwischen dem Popkult und traditioneller Anti-Struktur. Während sich viele Novizinnen und Novizen in Initiationsritualen im Fasten üben, um den Kontakt zum Heiligen herzustellen – sich also oft durch Verzicht der sozialen Ordnung entziehen – gehen Popstars den Weg der Maßlosigkeit. Auch in dieser Hinsicht sind sie ein Zeichen unserer Zeit.

5. Ausblick

Dieser Beitrag wäre missverstanden, wenn er als Plädoyer für mehr Popmusik in Kirchen gelesen würde. Vielmehr geht es darum, dazu anzuregen, der rituellen Dimension des Religiösen sowohl in der Forschung als auch in der Praxis mehr Aufmerksamkeit zu schenken.[32] Religion und Religiosität bedeuten eben nicht nur, über Fragen nach transzendenten Wesen, den Sinn des Daseins, die menschliche Sterblichkeit etc. nachzudenken, sondern es bedeutet *auch*, rituell zu handeln. Aus dieser Perspektive betrachtet kommt die Körperlichkeit des Menschen in den Blick. Schon Durkheim hatte dargelegt, wie australische Stammesangehörige sich während ihrer Rituale mittels Tanz und Gesang in eine kollektive Begeisterung hineinsteigern und dabei Kräfte freisetzen, die im profanen Leben nicht vorhanden sind. Es ist das körperliche Tun: die gemeinsame rhythmische

[32] Anmerkungen zur liturgischen Praxis finden sich in dem Beitrag von Peter Hahnen in diesem Band.

Bewegung, das Sprechen, Singen und Gestikulieren, welches die euphorischen Zustände hervorruft und den Individuen das Gefühl gibt, miteinander über sich hinauszuwachsen: „Der Mensch erkennt sich nicht wieder; er glaubt, verwandelt zu sein.“[33] Körperliche Bewegungen sind meist „ansteckend“, so dass man sich ihnen nur schwer entziehen kann, und sie lösen sowohl bei den Ausführenden als auch bei Zuschauerinnen und Zuschauern Gefühle aus. Dabei spielt die jeweilige Inszenierung der Rituale eine wichtige Rolle. Mit Lichteffekten, Klängen und einer wohlüberlegten Dramaturgie lassen sich bestimmte Wirkungen bei den Teilnehmerinnen und Teilnehmern hervorrufen.[34] Das heißt: Religion und Religiosität sind immer auch Inszenierung der Körper, sie sind Performanz. Selbst das „reine“ Nachdenken über Glaubensinhalte bedarf einer körperlich-rituellen Vollzugsform, beispielsweise des Sitzens.[35] Rituale sind schwer zu erfassen, sie entziehen sich immer wieder dem analytischen Blick. Sie sind aber durchaus diskursfähig. Dieser Diskurs vermag nicht nur kritisch über Rituale aufzuklären, sondern auch dabei zu helfen, die rituellen Handlungsvollzüge selbst bewusster und lebendiger zu gestalten.

Aus religionspädagogischer Sicht werfen die Ausführungen dieses Beitrags schließlich die Frage auf, ob und inwiefern es möglich ist, unterschiedliche Formen des Religiösen einer vergleichenden und normativen Beurteilung zu unterziehen. Ist eine christliche Gemeinde, die einen Gottesdienst feiert, „besser“ als eine Fangemeinde, die ihrem Star huldigt? Nach welchen Kriterien ließe sich dies erörtern? Der kulturanthropologische Ansatz tut sich äußerst schwer mit dieser Frage. Er verfolgt nicht nur den humanistischen Anspruch, die Vielfalt des Menschlichen grundsätzlich anzuerkennen, sondern erhebt zudem evaluative Enthaltsamkeit zum methodologischen Prinzip. Ziel ist es dabei, den eigenen, kulturell geprägten – und damit als kontingent erkannten – Standpunkt zu relativieren, um das Fremde möglichst aus sich selbst heraus zu verstehen. Insofern ist es bemerkenswert, dass der kulturanthropologische Ansatz sich unter anderem in der kritischen Auseinandersetzung mit der christlichen Mission entwickelt hat, der aus kulturanthropologischer Sicht vorgeworfen werden kann, fremden Völkern die eigenen Glaubensvorstellungen und rituellen Handlungen aufzudrängen.[36] Schon diese knappen Bemerkungen machen deutlich, dass sowohl die kulturanthropologische als auch die theologische Sicht auf die aufgeworfene Frage mit Problemen behaftet sind.

Wenn ich im Folgenden den Versuch unternehme, die Frage *bildungstheoretisch* zu erörtern, dann deshalb, weil eine pädagogische Diskussion sich zwar

[33] *Durkheim,* Die elementaren Formen 565.

[34] Vgl. dazu *Fischer-Lichte,* Ästhetik des Performativen.

[35] Vgl. *Eickhoff,* Sitzen.

[36] Vgl. z. B. *Mattig,* Ethnographie zwischen Bildung und Mission.

durchaus auf fremde Disziplinen wie Kulturanthropologie oder Theologie beziehen kann, letztlich aber vor dem Hintergrund genuin pädagogischer Argumentationslinien geführt werden muss. Aus bildungstheoretischer Sicht fällt Folgendes auf:[37] Die Subjekte, die eine Initiation durchlaufen, erhalten durch die Rituale eine neue Perspektive auf die Welt und sich selbst. In manchen traditionellen Gesellschaften erfahren sie z. B., dass alles, was sie bislang glaubten, falsch war. Sie lernen die „Wahrheit" kennen, wodurch sie auch die Welt und sich selbst gleichsam mit neuen Augen sehen.[38] Diese gleichzeitig handlungspraktische und reflexive Perspektivierung des Horizontes der Subjekte, die durch den rituellen Eintritt in einen neuen Erfahrungsraum vollzogen wird, lässt sich als Bildungsprozess verstehen. Das Problem, das dabei aus bildungstheoretischer Sicht bei vielen traditionellen Gesellschaften auftritt, ist, dass die Subjekte durch die Initiation für ihr ganzes weiteres Leben „gezeichnet" werden – oft in einem ganz konkreten Sinne, wie bei Praktiken wie der Beschneidung deutlich wird. Durch die Rituale wird ihre Position im sozialen Raum weitgehend festgelegt, weitere Perspektivierungen sind kaum mehr möglich. Dies ist aus bildungstheoretischer Sicht, die unter den Bedingungen der Moderne von der prinzipiellen Unbestimmtheit menschlicher Bildsamkeit ausgehen muss, problematisch.[39] Bildungstheoretisch gesehen ist deshalb darauf zu bestehen, dass den Subjekten die Möglichkeit offengehalten wird, weitere Perspektivierungen durchlaufen zu können. Aus dieser Überlegung lassen sich Initiationen bzw. initiationsähnliche Vorgänge prinzipiell – und vielleicht noch allzu schematisch – danach unterscheiden, ob sie die Subjekte in einen Fundamentalismus einführen, der keine weiteren Perspektivierungen mehr zulässt, oder ob die Subjekte gleichsam eine Öffnung erfahren, die sie auch für weitere potenzielle Bildungsprozesse aufschließt. Dieses Kriterium fragt also nicht nach der jeweiligen Substanz des Religiösen – was ist der Unterschied zwischen Mutter Theresa und Madonna? –, sondern gleichsam nach der „Wirkung", die die religiöse Erfahrung auf die Subjekte ausübt – und schon ein oberflächlicher Blick zeigt, dass sowohl Götter als auch Popstars oder andere sakralisierte Erscheinungen die ihnen anhängenden Subjekte für weitere Erfahrungsräume öffnen oder auch verschließen können. In diesem Sinne bietet dieses Kriterium zudem einen Anhaltspunkt für empirische Forschung, die Prozesse der Aneignung des Religiösen durch die Subjekte untersucht.

[37] Ich beziehe mich dabei auf Überlegungen, die ich an anderer Stelle ausführlicher dargelegt habe. Vgl. *Mattig,* Bildung aus kulturanthropologischer Perspektive.

[38] Dies zeigt z. B. *Eggan* in einer Studie über die Hopi (vgl. *Eggan*, Instruction and Affect).

[39] Zur unbestimmten Bildsamkeit als einem konstitutiven Prinzip moderner Pädagogik vgl. *Benner,* Allgemeine Pädagogik.

Literatur

Benner, Dietrich: Allgemeine Pädagogik. Eine systematisch-problemgeschichtliche Einführung in die Grundstruktur pädagogischen Denkens und Handelns, Weinheim / München [6]2010.

Blaschke, Gerald / Mattig, Ruprecht: Gesten auf Rock- und Popkonzerten. Performative Strategien der Vergemeinschaftung. In: *Wulf, Christoph / Althans, Birgit / Audehm, Kathrin* u. a.: Gesten in Sozialisation, Bildung und Erziehung, Wiesbaden 2011, 175–217.

Bohnsack, Ralf: Rituale des Aktionismus bei Jugendlichen. Kommunikative und konjunktive, habitualisierte und experimentelle Rituale. In: Zeitschrift für Erziehungswissenschaft (2004), Beiheft 2, 81–90.

Deutschmann, Christoph: Die Verheißung des absoluten Reichtums. Zur religiösen Natur des Kapitalismus, Frankfurt a. M. / New York 1999.

Durkheim, Emile: Die elementaren Formen des religiösen Lebens, Frankfurt a. M. 1994.

Eggan, Dorothy: Instruction and Affect in Hopi Cultural Continuity. In: *Spindler, George* (Hrsg.): Education and Culture – Anthropological Approaches, New York u. a. 1963, 321–350.

Eickhoff, Hajo: Sitzen. In: *Wulf, Christoph* (Hrsg.): Vom Menschen. Handbuch Historische Anthropologie, Weinheim / Basel 1997, 489–500.

Enderwitz, Ulrich: Reichtum und Religion. Der Mythos vom Heros, Freiburg i. Br. 1990.

Fischer-Lichte, Erika: Ästhetik des Performativen, Frankfurt a. M. 2004.

Klosinski, Günter (Hrsg.): Pubertätsriten. Äquivalente Defizite in unserer Gesellschaft, Bern / Stuttgart / Toronto 1991.

Luckmann, Thomas: Die unsichtbare Religion. Mit einem Vorwort von Hubert Knoblauch, Frankfurt a. M. 1991.

Ders.: Phänomenologische Überlegungen zu Ritual und Symbol. In: *Uhl, Florian / Boelders, Artur R.* (Hrsg.): Rituale. Zugänge zu einem Phänomen, Düsseldorf / Bonn 1999, 11–28.

Mattig, Ruprecht: Bildung aus kulturanthropologischer Perspektive. In: *Miethe, Ingrid / Müller, Hans-Rüdiger* (Hrsg.): Qualitative Bildungsforschung und Bildungstheorie, Opladen / Berlin / Toronto 2012, 77–91.

Ders.: Ethnographie im Spannungsfeld zwischen Bildung und Mission. Zum Verhältnis von theoretischer Reflexion und empirischer Forschung bei Wilhelm von Humboldt. In: *Kreitz, Robert / Miethe, Ingrid / Tervooren, Anja* (Hrsg.): Theorien in der qualitativen Bildungsforschung – qualitative Bildungsforschung als Theoriegenerierung (in Vorbereitung).

Ders.: Rock und Pop als Ritual. Über das Erwachsenwerden in der Mediengesellschaft, Bielefeld 2009.

Pickel, Gert: Religionssoziologie. Eine Einführung in zentrale Themenbereiche, Wiesbaden 2011.

Soeffner, Hans-Georg: Überlegungen zur Soziologie des Symbols und des Rituals. In: *Wulf, Christoph/Zirfas, Jörg* (Hrsg.): Die Kultur des Rituals. Inszenierungen – Praktiken – Symbole, München 2004, 149–176.

Sommer, Carlo M.: Stars als Mittel der Identitätskonstruktion. Überlegungen zum Phänomen des Star-Kults aus sozialpsychologischer Sicht. In: *Faulstich, Werner/Korte, Helmut* (Hrsg.): Der Star. Geschichte – Rezeption – Bedeutung, München 1997, 114–125.

Turner, Victor: Das Ritual. Struktur und Anti-Struktur, Frankfurt a.M./New York 1989.

Ders.: Vom Ritual zum Theater. Der Ernst des menschlichen Spiels, Frankfurt a.M./New York 1989.

Voullième, Helmut: Die Faszination der Rockmusik. Überlegungen aus bildungstheoretischer Perspektive, Opladen 1987.

Wulf, Christoph: Religion und Ritual. In: *Ders./Macha, Hildegard/Liebau, Eckart* (Hrsg.): Formen des Religiösen. Pädagogisch-anthropologische Annäherungen, Weinheim/Basel 2004, 115–125.

Ders.: Ritual, Macht und Performanz. Die Inauguration des amerikanischen Präsidenten. In: *Ders./Zirfas, Jörg* (Hrsg.): Die Kultur des Rituals. Inszenierungen, Praktiken, Symbole, München 2004, 49–61.

Ders./Macha, Hildegard/Liebau, Eckart (Hrsg.): Formen des Religiösen. Pädagogisch-anthropologische Annäherungen, Weimheim/Basel 2004.

Königskinder?

Jugend und Liturgie

Peter Hahnen

Liturgie: Darunter versteht man, formuliert in den Worten der These 9 aus dem Eichstätter Vorgänger-Kongress von 2010, die „konfessionskirchliche Praxis von Religionsausübung“[1]. Eine Umschreibung, die geeignet ist, den Spaß am Thema Liturgie zu dämpfen. Der Höhepunkt christlichen Lebens („Gipfel und Quelle“ nennt die Liturgiekonstitution *Sacrosanctum Concilium* [SC Abschnitt 10] die Feier des Gottesdienstes), löst als Thema oft Erwartungen und zugleich Befürchtungen aus. Wir haben es mit einem Bereich zu tun, in dem in der Praxis, geschweige denn im Diskurs zwischen (1.) kirchlichem Amt, (2.) theologischer Wissenschaft und (3.) Praxis nicht gerade Konsens herrscht. Jeder Priester (oder andere Mitarbeiter in gottesdienstlicher Verantwortung) ist sich ja immer selbst sein bester „Liturge“, und die Sozialpädagogin der „Offenen Tür“ hat zu dem Thema ohnehin längst die Waffen gestreckt. Sie möchte so wenig wie die Kindergartenleiterin im Gottesdienst in Erscheinung treten. Als Thema macht Liturgie nicht selten unsicher.

Ich will mich im Folgenden für die ästhetische Dimensionalität in der Beziehung zwischen Liturgie und Jugendlichen als Aufhänger entscheiden. Und ich bin mir bewusst, dass dabei, notgedrungen und allein aus Platzgründen, teils gewichtige Stränge unberücksichtigt bleiben.[2] Der folgende Beitrag spricht zudem ausschließlich aus der Warte eines katholischen Theologen. Die Diskussion auf dem Kongress, auf dem der Vortrag gehalten wurde, dem dieses Manuskript zugrunde liegt, zeigte jedoch nahe Verbindungslinien etwa zu den Arbeiten der evangelisch-reformierten Theologin Bärbel Husmann.[3] Kompetente Einlassungen zur Liturgie aus Sicht der protestantischen Teilkirchen möchte ich mir jedoch nicht anmaßen. Vielleicht kann aber der von mir gewählte Blickwinkel auch für evangelische Gottesdienste spannend sein, zumal ich in den Jahren, in denen ich für die Koordination und Begleitung der Ministrantenpastoral auf

1 *Kropač/Meier/König,* Elf Thesen 253.

2 Zum Thema siehe neuerdings grundsätzlich *Etscheid-Stams/Hahnen,* „Gottvoll und erlebnisstark“.

3 Siehe etwa *Husmann/Klie,* Gestalteter Glaube.

überdiözesaner Ebene zuständig war (Ende 2000 bis Februar 2013), etwa im Umfeld der Ökumenischen Kirchentags, erstaunt feststellen konnte, dass nicht wenige evangelische Pfarrer sich vom Reichtum der kleinen Dienstämter, die die katholische Liturgie bereithält, gerne inspirieren lassen. In jugendpastoraler Hinsicht sind die Ministrantinnenen und Ministranten (bisweilen verkürzt Messdiener/-innen genannt) ein Geschenk. Ein Präsent, das zwar – nimmt man es als pastorale Herausforderung ernst – Zeit erfordert, das aber jungen Menschen Gelegenheit gibt, Liturgie als sinnlichen, spirituellen Ort mehr und mehr zu durchdringen und für sich vielfältig fruchtbar zu machen.[4]

1. Ästhetik im Fokus

Unter ‚Ästhetik' verstehe ich in diesem Kontext das Sinnliche als Erkenntnisweg für das Lebens-Selbst-Bewusstsein von Menschen. Konkret: Ich schaue zum einen auf das ‚Ausdruckshandeln', das von der jeweiligen liturgischen Leitung ausgeht. Zum anderen frage ich nach dessen Wirkung bei Gottesdienstteilnehmerinnen und -teilnehmern.

Zum Ausdruckshandeln der Leitung und der beteiligten Dienste (Orgel, Musikensemble, Lektorinnen und Lektoren, Ministrantinnen und Ministranten usw.) korrespondiert ja ‚Eindruck' bei den Versammelten. Dieser ‚Eindruck' ereignet sich bei den Teilnehmerinnen und Teilnehmern jedoch nicht automatisch. Vielmehr ist der/die Gottesdienst-Teilnehmer(-in) (nicht: der/die Besucher/-in) als Rezipient Mit-Konstrukteur seines Erlebnisses und aktiver eingebunden, als er sich selbst bewusst ist.

In diesem Punkt kann die Liturgiewissenschaft (und mithin die Theologie des Gottesdienstes) einiges z. B. von der Musikpsychologie lernen. Diese spricht zu Recht von einem „aktiven Hören", das personal relevant wird, ohne selber singen zu müssen. Und so wie die Zuhörer/-innen zur Musik, so verhalten sich Gottesdienstteilnehmer/-innen zum Dargebotenen, und dies schon vor dem eigentlichen Beginn des Gottesdienstes.

Bereits der Vorgänger-Kongress 2010 betonte die Rolle von Kulturmaterial für religiöses Deuten (These 4).[5] Konsequent müssen Raum, Ausstattung und ästhetisches Material wie Musik, Moderation, Vortragsstil und die liturgischen Zeichenhandlungen (Bekreuzigen, Übergießen mit Wasser, Teilen von Brot und Wein) in den Blick genommen werden. Da ist schon vorher so vieles passiert: Das Licht ist komisch, die Luft ist schlecht, weil chamoistriefende Kerzen bla-

4 Zur pastoralen Herausforderung dieses Handlungsfeldes siehe *Hahnen,* Unterschätzt? – In Fortführung: *Ders.,* Von der Leichtigkeitslüge.

5 Vgl. *Kropac/Meier/König,* Elf Thesen 247f.

ken, ein Kreuz steht schief … Der Raum wirkt so lieblos arrangiert, dass vom Jugendlichen ganz viel guter Wille aufgewendet werden muss, hier etwas *für sich* zu finden. Teilnahme verwirklicht sich wesentlich intrapersonal, findet im *Bewusstsein* statt und längst nicht erst durch Aktion. Das bedeutet nicht, dass die Form egal ist. Im Gegenteil. Sie wird entscheidend.

Liturgie (sprich: ihr Vorsteher) muss einkalkulieren, dass Jugendliche Transit vom Besucher-Status zum Teilnehmer-Status suchen, benötigen, nutzen! Ist Transit verbaut, findet er nicht statt. Wenn die Königskinder hier nicht zueinander finden, kann es also auch einfach an Folgendem liegen: Sie geben eine Chance, docken an, ordnen ein, wählen aus, nutzen, verwerfen und verabschieden sich schließlich.[6]

2. Wie kann Liturgie sich auf Jugendliche einstellen?

2.1 Wie steht es mit den Jugendkulturen in der Liturgie?[7]

Zahlreiche jugendkulturelle Phänomene fordern die jugendpastorale Praxis und Reflexion heraus. Von DER Jugendkultur zu sprechen, ist unmöglich. Zu zahlreich, zu divers und zu durchmischt sind die jeweiligen Szenen und Subszenen, kennzeichnenden Posen und stilmarkierenden Items.[8] Gabriele Klein, Soziologin an der Universität Hamburg, berichtet von mehreren Dutzend solcher Kulturen und hinterfragt selbstkritisch den Sinn solcher Szene-Listungen.[9] Roland Roth zählt über 100 verschiedene diversifizierte Stilrichtungen.[10] Hans-Heinrich Grosse-Brockhoff nennt 500.[11] Der elfte Kinder- und Jugendbericht der Bundesregierung bestätigt diese Einschätzung und spricht von einer „kaum überschaubaren Palette von Jugendkulturen“[12], die flexibel und veränderlich, umfangreich und unübersichtlich sind, sodass „keiner einen völligen Überblick“[13] (Wolfgang Kabus) hat. Angesichts solcher Vielfalt und Disparatheit kann die Lösung für die Liturgie kaum darin liegen, noch mehr vermeintlich popkulturaffines Zeichen- und Feierinstrumentarium anzusammeln.

6 Vgl. hierzu am Beispiel von Pop-/Rockmusik die Ausführungen in: *Hahnen,* Das Neue Geistliche Lied als zeitgenössische Komponente christlicher Spiritualität 146-207.

7 Zur kulturanthropologischen Fassung in theologischer Lesart siehe hierzu bei *Hahnen,* „Don’t dream it. Be it!“.

8 Vgl. *Roth,* Globalisierungsprozesse 24ff.; auch: *Ferchhoff,* Jugendkulturen; *Kabus,* Wer zu spät kommt … 115 u. 125f.

9 *Klein,* Selbstinszenierungen 3.

10 Vgl. *Roth,* Globalisierungsprozesse 24.

11 Zitiert nach: *Kabus,* Wer zu spät kommt 126.

12 Vgl. *Die Bundesregierung,* Bericht 190.

13 *Kabus,* Wer zu spät kommt 115.

Die Aufgabe in der Liturgie liegt meines Erachtens darin, dass Leitung und Vorbereiter nach transitstützenden Elementen suchen müssen. Es gilt, Transit anzubieten, zu gestalten, nicht sich anzugleichen.

Liturgie kann Transit gleichwohl nicht gewährleisten, aber sie kann ihn anbieten oder eben – mühelos – verhindern. Was von der Liturgie (bzw. Theologie der Liturgie) als Zeichenhandlung gelobt, empfohlen, beworben und verteidigt wird, ist durch unausgewogene Präsentation vor Ort von Unleserlichkeit bedroht.

2.2 Spirituelle Innenseite

Die Thesen des Vorgängerkongresses betonten die Überzeugung, dass Vermittlung relevanter Religiosität durch einen personalen, einen biografischen Ansatz (These 6) unterstützt wird. Ich teile diese Einschätzung.[14] Nimmt man sie ernst, stellt das die Chancen von Liturgie heraus, deutet aber auch erhebliche Probleme an. Was in Ausbildung und Studium über Liturgie gelehrt wird, müsste stärker nach der biografischen, persönlichen Innenseite des gottesdienstlichen Handelns und seines Zeichen- und Textmaterials fragen.

Ein Beispiel: Vor ca. drei Jahren erschien eine liturgiewissenschaftliche Dissertation, die sich zum Thema Jugend und Liturgie äußert. Ein junger Autor will darin dem Phänomen der Jugendgottesdienste zeithistorisch wie liturgietheologisch beikommen.[15] Der Versuch des promovierenden Jungpriesters aus Würzburg ist respektabel – und scheitert auf ansehnlichem Niveau. Die mühsam und zu eindrucksvoller Fülle zusammengetragene Materialsammlung wird nämlich an keiner Stelle nach ihrem spirituellen Potenzial befragt. Das ganze so fleißig gesammelte Material wird nur phänotypisch vorgeführt. Dabei wirkt gerade im Rückblick befremdlich oder für den/die heutige(n) Betrachter/-in anachronistisch, was für die Gottesdienstteilnehmer/-innen seinerzeit durchaus Gewicht haben konnte. Das eingangs erwähnte „Eindruckshandeln" ist solch einer Forschung keine Frage wert. Wenn wir aber die ‚Innenseite' der Liturgie vernachlässigen, sprich: ihre intrapersonale Wirkung ausblenden, machen wir es jenen Amtsstuben leicht, die anhand der Maßgabe einer vorgesehenen Ordnung ein Richtig oder Falsch, ein Erlaubt oder Unerlaubt feststellen. Der Promovend aus Würzburg kann eigentlich nichts dafür. Liturgietheologie denkt nur selten vom Menschen her. Er – der Mensch – macht es ihr aber auch schwer.

[14] Zum Begriff von Spiritualität, der in diesem Zusammenhang relevant ist, siehe: *Hahnen,* Das Neue Geistliche Lied als Komponente zeitgenössischer Spiritualität 19–56.

[15] *Daigeler,* Jugendliturgie.

2.3 Heikle Szenen eines Gottesdienst-Lebens

Das leichthin Dargebotene wird rasch in den Sand gesetzt. Man kennt derlei wohlmöglich aus eigenem Erleben:

- Die Band, deren Gesang, 50 Jahre nach den ersten Jazzmessen, immer noch vom Schlagzeug übertönt wird. – Jede Altstadtkneipe ist besser beschallt als die meisten unserer Kirchen.
- Die Filmprojektion, die schief auf der Leinwand liegt oder erst gar nicht gezeigt werden kann, weil die Schnittstelle zum Beamer klemmt. Oder klemmt das Personal? Viele Zehntklässler haben heute mehr Medienkompetenz als unsere Pastoralteams.
- Nie werde ich vergessen, wie die Konfirmandinnen und Konfirmanden – nach durchstandener über einjähriger Katechese-Phase – von der Lokalzeitung gefragt wurden, wie sie den ganzen Prozess denn nun gefunden hätten: Das sei schon okay im Großen und Ganzen, antworteten die Jugendlichen – und: Lustig sei es auch. Hätte doch der Vikar immer versucht, wie sie zu sein. Mit Emoticons in den Info-Mails aus dem Jugendausschuss des Presbyteriums, hippen Klamotten und gewagt-flotter Rede. Da hätten sie doch innerlich grinsen müssen.

2.4 Spannungsvoller Beziehungsrahmen

Wer über den Zusammenhang zwischen Jugendlichen und Gottesdienst nachdenkt, bewegt sich in einem Rahmen, zwischen dessen vier Ecken zwei Spannungsverläufe ihre Kraftfelder entfalten:

Beziehungsmatrix Jugendliche und Liturgie

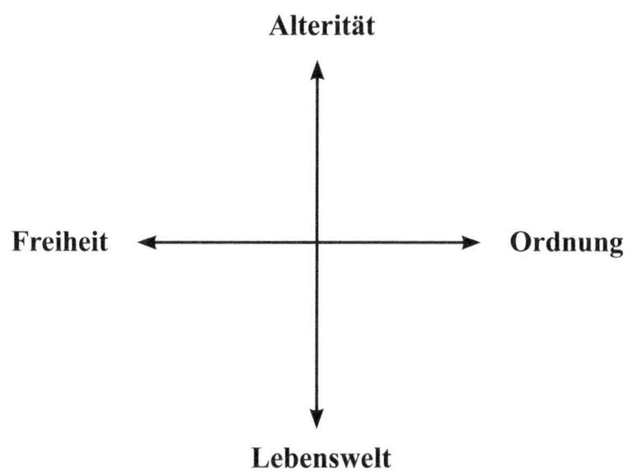

Ich will das erläutern: Ordnung und Freiheit.

- ORDNUNG durch die vorgegebenen liturgischen Formen und Texte einerseits.
- FREIHEIT andererseits, ohne die kein „Dialog zwischen Gott und Mensch“, eine schöne Umschreibung von Liturgie (Emil Josef Lengeling/Klemens Richter),[16] gelingen kann.

Als zweites Spannungsfeld gesellt sich jenes zwischen Lebenswelt und Alterität hinzu.

- LEBENSWELT als Situation des je konkret sich versammelnden Volkes Gottes in all seiner Unterschiedlichkeit. Des Volkes Gottes, sage ich, das nicht anders kann (und auch nicht anders muss), als Kind in seiner Zeit zu sein.
- Und ALTERITÄT als das Unverfügbare, das Entgegenkommende, ja als das legitim Fremde der Liturgie. Eduard Nagel, Doyen der liturgischen Bildung in Deutschland, drückt es in einem Gespräch einmal so aus: „Gottesdienst kann der Raum sein, in dem sich ereignet, was sich sonst nicht ereignet.“

Diese zwei Spannungsfelder umgeben das Praxisfeld Liturgie. Je nachdem, wo wir uns verorten, sind Akzente unterschiedlich, sind Toleranzen verschieden, sind Dialogrisse vorprogrammiert.

Um nicht missverstanden zu werden: Bloß kein Liturgiemuseum! Natürlich gilt es, Alltag einzubinden. Er muss aber geistlich gedeutet und verdichtet werden. Es gibt ja eben mehr, als das Alltägliche zu entdecken. Ich glaube, Fulbert Steffensky verdanken wir das Bild, dass es mir, wenn ich mich als armes Würstchen fühle, nicht weiterhilft, wenn mir mein Gegenüber im Talar sonntagmorgens vorführt, welch armes kleines Würstchen er nun wiederum ist.

3. „Gottvoll und erlebnisstark“ – Axiom für einen glücklichen Ausgang bei den Königskindern?

Paul Zulehners Diktum von Liturgie, die „gottvoll und erlebnisstark“[17] sein möge, ist gerechtfertigt. Wer sich in lieblos abzelebrierten Gottesdiensten plagt, wird sofort ein Ausrufezeichen hinter das Schlagwort machen.

Jugendliche sind eine Klientel, die dem pastoralen Personal den Schweiß auf die Stirn treiben kann. Die Unsicherheit ist groß, sonst gäbe es nicht diesen Markt

[16] *Lengeling,* Liturgie.

[17] *Zulehner/Beranek/Gall,* Gottvoll und erlebnisstark.

an Hilfsliteratur, deren gefühlte Auflage direkt in den Himmel reicht. Am Grundsätzlichen aber, nämlich an liturgischer Bildung, arbeiten solche Materialien nicht. Ich zitiere nochmals Eduard Nagel: „Liturgie muss für die Menschen der Raum sein, so da sein zu können, mit dem, was auf ihnen liegt.“[18] Ein Raum auch, „in dem Dinge ausgesprochen werden, für die uns sonst die Sprache fehlt.“[19] Noch einmal Eduard Nagel: „Liturgie braucht das Sich-Hinein-Geben in sie.“[20]

Textchen, Gestchen, Themchen mit Modellgottesdiensten gehen an der Sinnspitze liturgischer Sequenzen oft vorbei und wirken nicht selten, als sollten sie die eigene Hilflosigkeit mit viel von Anderem zustellen. Hauptsächlich mit Lernzielen. Als hätten wir im Gottesdienst jedes Mal etwas zu verstehen.

Der Aufwand, zu dem sie anfeuern, ist bisweilen immens. Beispiel Jugendgottesdienst: Jugendlichen im Gottesdienst Begegnung mit Jesus und seiner Botschaft zu ermöglichen, ihnen etwas mitzugeben, was ihnen in ihrem Leben hilft, das sind hehre und starke Motive. In seinem Praxisbericht schildert ein Jugendseelsorger fast stolz, dass man „2.000 Stunden“ investiert habe, um die Jugendmesse einschließlich „Lichteffekten“ passend hinzubekommen. Das Ergebnis heißt „Church-Party“, zieht an und dürfte für nicht wenige beeindruckend gewesen sein. Zur Nachahmung dürfte indes vor Ort vielfach die Zeit fehlen. Und: Was macht man bis zur nächsten Party in einem Vierteljahr?

Wenn nicht meine ganz normale Liturgie etwas Besonderes ist, werde ich mich vor lauter vermeintlicher Zielgruppenorientierung und Gimmick-Suche auf eine ständige Jagd nach dem Besonderen machen. Eine Hatz, die atemlos macht. („Was kann ich den Leuten dieses Mal mitgeben?“, fragt der Pastor jedes Mal im Vorbereitungskreis. Und er meint damit Steinchen, Streichhölzer, Blümchen oder andere Giveaways. Wie wäre es, meine ich, stattdessen mit: Trost, Hoffnung, Freude …?) Wenn man das tragende Fundament nicht findet, nämlich ein Vertrauen auf die „Basics“ der Liturgie hat, und dies darzustellen weiß, geraten Leitung und Liturgiekreise unter ein Innovationsdiktat, das ermüdet. In Münster habe ich in einer Osternacht einmal erlebt, wie der vor lauter Zeitgenossenschaft gestresste Pfarrer nach dem Einzug entnervt einen Aktenordner in DIN A4-Größe (!), den er seit dem Osterfeuer vor dem Portal mit sich herumtrug und aus dem er das mühsam kreierte, ganz neue Konzept vortrug, auf den Boden warf und ausrief: „Das lassen wir jetzt mal alles weg! Lasst uns das Ostern feiern! Was heißt das eigentlich?“ Und dann folgte ein knappes, aber packendes persönliches Zeugnis, das es in sich hatte.

18 Persönliche Mitschrift des Verfassers anlässlich des Schluss-Statements von Eduard Nagel im Studienteil der Jahreskonferenz Jugendseelsorge November 2012 (Veranstalter: Arbeitsstelle für Jugendseelsorge der Deutschen Bischofskonferenz).

19 *Nagel,* Wenn die Jugendseelsorge 64.

20 Vgl. Anm. 18.

Danach begingen wir, was das Messbuch vorsah. Freilich mit packender Musik und einem Pfarrer, den wir nun in einem ganz anderen Lichte sahen.

4. Möglichkeiten

4.1. Machbares machen

Es geht ja vielleicht auch ein paar Nummern kleiner, weniger effektorientiert, aber doch wirkungsvoll! Das zeigt zum Beispiel die Anziehungskraft von Gottesdiensten, die im Stile der Gemeinschaft von Taizé gefeiert werden: Stille, konzentrierte einfache Musik, wenige aber klare Worte, meist als persönliche Zeugnisse bzw. Schriftauslegung, Raum für eigenes Nachsinnen, wenige aber klare Gesten (Bruderkuss, Teilen der Gaben, Mahl halten).

Das Szenario vom Hügel in Burgund ist, nimmt man es ernst, nicht so einfach zu reproduzieren. Seine Ausstrahlungskraft kann aber den Blick schärfen und helfen, sich etwas zu entspannen. Gegen Entertainment kann man mit Liturgie nicht ankommen. Die bessere Oscar-Verleihung wird immer in Los Angeles stattfinden, nie in der Jugendkirche.

Und täuschen wir uns nicht: Egal, wie bunt wir Jesus machen, er bleibt der Prediger einer radikalen, verstörenden Nachricht vom Reich Gottes, das hier beginnt, und einer Aufforderung zur Umkehr. Manche Religion vielleicht, nicht aber das Christentum ist, so zweifle ich, milieusättigend zu haben.

4.2 Leitung geistlich konzentrieren

Wie sehr eine Vorbereitung in die Tiefe geht, beschrieb Walter Krieger einmal in einem Beitrag für die Zeitschrift „Gottesdienst“.[21] Es kommt laut Krieger darauf an, dass die Verantwortlichen sich selbst zunächst Klärung zugestehen: nämlich eine geistliche Vergewisserung leisten, was es hier vor Gott zu tun, zu loben, danken, bitten und dann zu tun gilt. Dann könne man „mit möglichst wenig Aufwand möglichst viel erreichen“.[22]

Um Jugendlichen Transit in das liturgische Handeln und Erleben sachgerecht zu ermöglichen, muss bei Hauptamtlichen und Ehrenamtlichen in liturgische Bildung und zwischen Liturgiewissenschaft und Pädagogik in Diskurs investiert werden. Hier wird Entscheidendes seit Jahrzehnten versäumt.

Auch hinsichtlich Ausstrahlung und Wirkung gilt es, Stärken und Schwächen nüchtern zu erkennen und dann die Fähigkeiten gezielt auszubauen. Eigentlich

[21] *Krieger*, Praktisch und theologisch.

[22] Ebd.

nämlich ist Authentizität, die Bewusstheit voraussetzt, von fast jedem zu erreichen.

4.3 Ansprüche am Beispiel der Musik in der Liturgie

Ich bin mir nicht sicher, ob zielgruppenspezifische Angebote der Königsweg sind. Denken wir mal an die Techno-Gottesdienste der Jahrtausendwende zurück, merkt man, dass diese Experimente heute in Vergessenheit geraten sind.

Das liegt vermutlich daran, dass die ambitionierten Organisatoren dieser Projekte verkannten, dass eine präzise Zielgruppenpassung Illusion bleiben muss, und die tatsächlichen Ergebnisse ästhetisch eher halbherzig zu nennen waren.

Aus Untersuchungen (etwa von Sinus-Sociovision aber auch der EKD) wissen wir, dass z. B. Jugendliche gerade von Gottesdiensten nicht eine Reproduktion ihrer privaten Musikvorlieben erwarten. Eine Erhebung der afj anlässlich des WJT Toronto unter den jugendlichen Pilgerinnen und Pilgern brachte ans Licht, dass sich viele von ihrer Teilnahme das Kennenlernen neuer Lieder erhofften.

Eine jüngere aktuelle Untersuchung der „Liturgischen Konferenz der EKD" bestätigt das: Sie fördert zutage, dass im Gottesdienst auch von den jüngeren Teilnehmerinnen und Teilnehmern Lieder vorrangig aus dem Genre „Neues Geistliches Lied" gewünscht werden.[23] So schnell sollte man dem NGL also das Totenglöcklein noch nicht läuten wollen.

In den stark frequentierten veni!-Gottesdiensten[24] des engagierten Teams um Kaplan Christian Olding (Emmerich, St. Aldegundis) wird sogar „Großer Gott wir loben dich" und ein Kyrie aus Taizé gesungen. Es ist nicht das einzelne Lied oder die dargebotene Musikauswahl, die Transit behindern. Es ist die schlecht dargebotene Musik. Sie muss sachgerecht ausgeführt und packend angeleitet werden.

Abschließend fünf Merkpunkte zum Themenkomplex Musik und Liturgie:

Musik in der Liturgie –

- wird nie allen gefallen.
- darf anders sein als das, was sie auf der Bude hören.
- muss glaubwürdig sein.
- muss professionell dargeboten sein.
- muss zu den liturgischen Sequenzen passen.

23 Vgl. *Danzeglocke / Reinke / Schroeter-Wittke,* Singen im Gottesdienst.

24 Unmittelbaren Einblick vermittelt die von den Verantwortlichen ins Netz gestellte Seite www.veni-kirche.de (abgerufen: 12.10.2013) und die Facebook-Präsenz unter https://www.facebook.com/veni.grow.up (abgerufen: 12.10.2013).

5. Schluss: Zumutungen

Die ästhetische Klippe heißt nicht Stil X oder Jugendkultur X[1]. Sie heißt ganz einfach (im O-Ton der Sinusstudie): „Ich darf nicht scheiße aussehen damit!" Und beherzigen wir: Menschen sind im liturgischen Kontext bereit, vieles anzunehmen, aber immer weniger sind sie dazu bereit, Liebloses hinzunehmen.

Nicht nur die Liturgie, vor allem die Menschen, mit denen wir sie feiern, sind es wert, umzusteuern!

Es ist nämlich NICHT wie bei den Königskindern! Lesen wir die Ballade nach, erfahren wir: DIE konnten tatsächlich nicht zueinander finden. Sabotiert wurde der Versuch von Eltern, die nicht sehen, und sogar von einem „falschen Nönnlein", das absichtlich in die Irre führt. Nicht an irgendwelchen vagen Umständen lag's, dass Beziehung bei den Königskindern keine Zukunft hatte, sondern an handelnden Personen. Das sollte uns zu denken geben.

Literatur

Daigeler, Eugen: Jugendliturgie. Ein Beitrag zur Rezeption des Zweiten Vatikanischen Konzils im deutschen Sprachgebiet, Regensburg 2012.

Danzeglocke, Klaus / Reinke, Stephan A. / Schroeter-Wittke, Stephan A. (Hrsg.): Singen im Gottesdienst. Ergebnisse und Deutungen einer empirischen Untersuchung in evangelischen Gemeinden, Gütersloh 2011.

Die Bundesregierung: Bericht über die Lebenssituation junger Menschen und die Leistungen der Kinder- und Jugendhilfe in Deutschland vom 4.2.2002 (Elfter Kinder- und Jugendbericht), Deutscher Bundestag, Drucksachen-Nr. 14/8181.

Etscheid-Stams, Markus / Hahnen, Peter (Hrsg.): „Gottvoll und erlebnisstark." Reflexionen zum Verhältnis von Jugendpastoral und Liturgie, Schriftenreihe der Arbeitsstelle für Jugendseelsorge der Deutschen Bischofskonferenz, Bd. 15, Düsseldorf 2013.

Ferchhoff, Wilfried: Jugendkulturen in Deutschland am Ende des 20. Jahrhunderts, in: *Kabus, Wolfgang*: Popularmusik, Jugendkultur und Kirche (Friedensauer Schriftenreihe, Reihe C, 2), Frankfurt a. M. 2000, 137–186.

Hahnen, Peter: Das Neue Geistliche Lied als zeitgenössische Komponente christlicher Spiritualität, Münster 1998.

Ders.: „Don't dream it. Be it!" Zur Konzeption kultureller Jugendbildung in der Pastoral, erhältlich bei: Arbeitsstelle für Jugendseelsorge der Deutschen Bischofskonferenz (Carl-Mosterts-Platz 1, 40477 Düsseldorf), Düsseldorf 2013.

Ders.: Unterschätzt? Zur Bedeutung der Ministrantenpastoral, in: GOTTESDIENST. Zeitschrift der Liturgischen Institute Deutschlands, Österreichs und der Schweiz 19/2003, 148f.

Ders.: Von der Leichtigkeitslüge in der Ministrantenpastoral. In: MINIBÖRSE PRO. Sonderausgabe von MINIBÖRSE im Advent 2012, hrsg. von der afj-Düsseldorf (Arbeitsstelle für Jugendseelsorge), Dezember 2012, 13–18.

Husmann, Bärbel / Klie, Thomas: Gestalteter Glaube. Liturgie lernen in Schule und Gemeinde, Göttingen 2005.

Kabus, Wolfgang: Wer zu spät kommt … 9 Thesen zum Thema Jugendkultur(en) und Kirche. In: *Ders.*: Popularmusik, Jugendkultur und Kirche. Aufsätze zu einer interdisziplinären Debatte, Frankfurt a. M. / Berlin / Bern u. a. 2000, 115–135.

Klein, Gabriele: Selbstinszenierungen Jugendlicher. Eine Skizze zu aktuellen Jugendszenen. In: jugendstile 1/2004, 3–9.

Krieger, Walter: Praktisch und theologisch eine Herausforderung. Erfahrungen mit einem Vorbereitungskreis für Kindergottesdienste. In: Gottesdienst 10/2003, 78.

Kropač, Ulrich / Meier, Uto / König, Klaus: Elf Thesen zum Kongress. In: *Dies.* (Hrsg.): Jugend – Religion – Religiosität. Resultate, Probleme und Perspektiven der aktuellen Religiositätsforschung, Regensburg 2012, 243–256.

Lengeling, Emil Josef: Liturgie – Dialog zwischen Gott und Mensch, hrsg. v. *Klemens Richter*, Freiburg 1981, Altenberge [2]1988.

Nagel, Eduard: Wenn die Jugendseelsorge über Liturgie nachdenkt. In: *Etscheid-Stams, Markus / Hahnen, Peter* (Hrsg.): „Gottvoll und erlebnisstark". Reflexionen zum Verhältnis von Jugendpastoral und Liturgie (Arbeitsstelle für Jugendseelsorge der Deutschen Bischofskonferenz, Schriftenreihe 15), Düsseldorf 2012, 60–70.

Roth, Roland: Globalisierungsprozesse und Jugendkulturen. In: Aus Politik und Zeitgeschichte. Beilage zur Wochenzeitung „Das Parlament" 5/2002 (1.2.2002), 20–27.

Zulehner, Paul / Beranek, Markus / Gall, Sieghard: Gottvoll und erlebnisstark. Für eine neue Kultur und Qualität unserer Gottesdienste, Ostfildern 2004.

Ernstfall Firmung

Sakramentenkatechese zwischen Individuum und Institution

Patrik C. Höring

Die hinlänglich beschriebenen gesellschaftlichen Transformationsprozesse stellen eine bis heute volkskirchlich geprägte Pastoral in Frage. Die Dichotomie zwischen Erwartungen und Hoffnungen seitens der Kirche(n) und den in ihr Verantwortlichen hier und den Sehnsüchten und Interessen der (jungen) Menschen heute dort kulminiert in der Sakramentenpastoral, zumal wenn es um die Einführung (junger) Menschen in die Glaubensgemeinschaft geht. Daher bündeln sich in der katechetischen Vorbereitung auf die Firmung (bzw. die Konfirmation) die unterschiedlichen Aspekte dieses Entwicklungsprozesses. Zugleich eröffnet sich aufgrund der wechselhaften Geschichte des Firmsakramentes und unter Rückgriff auf die Sakramententheologie die Möglichkeit, eine neue (Sakramenten-)Praxis anzubahnen, die der Situation einer Kirche unter den Bedingungen der Moderne entspricht. Nach einer nüchternen Analyse der gegenwärtigen Situation ist eine theologische Vergewisserung über den Sinn der Firmung als Sakrament bzw. der Sakramente insgesamt im Leben und Wesen der Kirche notwendig, um praktische Konsequenzen anzudeuten.

1. Analyse: Chancen und Grenzen

Die Firmung hat eine wechselhafte Geschichte hinter sich: anfangs Teil des Taufritus, später ‚vergessenes Sakrament' zur Zeit der Schulentlassung, heute Sakrament am Übergang zum Erwachsenenalter. Die Vorbereitung fällt der Ortsgemeinde zu: im deutschsprachigen Raum zumeist Frauen, seltener Männer, aus der Mitte der christlichen Gemeinde, die in mehrwöchigen, an der Lebenswelt junger Menschen ansetzenden Kursen – in regelmäßigen Kleingruppentreffen oder einzelnen Tagesveranstaltungen – (auf dem Land, im Süden Deutschlands und in Österreich eher jüngere, in den Städten, im Norden Deutschlands und in der Schweiz eher ältere) Jugendliche bzw. junge Erwachsene auf die Firmung vorbereiten.

1.1 Ein Blick in die Praxis: Die Stimmung unter den Katecheten ist gut, doch die Erwartungen sind hoch

Die wenigen empirischen Arbeiten zur Situation der Firmpastoral lassen erkennen, dass die Stimmung gar nicht so schlecht ist. Im Bistum Speyer zumindest ist die Grundstimmung eher gut: 88,3 % der Ehrenamtlichen und 83 % der Hauptamtlichen äußerten sich hinsichtlich der Atmosphäre im Katechetenteam positiv. Etwas verhaltener wird die Begegnung mit den Jugendlichen bewertet (72,9 % der Ehrenamtlichen bzw. 61,7 % der Hauptamtlichen bewerten diese auf einer den Schulnoten entsprechenden Skala als „sehr gut" oder „gut").[1] Die befragten Ehrenamtlichen waren auch hinsichtlich „Ausstattung", „Organisation, Planung, Information" und „Vorbereitung und Begleitung" im Allgemeinen recht zufrieden.[2] Dennoch: In einer Essener Befragung beschreiben Katecheten ihre Aufgabe als „Entertainer(-in)", „Prediger(-in) der Wüste" oder gar als „Löwenbändiger(-in)" – und dies selbst jene, die Jugendlichen gegenüber „optimistisch" eingestellt sind.[3] Worin könnte der Grund für diese Unzufriedenheit liegen?

Möglicherweise in der Divergenz von persönlichen Zielen und deren Erreichbarkeit.[4] Daher wäre nach den eigenen Zielsetzungen und deren Realisierungsmöglichkeiten zu fragen. Die häufigsten Beweggründe lauten:

- „weil ich mich für die Weitergabe des Glaubens engagieren will" (177 Nennungen)
- „weil ich gerne mit Jugendlichen arbeite" (141 Nennungen)
- „weil der Pfarrer, die Gemeindereferentin […] mich gefragt haben" (125 Nennungen)
- „weil mein Sohn/meine Tochter gefirmt werden" (105 Nennungen).[5]

Nebst der „Glaubensweitergabe" sind die aus der Freiwilligenforschung bekannten Motive zu erkennen: Man wurde persönlich zur Mitarbeit eingeladen; die Aufgabe entspricht eigenen Neigungen oder lässt sich mit einem eigenen Interesse verbinden. Hinsichtlich der Zielsetzungen wurde gefragt: „Was sollen die Jugendlichen hinterher mitnehmen? Worauf kommt es Ihnen an?" Innerhalb der Auswahlmöglichkeiten wurde genannt:

[1] Vgl. *Bischöfliches Ordinariat Speyer*, Für die Seelsorge 21.

[2] Vgl. ebd. 22.

[3] Vgl. *Bistum Essen*, Katechese im Bistum Essen 16f.

[4] Vgl. *Mayring*, Psychologie des Glücks 75.97.

[5] Bei insgesamt 201 Befragten; Mehrfachnennungen waren möglich. Freitextzeilen brachten keine nennenswerten neuen Aspekte. Vgl. *Bischöfliches Ordinariat Speyer*, Für die Seelsorge 21.

- „Begeisterung für das Christsein" (95,7 % hielten dies für „sehr/ziemlich wichtig"),
- „Persönlicher Bezug zur Gestalt Jesus" (91,3 %),
- „Erleben kirchlicher Solidarität mit Schwächeren" (85,2 %),
- „Orientierung an überzeugenden Vorbildern" (82,6 %).[6]

Die Erwartung „Bindung an die Gemeinde" wurde immerhin noch von 72,3 % der Befragten für „sehr" bzw. „ziemlich wichtig" befunden. Offen bleibt, ob eine unrealistische Erwartung sich von allein im Laufe der Jahre abgeschliffen hat[7] oder die faktische Aussichtslosigkeit, Jugendlichen nach der Firmung eine angemessene Fortführung ihres wieder neu gewonnenen Christseins in der Gemeinde zu bieten, dazu beigetragen hat. Die Frage jedoch, ob der Prozess insgesamt fruchtbar war, ob also die eigenen Zielsetzungen auch erreicht wurden, bleibt unbeantwortet.

1.2 Junge Menschen zwischen individualisierter Religiosität und kirchlichem Glauben

Die zentrale Rahmenbedingung für eine religiöse Identität heute ist eine radikale weltanschauliche und religiöse Pluralität. Die meisten jungen Menschen erleben dies kaum als Verunsicherung[8] – vielleicht auch Ausdruck ihres unbekümmerten, pragmatischen Umgangs mit der Gegenwart.[9] Möglich und gefordert ist freilich eine hohe individuelle Virtuosität bei der Entwicklung der eigenen Biografie. Daher ist auch Religiosität als die subjektive Innenseite des objektiven Phänomens Religion[10] heute eine „individualisierte Religiosität"[11], „ein Bündel von Glaubensüberzeugungen, Weltsichten und Sinnvergewisserungen, die verbunden sein können mit einer bestimmten Lebenspraxis"[12] und die sich ablösen von ihrem ursprünglichen Kontext.

Laut Shell-Studie 2006 seien die meisten Jugendlichen (Westdeutschlands, ohne Migrationshintergrund) zwar noch „fast immer konfessionell gebunden und [haben] eine zwar grundsätzlich positive, aber wenig intensive Beziehung zur Kirche".[13] Sie differenzierten zwischen kirchlichem Leben (Religion) und

[6] Vgl. ebd. 30.

[7] Vgl. auch ebd. 30.

[8] Vgl. *Ziebertz/Riegel*, Letzte Sicherheiten 143–145; *Ziebertz/Kalbheim/Riegel*, Religiöse Signaturen 95–119.

[9] So die Grundaussagen der Shell-Jugendstudien 2002 bis 2010.

[10] Vgl. *Kropač/Meier/König*, Jugend, Religion, Religiosität.

[11] Vgl. *Porzelt*, Individualisierte Religiosität 275–279.

[12] *Ziebertz/Kalbheim/Riegel*, Religiöse Signaturen heute 18.

[13] *Shell Deutschland Holding*, Jugend 2006 27.

persönlichem Glauben (Religiosität) als „einer Art ‚Religion light‘“[14]. Auch die Sinus-Jugendstudie 2012 resümiert, dass eine Sinnsuche „allgegenwärtig“ sei, Sinn aber „v.a. im *persönlichen* Glauben gefunden [werde], der für viele Jugendliche nicht zwingend über Religion bzw. Kirche vermittelt sein muss.“[15] Der Kirche gegenüber verhalten sich die meisten Jugendlichen indifferent: Sie wird toleriert, solange sie nicht missionieren will.[16] Glaube ist etwas, was unabhängig von Kirche bzw. Religion gedacht wird.[17]

Jugendliche scheinen eigene Erfahrungen nur selten als religiös zu identifizieren,[18] sind aber gleichwohl offen für Orte, wo glaubwürdige Menschen bereit sind, Auskunft über ihre Deutungen zu geben. Konfirmation und Firmung sind solche Orte, die nach wie vor eine hohe Bedeutung im Lebenslauf haben. Anders als die regelmäßige Teilnahme am Sonntagsgottesdienst haben sie neben der gemeinschaftsbildenden eine die Biografie strukturierende Funktion[19] und stellen für viele eine Selbstverständlichkeit innerhalb einer christlich geprägten Kultur dar.[20]

Dennoch bleibt „Selbstbestimmung … das Grunddatum ihrer Religiosität.“[21] Kirchliche Vollzüge können für das eigene Biografiekalkül wahrgenommen werden, der Umfang hängt allerdings vom sozialen bzw. familiären Umfeld und eigenen Vorerfahrungen ab.[22] Es ändert jedoch nichts an der durchweg negativen Einschätzung von Kirche als Institution,[23] ihrer geringen Bedeutung im Blick auf die Lösung persönlicher Probleme[24] und sogar für die Entwicklung eines eigenen Glaubens.[25]

1.3 Erwartungen Jugendlicher an die Firmvorbereitung

Die empirische Grundlage zur Einschätzung der Erfahrungen junger Menschen mit der eigenen Firmung ist dünn. Eine kleine Studie mit 120 Jugendlichen im

[14] Ebd. 27; sowie ausführlich *Gensicke*, Jugend und Religiosität 221–226; auch *Hurrelmann*, Eine pragmatische Generation 43f.; *Gensicke*, Wertorientierungen 206.

[15] Vgl. *Calmbach/Thomas/Borchard* u. a., Wie ticken Jugendliche 2012?, 77f.

[16] Vgl. ebd. 82.

[17] Vgl. auch *Ziebertz/Kalbheim/Riegel*, Religiöse Signaturen heute, 145–152, 419.

[18] Vgl. ebd. 253–258; auch *Ziebertz/Riegel*, Letzte Sicherheiten 157–160.

[19] Vgl. *Ziebertz/Kalbheim/Riegel*, Religiöse Signaturen heute 162–166.

[20] Vgl. ebd. 177–180. Gleiches gilt für die Funktion und die entsprechende Relevanz von religiösen Vollzügen an den christlichen Festen; vgl. ebd. 130–134.

[21] Vgl. ebd. 259.

[22] Vgl. ebd. 134–136.

[23] Vgl. *Calmbach/Thomas/Borchard* u.a., Wie ticken Jugendliche 2012? 79–81.

[24] Vgl. *Gensicke*, Jugend und Religiosität 216.

[25] Vgl. *Ziebertz/Kalbheim/Riegel*, Religiöse Signaturen heute 136–145.

Alter von 15/16 Jahren im Köln-Bonner Raum lässt Einblicke zu.[26] Es fällt auf, dass fast die Hälfte (45 %) der Befragten „keinen Kontakt“ zur Kirchengemeinde hatte.[27] Firmung spricht offenbar in großem Maße auch Menschen an, die den Kontakt zur Kirche verloren haben.

So unterschiedlich die Ausgangsbedingungen, so unterschiedlich sind die *Gründe für die Anmeldung zur Firmung.* Neben unhinterfragten, traditionellen Motiven („weil ich gläubig bin“; „Bestandteil des christlichen Glaubens“; „kirchliche Heirat“; „bewährte Tradition“) gibt es auch Motive wie „Stärkung des Glaubens und der Gottesbeziehung“. Materielle Gründe („Geschenke“) spielen eher eine untergeordnete Rolle.[28]

Unter den *Erwartungen an die Firmvorbereitung* erscheinen neben Spaß und Aspekten wie „neue Leute kennenlernen“ durchaus auch der „Austausch über den Glauben“, die „Beschäftigung mit Gott“ und ein „Mehr an Erfahrung über Kirche, Firmung bzw. Religion“.[29] So wurden Themen wie „Gottesbilder“, „mein Glaube“, „Gott in meinem Leben“, „mein Lebensweg“ oder „Religionsgeschichte“, „Themen der Bibel“, „Tod und Leid“ gewünscht.[30] Verbunden mit den häufigsten Antworten auf die Frage nach dem „Sinn der Firmung und der Firmvorbereitung“ („Glaube besser kennenlernen“; „Glauben festigen“; „Kirche und Gemeinde besser kennenlernen“; „viel über Gott erfahren“; „Glaubensentscheidung ermöglichen“ …),[31] ergibt sich folgendes Bild: Die Jugendlichen nehmen wahr, dass Kirche ein Angebot macht, sich mit Fragen des Glaubens (erneut) auseinanderzusetzen, aber auch Kirche und Gemeinde besser kennenzulernen.

Bei der Firmfeier sind die Einschätzungen verhaltener. Ganz oben steht der Wunsch nach einem schönen Fest, wobei bereits gefirmte Jugendliche rückblickend diese Erwartung weniger häufig äußern und dann eher Aspekte wie „Stärkung des Glaubens“ oder „Eingliederung in die Kirche“ überwiegen.[32] Dennoch überrascht, dass 14 % der bereits gefirmten Jugendlichen sich nicht erneut für die Firmung entscheiden würden, stünden sie noch einmal vor dieser Entscheidung.[33] Immerhin: Für die Mehrheit haben sich die Erwartungen an Firmvorbereitung und Firmung erfüllt.[34]

[26] Vgl. *Hundenborn*, „Gott ein Stück näher kommen“.

[27] Vgl. ebd. 56, Abb. 3.

[28] Vgl. ebd. 60, Abb. 6.

[29] Vgl. ebd. 75, Abb. 14.

[30] Vgl. ebd. 65, Abb. 8.

[31] Vgl. ebd. 62, Abb. 7.

[32] Vgl. ebd. 77, Abb. 15.

[33] Vgl. ebd. 82, Abb. 18. Der Autor der Untersuchung räumt jedoch ein, dass die Frage im Sinne einer Wiederholung der Firmung missverständlich war.

[34] Vgl. ebd. 80, Abb. 17.

1.4 Zwischenbilanz und Ausblick

Konvergenzen werden erkennbar: Hier junge Menschen, die bereit sind, sich auf einen Glaubensbildungsprozess einzulassen und dort Engagierte, die das Interesse haben, den „Glauben an Jugendliche weiterzugeben“[35]. An der Weise des Glaubens jedoch scheiden sich die Geister. Gemeinschafts- und gemeindebezogene Realisierungen des Christ-Seins treffen auf individualisierte Erwartungen der Firmbewerber. Kirche ist daran nicht ganz unbeteiligt. Ein volkskirchliches, heilsindividualistisches Sakramentenverständnis hat bis heute Spuren hinterlassen. Zusätzlich erschwert wird diese Situation dadurch, dass die Pfarrei vor Ort für viele Jugendliche keine attraktive Gestalt des Christ-Seins darstellt, weil zentripetale Kräfte verhindern, sie als potentiellen Lebens- und Glaubensraum zu entdecken.

2. Theologische Vergewisserung: Firmung zwischen Zuspruch und Anspruch

In der Praxis gibt es zwei gegensätzliche Reaktionen, die beschriebenen Spannungen aufzulösen. Während die eine alles vertrauensvoll in die Gnade Gottes legt, letztlich aber die Augen vor den Spannungen verschließt, will die andere den ‚Brotkorb höher hängen‘ und verknüpft die Sakramentenfeier mit einer umfangreichen Vorbereitung. Firmung soll retten, was bei der Säuglingstaufe, der Erstkommunion oder der Trauung mit ihren volkskirchlichen, nicht selten brauchtumsartigen und folkloristisch anmutenden Formen vermisst wird: das entschiedene, ‚mündige‘ Ja zum Glauben und zur Kirche.

Die beiden Extreme markieren den Rand des Feldes, in dem sich Sakramentenpastoral abspielt:

(1) der Vorrang der Gnade Gottes, die sich weder an eine bestimmte katechetische Praxis binden noch auf ein bestimmtes kirchliches Ritual beschränken lässt;

(2) die Freiheit der Kirche, Rahmenbedingungen für den Empfang der Sakramente zu formulieren.

2.1 Die Bedeutung der Sakramente im Leben der Kirche

Sakramente sind gekennzeichnet durch eine zweifache Doppelstruktur. Sie sind (a) Gottes freie Zusage an den Menschen, die zugleich in die Nachfolge ruft. Sakramente sind ebenso (b) Feier der sich in ihrem Glauben vergewissernden

[35] Vgl. *Bischöfliches Ordinariat Speyer*, Für die Seelsorge 21.

(„bekennenden") Getauften, die sich im Dienst an der Welt („Bezeugen") beweisen muss.[36]

(a) Zunächst: Gott kommt menschlichem Tun zuvor. Dies kann Katechese entlasten, weil nur Gott selbst Glauben weckt. Völlig voraussetzungsfrei aber ist das Geschehen nicht. Gottes Heilshandeln ruft nach Annahme. Darin drückt sich das Subjektsein des Menschen aus. Zur Zusage tritt die Zumutung, in einem freien Akt des Glaubens das göttliche Handeln zu *realisieren* – im doppelten Sinn von ‚sich vergegenwärtigen' und ‚im Alltag Gegenwart werden lassen'. In der Feier der Firmung ist die Erneuerung des Taufversprechens der öffentlich sichtbare Ausdruck dafür.

(b) Das sakramentale Handeln der Kirche ist nicht von ihrem Wesen, selbst Sakrament zu sein, „Zeichen und Werkzeug für die innigste Vereinigung mit Gott wie für die Einheit der ganzen Menschheit" (LG 1; vgl. auch LG 9,3; 48,2; 59; SC 26), zu trennen. Von hier aus erschließen sich die Einzelsakramente: Sie sind Aktualisierungen der Sakramentalität der Kirche. „In den Sakramenten bringt sich das Wesen der Kirche selber zur Erscheinung" (Karl Rahner).[37] Mit dem Blick auf die sakramentale Struktur der Kirche öffnet sich der Blick auf die ekklesiale und missionarische Dimension der Sakramente, die eine Abkehr von einer privatistischen, heilsindividualistischen Sichtweise bedeutet.

Denn der „Sakramentenempfänger nimmt im Sakramentenempfang nicht nur etwas von der Kirche entgegen, um es gewissermaßen von der Kirche weg in seine bloße private Innerlichkeit und in sein individuelles Leben hineinzutragen; in ihm und durch ihn geschieht vielmehr ein Aktuellwerden der Kirche selbst und ein konkretes Inerscheinungtreten dieser Wirklichkeit der Kirche. So erscheint sie [...] in der Bereitschaft des Firmlings als bekennende und missionarische".[38]

2.2 Die Firmung als Befähigung zur Teilnahme am Auftrag der Kirche

Die heutige Gestalt der Firmung ist ein komplexes Ritengefüge mit unterschiedlichen Zeichenhandlungen und damit verbundenen Deutungen:

[36] Vgl. *Bopp*, Feier der Sakramente; ähnlich auch *Arens*, Bezeugen und Bekennen.

[37] *Rahner*, Die Sakramente als Grundfunktionen der Kirche 323; vgl. *Ders.*: Kirche und Sakramente 22.68.

[38] *Rahner*, Die Sakramente als Grundfunktionen der Kirche 326.

Zeichenhandlungen	**Themen / Deutungen**
- Salbung (Chrismation) - Besiegelung (Signation) - Handauflegung / -ausstreckung	- Gleichgestaltung mit Christus, Teilhabe an der Würde Christi *(christologischer Aspekt)* - Geistmitteilung *(pneumatologischer Aspekt)* - Vollendung der Eingliederung, Stärkung zur Sendung, höherer Grad an Verpflichtung *(ekklesiologischer Aspekt)* - Erwachsenwerden im Glauben, Mündigkeit *(religions-anthropologischer Aspekt)*

Ein Aspekt lässt sich mit dem Zweiten Vatikanischen Konzil besonders akzentuieren, der auch eine Chance für die in der Analyse skizzierte Divergenz darstellt: jener der Sendung.[39] Denn auf diesen hin verstehen sich die übrigen Aspekte. Mit der Firmung werden die Getauften noch stärker mit der Kirche verbunden und noch stärker in die Pflicht genommen, an der Sendung der Kirche, dem Apostolat, mitzuwirken.

„Durch die Taufe der Kirche eingegliedert, werden die Gläubigen durch das Prägemal zur christlichen Gottesverehrung bestellt, und, wiedergeboren zu Söhnen Gottes, sind sie gehalten, den von Gott durch die Kirche empfangenen Glauben vor den Menschen zu bekennen. *Durch das Sakrament der Firmung werden sie vollkommener der Kirche verbunden und mit einer besonderen Kraft des Heiligen Geistes ausgestattet. So sind sie in strengerer Weise verpflichtet, den Glauben als wahre Zeugen Christi in Wort und Tat zugleich zu verbreiten und zu verteidigen.*“ (LG 11; vgl. can. 879 CIC; LG 33)

Durch das Bekenntnis des Glaubens vor dem Bischof und der versammelten Gemeinde sowie in der Geste der Handauflegung und unter Anrufung des Heiligen Geistes findet Beauftragung statt. Es geht damit um mehr als um eine Stärkung für das eigene Leben oder den eigenen Glauben. Firmung ist – im Unterschied zur Taufe – „nicht so sehr Gnade einer individuellen Besorgung seines

[39] Vgl. dazu ausführlich *Höring*, Firmung, bes. 116–118; 201f.

eigenen Seelenheiles, sondern die charismatische (= für andere segensreiche) Gabe, an der Sendung der Kirche mitzuarbeiten“[40].

Zunächst scheint hier die größte Herausforderung angesichts einer individualisierten Religiosität junger Menschen heute zu liegen. Doch ein genauerer Blick auf die genannte Sendung der Kirche könnte ein Anknüpfungspunkt sein.

2.3 Apostolat und Evangelisierung

Sie wird als „Apostolat“ bezeichnet und ist das ureigene Tun, der „Selbstvollzug“[41], von Kirche. Aufgrund ihrer persönlichen Christusverbundenheit haben die Laien das Recht und die Pflicht, daran mitzuwirken (vgl. AA 3; LG 31). Mit GS 3 kann diese Sendung genauer gefasst werden als die „Rettung der menschlichen Person“ durch den „rechten Aufbau der menschlichen Gesellschaft“. AA 5 spricht davon, dass „die Sendung der Kirche nicht nur darin [besteht], die Botschaft und Gnade Christi den Menschen nahezubringen, sondern auch darin, die zeitliche Ordnung mit dem Geist des Evangeliums zu durchdringen“ und beschreibt damit einen Prozess, den Paul VI. zehn Jahre später präziser als „Evangelisierung“, als ein tiefgreifendes Verändern der Lebensverhältnisse der Menschen (vgl. EN 14.18) durch das Evangelium darstellt.

Folgt man diesem Verständnis, sind eine unangemessene Verinnerlichung von Christsein und eine plumpe Verkirchlichung ausgeschlossen. Wo sich unter den Resten einer Volkskirche eine liturgisch dominierte, gesellschaftspolitisch zahme kirchliche Praxis ausbreiten will, ist daran zu erinnern, dass christliches Glauben zu Solidarität, zu einem Aufbegehren gegen Ungerechtigkeit und Ausbeutung führt. *Diese Sendung* der Kirche könnte eine mögliche Brücke zwischen individualisierter Religiosität junger Menschen heute und dem theologischen Verständnis der Firmung bilden.

3. Praktische Perspektiven: Die Doppelstruktur der Firmung als Modell für einen katechetischen Lernprozess

Wie kann dementsprechende Katechese aussehen? Jede Sakramentenfeier weist eine Doppelstruktur auf: Sie ist Tauferinnerung und Bitte um das Wirken des Heiligen Geistes, Anamnese und Epiklese. Diese beiden Pole, die sich in jedem Präsidialgebet jüdisch-christlicher Liturgie wiederfinden,[42] bilden den Rahmen, innerhalb dessen sich die Firmung vollzieht.

40 *Rahner*, Kirche und Sakramente 82.

41 *Rahner/Vorgrimler*, Kleines Konzilskompendium 383.

42 Vgl. *Merz*, Gebetsformen der Liturgie.

3.1 Firmung als anamnetisch-retrospektive Vergewisserung des Geistes Gottes

In katechetischen Materialien bleiben Aussagen zum Heiligen Geist meist merkwürdig hölzern.[43] Ist Firmung aber dankbare Erinnerung an Gottes Wirken im Heiligen Geist, wäre der Auseinandersetzung mit dem Wirken Gottes als Heiligem Geist im eigenen Leben ein viel größerer Raum einzuräumen.[44] Gemeint ist, was Ignatius von Loyola (1491–1556) ‚Gott in allen Dingen suchen und finden' nennt. Für den Jesuiten Karl Rahner (1904–1984) ist solche „mystagogische Einführung in die religiöse Erfahrung" eine theologische und zeitgeschichtlich bedingte Notwendigkeit.[45] Ohne die konkrete Erfahrung, dass Gott in der Kraft des Heiligen Geistes eine Rolle im eigenen Leben spielt, kann Christ-Sein – zumal unter den gegenwärtigen Bedingungen – nicht gelingen. Hier darf Firmkatechese einen eigenen Akzent setzen als ein geistlicher Prozess. Freilich: Eine solche mystagogische, vielleicht auch kontemplative Katechese ist keine Weltflucht. Es geht um eine Mystik des Alltags.[46]

3.2 Firmung als epikletisch-prospektive Bitte um den Heiligen Geist für das weitere Leben als Christ(-in)

Aus der (anamnetischen) Erfahrung der Geistkraft folgt die (epikletische) Bitte um den Geist. Jedes Nachdenken darüber lenkt den Blick auf jene vollkommenste Gnadengabe (vgl. 1 Kor 13), die durch den Heiligen Geist in die Herzen der Menschen ausgegossen ist und dort ihre Wirksamkeit entfaltet (vgl. Röm 5,5): die Liebe.[47] Sie ist die „Seele des gesamten Apostolates" (AA 3; LG 33). Versteht sich Firmkatechese als Vorbereitung auf dieses Apostolat, dann wird sie zu einer ‚Liebesschule'. Denn es geht nicht um das Bezeugen einer abstrakten Botschaft, sondern um die Vergegenwärtigung der Botschaft Jesu Christi, die eine Praxis der Gottesliebe war. Firmung ist das Hineingenommenwerden in die an Jesus greifbar gewordene Liebe Gottes, die nichts anderes hervorbringen kann als Menschen, die aus diesem Geist der Liebe heraus handeln. Daher wird

43 Auch die Theologie ist diesbezüglich eher schweigsam. Vgl. *Schulz*, Die Firmung als Sakrament 40–48; *Moltmann*, Der Geist des Lebens 13–15.

44 Vgl. *Moltmann*, Der Geist des Lebens, bes. 44–51; *Kasper*, Der Gott Jesu Christi 106–116; *Rahner*, Selbsterfahrung und Gotteserfahrung.

45 Vgl. *Rahner*, Die grundlegenden Imperative 269–271; *Ders.*, Frömmigkeit früher und heute 22.

46 Vgl. etwa *Rahner*, Erfahrung des Heiligen Geistes; *Ders.*, Über die Erfahrung der Gnade; auch *Luther*, Religion und Alltag 183–256.

47 Eine solche Theologie des Heiligen Geistes skizziert *Kasper*, Der Gott Jesu Christi 273–282; auch *Balthasar*, Der Heilige Geist als Liebe.

„alles apostolische Wirken … seinen Ursprung und seine Kraft von der Liebe herleiten“ (AA 8).

4. Ausblick

Eine zielgruppenspezifische Hinführung zu einer christlichen Lebenspraxis, die in der Begegnung mit glaubwürdigen Zeuginnen und Zeugen konkrete Schritte zu einer Vertiefung der eigenen Gottesbeziehung und zu einem an Jesus Christus orientierten solidarischen Miteinander einübt, wird – fern von frommer Ermahnung und verkappter Rekrutierung – christliches Glauben und Leben jungen Menschen als einen plausiblen Vorschlag darstellen, wie sich eine religiös fundierte Biografie unter den Bedingungen der Moderne realisieren lässt. Die Konsequenzen für die konkrete katechetische Praxis können nur angedeutet werden.[48] Größere Aufmerksamkeit wird man geistlichen und liturgischen Vollzügen (jenseits der allseits gefürchteten ‚Jugendmesse‘) sowie diakonischen Erfahrungsfeldern widmen. Eine persönliche Begleitung wird man der Arbeit in Kleingruppen vorziehen. Da sich Vergemeinschaftung heute anders vollzieht als früher, wird man auch Gemeinde und Kirche anders zu verstehen haben. Firmung ist daher keine Reintegration in bestehende Formen von Kirche, sondern vielmehr Anlass, neue Formen von Kirche und Gemeinschaft aus der Besinnung auf ihren eigentlichen Auftrag heraus entstehen zu lassen.

Literatur

Arens, Edmund: Bezeugen und Bekennen. Elementare Handlungen des Glaubens, Düsseldorf 1989.

Balthasar, Hans Urs von: Der Heilige Geist als Liebe. In: *Ders.*: Spiritus Creator. Skizzen zur Theologie III, Einsiedeln 1967, 106–122.

Bischöfliches Ordinariat Speyer (Hrsg.): Für die Seelsorge. Pastoralbeilage zum Oberhirtlichen Verordnungsblatt für das Bistum Speyer, Heft 1/2007, Speyer 2007.

Bistum Essen (Hrsg.): Katechese im Bistum Essen. Ergebnisse einer Befragung, o. O. 2004.

Bopp, Karl: Feier der Sakramente oder kulturelle Diakonie? Notwendige Neuorientierungen in der Sakramentenpastoral im Kontext der modernen pluralen Gesellschaft. In: PThI 26 (2006) 134–149.

[48] Vgl. mit einer ganzen Reihe von praktischen Beispielen: *Höring*, Gott entdecken.

Calmbach, Marc / Thomas, Peter M. / Borchard, Inga u. a.: Wie ticken Jugendliche 2012? Lebenswelten von Jugendlichen im Alter von 14 bis 17 Jahren in Deutschland, Düsseldorf 2012.

Deutsche Shell (Hrsg.): Jugend 2002. Zwischen pragmatischem Idealismus und robustem Materialismus, Frankfurt a. M. [4]2003.

Gensicke, Thomas: Jugend und Religiosität. In: *Shell Deutschland Holding* (Hrsg.): Jugend 2006. Eine pragmatische Generation unter Druck, Frankfurt a. M. 2006, 203–239.

Ders.: Wertorientierungen, Befinden und Problembewältigung. In: *Shell Deutschland Holding* (Hrsg.): Jugend 2010. Eine pragmatische Generation behauptet sich, Frankfurt a. M. 2010, 187–242.

Höring, Patrik C.: Firmung – Sakrament zwischen Zuspruch und Anspruch, Kevelaer / Düsseldorf 2011.

Ders. (Hrsg.): Gott entdecken – Gott bezeugen. Firmkatechese heute, Freiburg i. Br. 2014.

Hundenborn, René J.: „Gott ein Stück näher kommen". Firmkatechese im Kontext der Lebenswelt Jugendlicher (unveröffentlichtes Manuskript), Bonn 2007.

Hurrelmann, Klaus: Eine pragmatische Generation unter Druck – Einführung in die Shell Jugendstudie 2006. In: *Shell Deutschland Holding* (Hrsg.): Jugend 2006. Eine pragmatische Generation unter Druck, Frankfurt a. M. 2006, 31–48.

Kasper, Walter: Der Gott Jesu Christi, Mainz 1982.

Kropač, Ulrich / Meier, Uto / König, Klaus (Hrsg.): Jugend, Religion, Religiosität. Resultate, Probleme und Perspektiven der aktuellen Religiositätsforschung, Regensburg 2012.

Luther, Henning: Religion und Alltag, Stuttgart 1992, 183–256.

Mayring, Philipp: Psychologie des Glücks, Stuttgart 1991.

Merz, Michael B.: Gebetsformen der Liturgie, in: *Berger, Rupert / Auf der Maur, Hansjörg / Fischer, Balthasar* u. a.: Gestalt des Gottesdienstes. Sprachliche und nichtsprachliche Ausdrucksformen [GdK 3], Regensburg 1987, 97–130.

Moltmann, Jürgen: Der Geist des Lebens. Eine ganzheitliche Pneumatologie, München 1991, 13–15.

Porzelt, Burkard: Individualisierte Religiosität. In: NHRPG (2002) 275–279.

Rahner, Karl: Die grundlegenden Imperative für den Selbstvollzug der Kirche in der gegenwärtigen Situation. In: HPTh II/1 (1966) 256–276.

Ders.: Die Sakramente als Grundfunktionen der Kirche. In: HPTh I (1964) 323–332.

Ders.: Erfahrung des Heiligen Geistes. In: *Ders.:* Schriften zur Theologie, Bd. XIII: Gott und Offenbarung, Zürich / Einsiedeln / Köln 1978, 226–251.

Ders.: Frömmigkeit früher und heute. In: *Ders.:* Schriften zur Theologie, Bd. VII: Zur Theologie des geistlichen Lebens, Einsiedeln 1966, 11–31.

Ders.: Kirche und Sakramente [QD 10], Freiburg i. Br. 1960.
Ders.: Selbsterfahrung und Gotteserfahrung. In: *Ders.*: Schriften zur Theologie, Bd. X, Einsiedeln 1972, 133–145.
Ders.: Über die Erfahrung der Gnade. In: *Ders.*: Schriften zur Theologie, Bd. III: Zur Theologie des geistlichen Lebens, Einsiedeln 1956, 105–109.
Ders. / Vorgrimler, Herbert: Kleines Konzilskompendium, Freiburg i. Br. [11]1976.
Schulz, Michael: Die Firmung als Sakrament des Heiligen Geistes. Trinitätstheologische Anmerkungen. In: *Höring, Patrik C.* (Hrsg.): Firmpastoral heute. Theologischer Anspruch und pastorale Realität, Kevelaer 2008, 39–69.
Shell Deutschland Holding (Hrsg.): Jugend 2006. Eine pragmatische Generation unter Druck, Frankfurt a. M. 2006.
Dies. (Hrsg.): Jugend 2010. Eine pragmatische Generation behauptet sich, Frankfurt a. M. 2010.
Ziebertz, Hans-Georg / Kalbheim, Boris / Riegel, Ulrich: Religiöse Signaturen heute. Ein religionspädagogischer Beitrag zur empirischen Jugendforschung (RPG 3), Gütersloh / Freiburg i. Br. 2003.
Ziebertz, Hans-Georg / Riegel, Ulrich: Letzte Sicherheiten. Eine empirische Untersuchung zu Weltbildern Jugendlicher (RPG 11), Gütersloh / Freiburg i. Br. 2008.

Bridge the gap

Jugendkirchen als Ort der Vermittlung zwischen Religiosität und Religion

Hans Hobelsberger

Jugendkirche – zumindest in ihren katholischen Varianten[1] – ist der Versuch einer religionspädagogischen und jugendpastoralen Antwort auf das Auseinandertreten von verfasster christlich-katholischer Religion und individuell relevanter und gelebter christlich geprägter Religiosität. Wenn Andreas Prokopf aus empirischer Perspektive das Zueinander von Religiosität und Religion als Aneignungsprozess bezeichnet,[2] beschreibt er damit gleichsam das Programm von Jugendkirche: Jugendkirche als religionspädagogisches und jugendpastorales Konzept will jungen Menschen Raum und Anregung geben, sich mit den eigenen Fragen, Erlebnissen und Erfahrungen, mit ihren Ausdrucksformen im Kontext der frohen Botschaft von der Liebe Gottes zu allen Menschen zu erfahren und zu reflektieren. Denn auch der Jugendkirchenarbeit stellt sich zentral die Herausforderung der Vermittlung von Religion und Religiosität, wie folgende Passage aus einem Interview im Rahmen der Besucherbefragung zur Evaluierung der Jugendkirche Münster[3] deutlich macht.

> *„Glaube ist für mich etwas – oder Religion, was ich sehr stark, wenn ich an Religion denke, denke ich ja an meinen Glauben, was ich mit mir selber verbinde – mit meiner Umgebung verbinde: Was beschäftigt mich? Was bewegt mich?“* (Schülerin, 16 Jahre).

[1] Zur Unterscheidung der unterschiedlichen Ansätze von Jugendkirche vgl. *Hobelsberger,* Fokus Kirchenraum 100ff.

[2] Religiosität ist der „subjektive-individuelle Vorgang der Aneignung von Religion“ (*Prokopf,* Religiosität 28).

[3] Dieses Zitat (und alle folgenden Zitate von Jugendkirchenbesucherinnen und -besuchern) stammen aus der qualitativen Besucherbefragung der Jugendkirche effata in Münster, die unter der Leitung des Autors 2010 durchgeführt wurde. Die Befragung ist Bestandteil der Evaluierung der Jugendkirche. Im Rahmen der Evaluierung wurde zudem eine quantitative Besucherbefragung (365 ausgewertete Fragebogen) durchgeführt. Die qualitativen Interviews wurden von Dr. Andreas Prokopf geführt und von Dr. Christoph Wiethoff ausgewertet, die quantitative Befragung wurde von Dr. Thomas Wienhardt durchgeführt.

1. Jugendkirche als mehrdimensionales Vermittlungsgeschehen

Den Prozess der Aneignung unterstützt Jugendkirchenarbeit durch das Konzept der Vermittlung von jugendlicher Existenz und Evangelium.[4] Ziel von Vermittlung ist es, Wirklichkeiten miteinander in Beziehung zu setzen, nicht ihre Differenz aufzuheben. Gelingende Vermittlung im theologischen Sinn wahrt das Gottsein Gottes ebenso wie das Menschsein des Menschen, erschließt das Gottsein Gottes dem Menschen und bringt das Menschsein des Menschen auf Gott hin in Bewegung.[5] Bei der Vermittlung von jugendlicher Existenz und Evangelium wird die Anwesenheit Gottes in den Fragen und Antworten, in den Widerständen und Auflehnungen, in den Lebensentwürfen und Wertorientierungen, in den Lebensstilen und Ausdrucksformen junger Menschen – kurz Jugendkulturen – wahrgenommen und wird die Botschaft des Evangeliums von der Liebe Gottes zu den Menschen in ihren Werten, Symbolen, kollektiven Ausdrucksformen, Alltagspraktiken und liturgischen Formen erschlossen. Jugendkirchenarbeit sucht nach der Passung zwischen jugendlicher Existenz und Evangelium, indem sie auf die Sprachen der jungen Menschen hört, wie sie die existenziellen Fragen stellen, ausdrücken und beantworten (Paradies, Tod, Beziehung, Identität ...), und begreift sie als theologischen Erkenntnisort, und sie schlägt das Evangelium vor als Deutung und Perspektive in existenziellen Fragen, indem sie es in den Sprachen der jungen Menschen ausdrückt. Wie junge Menschen dieses Vermittlungsgeschehen erleben, beschreibt eine Besucherin der Jugendkirche effata in Münster:

> *„Schon die Lieder erlebe ich als ganz anders. Die Texte sprechen die Gedanken von Jugendlichen, glaube ich, mehr an bzw. aus. Und der gesamte Ablauf z. B., dass zwischendurch Filmsequenzen, auch heute aus dem Fußballbereich z. B. kommen. Das sind Alltagssituationen, mit denen man sich identifizieren kann. Wenn ich jetzt z. B. sonntags in die „normale“ Messe gehe, jetzt bei uns in der Kirche, dann kann ich mir so Sachen, die da erzählt werden, ganz schlecht vorstellen. Weil das sind Geschichten aus dem alten/neuen Testament, die aber jetzt nicht aus unserem Alltag gegriffen sind und da finde ich es irgendwie schwierig den Draht dazu zu finden. Hier in der Jugendkirche werden so Szenen, wie z. B. heute mit der Nächstenliebe, total gut verdeutlicht an Sachen, die wir auch verstehen. Durch Film, Musik, Geschichten oder auch durch die Aktion, dass man sich bestimmte Begriffe aussucht und sich so damit*

[4] „In der Kirche geht es immer nur um die pastorale Aufgabe der Kirche. Diese aber liegt in der kreativen, handlungsbezogenen Konfrontation von Evangelium und individueller wie kollektiver Existenz; eine Konfrontation ist es, denn das Evangelium hat auch kritischen Charakter gegenüber der Existenz, kreativ aber ist sie, insofern sie uns befreit in der Gnade Gottes“ (*Bucher,* Pastoral 62). Vgl. *Hobelsberger,* Zukunft 113–117.

[5] Vgl. *Faber,* Sakramentenlehre 22–25.

identifizieren kann. Das Erlebnis ist ganz speziell. Da können sich, glaube ich, Jugendliche echt besser mit Kirche identifizieren, als wenn man jetzt in die Sonntagmorgenmesse um 09:00 Uhr geht.“ (Gymnasiastin, 18 Jahre).

2. Theologische Vermittlung – das Evangelium vorschlagen

Jugendpastoral als Vermittlungsgeschehen von jugendlicher Existenz und Evangelium zu begreifen setzt bedeutsame theologische Grundentscheidungen voraus. Ausgangspunkt dieses pastoralen Ansatzes ist das sakramentale Selbstverständnis von Kirche, dass Kirche Zeichen und Werkzeug ist, „welches das Geheimnis der Liebe Gottes zu den Menschen zugleich offenbart und verwirklicht“ (GS 45). Den grundlegenden Ansatzpunkt dafür beschreibt *Gaudium et spes* 1, das unübertroffen deutlich macht, dass Pastoral ihren Ankerpunkt in der ganzen Bandbreite existenzieller menschlicher Erfahrungen hat. Jugendpastoral ist demzufolge verwiesen auf die Fragen, Erfahrungen und jugendkulturellen Ausdrucks- und Darstellungsformen jugendlicher Existenz. Den Weg, wie damit umzugehen ist, weisen zwei Passagen aus *Gaudium et spes* 44:

> „Von Beginn ihrer Geschichte an hat sie (die Kirche, H. H.) gelernt, die Botschaft Christi in der Vorstellungswelt und Sprache der verschiedenen Völker auszusagen und darüber hinaus diese Botschaft mit Hilfe der Weisheit der Philosophen zu verdeutlichen, um so das Evangelium sowohl dem Verständnis aller als auch berechtigten Ansprüchen der Gebildeten angemessen zu verkünden. Diese in diesem Sinn angepasste Verkündigung des geoffenbarten Wortes muß ein Gesetz aller Evangelisation bleiben [...] Es ist jedoch Aufgabe des ganzen Gottesvolkes, vor allem auch der Seelsorger und Theologen, unter dem Beistand des Heiligen Geistes auf die verschiedenen Sprachen unserer Zeit zu hören, sie zu unterscheiden, zu deuten und im Licht des Gotteswortes zu beurteilen, damit die geoffenbarte Wahrheit immer tiefer erfasst, besser verstanden und passender verkündet werden kann.“

In den Jugendkulturen begegnet der Jugendpastoral ihre Sprache der Zeit. Es ist ihr Auftrag, das, was sich in den Kulturen der jungen Menschen ausdrückt, nicht gleichsam als Steinbruch zu gebrauchen, um die eigenen Inhalte zu illustrieren oder zu transportieren, sondern die „Aufgabe ist die Kulturhermeneutik“. Es geht um „nichts Geringeres als die Schaffung von vitalen, kreativen, brisanten, präzisen, effektiven und aufregenden Kulturkontakten“[6], um die geoffenbarte Wahrheit eben tiefer zu erfassen, besser zu verstehen und dann passender vorzuschlagen und zu bezeugen. Eine „angepasste Verkündigung“ hat Respekt und Ehrfurcht vor der Kultur des anderen. Jugendliche sind nicht eine pasto-

6 *Sellmann,* Zuhören 41.

rale „Zielgruppe“, sondern Partner/-innen auf der Suche nach den Orten und Kontexten der Offenbarung heute, denn „Christus, der neue Adam, macht eben in der Offenbarung des Geheimnisses des Vaters und seiner Liebe dem Menschen den Menschen selbst voll kund und erschließt ihm seine höchste Berufung [...] Denn er, der Sohn Gottes, hat sich in seiner Menschwerdung gewissermaßen mit jedem Menschen vereinigt“ (GS 22). In dieses Vermittlungsgeschehen bringt Jugendkirchenarbeit das Evangelium ein, indem sie es „vorschlägt“. Der Formulierung „... und passender verkündet werden kann“ in *Gaudium et spes* 44 liegt der lateinische Ausdruck *„aptius proponi possit“* zugrunde. Das Wortfeld *„proponere“* umfasst als Übersetzungsmöglichkeit „vorstellen, vorsetzen, vorlegen, vorschlagen“. Ersetzt man „verkündigen“ mit einem dieser Wörter, erfolgt unweigerlich ein anderer Akzent in der Frage, wie das Evangelium in den Prozess der Vermittlung von Existenz und Evangelium einzubringen ist. Die Übersetzung mit „vorschlagen“ ist durch das Schreiben der französischen Bischöfe „Proposer la foi“[7], in dem sie eine „Pastoral des Vorschlagens“ entwickeln, populär[8] geworden.

Mit der „Pastoral des Vorschlagens“[9] nehmen die französischen Bischöfe Abstand zu den Paradigmen einer „Pastoral der Rahmung“ (biographisch wie territorial): Angesichts der gesellschaftlichen Veränderung sei Glaube „Gegenstand der Entscheidung“ geworden und würde sich nicht einfach aus der Zugehörigkeit zu einem System ergeben, sondern es gelte, „auf eine persönliche Aneignung des Glaubens zu achten, die eine freie Zustimmung zum Geheimnis des Christlichen voraussetzt“[10]. Daher achtet die „Pastoral des Vorschlagens“ auf die unbedingte Anerkennung der Freiheit des Einzelnen. Sie ist eine aktive, dynamische pastorale Geste. Als eine Pastoral, die auf die menschliche Gestaltung der Gesellschaft als ganzer zielt, wird sie initiativ,[11] wagt es, den Glauben öffentlich zu verkündigen und hebt sich dadurch von bloßer Anwesenheit oder Ansprechbarkeit ab. Ferner will sie sich der modernen Kommunikationsmittel bedienen.

[7] *Die französischen Bischöfe,* „Den Glauben vorschlagen in der heutigen Gesellschaft“.

[8] Vgl. *Sellmann,* Zuhören 50–56.

[9] Vgl. *Bacq,* Erneuerung 36–40.

[10] Ebd. 37.

[11] Initiativ werden gehört zu den fünf Grundvollzügen einer „evangelisierenden Gemeinde“, wie sie Papst Franziskus in *Evangelii gaudium* 24 entwirft: „‚Primerear – die Initiative ergreifen‘: Entschuldigt diesen Neologismus! Die evangelisierende Gemeinde spürt, dass der Herr die Initiative ergriffen hat, ihr in der Liebe zuvorgekommen ist (vgl. 1 Joh 4,10), und deshalb weiß sie voranzugehen, versteht sie, furchtlos die Initiative zu ergreifen, auf die anderen zuzugehen, die Fernen zu suchen und zu den Wegkreuzungen zu gelangen, um die Ausgeschlossenen einzuladen. Sie empfindet einen unerschöpflichen Wunsch, Barmherzigkeit anzubieten – eine Frucht der eigenen Erfahrung der unendlichen Barmherzigkeit des himmlischen Vaters und ihrer Tragweite. Wagen wir ein wenig mehr, die Initiative zu ergreifen!“

Die „Pastoral des Vorschlagens“ muss eingebunden sein in einen dialogischen Vermittlungsprozess, sonst ist sie anfällig für eine „Nimm oder lass es sein“-Haltung, die sich als wissend geriert und ohne wirkliches Interesse am Anderssein des Anderen ist.[12] Ferner ist es problematisch, vom Vorschlagen des Glaubens zu sprechen. Glaube könnte hier missverständlich als substanzialistisch oder rein objektiv gedacht werden. Insofern ist es angemessener, davon zu sprechen, das Evangelium vorzuschlagen.[13]

Im Vermittlungsprozess von Existenz und Evangelium schlägt die Jugendkirchenarbeit das Evangelium vor, indem sie die Texte des Evangeliums liest, indem sie Interpretationen anbietet, die einen Rezeptionsprozess bei den Zuhörenden inspirieren, indem sie persönliche Auseinandersetzung und Kommunikation anregt, indem sie Verstand und Emotion anspricht. Den jungen Menschen wird dabei zugesprochen, was sie schon sind, was ihnen aber nicht immer so bewusst ist, von Gott unverbrüchlich geliebte und durch Jesus Christus erlöste Menschen. Und sie erhalten einen Entwicklungs- und Wachstumsimpuls, denn die frohe Botschaft von der Liebe Gottes ist immer größer, als das, was Menschen erfahren und tun können.

Eine Reihe von Interviewpassagen mit den Jugendkirchenbesucherinnen und -besuchern aus Münster gibt ein beeindruckendes Zeugnis von der Vermittlung von Existenz und Evangelium durch das Vorschlagen des Evangeliums in den Sprachen der jungen Menschen.

> *„Ich glaube, das ist so ein Zusammenspiel aus allem. [Gottesdienst] Wenn ich z. B. dazu aufgefordert werden würde irgendetwas aufzuschreiben, ohne dass mir irgendjemand etwas dazu erzählen würde, in einer Predigt oder so, dann würde ich mir denken ‚Ja, ne. Schön. Aber ich hab da ja nichts mit zu tun. Ich weiß ja nicht, was die von mir wollen und ich kann mir da gerade nichts drunter vorstellen.‘ Und ich muss ganz ehrlich sagen, ich finde die Predigten hier richtig richtig gut. Man versteht immer alles und man hat auch sofort ein Bild*

[12] In diesem Zusammenhang bemerkte der Vorsitzende der französischen Bischofskonferenz, Erzbischof Louis-Marie Billé, bei der Bischofsversammlung in Lourdes 2000: „Wir wissen nur zu gut, dass es kein Evangelium gibt ohne Dialog. Wir können nicht alle Antworten geben, bevor wir nicht die Fragen gehört haben. Und wir können nicht nur die Fragen hören, auf die wir Antworten haben. Der Dialog, den es zu leben gilt, findet jenseits des Zusammenhangs zwischen Fragen und Antworten statt. Er entscheidet sich daan, dass derselbe Geist im Verkünder und im Hörer des Wortes am Werk ist und dass der erste – mag er auch bei dem Vorschlag, den er macht, der Wissende sein – es akzeptiert, sich durch den, der ihm zuzuhören bereit war, bekehren zu lassen“ (zit. n. *Bacq,* Erneuerung 38f.).

[13] Davon spricht auch die so genannte „zeugende Pastoral“ (pastoral d’engendrement): „Erkennen, wie Gott selbst in der heutigen Gesellschaft am Werk ist – das steht in der Pastoral heute auf dem Spiel. Wie lässt sich aber dieses Erkennen in die Tat umsetzen? Zuallererst durch ein möglichst breites Vorschlagen des Evangeliums“ (*Bacq,* Erneuerung 49).

im Kopf. Ganz oft hört man nur die ersten zwei/drei Zeilen und hat dann ein Bild, und hört dann komplett nicht mehr zu, kommt dann aber in sich selber und merkt da dann so ‚Oh ja, da ist meine Dimension, die ich gerade in mir drin habe, und die ich gerade erlebe oder spüre oder darüber nachdenke.' Das ist so ein Zusammenspiel, glaube ich" (Gymnasiastin, 19 Jahre).

„Gerade diese Fragen oder auch, wo dann das Mikro rumgegeben wurde mit dem ‚Was mich zum Wachsen bringt'. Das fand ich sehr interessant, weil einfach mal zu sehen, was auch so anderen Leuten die Kraft gibt dann aufzustehen und weiterzugehen und über sich selbst hinaus zu reifen. Also, das fand ich sehr intensiv, weil man da auch einfach mal sehen konnte, was man so auf sich beziehen kann" (Gymnasiastin, 19 Jahre)

[was ist hier attraktiv in den Gottesdiensten?] „Die Gefühlsebene und die Glaubensebene, irgendwie beides. Weil erstens geht man ja in die Kirche, das hat ja dann generell schon diese Vorbestimmung, dass das, was mit Glauben zu tun hat, und diese Gefühlsebene, dass einfach, wenn die irgendwie was vorlesen, dann ist ja nur die Musikbegleitung und sonst ist ja komplett Stille in der Kirche. Und da gerade so zu diesen Moment, wo man einfach unheimlich diese Gefühle ganz stark in sich zum Ausdruck bringen kann. Aber, auch im Stillen. Und dann auch dieses letztlich, wie einen das berührt und worüber man nachdenkt. Da kommt man auch direkt auf diese Glaubensebene. Weil man das halt dann noch da wieder weiterbringt" (Schüler, 16 Jahre).

[was ist hier attraktiv in den Gottesdiensten?] „Das mit dem ganzen Wechsel zwischen diesen wirklich schönen Liedern und dann diesen tiefgründigen Filmausschnitten und diesem Nachdenken, diesen Impulsen, aber auch finde ich die Action gut damit reinbringt. Das ist praktisch eine Achterbahnfahrt. Man wird einmal kräftig durchgeschüttelt, aber man kommt mit guter Laune wieder raus und das ist eine Kombination, aus allem zusammen. Das ist einfach so, finde ich. Hat einer einen Flaschenöffner?" (Gelache) (Schüler, o. Altersangabe).

„Also, ich würde sagen: Einmal, wenn man hier war, hat man dieses Gefühl von ‚Wow, ich hab was erlebt, ich habe irgendwas gelernt, mir geht es besser', ich konnte mich anders auf Gott einlassen, als wenn es jetzt eine normale Messe ist, weil es einfach interaktiv ist und zum Mitmachen. Andererseits ist es auch im Alltag, wenn im Religionsunterricht Fragen kommen, Themen kommen, die in der Jugendkirche behandelt werden. Da hat man die Antworten einfach schon, weil man sich schon darüber Gedanken gemacht hat. Oder, wenn die Themen in Gesprächen mit Freunden oder der Clique kommen, da ist es einfach so, dass man sich einen Schritt voraus fühlt. Und ich finde, das ist ziemlich wichtig und hilfreich" (Schüler, 16 Jahre).

„Ja, dieses hilfreich an sich, das N.N. gerade schon angesprochen hat. Als ich das erste Mal hier war, war ich erst mal total überwältigt. War total müde, wollte mich zu Hause hinlegen und lag aber dann zwei Stunden wach, weil ich irgendwie die ganze Zeit darüber nachdenken musste. Ich glaube, gerade

> *dieses, dass man darüber nachdenken muss, das hilft einem auch im Leben weiter, weil man sich so diese ganzen Fragen stellt. Vielleicht auch bei diesen ganz schwierigen Fragen der Antwort ein Stückchen näher kommt. Das hilft dann auch im Alltag ungemein weiter"* (Schüler, 16 Jahre).

Religionssoziologisch betrachtet versucht hier Jugendkirchenarbeit den Gap zwischen Religiosität und Religion dadurch zu überbrücken, dass sie Evangelium so ins Spiel bringt, dass deutlich wird, dass es sich lohnt, bei Lebensfragen auch das Evangelium und die Auslegungen seiner Traditions- und Erzählgemeinschaft in Betracht zu ziehen. Das ist der eine Zugang zum Vermittlungsprozess. Der dazu komplementäre Zugang setzt an bei den jugendkulturellen Ausdrucksformen.

3. Jugendkulturelle / existenzielle Vermittlung – ästhetische Aneignung

Die pädagogische Grundidee der jugendkulturellen Vermittlung in Jugendkirchen ist das Konzept der Aneignung. Aneignung begreift, dass bei der Kommunikation des Evangeliums der / die Rezipient/-in die zentrale Rolle spielt. Es geht darum, die Eigentätigkeit des Subjektes anzuerkennen, sie anzuregen und ihr und ihren Ergebnissen Raum zu geben. Religionspädagogisch wird mit dem Aneignungskonzept eingeholt, dass bei der Weitergabe des Glaubens, soll sie unter modernisierten und posttraditionalen Bedingungen nachhaltig wirken, zur richtigen Darstellung und heutigen Aufbereitung der christlichen Botschaft notwendig die selbsttätige Anerkennung des Individuums kommen muss. In posttraditionellen Zeiten ist Aneignung die Art und Weise, wie Menschen sich etwas zu eigen machen, sodass es nachhaltig, sprich lebens- und alltagsrelevant werden kann.

Dabei legt Jugendkirchenarbeit einen besonderen Schwerpunkt auf eine ästhetisch-symbolische Kommunikation.

> *„Hier in der Jugendkirche werden so Szenen, wie z. B. heute mit der Nächstenliebe, total gut verdeutlicht an Sachen, die wir auch verstehen. Durch Film, Musik, Geschichten oder auch durch die Aktion, dass man sich bestimmte Begriffe aussucht und sich so damit identifizieren kann. Das Erlebnis ist ganz speziell"* (Gymnasiastin, 18 Jahre).

Die jugendkulturelle Vermittlung rezipiert zum einen Jugendkultur und sie regt zum anderen mit Methoden der existenziell-religiösen Jugendkulturarbeit junge Menschen an, Ausdrucks- und Darstellungsformen für ihren Glauben zu entwickeln. In diesem Sinne schafft sie auch (religiöse) Jugendkultur. Die Bearbeitung religiös-existenzieller Fragen mit Methoden der Kulturarbeit ist ein zentraler Modus der thematischen Aneignung, bei der die jungen Menschen auf etwas Vorgegebenes zugreifen und daraus kreativ etwas Eigenes schaffen. Das religionspädagogische Augenmerk fokussiert sich dabei auf die Aktivität derjenigen, die klassischerweise als die „Empfänger der Verkündigung“ galten. Jugendkirchen geben hier Raum, Anregung und Anleitung dafür, dass junge Menschen selbst kreativ werden und für sie angemessene und aussagekräftige Ausdrucks- und Darstellungsformen des Christlichen suchen. So setzen sich die Jugendlichen, die an einem solchen Projekt beteiligt sind, intensiv mit einer Materie auseinander, kreieren heutige symbolische Ausdrucksformen für religiös-existenzielle Fragen und sind bei der Präsentation der unterschiedlichen Ergebnisse authentische Verkünder der Botschaft.

Ein Zeugnis einer Teilnehmerin eines Musicals in der Jugendkirche Oberhausen verdeutlicht diesen Zusammenhang von Aneignung und Verkündigung durch Jugendkulturprojekte.

> *„Immer wenn ich ‚J‘ (der Szenename von Jesus in diesem Stück, d. Verf.) auf dieser Bühne begegnet bin, habe ich erlebt, wie zeitlos das Neue Testament eigentlich ist. Ob Jesus nun von einem König redet oder von einem Mafiaboss, die Message ist die gleiche und so klar und real, dass ich sie einfach spielen kann und dass sie jeder versteht.* [...] *Auch bei uns ist das Ende nicht der Tod, und so feiern wir am Ende mit ‚Lang leb Gott‘. Was uns Jesus gezeigt hat, werden wir nicht vergessen und wir werden es weitersagen, heißt das. Und wenn ich nach den letzten Zugaben total überwältigt hinter die Bühne gehe, weiß ich, dass wir gerade selber genau das getan haben: Wir haben von Jesus erzählt und hunderte von Menschen damit begeistert. Und das nach über 2000 Jahren* [...] *da sehe ich grünes Licht für die Zukunft der Kirche.“*[14]

Dieser Ansatz einer existenziell-religiösen, symbolisch-ästhetischen Arbeit versteht sich mystagogisch. Er zielt darauf, in den jugendkulturellen Ausdrucks- und Symbolwelten die Spuren christlicher Sinn- und Existenzdeutung zu entdecken und theologisch zu würdigen. Eine ästhetische Jugendarbeit, die darum weiß, dass eine theologische Ästhetik auch eine Sehschule für das in den Augen einer medialen „Style-Ästhetik“ Übersehene und Unansehnliche ist, wird nicht nur auf die für den allgemeinen Kirchengeschmack leicht kompatiblen jugendkulturellen Ausdrucksformen zurückgreifen, sondern auch auf sperrige und unterprivilegierte Jugendkulturen. Darüber hinaus eignen sich Methoden der Jugendkulturarbeit ausgezeichnet, um junge Menschen selbst aufmerksam zu machen auf das Übersehene und Unansehnliche.[15] Zusätzlich dazu ist Jugendkulturarbeit auch Persönlichkeits- und soziale Bildung.

Ein zentraler Punkt bei der jugendkulturellen Arbeit in Jugendkirchen ist die Rahmung, die diese Arbeit in einen christlich-religiösen Kontext stellt, nämlich der Kirchenraum. Der Kirchenraum ist Anziehungspunkt, Ansatzpunkt, Anre-

[14] *Wennekamp,* Godspell 10; vgl. auch *Hobelsberger,* Experiment Jugendkirche 39f.

[15] Vgl. *Hobelsberger/Gruner,* Sozialdiakonische Arbeit; auch *Hildebrand,* Sozialdiakonische Arbeit in der Jugendkirche.

gungszusammenhang. Er ist Resonanzraum der Vermittlung von Religion und Religiosität.

4. Räumliche Vermittlung – Kirchenraum als Resonanzraum

Jugendkirchen haben sensibel gemacht für kirchliche Räume und deren Wirkung und die ästhetische Exklusion junger Menschen im klassischen Gemeindeleben, besonders auch in der Liturgie. Inspiriert ist das Raumkonzept der Jugendkirchen hier von einer zentralen Erkenntnis der sozialräumlichen Pädagogik. Sie verweist darauf, dass sich die Belegung von „Räumen" im übertragenen wie im wörtlichen Sinn an deren ästhetischer Ausgestaltung zeigt. Wer mit seinen symbolisch-ästhetischen Ausdrucksformen nicht vorkommt, kommt auch als Person nicht vor. Vor diesem Hintergrund versuchen Jugendkirchen den Kirchenraum so zu gestalten, dass die Vermittlung zwischen jugendlicher Existenz und göttlicher Präsenz sichtbar und erfahrbar wird.

> *„Ja, das ist ja keine normale Kirche in dem Sinn, für mich. Weil auch schon die Verteilung ganz anders ist. Der Altar steht auch nicht ganz vorne, sondern mittig. Man ist im Geschehen mit drin. Das hat für mich ein ganz anderes Gefühl. Man sitzt nicht nur und hört zu, sondern ist quasi ein Teil"* (Schülerin eines Berufskollegs, 18 Jahre).

Es soll ein Raum sein, wo Jugendliche auf ihre Weise, mit ihrer Ästhetik, mit ihren Ausdrucksformen auf Kirche und Christentum zugreifen, und der entgegen der durchgängigen Kirchenerfahrung Jugendlicher nicht erwachsenen-kulturell verriegelt ist. Und es soll ein Raum sein, indem durch die Präsentation der Kirchenrauminsignien deutlich wird, dass das, was junge Menschen hier erleben, tun, denken und sagen, in Anwesenheit Gottes geschieht. Dadurch entsteht ein „Anders-Ort", der dadurch gekennzeichnet ist, dass sich zwei Wirklichkeiten begegnen.

Das Verständnis[16] von Jugendkirchen als „Anders-Orte"[17] setzt bei Michel Foucault[18] an, der Heterotopien beschreibt als „wirkliche Orte, wirksame Orte, die in die Einrichtung der Gesellschaft hineingezeichnet sind, sozusagen Gegenplatzierungen oder Widerlager, tatsächlich realisierte Utopien, in denen die wirklichen Plätze innerhalb der Kultur gleichzeitig repräsentiert, bestritten und gewendet sind, gewissermaßen Orte außerhalb aller Orte, wiewohl sie tatsächlich geortet werden können"[19]. Anders-Orte entstehen dann, wenn Utopie im

16 Vgl. zum Folgenden *Hobelsberger,* Resonanzraum 52f.

17 Vgl. *Wustmans,* „Anders-Orte" Jugendkirchen.

18 *Foucault,* Andere Räume; *Ders.,* Die Heterotopien.

19 *Ders.,* Andere Räume 39.

Alltag real wird und alltägliche Gewohnheiten und Selbstverständlichkeiten hinterfragt, umgedreht oder durchbrochen werden. Die fundamentale „Heterotopie“ des Christentums ist das Reich Gottes, das in Jesus Christus angebrochen ist (Mk 1,15), ohne schon vollendet zu sein und in dessen Nachfolge die Christen eintreten. „In Bezug auf die Jugendkirchen heißt dies, dass sie als heterotopische Orte die normale Ordnung und Zuordnung im kirchlichen Kontext freilegen und in einer neuen und konkreten Weise ausbuchstabieren. An ihnen wird der Ortswechsel der Kirche zu den Jugendlichen konkret, fassbar und anschaulich. Die pastorale Konzeption der Jugendkirchen wird vor allem darin deutlich, dass sie sich dafür entschieden hat, den Jugendlichen ohne Ressentiments zu begegnen.“[20] Jugendkirchen eröffnen jungen Menschen die Möglichkeit, in der Verbindung von Alltagsunterbrechung und Alltagsbezug, mit ihren existenziellen Fragen und Bedürfnissen dem Evangelium zu begegnen und daran zu wachsen.

So ist denn auch für die Besucher/-innen der Jugendkirche effata in Münster nach den Ergebnissen der quantitativen Studie ein starkes Motiv für den Besuch die „besondere Atmosphäre“ und (mit Abstrichen) der ansprechende Kirchenraum, der einlädt und anregt, über das Leben nachzudenken, zur Ruhe zu kommen, sich mit dem eigenen Glauben auseinanderzusetzen und anderen interessanten Menschen zu begegnen.

5. Schlussbemerkung

Die Ausgangsfragestellung dieses Beitrages war, welches Konzept Jugendkirchenarbeit vor dem Hintergrund der postmodernen Trennung von Religion und Religiosität verfolgt. Es wurde deutlich, dass Jugendkirchenarbeit versucht, eine mehrdimensionale Vermittlungsleistung zu erbringen, indem sie die „Sprachen“, mit denen junge Menschen heute ihr Leben und ihren Glauben erzählen, theologisch würdigt, und versucht, die christliche Botschaft so ins Spiel zu bringen, dass junge Menschen sie bei der Entwicklung ihrer Religiosität als relevante, hilfreiche und herausfordernde Größe erfahren. Dass das Jugendkirchenarbeit gelingen kann, zeigen die Zitate aus der Besucherbefragung der Jugendkirche Münster. Neben den genannten Vermittlungsdimensionen spielt die „personale Vermittlung“ noch eine gewichtige Rolle, deren adäquate Formen personale Begegnung und Zeugnis sind. Das auszuführen muss an anderer Stelle erfolgen.

[20] *Wustmans,* „Anders-Orte“ 70.

Literatur

Bacq, Philippe: Für eine Erneuerung vom Ursprung her. Auf dem Weg zu einer „zeugenden Pastoral". In: *Feiter, Reinhard/Müller, Hadwig* (Hrsg.): Frei geben. Pastoraltheologische Impulse aus Frankreich, Ostfildern 2012, 31–55.

Bucher, Rainer: Pastoral. Risiko, Erinnerung und Ereignis. In: *Ders.*: ... Wenn nichts bleibt, wie es war. Zur prekären Zukunft der katholischen Kirche, Würzburg 2012, 59–71.

Die französischen Bischöfe: „Den Glauben vorschlagen in der heutigen Gesellschaft". Der Brief an die Katholiken in Frankreich, Traduction allemande ... In: *Müller, Hadwig/Schwab, Norbert/Tzscheetzsch, Werner* (Hrsg.): Sprechende Hoffnung – werdende Kirche. Proposer la foi dans la société actuelle. Den Glauben vorschlagen in der heutigen Gesellschaft, Ostfildern 2001, 16–74.

Faber, Eva-Maria: Einführung in die katholische Sakramentenlehre, Darmstadt [2]2009.

Foucault, Michel: Andere Räume. In: *Barck, Karlheinz/Gente, Peter/Paris, Heidi* u. a. (Hrsg.): Aisthesis. Wahrnehmung heute oder Perspektiven einer anderen Ästhetik, Leipzig 1992, 34–46.

Ders.: Die Heterotopien. In: *Ders.*: Die Heterotopien. Der utopische Körper. Zwei Radiovorträge, Berlin 2013, 8–22 (Radiovortrag in France Culture am 7. Dezember 1966).

Hildebrand, Bernd: Sozial-diakonische Arbeit in der Jugendkirche – Beispielhaft das Fastenprojekt der Jugendkirche Joel: „alle gleich ...? In: *Gaab, Judith/Hillebrand, Bernd/Kessler, Wolfgang* u. a. (Hrsg.): Vielleicht schau ich mal rein ... Jugendkirche als religiöser Erfahrungsraum, Ostfildern 2009, 165–171.

Hobelsberger, Hans: Experiment Jugendkirche – pädagogische und jugendpastorale Ansätze. In: *Ders./Stams, Elisa/Heck, Oliver* u. a. (Hrsg.): Experiment Jugendkirche. Event und Spiritualität, Kevelaer 2003, 17–49.

Ders.: Fokus Kirchenraum. Räume aneignen. In: *Freitag, Michael/Hamachers-Zuba, Ursula/Hobelsberger, Hans* (Hrsg.): Lebensraum Jugendkirche. Institution und Praxis, Hannover 2012, 100–107.

Ders.: Resonanzraum, nicht Kulisse. Jugendkirche – Raum als Konzept. In: Das Baugerüst (Themenheft Räume) 66 (2014) 52–55.

Ders.: Zurück in die Zukunft. Die bleibende Bedeutung des Synodenbeschlusses „Ziele und Aufgaben kirchlicher Jugendarbeit". In: *Feiter, Reinhard/Hartmann, Richard/Schmiedl, Joachim* u. a. (Hrsg.): Die Würzburger Synode. Die Texte neu gelesen, Freiburg 2013, 111–128.

Ders./Gruner, Stephanie: Sozialdiakonische Arbeit – Zwei Beispiele aus der Jugendkirche Oberhausen. In: *Freitag, Michael/Hamachers-Zuba, Ursula/Hobelsberger, Hans* (Hrsg.): Lebensraum Jugendkirche. Institution und Praxis, Hannover 2012, 212–216.

Prokopf, Andreas: Religiosität Jugendlicher. Eine qualitativ-empirische Untersuchung auf den Spuren korrelativer Konzeptionen, Stuttgart 2008.

Sellmann, Matthias: Zuhören, Austauschen, Vorschlagen. Entdeckungen pastoraltheologischer Milieuforschung, Würzburg 2012.

Wennekamp, Christina: Godspell – das Kultmusical. In: Hohlspiegel, Juli 2002, 10.

Wustmanns, Hildegard: „Anders-Orte" Jugendkirchen. Neue Orte in der Pastoral, in: Diakonia 38 (2007) 65–71.

Der Charme einer Laienliturgie

Die Chancen jugendnaher religiöser Vollzüge an Schulen

Hans Mendl

1. Liturgie in der Krise

1.1 Liturgie aus der Sicht von Jugendlichen

Wenn Emotionen die „Hot spots" religiöser Bildung sind (siehe Beitrag von Carsten Gennerich), wird die Distanz von Jugendlichen zur Liturgie der Kirche verständlich: In der viel zitierten Sinus-Milieu-Jugendstudie U27 eint bei aller Unterschiedlichkeit alle Jugendmilieus ein Kritikpunkt: Der sonntägliche Gottesdienst wird auch von den bürgerlichen kirchennahen Jugendlichen als „steif, düster, kalt und langweilig erlebt"[1]; und selbst die traditionellen Jugendlichen wünschten sich spannendere Predigten oder mehr Jugendgottesdienste. Emotional und lebensweltlich nicht angesprochen, nehmen die Jugendlichen eine Abstimmung mit den Füßen vor: Davon kann man sich Sonntag für Sonntag überzeugen. Selbst Jugendgottesdienste haben für viele Jugendliche einen „peinlichen Touch"[2].

Die Gegenrede lautet so: Jeder gute Ritus lebt von Wiederholung; die Sprache der Liturgie muss sich von der profanen Sprache unterscheiden und der Gottesdienst als ein heiliges Spiel darf nicht mit einer erlebnispädagogischen Maßnahme verwechselt werden. Wie geht das zusammen? Und vor allem auch wo?

1.2 Problemfelder der Liturgie heute

Man sollte die von Jugendlichen geäußerten Vorbehalte im Sinne einer wohlgemeinten Jugendprophetie als Stachel im behäbigen Fleisch einer wenig empirie- und damit menschennahen Liturgiewissenschaft verstehen. Denn viele Probleme der heutigen Liturgie sind im Kern keine theologisch unüberwindbaren, sondern zeigen sich in den Schwachstellen der Konkretion von Liturgie.

[1] *Hobelsberger*, Lebenswelten 294.

[2] *Husmann/Klie,* Glaube 8.

1.2.1 Textauswahl und sprachliche Gestalt

Die Reizarmut der Liturgie liegt bereits in der Vorauswahl der liturgischen Texte und in ihrer sprachlichen Gestalt[3] begründet. Dies fällt auf, wenn man exemplarische Stichproben vornimmt. So werden über alle Lesejahre hinweg beim Festtag Peter und Paul (29. Juni) nur biblische Texte ausgewählt, die Petrus, den Fels, zeigen – biblische Perikopen, die ein vielschichtigeres und damit auch menschlicheres Bild zeichnen, bleiben ausgespart.[4] Mit der oftmals verquast wirkenden Kirchensprache[5] in der Liturgie, die die Sprachform einer vielfach recycelten Erbauungslyrik der 50er- und 60er-Jahre widerspiegelt, haben nicht nur Laien, sondern Liturgen selber ihre Probleme. Die Besonderheit liturgischer Sprache, sie solle in ihrer Allgemeinheit die Möglichkeit eröffnen, dass sich Menschen mit unterschiedlichen Befindlichkeiten wiederfinden können, wird gleichzeitig zu ihrer großen Schwäche: Die Aussagen erscheinen als so allgemein und nichtssagend, dass sich niemand mehr betroffen fühlt. Ein Journalist folgert: „Die Sprache der Kirche ist zum Davonlaufen, und viele tun es.“[6]

1.2.2 Ritualismus im Vormarsch

Nicht wenige jüngere Geistliche neigen zu einem differenzierten Ritualismus: Diese „Kultpriester“[7] feiern sehr würdevoll und ernst Liturgie, beherrschen eine perfekte liturgische Körpersprache, verfügen über eine ausgeprägte liturgische Präsenz, weisen auch die Ministrantinnen und Ministranten in den korrekten Ablauf des heiligen Spiels ein (z. B. in der zentralen Frage, wie häufig der Priester und wie weniger häufig das Volk mit Weihrauch inzensiert werden darf), stimmen, wenn es besonders feierlich werden soll, lateinische Wechselgebete und -gesänge an (und geben die Antworten dann gleich auch selber, weil sie natürlich um die fehlende Sprach- bzw. genauer Lautungskompetenz wissen!) und rekultivieren gelegentlich auch alte Kleiderordnungen und liturgische Riten (besonders beliebt: Formen der eucharistischen Anbetung).

1.2.3 Kulturelle Isolation

Im kulturellen Bereich läuft Kirche immer wieder Gefahr, den Anschluss an die jeweilige aktuelle Kultur zu verlieren. In den 70er-Jahren war Kirche mit der Entwicklung des Sacropops oder des neuen geistlichen Lieds nahe am Puls der

[3] Vgl. grundlegend: *Altmeyer*, Fremdsprache, bes. 179–189.
[4] Vgl. *Mendl*, Lernen 165–168.
[5] Vgl. *Mitschke-Collande*, Kirche 170.
[6] *Riedlaicher*, Schwer 4.
[7] Vgl. *Mitschke-Collande*, Kirche 162.

Zeit; man vergleiche die Lieder eines Peter Janssens oder Ludger Edelkötter stilistisch mit den Leitmusicals der damaligen Zeit. Jugendbands entstanden und brachten mit der entsprechenden Lautstärke die Rockmusik in die Kirchen. Schön, dass es auch heute noch viele Jugendchöre gibt; musikalisch freilich rangieren nicht wenige von ihnen zwischen bieder und peinlich: Da gibt es rhythmische Chöre mit (aus der Jugendperspektive betrachtet) über 50-jährigen Altrockern (ich hoffe, man versteht die Selbstironie des Verfassers!), die die Lieder der 70er-Jahre begeistert vortragen. Komisch wird's, wenn dann der Organist schmissig „Die Erde ist schön", „Danke für diesen guten Morgen" oder „Gib uns Frieden jeden Tag" spielt. Dieses neue geistliche Liedgut war als Tiger mit Peter Janssens gestartet und landet nun als Bettvorleger bei Kathi Stimmer. Welche Musik hören Kinder und Jugendliche heute? Zeitgemäße Inspirationen sind nur im evangelikalen Bereich und im Kontext der Jugendkirchen festzustellen. Es gleicht einem Kulturschock, wenn ein Jugendlicher heute den Ohrstöpsel des eigenen MP3-Players herausnimmt und die Musik eines normalen Gemeindegottesdienstes hört.

Diese kritische Betrachtung darf nicht missverstanden werden: Mit gutem Recht sollte bewährtes musikalisches Traditionsgut erhalten werden, dürfen auch die Schubertmesse und die verschiedenen Marienlieder inbrünstig gesungen werden, darf es auch eine musikalische Hochkultur geben (die die Diözesanmusikmeister häufig als die einzig wahre Musik wertschätzen); nur erscheint die Breite des musikalischen Angebots derzeit als arg eingeschränkt und milieuspezifisch bieder, was durch die Festungspsychose der traditionellen Gottesdienstgemeinschaft noch verstärkt wird: Alles soll so bleiben wie immer![8]

1.2.4 Jugendgottesdienste im Rückgang

Jugendgottesdienste in Gemeinden sind derzeit eher rückläufig. Wo können heute Jugendliche eine attraktive Liturgie erleben, in der sie selber mit ihren Lebensthemen und ästhetischen Vorlieben vorkommen? Freilich gibt es immer noch regionale Traditionen wie Jugendwallfahrten, eine am Taizégebet orientierte „Nacht der Lichter", diözesane Großveranstaltungen oder auch das Angebot von Jugendkirchen, welches manch frommem Christen schon wieder sus-

[8] Dies belegt auch *Paul Zulehner*: Ca. 2/3 der befragten Gottesdienstbesucher/-innen neigen zu einer festen und traditionsorientierten Gestaltung und sehen kein Veränderungspotenzial. – *Zulehner/Beranek/Gall* u. a., Gottvoll 36.

pekt ist.[9] Aber unterm Strich ist vor Ort ein deutlicher Rückgang entsprechender liturgischer Angebote für Jugendliche festzustellen.[10]

1.2.5 Zeitrhythmen jenseits des Lebensgefühls von Jugendlichen

Die Zeitrhythmen der sonntäglichen Gottesdienste und die der Jugendlichen stehen in deutlichem Widerspruch. Der Samstagabendgottesdienst ist zu früh angesetzt, um unmittelbar danach zur Disco aufzubrechen, der Sonntagvormittag ist eindeutig terminlich ein „No-Go", am besten eignet sich noch der Sonntagabend. Eine Jugendliche bringt ihre Beobachtung so auf den Punkt: „Die Versöhnungskirche [in Taizé] ist die ganze Nacht lang offen, und wenn man um zwei in der Früh dorthin geht, sitzen immer noch ein paar Menschen drinnen und singen Taizé-Lieder, dann meistens a capella, irgendjemand beginnt, einmal hatte jemand auch eine Flöte zum Anstimmen dabei. Unsere Kirchen sind abends zugesperrt – bei Jugendlichen, die sehr nachtaktiv und spontan sind, ist das vielleicht eher ungünstig."[11]

Fasst man die Problemanzeigen zusammen, so verwundert es nicht, dass der durchschnittliche Sonntagsgottesdienst für Jugendliche unattraktiv ist und nur eine kleine Minderheit dort anzutreffen ist. Das verschärft die Problematik der Glaubensweitergabe. Wo erlernen Kinder und Jugendliche die liturgische Teilhabe an ihrer Religion?

2. Laienliturgie in der Schule

2.1 Die Versuchung: Kompensation und Hinführung

Die Bischöfe haben inzwischen erkannt, wie wichtig die Religionslehrer/-innen als die ersten „Brückenbauer"[12] zwischen heutigen Kindern und Jugendlichen und der Kirche sind. Da liegt es nahe, zu fordern, dass der fehlende Bezug zur Liturgie der Kirche durch den Religionsunterricht und die Angebote der Schulpastoral kompensiert werden müsse (1). Von daher sollten Schulgottesdienste so gestaltet sein, dass ihre Nähe zur Liturgie der Gemeinde erkennbar ist (2).

[9] Es mutet schon wie eine Karikatur an, wenn ein Kritiker eines Jugendgottesdienstes im Eisenstädter Dom im österreichischen Burgenland („find, fight, follow") im Jahre 2008 akribisch 19 Verstöße gegen die gültige Messordnung auflistet. Vgl. http://summorum-pontificum.de/vorort/eisenstadt.shtml (letzter Abruf 19.11.2013): Hauptsache der Gottesdienst erfolgt todrichtig nach den Regeln der Liturgie!

[10] Vgl. *Daigeler*, Jugendliturgie.

[11] Zitiert in: *Mendl*, Lena 317.

[12] *Sekretariat der Deutschen Bischofskonferenz,* Religionsunterricht 34f.

Beide Anfragen müssen kritisch hinterfragt werden: (1) Lange Zeit wurde in der Religionspädagogik liturgische Bildung als Ziel des Religionsunterrichts ausgeblendet.[13] Erst im Kontext eines performativen Religionsunterrichts[14] und unterstützt durch die Kompetenzkataloge in den neueren Lehrplänen, die auch eine Ausdrucks- und Teilhabekompetenz enthalten, wird der Gegenstand einer Praxis von Religion wieder religionspädagogisch diskutiert – allerdings durchaus mit kritischen Einwänden versehen. Beim Konzept eines performativen Religionsunterrichts, wie ich es selber entwickle, geht es um das Verstehen von Religion, also konkret: auch um das Verstehen von liturgischen Vollzügen, nicht aber um ein Einüben oder um ein vollständiges Vertrautwerden. Das kann und darf der Religionsunterricht nicht leisten! (2) Als besonders herausfordernd erscheint das Postulat, liturgische Bildung in der Schule müsse in ihrer Formgebung zur Liturgie der Gemeinde hinführen. Diese Kritik setzt an Gestaltungsformen einer Schulliturgie an, die manchmal sehr kreativ, manchmal auch recht chaotisch wirken. Sicher darf man nicht verschweigen, dass es bei Schulgottesdiensten auch viel Grenzwertiges und Grenzüberschreitungen gibt. Es wäre aber ein paradoxer Fehlschluss, zu erwarten, dass ein Schulgottesdienst deswegen nicht so attraktiv gestaltet werden sollte, damit den Schülern damit der Zugang zur unattraktiven Gemeindeliturgie nicht erschwert würde![15]

Insofern versuche ich im Folgenden zunächst einmal den Reiz einer spezifisch gestalteten Schulreligion herauszuarbeiten, bevor ich dann nochmals die Frage nach Kommunikationswegen zwischen einer Schul- und Gemeindereligion stelle.

2.2 Ein Fallbeispiel: Der Jack-Wolfskin-Liturge

Die Idee zu diesem Beitrag entstand über mehrjährige Beobachtungen von liturgischen Feiern an einem Gymnasium, das meine Kinder besuchten. Ein Religionslehrer engagiert sich dort seit vielen Jahren bei der Vorbereitung und Gestaltung von Schulgottesdiensten und Frühschichten in der Advents- und Fastenzeit – eine bewundernswerte und respektgebietende Anstrengung, wenn man bedenkt, wie viele Schülergenerationen in der Zwischenzeit im Vorbereitungsteam aktiv waren, immer wieder dieselben Fragen aufwarfen und Entwicklungswege beschritten haben.

[13] Vgl. *Blum*, (Schul-)Leben.

[14] Vgl. *Mendl*, Religion erleben 179–200; *Husmann/Klie,* Glaube.

[15] Der Verfasser der folgenden Bücher wurde nach eigener Auskunft mehrmals mit dem Argument, dass von seinen kind- und jugendorientierten Gottesdiensten kein Weg zur Gemeindeliturgie führe, kritisch angegangen: *Linsen*, Schulalltag; *Ders.*, Schuljahr.

Ich fragte mich, was den Reiz dieser Feiern ausmacht, zumal (oder weil?) sich gerade die Liturgie selbst doch durchaus durch einige ungewöhnliche Elemente auszeichnet.

Der Lehrer, der die Frühschichten gemeinsam mit einer Gruppe von Schülerinnen und Schülern vorbereitet, bezeichnet sich selbst scherzhaft als „liturgische Wildsau“. Nun muss man einerseits wissen, dass in Bayern das Wildschwein ein hoch angesehenes Lebensmittel darstellt, andererseits hat er mit seiner selbstironischen Aussage durchaus Recht: Er steht der Liturgie vor – naja, genauer: Er steht mit seiner offen stehenden Jack-Wolfskin-Jacke leger hinter dem runden Volksaltar, beginnt den Gottesdienst mit einem Kreuzzeichen und erläutert dann das Thema, meist verbunden mit Hinweisen zum Themenfindungsprozess in der Gruppe. Jeglicher liturgische Habitus ist ihm fremd; er verwendet weder eine liturgische Sprache, z. B. in Form liturgischer Wechselgebete, noch nimmt er eine entsprechende liturgische Haltung ein. Eine Hand verschwindet schon mal in der Hosentasche, locker steht er da, den Körperschwerpunkt immer wieder auf ein Bein verlagernd. Eher moderierend führt er durch den Gottesdienst, immer im Stehen. Die beteiligten Schüler/-innen wissen, wann sie dran sind, um Texte und Gebete zu sprechen oder Aktionsformen anzuleiten. Die Schüler/-innen legen seit Generationen Wert darauf, dass ein Element im Gottesdienst aufscheint, durch das die Teilnehmer/-innen aktiviert werden – ein Symbol ausgestalten, ein Teelicht entzünden, etwas auf ein Plakat schreiben usw. Der Altar dient dabei als Ablagefläche für Zettel und Stifte, oder es entsteht dort ein anschaulich gestaltetes Symbol; eine Friedenstaube, ein Labyrinth, ein Weg aus Steinen … Dass sich die Frühschicht dem Ende zuneigt, merkt man, wenn der Lehrer den beteiligten Schülerinnen und Schülern und vor allem auch den Musikerinnen und Musikern dankt (es folgt ein Beifall) und dann zum gemeinsamen Frühstück einlädt. In der letzten Zeit gibt's aber gelegentlich auch ein Schlussgebet und so etwas wie einen Segen.

Deutlich wird: Eine solche Frühschicht hat mit einer „normalen“ Gemeindeliturgie wenig zu tun. Die für die liturgische Ausbildung in den Priesterseminaren Verantwortlichen und Verfasser von Handreichungen für korrekte liturgische Vollzüge und eine liturgisch und theologisch verantwortbare „sprachliche Wahrhaftigkeit“[16] würden die Hände über dem Kopf zusammenschlagen – vor allem über „diesen“ Nicht-Liturgen!

Ich bin im Laufe der Jahre zur Überzeugung gekommen, dass gerade in dieser Distanz zum üblichen Ablauf eines Gottesdienstes und dem Habitus eines „gelernten“ Liturgen der Reiz und auch die Chance einer solchen Liturgie und auch eines solchen Liturgen im Kontext einer spezifischen Schulreligion bestehen.

[16] *Nagel*, „Ich“ 4.

2.3 Die Chance einer spezifischen Schulreligion

2.3.1 Laienliturgie

Das Wort „Laie“ stammt aus dem Griechischen: Laikos: aus dem Volk stammend (Laos: Volk). Wer als Laie einer Liturgie vorsteht, kommt aus dem Volk und steht ihm nahe. Das kann Bodenhaftung verleihen. Gerade der Verzicht auf die professionelle liturgische Präsenz lässt den Laien-Liturgen deutlicher in der Gemeinde der Kinder und Jugendlichen verortet sein. Das hat auch Folgen für die grundsätzliche Konzeption dieser Liturgie. Um es liturgietheoretisch zu formulieren: Die katabatische (von Gott zum Menschen) Dimension steht hinter der anabatischen (vom Menschen zu Gott) und der diabatischen (von Mensch zu Mensch) zurück. Die Dynamik von Schulgottesdiensten ergibt sich deshalb weniger aus der Feier des Christusgeheimnisses heraus und im Kenntlichmachen dessen, was Gott für uns getan hat, sondern eher aus der Perspektive, das Leben vor Gott zu bringen. Dem eigenen Glauben wird in diesen Feiern ein spezifischer Ausdruck verliehen.[17] Man mag diese Einseitigkeit kritisieren, ich halte sie inzwischen für die Stärke dieser niederschwelligen Gottesdienste. Gerade die jahreszeitlichen Passageriten (Schuljahresbeginn und -ende) setzen an den bedeutsamen Lebenswenden von der einen Klasse oder gar Schule zur anderen, von den Ferien in die Schulzeit und umgekehrt an. Die Schulgemeinschaft konstituiert sich unter den Vorzeichen des Bildungsorts Schule und versammelt sich zu den genannten Zeiten als spezifisches Volk Gottes, um Abstand zum Schulalltag (die kürzeste Definition für Liturgie: Unterbrechung!) zu gewinnen. Der Schulbezug lässt auch kommentierende, kritische oder ironische Bemerkungen zu, wenn etwa am Schluss einer Frühschicht in irgendeiner Form Bezug auf den kommenden Schulalltag (zu erwartende Proben und Schulaufgaben, das Lehrer-Schüler-Verhältnis …) genommen wird. Der Leiter dieser Liturgie steht nicht außerhalb dieser Welt, sondern befindet sich, sofern er (Religions-)Lehrer ist, im selben Boot – er begegnet den Schülerinnen und Schülern in einer anderen Rolle auch im Schulalltag. Das unterscheidet ihn vom Priester, der nur begrenzt Anteil am Alltag seiner Gemeindemitglieder hat. Unter dem Vorzeichen eines religiös bedeutsamen Aktes wird die komplementäre klassische Lehrer-Schüler-Beziehung in eine weit deutlicher symmetrische aufgehoben; der oben beschriebene Lehrer wird immer wieder bei der Themenwahl und der Gestaltung der gottesdienstlichen Feiern von den Mitgliedern der Gottesdienstgruppe überstimmt.

[17] Vgl. *Blum*, (Schul-)Leben.

2.3.2 Gemeinschaft

Bei Schulgottesdiensten konstituiert sich die Gemeinschaft aus Menschen, die auch im Alltag eine Gruppe bilden: Schüler/-innen und Lehrer/-innen. Gerade bei den kleineren Liturgien kommt zudem der Aspekt der Freiwilligkeit zum Tragen. Auch die verschiedenen Verweise auf die Rahmenbedingungen (z.B. regelmäßig: widrige Wetterverhältnisse zur morgendlichen Stunde) und auf den normalen Schulalltag mit seinen Herausforderungen und Nöten stellen eine Brücke zwischen Liturgie und Alltag dar. Während im Gemeindegottesdienst die Personen hinter den liturgischen Rollen (z.B. Lektor/-in, Kommunionhelfer/-in, Organist/-in) zurücktreten, ist es eine weitere Besonderheit von Schulgottesdiensten, dass bei den moderierenden Überleitungen auch Namen („Die Lisa liest jetzt einen Text vor …") oder Gruppen („Die Klasse 8c hat die Fürbitten vorbereitet") genannt werden. Gerade die Verbindung von Frühschicht und anschließendem gemeinsamen Frühstück stiftet Gemeinschaft und lässt sich theologisch als Agape-ähnliche Feier deuten.

2.3.3 Participatio actuosa

Die aktive Teilnahme der Gläubigen, ein wichtiges Postulat des II. Vatikanischen Konzils, konkretisiert sich im Gemeindegottesdienst in der Stellvertretung durch liturgische Rolleninhaber und in der Beteiligung der Gläubigen bei Wechselgebeten und Liedern. Bei Schulgottesdiensten spielen Elemente der aktiven Beteiligung eine weit größere Rolle. Bei der skizzierten Gottesdienstvorbereitungsgruppe stellt der Einbezug eines aktivierenden Elements ein fixes Postulat dar, das man durchaus im theologischen Kontext der participatio actuosa begreifen kann. Nicht nur die Mitglieder der Vorbereitungsgruppe sind aktive Gestalter des Gottesdienstes, die gesamte Gottesdienstgemeinschaft, Schüler/-innen, Eltern, Lehrer/-innen, werden eingeladen, sich Gedanken zu machen und diese in der gewünschten Präsentationsform einzubringen.

Die participatio actuosa bezieht sich bei Schulgottesdiensten ebenso auf das präferierte Liedgut und die Tatsache, dass die Musiker/-innen aus der Schulgemeinschaft stammen. In der Grundschule werden häufig Lieder eingesetzt, zu denen es einfache Bewegungsformen gibt (z.B. „Mit Jesus will ich singen") oder Symbolhandlungen durchgeführt werden können („Wir tragen ein Licht").[18] An weiterführenden Schulen werden Lieder verwendet, die zum Mitsingen und Mitklatschen anregen – Klassiker aus der Rock- und Popmusik, Lieder aus der Sacropop-Szene, von Liedermachern oder aus dem evangelikalen Bereich: „To be alive", „One of us", „Hymn" – um nur einige zu nennen. Mitunter gibt es auch

[18] Vgl. die Ausführungen zur bewegten Musik: *Mendl*, Religion erleben 384–399.

skurrile Traditionen, wenn Lieder, die nur quartäre Bezüge zur Liturgie aufweisen, „weil's schon immer so ist" bei jedem Schulgottesdienst gesungen werden.

2.3.4 Lebensweltbezug und Sprachform

Gemeindegottesdienste haben den Anspruch, in katholischer Weite alle Gläubigen anzusprechen. Der Preis dieses weiten Horizonts besteht in der Gefahr, dass sich in der Allgemeinheit der Formulierungen niemand mehr wiederfinden kann. Liturgien in der Schule können weit deutlicher zielgruppenorientiert gestaltet sein: Kinder und Jugendliche in der jeweiligen Alters- und Entwicklungsstufe werden unmittelbar mit ihren Lebensfragen einbezogen. Das gesamte (Schul-) Leben kann hier ins Gebet genommen werden![19] Die Rhythmen des Schuljahres stellen den ersten Bezugspunkt zu den liturgischen Feiern dar (Schuljahresbeginn und -ende). Auch gesellschaftliche Ereignisse (Naturkatastrophen, Amokläufe etc.) können sehr unmittelbar auf die Zielgruppe abgestimmt in spontan angebotenen Liturgien einfließen. Vor allem dann, wenn der Tod in die Schule einbricht, sind die Religionslehrer/-innen als Krisenbewältiger gefragt.

Der große Vorteil des Konzepts Schulgottesdienst besteht in der Passgenauigkeit zwischen der Alltags- und Gottesdienstgemeinde, die so bei einem normalen Gemeindegottesdienst nicht gegeben ist. Der gemeinsame Schulalltag fließt thematisch in den Gottesdienst ein und das im Gottesdienst Thematisierte soll im Sinne einer Aussendung („ite, missa est"!) den Alltag berühren. Diese Nähe von Alltag und Liturgie führt gelegentlich auch zu arg moralisierenden Ausgestaltungen, was häufig in den gewählten Texten und Sinndeuter-Geschichten (Swimmy & Co.) und bei den Fürbitten deutlich wird. Aufgabe der mitgestaltenden (Religions-)Lehrer/-innen wird es sein, neben einem liturgischen Grundgerüst vor allem die Grundüberzeugung, dass jeder christliche Gottesdienst nicht zuerst von menschlichem Tun und Handeln lebt, sondern von der dankbaren Erfahrung der Gegenwart Gottes, einzubringen; dies gilt es dann durch liturgische Elemente der Stille, des Hörens und des Ausdrucks von Dankbarkeit zu kultivieren. Dennoch: Dem Ideal einer christlich heilmachenden Hausgemeinschaft kommt das Konstrukt „Gottesdienst im Lern- und Lebensraum Schule" ziemlich nahe!

Der Lebenswelt- und Alltagsbezug spiegelt sich auch in der Sprachform der Schulgottesdienste wider. Stefan Altmeyer[20] belegt, dass traditionelle liturgische Texte, selbst wenn sie für Jugendliche gedacht sind, weit weniger als Gebetstexte von Jugendlichen selber konkrete Lebensweltbezüge (z. B. Familie, Freunde, Tag, Schule) aufweisen und auch keine W-Fragen (Warum? Wo?) enthalten, die bei den Gebetstexten Jugendlicher zu den Schlüsselwörtern zählen – da-

[19] *Blum*, (Schul-)Leben.
[20] *Altmeyer*, Fremdsprache 185.

für sind in liturgischen Texten viele Wörter zu finden, die Jugendliche nie verwenden (Ewigkeit, Versöhnung, Reich Gottes, Jesus, unser Bruder); zentral bei Texten Jugendlicher ist die „Ich-Perspektive" – im Unterschied zur liturgischen „Wir-Perspektive".

2.3.5 Handlungsort Schule

Neben den inhaltlichen Bezügen zum Handlungsort Schule ergeben sich bei Schulgottesdiensten häufig auch räumliche. Frühschichten oder andere meditative Angebote finden in Schulräumen, im Optimalfall in einem schuleigenen Meditationsraum, statt.[21] Gerade an großen Schulen müssen gelegentlich Schulgottesdienste für die ganze Schulgemeinschaft in der Schulaula platziert werden. Aus liturgiewissenschaftlicher Sicht kann das als fragwürdig erscheinen, wird doch damit die Unterscheidung von heilig und profan aufgegeben. Dass Kinder und Jugendliche dies aber durchaus schätzen, wird in einer Umfrage deutlich, die meine Tochter an ihrer Schule vor einigen Jahren gemacht hat: 86 % der befragten Schüler/-innen stimmten der Aussage, dass der Schulgottesdienst in der Dreifachturnhalle stattfinden solle, zu. Der Schulleiter, der mit der Umsiedlung in die Pfarrkirche geliebäugelt hatte, beugte sich diesem eindeutigen Votum.

2.3.6 Niederschwellige Angebote

Die Hochform einer Eucharistiefeier ist an Schulen seltener geworden. Es dominieren Wort-Gottes-Feiern für die ganze Schulgemeinschaft oder auch Teilgruppen. Vor allem die „kleinen" Formen setzen nicht an den klassischen Andachtsformen (wie z. B. Tagzeitengebet, Rosenkranz, Anbetung …) an, sondern kultivieren kind- und jugendgemäße Sonderformen: Frühschichten, Morgenkreise, Adventsandachten, Taizé-Gebete. Wie eingangs skizziert wurde, muss man bezüglich der Anschlussfähigkeit und Nachhaltigkeit solcher Feiern realistisch sein. Es ist viel erreicht, wenn Kinder und Jugendliche rückblickend auf ihre Schulzeit solche Feiern als lebensförderlich empfunden haben und Religion zumindest in diesem Segment als emotional positiv konnotieren. Man muss es aber nüchtern betrachten: Zur milieuverengten, mittelschichtslastigen, traditionell-bürgerlich geprägten Form unserer Sonntagsgottesdienste und ihrer Ästhetik (Kleidung, Körpersprache, Raumästhetik, Sprache, Musik und Riten) führt kein unmittelbarer Weg hin.

[21] Vgl. den Hinweis auf ein Taizégebet in der Schule: KatBl 137 (2012) 328; Beitrag von *Stephan Kilb* (Taizé-Gebete an der Schule): http://www.fachzeitschriften-religion.de/media/KatBl_05_2012_Kilb.pdf (Stand: 7. Mai 2014).

2.4 Zusammenfassung: Plädoyer für eine Schulreligion und eine Laienliturgie

Die systemisch bedingten Stärken von liturgischen Vollzügen an Schulen bestehen in einer weitaus größeren Verantwortung, die die Laien innehaben, im Vollzug der Feier aus der Schulgemeinschaft heraus und mit ihr, in der weitaus höheren aktiven Beteiligung der Gläubigen, im deutlicheren Lebensweltbezug, in einer Verortung inmitten der profanen Schule und in der Bevorzugung niederschwelliger Angebote.[22] Ich gehe aber noch einen Schritt weiter: Viele Facetten von Kirche, wie man sie sich nach dem II. Vatikanum vorstellt, scheinen in der Schule insgesamt, sowohl im Religionsunterricht als auch in den liturgischen Vollzügen an der Schule, auf und könnten auch vorbildhaft für die Weiterentwicklung einer Gemeinde und Gemeindeliturgie sein: Neben der Laienverantwortung sind dies vor allem die Präsenz an einem weltlichen Handlungsort („Kirche in der Welt von heute") und die Öffnung des kirchlichen Angebots für alle Menschen guten Willens. Die Gemeinden könnten hier viel von der Liturgie in der Schule lernen!

3. Liturgiefähig durch Religion an der Schule

Nach soviel Gegenüberstellung soll am Ende doch noch eine Brücke geschlagen werden zwischen dem, was Schule leistet und leisten kann, und dem, was ein Mensch braucht, um als liturgiefähig zu gelten. Dabei steckt in der Formulierung der „Liturgiefähigkeit" (die nicht moralisierend verstanden werden sollte, sondern als nüchterner Aufweis der erforderlichen Kompetenzen!) eine veränderte Ausrichtung der Orientierungsnadel: Nicht die konkrete Gestalt eines Gemeindegottesdienstes erscheint als Zielhorizont, sondern die Entwicklung einer allgemeinen Liturgiefähigkeit. Der Wert dieser Kompetenz kann auch interreligiös begründet werden: In einer zunehmend pluraler und globaler werdenden Gesellschaft und Welt müssen Menschen dazu befähigt werden, eine Sensibilität gegenüber religiösen Bräuchen und Feiern zu entwickeln – egal, wie sie selber zu Religion eingestellt sind. Versteht man liturgische Bildung als eine „Wahrnehmungs- und Ausdrucksschule",[23] dann kann man in einem guten Religionsunterricht und in den verschiedenen Formen liturgischen Feierns in der Schule zahlreiche „elementarästhetische Schritte liturgischer Bildung"[24] entdecken: Die Erfahrung von Stille als Basis von Spiritualität, die Bedeutung eines gestalteten Raums, der Umgang mit

[22] Vgl. *Mendl*, Religionsunterricht, bes. 62–64.
[23] *Altmeyer*, Seele 191.
[24] Ebd. 196.

Zeit und Rhythmus, die Befähigung zum bewussten Gebrauch von Symbolen und Gesten, schließlich Musik und Gesang als feste Bestandteile gleichermaßen von Bildung und Religion und die Vertrautheit mit Ritualen und Gesten. Auch in der Schulliturgie erfolgt, wenn auch zumeist menschenfreundlich und alltagsnah inhaltlich gefüllt, eine Orientierung an grundlegenden und wieder erkennbaren liturgischen Elementen. Klaus König benennt diesbezüglich als „Ziel basisliturgischer Lernwege“, „die schülereigenen Formen des Feierns durch formale Intentionen liturgischer Tradition zu erweitern und zu vertiefen, um in Auseinandersetzung mit überlieferten Formen eigene Sprach- und Gestaltungselemente zu entdecken“[25]. Wenn Kinder und Jugendliche über die Schulreligion solche Grundelemente kennengelernt haben, können sie sich später auch leichter bei liturgischen Feiern der Kirchen oder den Festen und Feiern anderer Religionen zurechtfinden.

Literatur

Altmeyer, Stefan: „Dass die Seele lerne, nicht überall Zwecke zu sehen“. Liturgische Bildung als Beitrag zu einer ästhetischen Bildung. In: Engagement 2008, 190–198.

Ders.: Fremdsprache Religion? Sprachempirische Studien im Kontext religiöser Bildung, Stuttgart 2011.

Blum, Dominik: Das (Schul-)Leben ins Gebet nehmen. In: KatBl 129 (2004) 398–406.

Daigeler, Eugen: Jugendliturgie. Ein Beitrag zur Rezeption des Zweiten Vatikanischen Konzils im deutschen Sprachgebiet, Regensburg 2012.

Hobelsberger, Hans: Lebenswelten katholischer Jugendlicher: Die Sinus-Milieustudie U27. In: KatBl 133 (2008) 291–300.

Husmann, Bärbel/Klie, Thomas: Gestalteter Glaube. Liturgisches Lernen in Schule und Gemeinde, Göttingen 2005.

König, Klaus: Feiern lernen. Basisliturgische Lernwege in der Schule (Jahrgang 7/8). In: RelliS 3/2012, 28–35.

Linsen, Achim: Dem Schuljahr Klang und Farbe geben, Düsseldorf 1995.

Ders.: Den Schulalltag unterbrechen. Religiöse Akzente und Gottesdienste, Düsseldorf 2008.

Mendl, Hans: Der Religionsunterricht – ein starker Ort der Kirche. Die prophetische Kraft des Religionsunterrichts für die Zukunft der Kirche. In: *Rendle, Ludwig* (Hrsg.): „Nur wer sich ändert, bleibt sich treu“. Religionsunterricht in einer Kirche im Lernprozess. 6. Arbeitsforum für Religionspädagogik, München 2011, 49–70.

[25] *König*, Feiern 28.

Ders.: Lena und ihr Taizé-Kreuz. In: KatBl 137 (2012) 316–319.
Ders.: Lernen an (außer-)gewöhnlichen Biografien. Religionspädagogische Anregungen für die Unterrichtspraxis, Donauwörth 2005.
Ders.: Religion erleben. Ein Arbeitsbuch für den Religionsunterricht. 20 Praxisfelder, München 2008.
Mitschke-Collande, Thomas von: Schafft sich die katholische Kirche ab? Analysen & Fakten eines Unternehmensberaters, München 2012.
Nagel, Eduard: „Ich" und „Wir". Für die sprachliche Wahrhaftigkeit im Gottesdienst. In: Praxis Gottesdienst 9/2011, 4f.
Riedlaicher, Martin: Schwer wird leicht was beim Predigen. In: Passauer Neue Presse 128/5.6.2000, 3.
Sekretariat der Deutschen Bischofskonferenz (Hrsg.): Der Religionsunterricht vor neuen Herausforderungen, Bonn 2005.
Zulehner, Paul M./Beranek, Markus/Gall, Sieghard u. a.: Gottvoll und erlebnisstark. Für eine neue Kultur und Qualität unserer Gottesdienste, Ostfildern 2004.

IV

Religionspädagogische Zugänge
zu Beispielen ungebundener Religionskultur

Religion und jugendliche Computerspielwelten

Clemens Bohrer

1. Diablo III und Fantasy-Rollenspiele

Das Action-Rollenspiel Diablo III[1] beginnt mit dem Einschlag eines Meteoriten in die Kathedrale von Neu-Tristram. Bald stellt sich heraus, dass nicht etwa ein einfacher Stein vom Himmel gefallen ist, sondern dass Tyrael, der Erzengel der Gerechtigkeit, sich vom Hohen Himmel gestürzt hat, um sich als Mensch zu inkarnieren. Mit Hilfe von Tyrael beginnt der Spieler Sanktuario, d. i. die Welt der Menschen, gegen die sieben Mächte der Hölle zu verteidigen. Im Laufe des Spiels müssen dann eine Vielzahl von üblen Kreaturen bezwungen werden, darunter Verdammnisvipern, Höllendrescher, Seelenverschlinger, unheilige Sklaven oder verderbte Engel. Um gegen diese Monster anzugehen, wählt der Held eine von fünf verfügbaren Charakterklassen aus, etwa „Mönch", „Hexendoktor" oder „Dämonenjäger". Mit zunehmender Erfahrung im Monstertöten kann der Spieler seinen Avatar besser ausrüsten, einmal mit verschiedenen Waffen und Rüstungen, aber auch mit Fähigkeiten (Skills), die besondere Angriffs- oder Verteidigungsstrategien erlauben. Einen Höhepunkt im Rahmen der Spielhandlung stellt die Verteidigung des Hohen Himmels gegen die Mächte der Hölle dar. Ist der Himmel erst einmal gesichert, lässt sich der Spieler in die Hölle teleportieren, um auch dort Monster zu besiegen und schließlich dem obersten Übel, Diablo, entgegenzutreten.

Die Spielewelt und das Spielprinzip von Diablo III kann man als exemplarisch und zugleich pointiert für eine Reihe von Computerspielen aus dem Bereich Fantasy ansehen. Weitere bekannte Spiele in diesem Genre sind etwa die Massive Multiplayer Online Role-Playing Games World of Warcraft, Aion oder Everquest. Torchlight II ist wie Diablo ein Action-Rollenspiel und verfährt sowohl von der Handlung als auch von der Spielsystematik ähnlich.

2. Jugendliche und Computerspiele

Computerspiele sind kein Randphänomen in der Lebenswelt von Jugendlichen, sondern ein fester Bestandteil der Freizeitgestaltung. Glaubt man dem Bran-

[1] Siehe http://eu.battle.net/d3/de/.

chenverband BITCOM, der die Interessen von IT-Firmen vertritt, spielen 80% der Jugendlichen und jungen Erwachsenen im Alter zwischen 14 und 29 Jahren Video- oder Computerspiele.[2] Fast die Hälfte davon sitzt täglich vor dem Rechner, gespielt wird aber auch auf Smartphones, Spielkonsolen und Laptops. Während sich ältere Computerspieler noch eher alleine mit Computerspielen beschäftigen, sind jüngere Spieler viel häufiger mit dem Internet verbunden und gehen die vom Spiel gestellten Aufgaben gemeinsam an.[3] In der Beliebtheit rangieren Strategiespiele an erster Stelle, Actionspiele wie Diablo oder World of Warcraft rangieren auf Platz 3. Die Zahlen der JIM-Studie sind gegenüber den Angaben von BITCOM etwas konservativer: Demnach spielen 45% der 12- bis 19-jährigen Kinder und Jugendlichen täglich oder mehrmals pro Woche ein Computerspiel,[4] mit zunehmendem Alter wird die Spielzeit allerdings immer kürzer. Die Studie macht den großen Unterschied zwischen Mädchen und Jungen deutlich: Während 70% der Jungen täglich oder mehrmals die Woche spielen, sind es bei den Mädchen nur 19%.[5]

In dem vorliegenden Beitrag kann nicht näher auf das unter dem Stichwort „Computerspielsucht“ diskutierte Phänomen eingegangen werden. Festhalten lässt sich aber, dass verschiedene Studien zu unterschiedlichen Ergebnissen hinsichtlich der Tragweite von problematischem Spielverhalten kommen.[6] Neuere Forschungen scheinen nahezulegen, dass Computerspielsucht weit weniger verbreitet ist als landläufig angenommen wird.[7] Wichtig scheint mir in unserem Zusammenhang aber der Hinweis, dass Computerspiele keine Sonderlebenswelten etablieren, die womöglich gegenüber „echten“ Wirklichkeitserfahrungen zurückstehen. Wir „verpfänden [...] unsere Lebenszeit an einem Unort“[8] schreibt noch Clifford Stoll in einer frühen Phase der Auseinandersetzung mit digitalen Medien in Jugendkulturen und auch Manfred Spitzer beklagt in einer jüngeren Publikation (neben vielen anderen Dingen), dass „die Grenzen zwischen virtueller und wirklicher Welt zunehmend verwischt“[9] werden, wobei virtuelle Spielerfahrungen seiner Meinung nach mit einer defizitären Entwicklung von Kindern und Jugendlichen einhergehen. Demgegenüber möchte ich dafür plädieren, Computerspiele als (Freizeit-)Aktivität anzuerkennen, die für die Spieler ebenso wirklich ist wie Fußballspielen oder Lesen: „Es gibt, so könnte man sagen,

[2] Vgl. *BITCOM* 2013, Gaming in Deutschland 2.
[3] Vgl. ebd. 6.
[4] Vgl. *Medienpädagogischer Forschungsverbund Südwest 2013*: JIM-Studie.
[5] Vgl. ebd.
[6] Vgl. *Beutel/Hoch/Müller* u. a., Computerspiel 17–27.
[7] Vgl. *Festl/Scharkow/Quandt,* Problematic computer 592–599.
[8] *Stoll*, Wüste Internet 17.
[9] *Spitzer,* Digitale Demenz 188.

eben viele Welten innerhalb der einen Wirklichkeit."[10] Es bleibt dabei natürlich unbenommen, dass die extreme oder übermäßige Ausprägung eines einzelnen Handlungsmusters unerwünschte Nebenwirkungen mit sich bringen kann. Das gilt für Essen genauso wie für Liegestützen, Computerspiele und womöglich sogar Lernen.

3. Mythos und Religion in Fantasy-Rollenspielen

Religiöse Elemente in Computerspielen finden sich vor allen Dingen in der Gattung der Fantasy-Rollenspiele, auf der im Folgenden der Fokus liegt. Spielen wie Diablo III oder World of Warcraft liegt eine mythologische Struktur zugrunde. Sie erzählen eine Geschichte des Kampfes zwischen Gut und Böse. Der Held, den der Computerspieler mit seinem Avatar verkörpert, wird in diesen Kampf hineingezogen und nimmt auf einer der beiden Seiten an der Auseinandersetzung teil. Die Rollenspielwelt ist nicht einfach da, sondern das Geschehen ist in eine Kosmologie eingebettet, die die Vorgeschichte zu den Ereignissen darstellt, die im Spiel bedeutsam werden. Eine solche Kosmologie erklärt die im Spiel auftretenden Götter und Dämonen, erzählt von der Entstehung der Rassen und beschreibt Kriege von epischem Ausmaß, die in der Vorzeit stattgefunden haben. Der Held findet also eine komplexe Welt vor, in der er – oft innerhalb einer Art von Berufungsgeschichte – einen Auftrag („Quest") erhält, den er erfüllen soll. Damit beginnt eine Heldenreise, die in weiten Teilen einem Monomythos folgt, wie ihn Joseph Campbell als archetypische Erzählstruktur entfaltet: „Der Heros verlässt die Welt der gemeinen Tage und sucht einen Bereich übernatürlicher Wunder auf, besteht dort fabelartige Mächte und erringt einen entscheidenden Sieg, dann kehrt er mit der Kraft, seine Mitmenschen mit Segnungen zu versehen, von seiner geheimniserfüllten Fahrt zurück."[11]

In die mythische Welt und Erzählung des Computerspiels werden nun Elemente eingebracht, die in Sprache oder Symbolik auch religiöse Vorstellungen oder Traditionen aufnehmen. Am offensichtlichsten ist die Ausstattung der Spielewelten mit Engeln und Dämonen, Kultstätten wie der „Kathedrale des Lichts" in World of Warcraft oder der Benennung von Charakterklassen z.B. als „Priester" oder „Mönch". Aber auch auf der Ebene der Spielsystematik und des Erzählkonzepts werden Motive übernommen, die etwa im Christentum von Bedeutung sind: Wenn der Avatar eines Spielers in World of Warcraft getötet worden ist, verlässt sein „Geist" oder seine „Seele" den Körper. Er findet sich dann auf einem Friedhof als eine Art Geistwesen wieder und kann sich dort von

[10] *Münker,* „Virtuelle Realität"? 119.

[11] *Campbell,* Heros 36.

einem Engel wiederbeleben lassen. Dazu klickt der Spieler mit der Maus auf den Button „Auferstehung“. Die Geschichte in Diablo III beginnt mit der Inkarnation eines Engels, der sich entschlossen hat, den Himmel und seine Unsterblichkeit aufzugeben und als Mensch dem Helden des Spiels zur Seite zu stehen. Die Rolle des Messias kommt wiederum dem Helden selbst zu, der die Welt vor dem Bösen retten und sie letztlich von Diablo erlösen muss.

Vor allem die terminologischen Anleihen im religiösen Sprachgebrauch suggerieren eine mittelalterliche Welt, in der Engel und Dämonen quasi zum festen Repertoire gehören. Zusammen mit anderen Elementen wie Burgen, Klöstern, Schwertern, Rüstungen, Heiltränken, Alchemisten usw. evozieren sie eine bestimmte Mittelaltervorstellung als eine von Kampf, Magie und übernatürlichen Mächten geprägte Welt und lassen diese durch die grafische Umsetzung des Spiels lebendig werden. Figuren und Motive aus dem Bereich der Religion werden dabei sehr wörtlich ins Bild gebracht: Bei Diablo III sehen Dämonen sehr hässlich aus und haben Hörner, in der Hölle gibt es sehr viel Feuer und der Himmel wird grafisch als ein riesiger Palast mit Türmen und Zinnen hoch über den Wolken dargestellt. Und wenn der Engel Tyrael als Mensch auf die Erde kommt, fliegt er mit einem Feuerschweif nach unten.

An diesen Beispielen lässt sich bereits deutlich machen, in welcher Weise religiös konnotierte Figuren, Symbole und Motive verwendet werden. Sie finden als Klischees Eingang in die Spielewelt, d. h., sie werden ohne den Kontext der religiösen Tradition gewissermaßen zitathaft platziert. Sie spielen zwar auf Religion und den in Kultur und Geschichte damit verbundenen Bedeutungsgehalt an, verbleiben aber an der Oberfläche. Die Benennung einer bestimmten Pixelzusammenstellung als „Dämon“ soll die Computergrafik mit Bedeutung aufladen und zusammen mit anderen (pseudo-)religiösen Elementen einen Sinnzusammenhang herstellen. Das Spielsystem von Fantasy-Computerspielen gerade aus dem Genre „Hack & Slay“[12] ließe sich auch ohne mythologische oder religiöse Aufladung realisieren. Religion und Mythologie stellen aber den Rahmen oder die Geschichte zur Verfügung und lassen das „Töten“ von Pixelzusammenstellungen auf dem Bildschirm als bedeutungsvoll erscheinen. Elemente aus einer religiösen Tradition müssen dabei in Rollenspielen nicht notwendigerweise zum Zuge kommen. Den Spielengine von Diablo III könnte man ohne Weiteres auch für ein Science-Fiction-Szenario oder ein geschichtliches Thema als Rahmenhandlung verwenden. Oder anders gesagt: Die im Spiel zur Geltung kommenden Verweise auf religiöse Motive oder Begrifflichkeiten werden den Ansprüchen der Spiellogik untergeordnet. Die „Auferstehung“ eines toten Avatars in World

[12] Bei dieser Art von Rollenspielen ist der Aspekt des Kampfes sehr ausgeprägt und steht gegenüber dem eigentlichen Rollenspiel im Vordergrund. Diablo III oder Torchlight II sind Beispiele für diese Art von Computerspielen.

of Warcraft verdankt sich der Notwendigkeit, dass Spieler, deren Charaktere zu viele Schadenspunkte erlitten haben, sanktioniert werden müssen und bei einem bestimmten Schadenslevel dann „sterben“. Gleichzeitig muss ein überzeugendes Konzept geboten werden, um die Spielcharaktere auch wieder an dem Spiel zu beteiligen, da ja das Spiel sonst zu Ende wäre oder ein neuer Charakter erstellt werden müsste, der World of Warcraft wieder ganz von vorne zu spielen beginnt. Hinter „Auferstehung“ verbirgt sich die gemäß der Spiellogik eröffnete Möglichkeit, dass ein Avatar wieder in das Spiel gebracht werden und als identischer Charakter weiter an dem Spiel teilnehmen kann. Mit der christlichen Idee von Auferstehung hat dies wenig zu tun; der Spieler kann seinen Charakter unbegrenzt oft wiederbeleben lassen und der Avatar wird einfach nur an der Stelle im Spiel wieder eingesetzt, an der er zuvor „verstorben“ war.

Ähnlich verhält es sich mit der Figur des Priesters, dessen Funktion innerhalb des Spiels vor allen Dingen die Rückgewinnung von Lebenspunkten für andere Mitspieler beinhaltet. Mit „Heilung“ spricht der Priester einen Zauber aus, der die Energie einer Spielfigur wieder herstellt und innerhalb der Spielsystematik eine Möglichkeit bietet, dass Avatare ihre „Gesundheit“ verbessern. Natürlich ist die Terminologie nicht zufällig gewählt: Die Verwendung von Begriffen wie „Auferstehung“ oder „Priester“ für bestimmte Abläufe oder Aufgaben innerhalb des Spiels ordnet diese in einen Sinnhorizont ein, verleiht ihnen Relevanz und assoziiert einen Bedeutungszusammenhang. Der religiöse Sinngehalt wird zwar insinuiert, aber entsprechend den Bedürfnissen der Spielsystematik verändert und letztlich verbogen. Wenn man in Fantasy-Rollenspielen im Hinblick auf die Verwendung einer religiös konnotierten Terminologie etwas über Religion lernen kann, dann vor allen Dingen Klischees.

4. Menschliche Grunderfahrungen

Mehr als die rein zitathafte Verwendung von Begriffen oder Motiven aus einer religiösen Tradition in Computerspielen scheint unter einer religionspädagogischen Perspektive der Umgang mit menschlichen Grunderfahrungen zu sein. Freude, Leid, Trauer und Hoffnung haben auch ihren Platz in der Spielerfahrung von Jugendlichen und finden mitunter ungeahnte Ausdrucksweisen. Unter dem Titel „Abschied eines Gildenmeisters“ hat die Gilde[13] Mithrilorden ein YouTube-

[13] Gilde ist innerhalb von World of Warcraft der Ausdruck für eine Spielervereinigung, d. h. die der Gilde angeschlossenen Spieler treffen sich regelmäßig innerhalb des Online-Spiels und gehen gemeinsam die vom Spiel gestellten Aufgaben („Quests“) an.

Video[14] erstellt, mit dem sie ein wichtiges Mitglied ihrer Spielergemeinschaft verabschiedet. Das In-Game-Video[15] zeigt einen Avatar – einen Krieger – der einen Weg entlangläuft und offensichtlich den zu verabschiedenden Gildenmeister darstellt. Es werden Szenen aus vergangenen Abenteuern eingeblendet und kommentiert: „Wir haben viel erlebt“, „Wir sind unseren Weg gegangen“, „Wir haben viel gewonnen“, „Wir sind stärker geworden“, „Wir haben neue Freunde gefunden“, „Wir haben viel verloren“, „Der Weg war lang und schwer“. Der Avatar nimmt an einem Fluss Platz und schaut dem vorbeifließenden Wasser zu. Nach und nach kommen seine Kampfgefährten dazu. Sie schauen gemeinsam dem vorbeiströmenden Wasser zu, dann winken alle nochmals zum Abschied. Unterlegt ist der Film mit einer getragenen und traurigen Melodie.

Was zunächst nur wie ein hübscher Videoclip und eine kreative Hommage an einen Mitspieler in World of Warcraft aussieht, kann bei näherer Betrachtung auch unter religionspädagogischen Gesichtspunkten Interesse wecken. Anlass für den Clip ist zunächst einmal der Abschied des Gildenmeisters, aber es ist im Grunde ein Film über die Monate und Jahre, die eine Spielergemeinschaft zusammen verbracht hat. Das Video ist aufgeladen mit vielfältigen symbolträchtigen Motiven: Es beginnt mit dem Avatar des Gildenmeisters, der als „einsamer Wanderer“ einen Weg geht und dessen Weg an dem Fluss zu Ende ist. Den Fluss kann man als Symbol für die Vergänglichkeit interpretieren, an ihm versammelt sich ein letztes Mal die Spielergemeinschaft, bevor sie sich in der bisherigen Weise auflöst. Die eingeblendeten Szenen handeln vom gemeinsamen Kampf, von Siegen, aber auch vom Tod der Spielfiguren in verlorenen Kämpfen. Es ist ein Film über die Freundschaft der Spieler, die zusammen eine Entwicklung genommen haben, zusammen stärker und reifer geworden sind und deren Wege sich nun endgültig trennen.

Freundschaft, Kampf, Trennung, Bund, Einsamkeit, Abschied, Tod oder Reifung/Entwicklung sind in diesem Fall natürlich Erfahrungen, die über ein Computerspiel mediatisiert sind. Nichtsdestotrotz scheinen diese Erfahrungen für die Spieler bedeutsam zu sein, so bedeutsam, dass sie diese in einem Film symbolisch verarbeiten. Manfred Pirner weist darauf hin, dass Computerspiele Orte sein können, an denen eine „Auseinandersetzung mit menschlichen Grundfragen“[16] stattfinde. Gerade Jugendlichen scheint die Wirklichkeit der Computerspiele Raum für existentielle Erfahrungen zu bieten: „Die Heranwach-

[14] Das Video ist leider nicht mehr auf YouTube verfügbar. Ähnliche Videos findet man aber auf YouTube unter dem Stichwort „WoW Abschied“.

[15] Ein In-Game-Video ist eine Videoaufnahme von Szenen aus einem Computerspiel. Dazu wird mittels einer Software der Bildschirminhalt aufgezeichnet und später nachbearbeitet. In-Game-Videos zeigen oftmals Spielmitschnitte von besonderen Kämpfen oder Ereignissen innerhalb eines Computerspiels.

[16] *Pirner,* Erlösermythen 265.

senden erhalten dort die Möglichkeit, auf meist spielerische, fiktionalisierte und virtualisierte Weise denjenigen menschlichen Gefühlen, Kräften und Erlebnissen zu begegnen, welche im durchrationalisierten Funktionalismus unserer Alltags-, Schul- und Berufswelt verdrängt werden, die jedoch für ein gelingendes Menschsein durchaus notwendig sind.“[17] In dieser Perspektive haben Computerspiele einen Doppelcharakter: Sie stellen Jugendlichen einerseits einen Erlebnisraum zur Verfügung, der sie für ihre Entwicklung wichtige Erfahrungen machen lässt. Andererseits hat dieser Erlebnisraum kompensatorischen Charakter, da er in anderen Weltbezügen nicht in einer für Jugendliche attraktiven Weise vorhanden zu sein scheint.

5. Entwicklungsaufgaben

In der Studie „Heranwachsen mit dem Social Web“[18] untersucht das Hans-Bredow-Institut in Hamburg den Umgang von Jugendlichen mit Angeboten des Web 2.0. Abgefragt wird etwa die Art und Häufigkeit der Nutzung von sozialen Netzwerken. Daraus werden Nutzungsmuster und Handlungstypen abgeleitet, so dass die Motive von Jugendlichen im Umgang mit Social Media sichtbar werden. Ein zentraler Punkt der Studie besteht in dem Gedanken, dass Jugendliche bzw. junge Erwachsene soziale Netzwerke nutzen, um Entwicklungsaufgaben zu bewältigen. Die Autoren der Untersuchung teilen die Entwicklungsaufgaben in drei Bereiche ein: „Jugendliche sind in ihrer Identitätsgenese und der damit verbundenen Bewältigung ihrer Entwicklungsaufgaben herausgefordert, sowohl Sach-, Sozial- als auch Selbstauseinandersetzung zu betreiben.“[19] Damit korrespondierend identifiziert die Studie drei Handlungskomponenten, für die das Social Web symbolische oder reale Spielräume zur Verfügung stellt, nämlich Identitätsmanagement, Beziehungsmanagement und Informationsmanagement. Ein Beispiel für Identitätsmanagement in einem sozialen Netzwerk könnte das Anlegen einer Profilseite auf Facebook sein, die soziale Auseinandersetzung findet etwa in der Kommunikation mit Freunden in dem Netzwerk statt, und mit dem Anklicken des „Like“-Buttons auf Facebook geht eine Sachauseinandersetzung einher.

[17] Ebd. 267.
[18] *Schmidt/Paus-Hasebrink/Hasebrink,* Heranwachsen mit dem Social Web.
[19] Ebd. 3.

Entwicklungs-aufgabe	**Kernfrage**	**Handlungs-komponente**	**Beispiele (Social Web)**
Selbstaus-einandersetzung	Wer bin ich?	Identitäts-management	Ausfüllen einer Profilseite; Veröffentlichen eines eigenen Videos
Sozialaus-einandersetzung	Welche Position habe ich in meinem sozialen Netz?	Beziehungs-management	Senden oder Annehmen von Kontakt-gesuchen; Kommentieren eines Webblog-Eintrags
Sachaus-einandersetzung	Wie orientiere ich mich in der Welt?	Informations-management	Recherchieren in Wikipedia; Bewerten eines YouTube-Videos

Tabelle 1: Soziale Netzwerke stellen Jugendlichen Instrumente für die Bewältigung von Entwicklungsaufgaben zur Verfügung.

Wenn soziale Netzwerke Mittel für die Bewältigung von Entwicklungsaufgaben an die Hand geben, dann kann man annehmen, dass in analoger Weise auch Computerspiele und insbesondere Online-Rollenspiele als Mediatoren der Auseinandersetzung mit sich selbst, mit dem sozialen Umfeld und mit der (Spiele-) Welt in Frage kommen. Diese Vermutung stützt auch Pirner: „Deutlich wird aus den vorhandenen Untersuchungen zu Computerspielen jedenfalls, dass die Heranwachsenden diese stark zur Bewältigung von Entwicklungsaufgaben und zum Auf- und Ausbau eigener Kompetenzen nutzen.“[20]

Bezogen auf ein Online-Rollenspiel zwingen sich Identitätsmanagement, Beziehungsmanagement und Informationsmanagement sogar noch weitaus stärker auf, als es bei sozialen Netzwerken der Fall ist, da alle drei Komponenten im Zusammenspiel erst ein befriedigendes Spielerlebnis ermöglichen. Der Rollenspieler muss notwendigerweise zu Beginn einen Avatar erstellen und für diesen einen Namen, ein Geschlecht und eine Klasse (Priester, Krieger, Dieb usw.) auswählen. Unabdingbar ist ebenso die Interaktion mit anderen Rollenspielern, da die meisten Aufgaben, die das Rollenspiel stellt, nur in der Kooperation mit anderen gelöst werden können. Schließlich ist auch eine Sachauseinandersetzung

[20] *Pirner,* Erlösermythen 273.

innerhalb der Spielewelt vonnöten: „Quests" müssen gelesen und verstanden werden, die Stärken und Schwächen der eigenen Figur, der Mitspieler und der Gegner muss den Spielern vor Augen stehen, für die Aufwertung des eigenen Avatars mit speziellen Fähigkeiten und Kampftechniken stehen ganze Handbücher und Tutorials zur Verfügung.

Entwicklungsaufgabe	**Beispiele (Online-Rollenspiele)**
Selbstauseinandersetzung	Erstellen und Ausrüsten eines Charakters; Präsentation des Avatars auf der Webseite einer Spielergruppe
Sozialauseinandersetzung	Mitgliedschaft in einer Spielergruppe („Gilde"); Übernahme von bestimmten Aufgaben innerhalb der Gruppe
Sachauseinandersetzung	Recherche von und Vorbereitung auf Aufgaben im Spiel („Quests"); Optimierung des eigenen Charakters (Skills")

Tabelle 2: Entwicklungsaufgaben in Online-Rollenspielen

Mithin scheinen Online-Rollenspiele bestimmte Entwicklungsaufgaben in besonderer Weise aufzugreifen: „Aufwachsen heute bedeutet, Identität(en) zu konzipieren, sie wieder fallen lassen zu können, sie neu zu projektieren und zu behaupten, also mit Identitäten ‚spielen' zu können."[21] In Computerspielen können Jugendliche in einer Weise Identitäten, Rollen oder Handlungsmuster spielerisch erproben, die sie so in anderen Weltbezügen wie Schule oder Familie nicht entfalten würden. Im Spiel kann man auch mal „böse" sein, wenn man sich z.B. in World of Warcraft auf die Seite der Orks oder der Untoten schlägt. In Dialogen mit NPCs[22] kann man grob und unhöflich sein und ggf. gerade dadurch das Ziel des Spiels besser erreichen.[23]

Dass die Sachauseinandersetzung sich vor allen Dingen um Inhalte und Strategien in Bezug auf das Computerspiel dreht, scheint wiederum typisch für das Informationsinteresse von Jugendlichen zu sein, die zusammen mit Altersgenos-

[21] *Schmidt/Paus-Hasebrink/Hasebrink,* Heranwachsen mit dem Social Web 3.

[22] NPCs sind Non-Player-Charaktere, also Figuren, die vom Computer gesteuert werden. Spieler können in Gesprächen mit NPCs meist mehrere Dialogoptionen wählen.

[23] Es ist natürlich unproblematisch, aggressives oder sonstiges von üblichen Sozialkonventionen abweichendes Verhalten dann an den Tag zu legen, wenn dies im Rahmen der Spiellogik so vorgesehen ist. Die Avatare von anderen Spielern zu „erschießen" ist im Rahmen eines Ego-Shooters quasi geboten und so vorgesehen. Dagegen wird bei Interaktionen oder Kommunikation außerhalb der Spiellogik sehr genau darauf geachtet, dass soziale Regeln des Umgangs untereinander eingehalten werden.

sen spielen: „Klassifiziert man aber das Spektrum der Informationsbedürfnisse in vier Stufen – ungerichtete Informationsbedürfnisse, themen- oder bereichsspezifische Interessen, gruppenbezogene Bedürfnisse und problembezogene Bedürfnisse –, so kann angenommen werden, dass die gruppenbezogenen Bedürfnisse für Jugendliche eine besondere Bedeutung haben [...].“[24] Abhängig von den Interessen und Hobbys der jeweiligen sozialen Bezugsgruppe – sei es in Schule, Verein usw. – setzen sich Jugendliche vor allen Dingen mit den Themen auseinander, die von den Peers als wichtig erachtet werden.

6. Fazit

Bringt man die Stichworte Computerspiele und Religion in einen Zusammenhang, dann fallen die offensichtlichen Bezüge zunächst vor allen Dingen in Fantasy-Rollenspielen ins Auge, die durch eine Terminologie, in der religiöse Begriffe und Motive eine wichtige Rolle spielen, eine bestimmte Spielatmosphäre erzeugen wollen. Der Rückgriff auf solche religiös konnotierten Elemente findet zumeist rein instrumentell statt. Die Motive und Figuren sind von religiöser Tradition und vom Kontext losgelöst und ordnen sich der Spiellogik unter. Unter einer religionspädagogischen Perspektive scheint es zunächst einmal geboten zu sein, die Differenz zwischen pseudoreligiösen Elementen in Computerspielen und deren Bezugspunkt in der religiösen Tradition aufzuzeigen.

Weit weniger offensichtlich mit Religion verbunden, aber für eine Betrachtung unter religionspädagogischen Gesichtspunkten sehr fruchtbar, ist die Anlage vieler Fantasy-Rollenspiele als mythische Erzählung, in der der jugendliche Spieler sich – meist mit Freunden – auf ein Abenteuer oder eine Reise einlässt. Hier kommen archetypische Motive zur Geltung, das Spiel wird als Epos gestrickt, das von Berufung, Kampf, dem Bund mit Weggefährten, Siegen über schreckliche Gegner, Niederlagen, Umkehr, Verrat, Erneuerung und schließlich dem Sieg des Guten und der Vernichtung des Bösen handelt. Wie sehr Jugendliche die Welt des Spiels zu ihrer Lebenswelt machen und wie bedeutsam die im Spiel gemachten Erfahrungen für sie sein können, davon zeugen viele aufwendig gestaltete Homepages von Spielergruppen oder YouTube-Videos. Fantasy-Spielewelten sind in ihrer Anlage oftmals so aufgestellt, dass sie den Spieler bzw. dessen Avatar gewissermaßen im Zeitraffer ein Leben durchlaufen lassen, in dem dieselben Entwicklungsschritte und -aufgaben eine Rolle spielen, die den Jugendlichen in der nicht-digitalen Lebenswelt weniger dramatisch und in größeren Zeiträumen begegnen. Mit Blick auf die abenteuerliche Reise des Spielhelden nimmt Pirner insbesondere die Chancen zur Identitätserprobung in den

[24] *Schmidt/Paus-Hasebrink/Hasebrink,* Heranwachen mit dem Social Web 16.

Blick: „Die oben angesprochene mythische Reise wird durch ihre Ritualisierung Teil der ‚Lebensreise' der Heranwachsenden vom Kind zum Erwachsenen, hilft ihnen bei der Bewältigung von Entwicklungsaufgaben wie Identitätsfindung oder weltanschaulich-moralische, soziale und sexuelle Orientierung. Das wiederum ritualähnliche Rollenspiel ermöglicht das Ausprobieren unterschiedlicher Identitäten: Wie ‚fühlt es sich an', in die Figur eines Priesters, eines Zuhälters oder eines Polizisten zu schlüpfen – wie bei *Messiah* – oder gar die Rolle eines Gottes zu übernehmen wie bei *Black&White*? Hier werden Selbsterfahrungen möglich, die in der Tat, wie bei *Black&White* angekündigt, Selbsterkenntnis fördern und somit zur Identitätsfindung beitragen können."[25]

Damit sind einige Punkte genannt, durch die Computerspiele unter einer religionspädagogischen Perspektive an Interesse gewinnen können. Weitere Zusammenhänge können hier nur angedeutet werden, etwa das Spiel mit Erlösungshoffnungen, auf das der Medientheoretiker Peter Weibel in Zusammenhang mit der Simulation Second Life aufmerksam gemacht hat: „Das zweite Leben erwartet uns den christlichen Vorstellungen gemäß nach dem Tod. Nun können wir uns während des Lebens in ein Paralleluniversum begeben. Die Hoffnung auf ein zweites, neues Leben ist die wichtigste Heilserwartung der Christen. Sie wird nun, zugespitzt gesagt, technologisch eingelöst."[26] Auch Phantasien von Allmacht, Ubiquität oder Unsterblichkeit können mitunter in Computerspielen ausgelebt werden oder werden mit Technologie verknüpft.[27] Eine vertiefte Untersuchung solcher Phänomene[28] muss allerdings über den Bereich der Computerspiele hinausgehen und den Zusammenhang von Religion und Medien – z. B. wie Pirner unter dem Stichwort der „*Religionsähnlichkeit* der elektronischen Medien"[29] – in den Blick nehmen.

Literatur

Beutel, Manfred E./Hoch, Julia/Müller, Kai u.a.: Computerspiel und Internetnutzung. Problematisches und süchtiges Verhalten. Diagnostik, Ursachen und Verbreitung. In: *Bohrer, Clemens/Schwarz-Boenneke, Bernadette* (Hrsg.): Identität und virtuelle Beziehungen im Computerspiel, München 2010, 17–27.

[25] *Pirner,* Erlösermythen 268.
[26] *Weibel,* Das neue Leben 156.
[27] Vgl. *Valentin,* Zwischen Matrix und Christus.
[28] Zu einer solchen vertieften Untersuchung vgl. auch *Bohrer,* Babel oder Pfingsten 169–276 sowie *Bohrer,* Auge Gottes 75–88.
[29] *Pirner,* Einführung 11.

BITCOM: Gaming in Deutschland 2013, siehe: http://www.bitkom.org/files/documents/BITKOM_Praesentation_Gaming_PK_130813(1).pdf (Stand: 10. April 2014).

Bohrer, Clemens: Auge Gottes – Palantir – Google Latitude, in: *Bohrer, Clemens* (Hrsg.): BibleWorld. Google Earth in religionspädagogischen Vermittlungszusammenhängen, Baden-Baden 2011, 75–88.

Ders.: Babel oder Pfingsten? Elektronische Medien in der Perspektive von Marshall McLuhan, Ostfildern 2009.

Campbell, Joseph: Der Heros in tausend Gestalten, Frankfurt a. M. 1978.

Festl, Ruth/Scharkow, Michael/ Quandt, Thorsten: Problematic computer game use among adolescents, younger and older adults. In: Addiction 108 (2013) 592–599.

Medienpädagogischer Forschungsverbund Südwest: JIM-Studie 2013, siehe: http://www.mpfs.de/index.php?id=617 (Stand: 10. April 2014).

Münker, Stefan: Was heißt eigentlich: „Virtuelle Realität“? Ein philosophischer Kommentar zum neusten Versuch der Verdopplung der Welt. In: *Münker, Stefan/Roessler, Alexander* (Hrsg.): Mythos Internet, Frankfurt a. M. 1997.

Pirner, Manfred: Einführung, in: *Pirner, Manfred/Breuer, Thomas* (Hrsg.): Medien – Bildung – Religion. Zum Verhältnis von Medienpädagogik und Religionspädagogik in Theorie, Empirie und Praxis, München 2004, 11–18.

Ders.: Erlösermythen im Computerspiel. Götter – Heroen – Kämpfer. In: *Heumann, Jürgen:* Über Gott und die Welt. Religion, Sinn und Werte im Kinder- und Jugendbuch, Frankfurt a. M. 2005, 259–275.

Schmidt, Jan-Hinrik/Paus-Hasebrink, Ingrid/Hasebrink, Uwe: Heranwachsen mit dem Social Web. Zur Rolle von Web 2.0-Angeboten im Alltag von Jugendlichen und jungen Erwachsenen 2009, siehe: http://www.hans-bredow-institut.de/webfm_send/367 (Stand: 10. April 2014).

Spitzer, Manfred: Digitale Demenz, München 2012.

Stoll, Clifford: Die Wüste Internet. Geisterfahrten auf der Datenautobahn, Frankfurt a. M. 1996.

Valentin, Joachim: Zwischen Matrix und Christus. Fundamentaltheologie als kritische Religions- und Kulturtheorie. In: Magazin für Theologie und Ästhetik 32 (2004), siehe: http://www.theomag.de/32/jv1.htm (Stand: 10. April 2014).

Weibel, Peter: Das neue Leben vor dem Tod, in: Der Spiegel, Nr. 8, vom 17.02.2007, 156f.

Das Lachen als Ausdruck der Seele

Die Simpsons im Religionsunterricht

Roland Rosenstock

1. Comics und Animation

Im Gegensatz zu Deutschland ist Amerika durch eine eigene Comictradition geprägt, die sich zum einen an der – weitgehend religionsneutralen – Welt von Walt Disney orientiert, zum anderen aber auch eine substantielle Gesellschaftskritik wagt. Sie versucht, die ambivalenten Erfahrungen der beiden Weltkriege, der Shoa und auch den Schrecken des 11. September 2001 zu verarbeiten.

In jüngster Zeit sind hier vor allem die Comiczeichnungen von Art Spiegelman zu nennen, der sich mit seiner Beschreibung des Holocaust als Comic-Strip in die Tradition der amerikanischen Underground-Comics der 60er- und 70er-Jahre stellt.[1] In seinen beiden Büchern schildert er die Geschichte seiner jüdischen Eltern Wladek und Anja Spiegelman in Polen, wobei im ersten Band im Rückblick des Vaters auf Jiddisch das Leben im Ghetto im polnischen Srodula und im zweiten Band u. a. der Aufenthalt im Konzentrationslager Auschwitz erzählt wird.

Die traumatischen Umstände um den 11. September verarbeitet Spiegelman in dem großformatigen Comic „In the shadow of no towers", der 2002 exklusiv in der Wochenzeitung „DIE ZEIT" als zehnteilige Comic-Serie „Im Schatten keiner Türme" veröffentlicht wurde.[2] Spiegelman war Augenzeuge und Betroffener des Anschlags, da er nur wenige Blocks vom World Trade

[1] „Maus. A survivor's tale" erschien erstmals 1986 (dt.: Maus. Die Geschichte eines Überlebenden, Bd. I: Mein Vater kotzt Geschichte aus, 1989) bei Pantheon Books in New York, der zweite Band unter dem Titel „Maus. A survivor's tale, Vol. II: And here my troubles began" 1991 (dt.: Maus. Die Geschichte eines Überlebenden, Bd. II. Und hier begann mein Unglück, 1992). Für „Maus" wurde er 1992 mit dem Publizer Preis ausgezeichnet. Vgl. dazu auch die Dokumentation: Comix. Art Spiegelman – Der Spiegel der Geschichte, ARTE, Frankreich 2004.

[2] Vgl. *Spiegelman,* In the shadow.

Center entfernt lebte.[3] Hat sich der konfessionelle Religionsunterricht in den vergangenen Jahren für Graphic Novels (Comics im Buchformat) geöffnet, die geschichtliche Themen oder Biographien von religiösen Persönlichkeiten jugendgemäß verarbeiten (z. B. Dietrich Bonhoeffer), so blenden die Schulbuchverlage und Religionslehrkräfte die populären Formate der animierten Bilder eher aus.

Dabei ist zumindest der Alltag der amerikanischen Gesellschaft auch geprägt von religiösen Erfahrungen, die sich v. a. in den Werten der Familie, der religiösen Erziehung der Kinder, der Verbundenheit zu einer religiösen Gemeinschaft, dem Stolz auf die Nation und auch in der populären Alltagskultur ausdrücken. Anders als in Deutschland kennt man eine eigene religiöse Popkultur, die wie selbstverständlich die biblischen Geschichten in populären Spielfilmen, Serien und der multimedialen Medienindustrie vermarktet, weil man aufgrund der religiösen Erziehung an die großen „Erzählungen" des Judentums und des Christentums nahezu voraussetzungslos narrativ anknüpfen kann.[4]

Nicht nur die großen Themen des 20. Jahrhunderts prägen daher die Bilderwelten, sondern auch etablierte Zeichentrickserien wie „The Simpsons" bieten für den Religionsunterricht eine Fülle von Anregungen, um religiöse Fragestellungen in einer jugendgemäßen Form zu behandeln, da das „Bewegtbild" im Internet oder Fernsehen für Jugendliche noch immer eine große Bedeutung besitzt.[5]

So ist der aktuellsten JIM-Studie zu entnehmen, dass die Nutzung des Fernsehens bei Jugendlichen in den vergangenen Jahren stabil geblieben ist. Durchschnittlich 111 Minuten schauen 12- bis 19-Jährige täglich Fernsehen. Dabei erfreuen sich die Serienangebote des Privatsenders ProSieben vor allem bei den Jungen des größten Zuspruchs.[6] In dieser Altersgruppe ist das Programmformat der amerikanischen Animationsserie „Die Simpsons" in Deutschland seit Jahren die meistgenannte Lieblingsserie. 2013 wurde auf ProSieben die 500. Episode der am längsten laufenden Sitcom der Welt ausgestrahlt.[7]

[3] Vgl. ebd. und dazu das Spiegel-Online Interview vom 11. September 2003 „Ein Zustand des Schocks. Art Spiegelman über 9/11 und die Folgen". In: www.spiegel.de/kultur/literatur/0,1518,265185,00.html [Stand: 3. März 2009].

[4] Vgl. dazu aktuell den amerikanischen Spielfilm „Noah", dessen Vorlage eine französische Comicbuch-Serie bildet, die auch in deutscher Sprache erschienen ist. Vgl. *Aronofsky/Handel/Nerichon,* Noah. Oder der kommende als Blockbuster deklarierte Film „Exodus".

[5] Vgl. dazu *Rosenstock,* Religion im Fernsehen.

[6] *Medienpädagogischer Forschungsverbund Südwest,* JIM-Studie 21f.

[7] Vgl. zum Hintergrund der Serie und zum Programmformat www.prosieben.de/tv/simpsons [Stand: 10. Oktober 2014].

2. Die religiöse Welt der Simpsons

Die Serie bietet eine Vielzahl von religiösen Charakteren, die nicht nur Jungen aus unterschiedlichen Milieus und Schulformen anspricht.

Tochter Lisa ist die kluge und ihrem Bruder stets überlegene, Saxophon spielende Philosophin der Familie, die aus Protest gegen die Kommerzialisierung des Christentums zum Buddhismus übertritt.[8] Mutter Marge hat ein gutes Herz, das in jedem Moment bereit ist, die Welt ein wenig besser zu sehen, als sie wirklich ist. Sie besitzt als künstlerisch begabte Hausfrau einen hervorragenden Hochschulabschluss und ist bereit, sich in der christlichen Gemeinde oder der Telefonseelsorge zu engagieren, verkörpert die Mischung aus Glaube und gesundem Menschenverstand und besucht gern den sonntäglichen Gottesdienst des frustrierten und wenig charismatischen Modelleisenbahners Reverend Lovejoy.[9]

Der puritanische Nachbar Ned Flanders hat nach einer Therapie sein ganzes Leben dem Ziel gewidmet, mit seiner Familie im Sinne bibeltreuer Christen zu leben. Er eröffnet aus Nächstenliebe einen Laden für Linkshänder und einen christlichen Erlebnispark.[10] Vater Homer arbeitet als Techniker im Atomkraftwerk für den Teufel Mr. Burns und ist für manche Katastrophe verantwortlich, da sein Intellekt nicht über die Suche nach dem nächsten Donut hinausgeht.[11] Obwohl er beim sonntäglichen Kirchgang stets einschläft, darf er mit Gott einen Spaziergang machen und erkennt die Grenzen seines egoistischen Daseins.[12] Homers rotzfrecher Sohn Bart spielt gerne Streiche, macht sich über seinen Vater und alles andere um ihn herum lustig und sucht den einfachsten Weg durchs Leben.[13]

8 Vgl. die Episode „She of little faith“ (2001), dt.: „Allein, ihr fehlt der Glaube“ (2003).

9 Vgl. auch die Episode „In Marge we trust“ (1997), dt.: „Marge als Seelsorgerin“ (1997): Der ehemals sehr engagierte, doch nun nur noch desillusionierte Reverend Lovejoy überredet Marge, für ihn die Seelsorge in der Gemeinde zu übernehmen.

10 Vgl. die Episode „I'm goin' to Praiseland“ (2001), dt.: „Wunder gibt es immer wieder“ (2002).

11 Vgl. die Episode „Pray Anything“ (2003), dt.: „Ein kleines Gebet“ (2004) mit Anspielung auf die Arche Noah. In „Homer vs. Lisa and the 8th Commandment“ (1991), dt.: „Das achte Gebot“ (1992) nutzt Homer einen illegalen Anschluss an das Kabelnetz, um mit seinen Freunden Football zu schauen. Dafür wird er von Lisa wieder auf den rechten Weg gebracht, die das 8. Gebot ganz auf ihre eigene Art richtig versteht.

12 Vgl. die Episode „Homer the Heretic“ (1992), dt.: „Ein gotteslästerliches Leben“ (1994), in der es im Abspann zu einem Gespräch zwischen Gott und Homer über ein gelungenes Leben kommt.

13 Allerdings hat er in der 16. Staffel auch eine fromme Phase. In „The Father, the Son, and the Holy Guest Star“ (2005), dt.: „Der Vater, der Sohn und der heilige Gaststar“ (2006) beschließt er, nachdem er in einem katholisches Internat unterrichtet wird, aufgrund des Kontaktes mit Pater Sean katholisch zu werden.

Eine Reihe von Folgen knüpft an biblische Erzählungen an, die von Jugendlichen gern erarbeitet werden, da sie als Voraussetzung dienen, um über die komischen Szenen auch lachen zu können.[14] Dabei werden auch gesellschaftliche Streitfragen verarbeitet wie zum Beispiel der vermeintliche Gegensatz zwischen Intelligent Design und Evolutionstheorie oder die apokalyptischen Endzeiterwartungen amerikanischer Fundamentalisten.[15]

Für die nichtchristlichen Weltreligionen stehen der Supermarktbesitzer und Hindu ApuNahasapeemapetilon mit seiner Frau Manjula und der jüdische Clown und melancholische Zyniker Herschel Krust(owsk)y, der selbst Sohn eines Rabbis ist.[16] Fehlte lange Jahre ein muslimischer Charakter in Springfield, so werden die Vorurteile der Amerikaner gegen den Islam anhand der Familie Bin Laden verarbeitet, die durch Bashir, einen jordanischen Jungen, seinen Vater, den Sprengmeister Amid, und seine Mutter Mina verkörpert werden.[17]

3. Die Simpsons im Religionsunterricht

Als erster Zugang zur Serie ist die Folge „Bart sells his soul“ (1995) (dt.: „Bart verkauft seine Seele“ [1996]) sehr geeignet, da hier ein zentrales religiöses Thema im Mittelpunkt steht, das in den Rahmenplänen des konfessionellen Religionsunterrichts unverständlicherweise vernachlässigt wird.[18]

Der Plot: Bart verkauft seinem Freund Milhouse seine Seele, weil er fünf Dollar für etwas, was es gar nicht gibt, für ein gutes Geschäft hält. Doch bald spürt

[14] Vgl. dazu „Simpsons Bible Stories“ (1999), dt.: „Bibelstunde einmal anders“ (1999), die während eines besonders heißen Ostergottesdienstes spielt, in der Reverend Lovejoy endlos predigt, weil jemand einen Osterhasen als Kollekte auf den Opferteller gelegt hat. Jedes Familienmitglied der Simpsons träumt sich in eine Bibelgeschichte, Homer als Macho im Garten Eden, Lisa als Beraterin von Mose beim Exodus und Bart kämpft mit David gegen den Riesen Goliath.

[15] Vgl. „The Monkey Suit“ (2006), dt.: „Gott gegen Lisa Simpson“ (2007). Apokalyptische Vorstellungen werden z.B. in „Thank God, it's Doomsday“ (2005), dt.: „Das jüngste Gericht“ (2006) behandelt. Nach der Himmelfahrt von Homer kommt es zu einer Begegnung mit Gott, der von ihm überzeugt wird, dass er die Apokalypse wieder rückgängig machen soll

[16] Vgl. die Episode „Today, I am a clown“ (2003), dt.: „Krustys Bar Mitzvah“ (2004).

[17] Vgl. die Episode „Mypods and Boomsticks“ (2008), dt.: „Bin runterladen“ (2009). Basmir freundet sich mit Bart an, doch weil er muslimischen Glaubens ist, glaubt Homer, dass sie als Schläfer agieren und Springfield in die Luft sprengen wollen.

[18] Eine Zusammenfassung der wichtigsten Sequenzen und viele Hintergrundinformationen bietet das Simpson-Archiv unter: http://www.snpp.com/episodes/3F02.html [Stand: 10. Oktober 2014].

er, dass die Seele ein wichtiger Teil seines Körpers ist. Bart versucht, das Papier zurückzukaufen, doch sein Freund hat den Preis bereits auf 25 Dollar erhöht.

Auf der zweiten Handlungsebene verschuldet sich der Barkeeper Moe, um ein Familienrestaurant zu eröffnen. In der Werbung verspricht Moe mit einem Lachen im Gesicht, die Bestellungen seiner Gäste zu erfüllen und den Kindern am Tisch ein Geburtstagslied zu singen. Doch Moe kann nicht aus der Tiefe seines Herzens lachen, sondern versucht, nur aus Berechnung freundlich zu sein. Da er Kindergeschrei nicht aushalten kann und selbst keinen Humor verträgt, kommt es zum Eklat: Moe scheitert an seiner eignen Werbestrategie und kehrt in den „Dunst" seiner trost- und seelenlosen Bierkneipe zurück.

Bart versucht derweil im ersten Handlungsstrang, seine Seele zurückzuholen, doch Milhouse hat sie bereits an einen Comichändler weiterverkauft, der sie wiederum für einen guten Preis an jemand Unbekannten verscherbelt hat. Am Ende seiner Kräfte kehrt Bart nach einer nächtlichen Odyssee nach Hause zurück und fleht Gott an, ihm seine Seele zurückzugeben. Schwester Lisa erhört sein Gebet. Von ihrem Taschengeld hat sie Barts Seele dem Comichändler abgekauft und sie gibt ihm das Papier zurück, weil sie der Überzeugung ist, dass er sich seine Seele nun wirklich verdient hat, weil er schmerzlich begriffen hat, wie sehr er sich ohne Seele zum Negativen verändert hat.

In der ausgewählten Folge werden die Jugendlichen mit verschiedenen Vorstellungen über die Seele konfrontiert. Während die Folge ganz gezeigt wird, können die Schüler/-innen die unterschiedlichen Positionen der Akteure sammeln oder sich mit verteilten Beobachtungsaufträgen auf die Seelenvorstellung eines Charakters fokussieren. Durch einen Schülervortrag oder die von einer Lehrerin oder einem Lehrer vorbereiteten Arbeitsblätter können die unterschiedlichen philosophischen Positionen herausgearbeitet werden, auf die in der Folge angespielt wird: die aristotelische, die platonische und die christliche Vorstellung der Seele. Aufgrund der kreativen Anspielungen und der teilweise sehr originellen Positionen von Milhouse und Lisa werden die Schüler/-innen angeregt, über ihre Lebenswelt und ihre eigenen Gedanken zum Thema „Seele" ins Gespräch zu kommen. Dabei kann die Religionslehrkraft die unterschiedlichsten Vorstellungen in Form eines Unterrichtsgesprächs sammeln und an der Tafel sortieren. Die Ergebnisse der Stunde, in der das „Theologisieren mit Jugendlichen" im Vordergrund steht, können dazu führen, dass die Lernenden ihren eigenen Standpunkt klarer formulieren können, Vorurteile abbauen und die Hintergründe der philosophischen Positionen bzw. der Kirche besser verstehen.

3.1 Der Seelenbegriff von Lovejoy

Bart verteilt vor dem Gottesdienst ein Liedblatt, das dazu führt, dass die Gemeinde im Gottesdienst einen Heavy-Metal-Song singt.[19] Im Anschluss an den Gottesdienst ruft Lovejoy alle Kinder zusammen, um den Übeltäter herauszufinden, der diese „seelenlose" Musik zu verantworten hat. Um den Kindern Angst zu machen, äußert der Reverend seine Vorstellung von einer Hölle, in der die Seele eines Verräters zu Konfetti zerschnipselt wird. Lovejoy instrumentalisiert die religiösen Vorstellungen des Christentums für seine schwarze Pädagogik und nimmt dabei ein Drohmotiv aus der Apokalypse auf.[20] Um den ängstigenden Effekt zu vertiefen, müssen die Kinder ihm nachsprechen:„Wenn ich die Wahrheit verschweige, möge ich direkt zur Hölle fahren, wo ich nichts als glühend heiße Cola trinken werde und teuflische Dämonen mich von hinten schubsen und meine Seele zu Konfetti geschnipselt und verstreut wird, über Mörder und alleinstehende Mütter und wo mir die Zunge von gefräßigen Raubvögeln rausgerissen wird!"[21]

3.2 Der Seelenbegriff von Bart und Milhouse

Aus Angst verrät Milhouse, der auf einem Baum plötzlich einen Raben wahrnimmt, der ihn gefährlich ankrächzt, seinen Freund. Überraschenderweise ereilt auch ihn die Strafe: Beide müssen die Orgelpfeifen säubern; Bart aufgrund des Songs, und Milhouse, weil er Bart verraten hat. Dabei entwickelt sich das Ausgangsgespräch über die Seelenvorstellungen der beiden Kontrahenten.

Bart meint, dass die Seele eine Erfindung der Kirche sei, um die Menschen zu ängstigen und – so wird es im Schnitt deutlich, in dem der Kollekten zählende Pfarrer zu sehen ist – damit Geld zu machen: „So was wie die Seele gibt es gar nicht. Die hat man nur erfunden, um den Kindern Angst zu machen."

Milhouse glaubt Bart nicht und erklärt ihm, was er von der Seele gehört hat, wo die Seele ihren Sitz im Körper hat und dass sie den Körper auch verlassen kann: „In jeder Religion gibt es eine Seele, die sitzt irgendwo hier drin […] und wenn man niest, dann ist das eine Seele, die zu entkommen versucht und mit dem Spruch ‚Gott segne dich!' drängt man sie wieder rein. Und wenn man stirbt, dann schwirrt sie raus und schwebt davon… Eine Seele kann schwimmen, sie kann auch Räder haben, für den Fall, dass man irgendwo in der Einöde stirbt und zum Friedhof fahren muss."

[19] Vgl. hierzu das Schema und die ausführliche Darstellung in dem Song von Iron Butterfly mit Verweisen auf Filmzitate bei *Mertin,* Seelenverkäufer.

[20] Vgl. Offb. 21,8.

[21] Die folgenden Zitate stammen – sofern nicht anders angegeben – aus der Episode „Bart verkauft seine Seele".

Mit seiner Antwort verweist Milhouse dabei auch indirekt auf ein platonisches Motiv der Seelenvorstellung, dass die Seele den Körper ganz oder vorübergehend verlassen kann.[22]

3.3 Lisas Seelenbegriff

Als Lisa davon erfährt, dass ihr Bruder seine Seele verkauft hat, ist sie entsetzt. Für sie ist die Seele das Innerste des Menschen, das für seine guten Empfindungen steht, für Lebenskraft und Freiheit. Damit verbindet sie das spirituelle Motiv des Seelenbegriffs mit der individuellen Persönlichkeit eines jeden Menschen, (nach)platonische und christliche Vorstellungen werden miteinander verbunden.

„Die Seele ist das einzig Wertvolle an dir. Die Seele ist physisch vorhanden, sie ist das Symbol für die guten Empfindungen in uns. [...] Deine Seele ist das Einzige an dir, was ewig lebt!“

Bart spürt bereits die Veränderungen eines seelenlosen Lebens durch seine Umwelt: Vertraute Tiere fauchen ihn an und auch die Supermarkttür bleibt für ihn geschlossen. Auch kann er die Glasscheiben der Auslage nicht mehr anhauchen und mit seinen Fingern beschmieren: „No-breath!“ Hier wird von den Machern die Vorstellung der Seele als (Lebens-)Atem oder Hauch ästhetisch umgesetzt. Selbst über lustige Zeichentrickserien im Fernsehen oder einen Streich, den er seinem Vater spielt, kann Bart nicht mehr lachen.

Lisa zitiert im weiteren Verlauf der Folge den chilenischen Dichter und Nobelpreisträger Pablo Neruda (1904–1973) mit den Worten: „Das Lachen ist die Sprache der Seele“. Damit möchte sie ihrem Bruder mitteilen, dass das Lachen, ja das Gefühl von Glück mit der Seele verbunden ist. Mit dem Zitat erhalten wir auch einen Schlüssel zum Verständnis der „Frohen Botschaft“ der Simpsons überhaupt. Wer über die Serie lachen kann, der besitzt eine Seele, denn er kann im Zweifel auch eine gesunde Distanz zu sich selbst einnehmen und über sich selbst lachen. Wer das nicht kann, wird scheitern, so wie der Barkeeper Moe und Bart, der die Bedeutsamkeit der Seele für sein eigenes Leben leugnete.

3.4 Der Seelenbegriff von Marge

Als Bart seiner Mutter erzählt, dass er sich verändert hat, als ob er keine Seele mehr besitzt, antwortet sie: „Ach Schatz, du bist doch kein Monster!“ In diesem Moment erschrickt Bart, da er langsam begreift, dass etwas mit ihm nicht

[22] Zu den verschiedenen Seelenvorstellungen in den Religionen aus religionsgeschichtlicher, philosophiegeschichtlicher und theologischer Sicht vgl. *Hasenfratz/Schöpflin/Stemberger,* Seele.

stimmt. Im weiteren Verlauf der Folge bekommt er allmählich die Züge eines Untoten (Unsterblichen??), der einen anderen Jungen dazu zwingen will, die Seele an ihn zu verkaufen, nur um wieder eine Seele zu besitzen.

3.5 Die Seelenvorstellung in Barts Traum

In Barts Traumwelt haben alle seine Mitschüler/-innen eine Seele, nur er selbst nicht. Milhouse hat sogar zwei Seelen. Zu Beginn des Traumes äußert ein Mädchen: „Meine Seele ist mein bester Freund", ein anderes: „Meine Seele ist wie ein Spielzeug, das niemals zerbricht". Dann wird das Höllenmotiv wieder aufgenommen, denn die Kinder singen: „Bart hat seine Seele verkauft, wenn er jetzt stirbt, fährt er zur Hölle". Auch rudert Bart – anders als seine Freunde und Mitschüler/-innen, die mit ihren „Seelen" wie Zwillinge spielen – einsam und allein in einem Ruderboot im Kreis. Dafür rudert seine Seele in Milhouses Boot mit, das dadurch viel schneller vorankommt.

3.6 Lisas Deutung am Ende der Folge

Wieder zu Hause angekommen betet Bart verzweifelt zu Gott für sein Seelenheil. Er wird von Lisa erhört. In diesem Moment segelt das Blatt Papier, mit dem Bart seine Seele an Milhouse verkauft hat, zu ihm zurück. Bart isst das Papier sofort auf, verkörpert damit eine mythisch-wörtliche Vorstellung des Seelenbegriffs und ist glücklich, dass er wieder eine Seele in sich hat. Seine Schwester hat ihn gerettet und fasst die Seelenvorstellung der Serienmacher hintergründig mit einem Verweis auf Aristoteles zusammen, der – anders als Platon – die Seele nicht unabhängig vom Körper denken will: „Manche Philosophen behaupten, dass niemand mit einer Seele geboren wird, dass man sie sich verdienen muss durch beten, leiden und nachdenken, so wie du gestern".

In der nun folgenden Nacht träumt Bart wieder. Diesmal sitzt seine Seele wie ein Zwillingsbruder mit im Boot und beide haben das im Sinn, was Bart am besten kann: Blödsinn machen. Nun ist in Barts Traumwelt also alles wieder in Ordnung. Durch den „Entzug" der Seele hat Bart gelernt, wie wichtig sie für sein Leben ist. So wichtig wie das Lachen.

4. Fazit

„The Simpsons" – und in ihrem Fahrwasser die Zeichentrickserien „South Park" und „Family Guy" – setzen sich in jugendspezifischer Weise mit einer postchristlichen Konsum- und Medienkultur auseinander, deren (zivil-)religiöse Herausforderungen und gesellschaftskritische Aspekte in Form des Zusammenlebens in einer Kleinstadt gespiegelt werden. Jugendliche schätzen vor allem den tiefgründigen Humor der Serie, der auch an religiösen Fragestellungen nicht vorbeigeht. Hier könnte ein Religionsunterricht ansetzen, der die Ergebnisse der Sinus-Jugendstudie von 2012 ernst nimmt und sich bereit findet, sich auf ungewohntere Formen einer lebensweltorientierten „Theologie" Jugendlicher heterogener Milieus einzulassen.[23]

Für Religionslehrer/-innen erschließt sich mit dem „Simpsons Archive" im Internet ein wahrer Schatz an Informationen und Verweisen für den Unterricht. Neben englischsprachigen Büchern über die Bedeutung der Religion(en) in der Serie finden sich auch die Episoden mit religiösen Inhalten, folgenübergreifenden Themen wie „Andere Religionen", „Himmel und Engel" oder „Religiöse Musik und Lieder" und neben einschlägigen Zitaten auch zentrale Hinweise auf verwandte Bibelstellen.[24]

Die Theologie der Serienmacher der „Simpsons" kann im Sinne von Peter L. Berger als „Erlösendes Lachen" charakterisiert werden.[25] Dem Zuschauer wird eine mediale Erfahrung des Komischen ermöglicht, durch die er über seinen Alltag und die vermeintlich ernsten Debatten in einer postchristlichen, westlich geprägten Mediengesellschaft lachen kann.

Die „Frohe Botschaft der Simpsons" ist also das Lachen als Ausdruck der inneren Freiheit, die erlösende Komik als Wesensmerkmal der Seele und der individuellen Religiosität, die sich gegen alle institutionellen Festlegungen wendet, um einen möglichst breiten Zuschauerkreis zu erreichen. In diesem Rahmen lassen sich auch Jugendliche animieren, die religiösen Anspielungen der Serie zu vertiefen und nach den christlichen Hintergründen der Vorstellungswelten der Texter und Zeichner zu fragen.

Dabei treten die Serienmacher für ein medial vermitteltes personales Gottesbild und ein kommunitaristisches Menschenbild ein, das entgegen vermeintlicher konfessioneller Verengung von wohlwollender Güte und Toleranz für die alltäglichen Fehler und Schwächen der Seriengemeinde geprägt ist. Der Gott der Simpsons ist ein personalisierter Comic-Gott der medialen Kulturindustrie, der kein Interesse an allzu strengen Moralvorstellungen hat, aber nicht zulassen wird, dass durch den Egoismus Einzelner die Gemeinschaft Schaden nimmt.

Da der Starkult und die Vermarktungsstrategien der Medien ein eigenes selbstironisches Thema der Serie sind, wissen die Zuschauer/-innen, dass auch die Simpsons vom kommerziellen Erfolg des Komischen leben und damit ein fester Teil des kapitalistischen Gesellschaftssystems geworden sind, das sie selbst karikieren.

23 Vgl. *Calmbach/Thomas/Borchard,* Wie ticken Jugendliche 2012?

24 Vgl. www.snpp.com/guides/religion.html [Stand: 10. Oktober 2014].

25 Vgl. dazu *Berger,* Redeeming laughter; *Thiede,* Das verheißende Lachen.

Literatur

Aronofsky, Darren/Handel, Ari/Nerichon, Niko: Noah. Wegen der Bosheit der Menschen, Köln 2012.

Berger, Peter L.: Redeeming laughter, dt.: Erlösendes Lachen. Das Komische in der menschlichen Erfahrung, Berlin/New York 1998.

Calmbach, Marc/Thomas, Peter M./Borchard, Inga u.a. (Hrsg.): Wie ticken Jugendliche 2012? Lebenswelten von Jugendlichen im Alter von 14 bis 17 Jahren in Deutschland, Düsseldorf 2012.

Czogalla, Michael: Behind the Laughter. Die Simpsons im Kontext der amerikanischen Popularkultur, Marburg 2004.

Groening, Matt: Barts Simpsons Tips und Tricks für alle Lebenslagen, Leinfelden-Echterdingen 1999.

Ders.: Simpsons – Das unzensierte Familienalbum, Stuttgart 2000.

Gruteser, Michael/Klein, Thomas/Rauscher, Andreas (Hrsg.): Subversion zur Primetime. Die Simpsons und die Mythen der Gesellschaft, Marburg ²2002.

Hasenfratz, Hans-Peter/Schöpflin, Karin/Stemberger, Günter u.a.: Seele. In: TRE 30 (1999) 733–773.

Irwin, William/Conrad, Mark T./Skoble, Aeon J. (Hrsg.): The Simpsons and Philosophy. The D'Oh! Of Homer, Chicago 2001; dt. Übersetzung: Die Simpsons und die Philosophie. Schlauer werden mit der berühmtesten Fernsehfamilie der Welt, aus dem Amerikanischen von Nikolaus de Palèzieux, Berlin 2008.

Medienpädagogischer Forschungsverbund Südwest (Hrsg.): JIM-Studie 2013. Jugend, Information (Multi-)Media. Basisstudie zum Medienumgang 12- bis 19-Jähriger in Deutschland, Stuttgart 2013.

Mertin, Andreas: Seelenverkäufer. Mit Bart Simpson einem religiösen Phänomen auf der Spur. In: www.amertin.de/aufsatz/2002/simpsons.htm [Stand: 10. Oktober 2014].

Pinsky, Mark. I.: The Gospel According to The Simpsons. The Spiritual Life of theWorld's Most Animated Family, Louisville/Kentucky 2001.

Ders./Parvin, Samuel F.: The Gospel According to The Simpsons. Leaders Guide for Group Study, Louisville/Kentucky 2001.

Rosenstock, Roland: Religion im Fernsehen für Kinder und Jugendliche. In: Gott googeln? Multimedia und Religion (JRP 28), Neukirchen 2012, 108–117.

Spiegelman, Art: In the shadow of no towers, New York 2004.

Thiede, Werner: Das verheißende Lachen. Humor in theologischer Perspektive, Göttingen 1986.

Das ganz normale Leben und ...

Zur theologischen Relevanz der Rock-Popmusik

Marcus Minten

1. Die Religion ist los oder das Evangelium als Open Source

1.1 Theologische Kulturhermeneutik

Die Rahmenbedingungen für die Weitergabe bzw. Aneignung von Religion haben sich in spätmodernen Gesellschaften radikal verändert. Bezogen auf den Kontext Rock-Popmusik soll es an zwei Beispielen verdeutlicht werden.

> *„Sylvester, als ich von zehn bis zwölf keine Fahrt gehabt habe (als Zivi im Behindertenfahrdienst, M. S.) hab ich mich halt hingesetzt, Bob Marley gehört und in der Bibel gelesen. Ich hatte so'ne Kerze mit der Jahreszahl drauf, hab die Bibel auf der Seite aufgeschlagen – das waren die letzten Worte des zweiten Petrusbriefes – und dann weiter gelesen bis weit in die Offenbarung hinein.* [...] *Ich will nicht sagen, dass Gott mir begegnet ist, ich kann nur sagen, ich hab* [...] *gemerkt, dass der Typ mit mir spricht. Fertig* [...] *Und dann hab ich* [...] *soviel Zeug entdeckt, von dem ich sagen muss: das haben die alle mir immer verschwiegen!“*[1]

> *„Er hatte sich als Letzter zum Wochenende angemeldet. Bei der Schlussreflexion bricht es aus ihm heraus. Er sei noch nie in einem Gottesdienst gewesen, bekennt er. Als es hieß, am letzten Tag stehe ein Gottesdienst auf dem Programm, habe er gar nicht gewusst, wie er sich verhalten solle, sei er dann doch gekommen. Gott sei Dank habe er ein Gebet mitsprechen können. Das gab ihm ein wenig Sicherheit. Beim Abschied fragt ihn die Pastoralreferentin: „Welches Gebet kennen Sie denn?“ Er antwortet: „Das Vaterunser!“ – „Und wer hat es ihnen beigebracht?“ – „Ich selbst! Ich habe das Lied Strophe für Strophe auswendig gelernt!“ – „Welches Lied denn?“, fragt sie verwundert. „Na, das von den Toten Hosen! Die haben doch das Vaterunser auf einer Live-CD, und die kenne ich in- und auswendig!“*[2]

Diese beiden Beispiele haben einen heuristischen Wert. Sie relativieren die Rede vom Traditionsbruch, der in den klassischen Feldern der Glaubensweitergabe

[1] Xavier Naidoo in *Schröder,* God is a DJ 17.

[2] *Krockauer/Schuster,* Menschen 75.

von Familie und (Pfarr-)Gemeinde sicherlich zu beobachten ist, indem sie auf andere Orte verweisen, die noch stärker in den Blick kommen dürfen. Denn sie verdeutlichen, dass sich der Schwerpunkt deutlich vom Objekt – der Botschaft des Glaubens – zum Subjekt mit seinem hohen Maß an kreativer Aneignung verlagert. Wenn zudem unterschiedliche kulturelle Bereiche Medien der Aneignung bieten, kann eine theologische Kulturhermeneutik hilfreich sein, diesen Befund wahrzunehmen und zu deuten.

In dem Dokumentationsband des im Oktober 2010 in Eichstätt stattgefundenen Forschungssymposiums „Jugend – Religion – Religiosität. Resultate, Probleme und Perspektiven der aktuellen Religiositätsforschung“ schließt das Herausgebertrio den Band mit einem Beitrag, der „Konsequenzen für das Feld der religiösen Bildung“ in elf Thesen zeigt.[3] Insgesamt sei auf die differenzierten Analysen und Begriffsbestimmungen hingewiesen, die eine Basis für den vorliegenden Beitrag bilden. Besonders die 4. These ist hier relevant: „Fähigkeiten zu einer theologisch ambitionierten Kulturhermeneutik sind bei Lehrenden und Lernenden auszubauen.“ Weiter führen die Herausgeber aus, dass „sich Theologie den religiösen Implikationen des kulturellen Mainstreams“[4] zu stellen habe. Eine wechselseitige Beziehung ist nötig, eine einseitige Analyse greife zu kurz. Es geht um die Ermöglichung von Orten, besser noch Freiräumen, so „dass offene Prozesse, Entwicklungen und neue Formen entstehen“[5]. Dies könnte sowohl für die „Entwicklung individueller Religiosität“ als auch für die fruchtbare „Aktualisierung kirchlich gelebten Glaubens“[6] ein Gewinn sein. Dieser Argumentationszusammenhang schließt sich m. E. sehr gut an Grundlinien der Theologie des Zweiten Vatikanischen Konzils an. Stellvertretend sollen hier zwei Verweise auf die Pastoralkonstitution genügen.

1.2 Gaudium et spes (GS) 4 und 44

Rainer Bucher[7] verdeutlicht, dass die Kirche schon im Titel der Pastoralkonstitution einen doppelten Index erhält, „einen örtlichen: die Welt, und einen zeitlichen: diese Zeit“[8]. Weiter führt er aus, dass die Gottesfrage in einen „anthropologischen Horizont“[9] gestellt wird und damit der „kirchliche Dienst [...] ein Dienst am Menschen“[10] ist, weiterführend, dass „alle Inhalte des Glaubens [...] auf der

[3] *Kropač/Meier/König*, Jugend, Religion, Religiosität 243–256.
[4] Ebd. 247.
[5] Ebd.
[6] Ebd.
[7] Vgl. *Bucher*, ... wenn nichts bleibt.
[8] Ebd. 61.
[9] Ebd. 87
[10] Ebd.

Basis menschlicher Existenz authentisch reformuliert werden"[11]. Programmatisch formuliert Bucher: „Die Kirche verliert sich nicht im Außen, sondern sie entdeckt sich dort."[12] Konkret fordert er eine „Kultur des Sich-verstören-Lassens durch die Wirklichkeit"[13], einen Wechsel der Perspektiven mit der Dimension des Wagnisses.

Matthias Sellmann[14] führt den Argumentationsgang von GS 4 weiter, indem er GS 44 in Anschlag bringt. Im neuen pastoraltheologischen Dreierschritt „Zuhören – Austauschen – Vorschlagen" verdeutlicht er in der Ellipse von Tradition und Kontext die Notwendigkeit und Wichtigkeit des Gedankens, dass der „christliche Glaube sich erst findet, wenn er sich von seinen externen Kontexten her neu sieht und empfängt"[15]. Für Matthias Sellmann bildet GS 44 die Bezugsstelle; dabei ist Akkomodation die zentrale Methode von GS 44. Das Wortfeld zu diesem Zentralbegriff als auch zu dem Adjektiv ‚accomodatus' wird wie folgt umschrieben: „Anpassung, Entgegenkommen, Rücksichtnahme, passende Einrichtung, schicklich, entsprechend, geeignet."[16] Wenn auch dieses Wortfeld im Sprachgebrauch der Missionswissenschaft vor dem Konzil verwendet worden ist, kommt hier ein neuer Akzent zum Vorschein, der sich auch in dem heute verwendeten Begriff der Inkulturation ausdrückt. Es geht um die Dimension des Risikos. „Beide Partner der Akkomodation bzw. der Inkulturation wollen und werden sich durch ihre kulturelle Begegnung verändern."[17] Matthias Sellmann hat diese Gedanken als theologische Grundlegung pastoraltheologischer Milieutheorie entwickelt und doch sind seine Anregungen – wie auch die Gedanken von Rainer Bucher – konstruktiv in die Begegnung mit Rock-/Popmusik einzubringen. Es geht letztendlich um bekömmliche Begegnungen, die notwendig zum Verständnis des Evangeliums gehören, um die Botschaft in fremden Kontexten und anderen Sprachen zu vernehmen. Gregor M. Hoff bringt den Begriff der „Fremdprophetie"[18] dafür ins Spiel.

Diese kurzen Hinweise sind hoffentlich Begründung und Anregung genug, sich auch theologisch mit Rock-/Popmusik zu beschäftigen, für die hier eine Spurensuche materiale Grundlagen bereitstellt.

[11] Ebd.
[12] Ebd. 60.
[13] Ebd.
[14] Vgl. *Sellmann*, Zuhören.
[15] Ebd. 31.
[16] Ebd. 38.
[17] Ebd.
[18] *Hoff*, Religion 176.

2. Spurensuche I: Das ganz normale Leben oder die großen und weniger großen Fragen des Lebens

„Das ganz normale Leben“ ist ein Song der deutschen Band „Virginia Jetzt!“. Dieser Song kann als Hilfe dienen, den Themen der Menschen und damit den Themen der Rock-/Popmusik auf die Spur zu kommen. „Diese Zeit hat keinen Namen, keine echten Ideale“. In welchen Zeiten leben wir, und gibt es einen angemessenen Namen für diese Zeit? Nicht nur ein Zeitdiagnostiker hätte Freude an diesem Textausschnitt. Die Namen für die Beschreibung der Gegenwart sind Legion: Moderne, Postmoderne, Spätmoderne oder 2. Moderne, um nur einige Beispiele zu nennen. Diese Zeit ist eine, die große Herausforderungen mit sich bringt.

„Doch der Alltag macht uns platt
Mit jedem neuen Tag.
Das sind felsenharte Zeiten,
Das ist die Oper der Verrückten“

Da ist einiges aus dem Lot geraten, wenn die Oper der Verrückten gespielt wird in diesen Tagen, wo der Alltag platt macht und das jeden Tag neu.

Das ist nicht nur von akademischem Interesse. Wenn die Zeit keine echten Ideale hat, so kann das als Hinweis auf die radikale Pluralität und Unübersichtlichkeit verstanden werden, die die Orientierung dem Einzelnen erschwert. Das eigene Leben zu gestalten ist eine große Anforderung, oder in den Worten des Songs ausgedrückt: *„Doch wir irr'n durch unser Leben“* und so stellen sich Fragen:

„Denn manchmal frag' ich mich
Wer bin ich hier,
Was mach' ich hier
Und wofür?“

Das sind tiefgehende Fragen nach der eigenen Identität und dem Sinn des Lebens, nach Möglichkeiten der Lebensführung. Eine erste Spur zum Umgang mit diesen Fragen gibt der Song auch: Es ist die Beziehung, die Liebe, die Freundschaft.

„Und du hältst mich an den Händen
Weil du weißt, dass das gut tut
Wenn man jemandem Halt gibt
Der längst nicht mehr sicher steht
Ein Freund in solchen Momenten
Ein Freund mit Herz und Händen“

Die in dem Song angeführten Themenbereiche sollen als Folie dienen für die weitere Spurensuche.

- In welchen Zeiten leben wir?
- Wer bin ich hier? Was mach' ich hier? Und wofür?
- Wie in Beziehungen leben?
- Die Endlichkeit und der Tod

Hier muss ergänzt werden, dass die Frage nach der Endlichkeit, nach dem Tod nur indirekt im Song von „Virginia Jetzt!“ aufscheint. Gerade die Liebe, die Freundschaften und Beziehungen sind von sehr fragilem Charakter. So kann diese Dimension ergänzt werden.

3. Spurensuche II: Fragen und Bilder

In Songs, die subjektiv, aber nicht beliebig ausgewählt sind, soll den vier Themenkomplexen nachgegangen werden. Selbstverständlich ist ein Song kein direktes Abbild der Themen, es geht eher um eine produktive Auseinandersetzung.

3.1 In welchen Zeiten leben wir?

Eine alltägliche Begebenheit an einem beliebigen Samstagmorgen. Nach einer kurzen morgendlichen Begrüßung geht es zum Kaufmannsladen, um dort die allerbesten Brötchen zu holen und beim Blick in die Zeitung auf der Theke ist das Grauen präsent.

„Irgendwas von 'nem Großangriff
Unzählige Bomben auf kleine Stadt
Viele Menschen ums Leben gekommen
Und dem Erdboden gleich gemacht in nur einer Nacht“

Wie in einem Liveticker werden die Horrornachrichten eingespielt. Kurz, knapp und unbarmherzig. Beim Herausgehen nach dem Bezahlen ist die Stimme des Nachrichtensprechers noch zu hören: „Lage wieder mal dramatisch verschlechtert, heute fantastisches Wetter“, es geht vom Schrecken zum Alltag über, grandioses Wetter, welches eigentlich am Wochenende zu schönen Aktivitäten einlädt. Draußen auf der Straße geht es weiter. Direkt vor den Augen des Protagonisten wird eine Katze von einem Auto getötet. Und die Reihe der unseligen Nachrichten wird fortgesetzt. Hunger in der sog. Dritten Welt, ein tödlicher Anschlag. Die Betroffenheit lässt den jungen Vater nachts an das Bett seiner Tochter treten, um zu hören, ob sie noch atmet. Der Refrain bringt die Befindlichkeit auf den Punkt:

„Absolute Wahnsinns-Show
Im Fernsehen und im Radio
Die Sonne lacht so schadenfroh
An Tagen wie diesen

Niemand, der mir sagt, wieso
Beim Frühstück oder Abendbrot
Die Fragen bohren so gnadenlos
An Tagen wie diesen"

An ganz normalen Tagen, an Tagen wie diesen gibt es medial vermittelt eine Wahnsinns-Show der Grausamkeiten. Es gibt niemand, der eine Begründung, eine Antwort gibt. Diese Zeiten sind geprägt von widerstrebenden Erfahrungen, dem Horror und Schrecken in einer unerlösten Welt und der Sorge um den nahen Menschen, personalisiert in der jungen Tochter. In schon fast prophetischem Ton werden die Grausamkeiten und Absurditäten des Lebens angeklagt und es kann sich keine Ruhe und Zufriedenheit einstellen. Die drängende Frage nach dem Wieso bleibt. Ebenso bleibt die Frage nach der Person oder Instanz, die die Frage beantworten kann. Wer wird angesprochen? Eine Reihe von Möglichkeiten eröffnet sich. Es bleibt deutlich eine Leerstelle. Theologisch gewendet: Ist es möglich, vom vermissten Gott zu sprechen?[19]

3.2 Wer bin ich, was mach ich hier und wofür?

Hier soll ein Song der Sportfreunde Stiller in den Blick kommen. Er trägt den Titel „Hymne auf dich", und er beginnt folgermaßen: „Hey hey my my, Selbstkritik will never die". Es ist ein Verweis auf den Klassiker von Neil Young „Hey hey my my", der dann mit „Rock and roll can never die" fortfährt. Neil Young hat mit der Zeile „It's better to burn out than to fade away" eine Vorlage geliefert, das Leben so intensiv zu leben, dass es besser ist zu verbrennen, als auszuklingen. Dieser musikalisch-textliche Hintergrund bietet schon eine erste Hilfe zum Verstehen. Es geht um intensives Erleben und Leben. Selbstkritik, die übermächtig ist, scheint dabei wenig hilfreich. Sie erdrückt und beugt den Gang. Die eigenen Fähigkeiten, die eigenen Beziehungsmuster sind nicht mehr im Blick. „Dabei bist du im wahrsten Sinn, Für viele Fels und Rettungsring" und dazu kommt die Ermunterung „Also raus aus dem Schatten, rein ins Licht, Sich ein bisschen feiern, schadet nicht". Es geht nicht um überbordende Selbstgerechtigkeit, sondern um ein bekömmliches, freundschaftliches Verhältnis zu sich, und darum „Sing doch mal gelegentlich eine Hymne auf dich".

3.3 Wie in Beziehungen leben

Ein wunderbares Liebeslied, mit zauberhaften Komplimenten: „die Süßwarenabteilung im Supermarkt, die Chill-Out-Area, die Feiertage im Jahr". Das sind

[19] Die zitierten Textpassagen stammen aus dem Song „An Tagen wie diesen" der Gruppe „Fettes Brot".

nur einige der unzähligen Komplimente, die aufgezählt werden. Im Refrain erklingt fast beiläufig die Zusage, dass „du das Größte für mich bist". Dann folgt die vorsichtige Nachfrage, ob das Gegenüber es genauso sieht. Hier ist ein tastendes, vorsichtiges Liebeswerben zu sehen. Die Bilder sind aus der konkreten Lebenswelt entlehnt. Seit der Einspielung des Songs auf dem Unplugged-Album ist er ein Megahit. Er wird von den Hörerinnen und Hörern mitgesungen, wenn er ertönt. Ein Liebeslied? Mit Sicherheit. Vielleicht aber auch mehr? Wenn die Perspektive gewechselt wird in einem Gedankenexperiment, und einfach mal vermutet wird, dass Gott aus seiner Sicht so liebevoll auf uns Menschen schaut, darf dann nicht in diesem Song in säkularer Sprache ein Stück Gnadentheologie, die in Dimensionen von Identität und Anerkennung gewendet wird, vermutet werden? Wird nicht die Beziehungsdimension von Offenbarung hier zum Ausdruck gebracht? Kann nicht die Aussage des Zweiten Vatikanischen Konzils, dass Gott uns in überströmender Liebe wie Freunde anspricht (DV2), in Erinnerung gebracht werden? Es ist und bleibt ein Liebeslied, aber darf die andere Möglichkeit der Deutung nicht auch sein?

3.4 Leben im Angesicht des Todes

Die Beziehungen sind fragil, Endlichkeit und Tod sind ihre stetigen Herausforderungen. Die Auseinandersetzung mit diesen Themen ist ein weites Feld in der Rock-/Popmusik. Neben dem Gedenken an die Verehrung all der verstorbenen Helden kommen sofort Songs wie z. B. „Tears in Heaven" von Eric Clapton in den Sinn. In dem Song verarbeitet er den Unfalltod seines 4-jährigen Sohnes auf eigene Weise:

„Beyond the door
There's peace, I'm sure
And I know there'll be no more
Tears in heaven
Would you know my name
If I saw you in heaven?"

Die Vorstellung eines Friedens hinter der Himmelstür wird erhofft. Mit leisem Zweifel, vorsichtig fragend, hoffend taucht die Sehnsucht auf, dass der eigene Name (wieder-)erkannt wird.

In seinem Lied „Der Weg" drückt Herbert Grönemeyer seine Gefühle, seine Gedanken aus, die ihn nach dem Tod seiner Ehefrau bewegen:

„Es ist ein Miteinander von Verzweiflung
Ich kann nicht mehr seh'n , Trau nicht mehr meinen Augen
Kann kaum noch glauben, Gefühle haben sich gedreht"

Die eigene Wahrnehmung, die Sicherheit gibt, ist in Blindheit umgeschlagen, das Vertrauen in das eigene Sehvermögen ist verloren. Glaube ist nur noch fragmentarisch vorhanden. Der Gefühlshaushalt steht kopf. Ein verstörendes und gleichzeitig stimmiges Bild. Ganz vorsichtig werden Hoffnungsbilder aus der biblischen Überlieferung in den Text eingebracht: „Haben den Regen gebogen“. Ein Anklang an das Zeichen des Bundes, der ewigen Zusage Gottes an die Menschen. Und doch mit eigener Akzentsetzung. Gott handelt nicht. Die Akteure sind die Liebenden.

Neben der Textebene ist es hier hilfreich, auch den Videoclip mit in den Blick zu nehmen. Grönemeyer ist auf einem Segler zu sehen. Das Schiff gleitet durch die einsame See. Zum Ende legt es an einem Steg an. Grönemeyer betritt den Steg und geht auf den Himmel zu. Der Himmel erweist sich als ein gemalter, Grönemeyer öffnet eine Tür und geht durch den gemalten Himmel.

Der Song von Grönemeyer lässt sich als zeitgenössischer Klagepsalm verstehen. Analog zu biblischen Klagepsalmen wechseln sich Motive des Fragens, des Klagens mit Motiven der Verheißung, der Hoffnung ab. Unterschiede sind nicht zu negieren. Die Verheißungen im biblischen Klagepsalm erinnern an die durch Gott gegebenen Verheißungen, die nicht erfahrbar sind. Bei Grönemeyer sind die Verheißungen als Erinnerung an den gemeinsamen Weg der Liebenden eingespielt. Biblische Klagepsalmen enden mit dem Lobpreis Gottes. Hier wird bei Grönemeyer eine Leerstelle gelassen. Ohne Interesse an Vereinnahmung darf doch die leise Spur der Hoffnung nicht geleugnet werden. Im Video wird mit ironischen Anklängen der Himmel betreten. Der Text weist darauf hin, dass die Frist verlängert wurde und eine neue Reise in der Zeit möglich ist.

September 1977 – Ort der Handlung ist Port Elisabeth in Südafrika. Im Polizeiraum 619 „Business as usal“, so beginnt der Song „Biko“ von Peter Gabriel. Bis jetzt ist alles noch normaler Alltag, normale Geschäftigkeit. Im nächsten Moment verändert sich die Alltäglichkeit. Mehrfach erklingt „Oh Biko“ – und dann die erschreckende Wahrheit: Der Mann ist tot. Steven Biko, ein farbiger Bürgerrechtler und Aktivist gegen das Apartheidsregime, starb an den Folgen der Folter im „Policeroom 619“. Peter Gabriel hat Biko geehrt und ihm ein würdiges Andenken verliehen. Doch er bleibt nicht bei dem Hinweis auf den Tod stehen. In den Zeilen „You can blow out our candle. But you can’t blow out our fire“ gibt es eine Spur von Hoffnung. Und auch die Dimension von Gerechtigkeit kommt ins Spiel bei den anklagenden Worten „And the eyes of the world are watching now, watching now“. Das Bemühen, die wahren Umstände des Todes aufzudecken und insgesamt auf die Ungerechtigkeit in Südafrika hinzuweisen, kommt hier zum Ausdruck. „Biko“ war bei vielen Livekonzerten der letzte Song. Ein dunkler Klangteppich und ein monotones Schlagzeug bilden den musikalischen Hintergrund. Immer wiederholend wird „Oh Biko“ intoniert. Es bleibt ein Rufen zwischen Anklage und Hoffnung.

Peter Gabriel und viele andere Musiker haben das Anliegen, die Welt gerechter zu gestalten, zu ihrem Anliegen gemacht. Exemplarisch seien nur die folgenden Projekte genannt:

- Live Aid
- Concerts for Amnesty International
- das Geburtstagskonzert zum 70. Geburtstag von Nelson Mandela

Und für den deutschsprachigen Raum sind z. B. die Konzerte in Köln gegen rechte Gewalt unter dem Motto „Arsch huh, Zäng ussenander" (Kölsch für „Arsch hoch, Zähne auseinander") zu nennen.

Ein Landhaus in der Toscana: Sting und seine Musiker bereiten sich für das am Abend geplante Konzert vor. Mitten in diese Situation bricht die Nachricht von den Anschlägen vom 11. September 2001 in den USA. Wie sollen sie darauf reagieren? Soll das Konzert stattfinden oder abgesagt werden? Im Bonusmaterial der Konzert-DVD erhalten die Zuschauer/-innen Einblick in das Ringen der Musiker. Sie kommen zu dem Ergebnis, dass sie spielen wollen, und zwar aus Respekt vor den Opfern, und um ein Gegenzeichen zum Terror zu setzen. Die Setliste wird verändert und es soll insgesamt alles etwas dezenter gespielt werden.

Am Abend tritt Sting vor das Publikum und erläutert seine Betroffenheit; den ersten Song „Fragile" widmet er den Opfern. Dieser Song wurde und wird bei Konzerten von Sting als letzter Song gespielt.

In diesem Song geht es um Gewalterfahrungen und die Auseinandersetzung mit dieser Erfahrung. Auch wenn deutlich betont wird, dass Gewalt nichts löst, ist die Erfahrung von Gewalt eine zutiefst menschliche Erfahrung. Das Leben ist zerbrechlich, dies wird ausgedrückt im Refrain „On and on the rain will fall, Like tears from a star like tears from a star, On and on the rain will say How fragile we are how fragile we are".

Hier liegt ein zur Meditation einladender Gedanke im Sinne von „memento mori!" vor.

4. Spurensuche III: Die Toten Hosen

Die Toten Hosen haben eine lange Bandgeschichte hinter sich und sind eine der erfolgreichsten Bands in der Bundesrepublik. Viele ihrer Songs haben sich in das kollektive Gedächtnis eingeschrieben. Sie haben eine Entwicklung durchgemacht von einer Düsseldorfer Punkband zu einer Gruppe, deren Texte sich immer mehr mit existenziellen Themen auseinandersetzen. Sicherlich hat der Aufenthalt des Sängers Campino im Benediktinerkloster Königsmünster in Meschede auch seinen Beitrag dazu geleistet.

4.1 In welchen Zeiten leben wir?

„Hier kommt Alex" – so der Song, den die Toten Hosen im Rahmen der von ihnen geschriebenen Bühnenmusik für die Bühnenfassung des Filmes Uhrwerk

Orange kreiert haben. Es geht um Jugendliche, die in einer trostlosen Welt leben. Sie wird beschrieben als eine „Welt, in der man nur noch lebt, damit man täglich roboten geht“ und in der „die größte Aufregung, die es noch gibt, das allabendliche Fernsehbild“ ist. Menschen leben „wie ein Uhrwerk“. Sie sind wie Computer programmiert, es gibt keinen Widerstand. Die frustrierten Jugendlichen brechen zu Gewalttouren auf. Natürlich ist es kein Aufruf zu Gewalt. Es stellen sich vielmehr Fragen: Was ist überhaupt die Horrorshow? Das beschriebene Leben in Agonie oder die Gewalttouren? Es gibt eine direkte Anfrage an Gott: „Warum hast Du nichts getan, nichts getan?“ Auch hier bleibt offen, ob die Frage den Schutz der Opfer impliziert oder das Zulassen der menschenfeindlichen Umstände.

4.2 Wer bin ich, was mach ich hier und wofür?

Unterwegs sein. Ein Roadmovie der musikalischen Art. Auf einer Straße in die Zukunft. Im Blick in den Rückspiegel sind die vergangenen Jahre zu sehen. Die Zeit für das Bereuen ist minimal. Eher die Aufforderung, die Sachen zu packen und sich auf den Weg zu machen ohne faule Kompromisse, es geht um alles oder nichts. Die Begründung ist die Endlichkeit des Lebens: „ Weil du nur einmal lebst und weil es uns nicht ewig gibt!“ (Die Toten Hosen, „Du lebst nur einmal“).

Was zählt im Leben? Die Liebe! Nach einer langen Reise allein durch Wüste und Meer, durch Regen oder eigene Tränen geht es darum, den geliebten Menschen zu sehen – und dafür ist kein Preis zu hoch. Andere Lebensziele werden negiert, ob klassisch oder modern medial: „Ich möchte gern glauben, was in der Bibel steht und was man uns in jeder Fernsehshow einreden will: Dass es am Ende nicht darauf ankommt, ob man der Sieger oder der Verlierer ist.“ (Die Toten Hosen, „Was zählt“).

4.3 Wie in Beziehungen leben oder der Wert von Freundschaft

Mit 15 Jahren wurden nicht verstandene Parolen an die Wand geschrieben, mit 20 Jahren ging es gemeinsam mit dem Kopf durch die Wand. Mit der Zeit galt es, dem Leben Tribut zu zollen, es wurden Kompromisse gemacht und das Leben „kam oft anders und selten wie gedacht“. Das Leben nahm seinen Lauf und Menschen sind verstorben oder weggegangen. Was ist denn nun die Konstante? Die Freundschaft – wie sieht sie aus? „Wir streiten und vertragen uns, weil wir noch Freunde sind. Wir sind immer da, auch ohne Grund, weil wir noch Freunde sind.“ Bei Verlust wird aufgebaut, die übrige Welt spielt keine besondere Rolle und „Nichts wird uns totkriegen – weil wir Freunde sind“. In all den Kontingenzen des Lebens bildet hier die Freundschaft den Fixpunkt (Die Toten Hosen, „Freunde“).

Der Sänger führt ein Selbstgespräch oder einen fiktiven Dialog mit einer verstorbenen, geliebten Person auf dem Weg zum Friedhof. Die Situation wird als ruhig empfunden, die Vermutung eines Friedens auf Erden scheint Realität zu sein. Kleine Gesten wie die mitgebrachten Blumen werden thematisiert. Werden sie gefallen? Weitere Details aus dem Alltag werden benannt, wie die Post, „fett adressiert", „ obwohl doch jeder weiß, dass du weggezogen bist". Hier wird eine Leerstelle angedeutet. Das Andenken wird sowohl kollektiv durch die Anderen, „sie denken alle noch ganz oft an dich" zum Ausdruck gebracht, als auch persönlich: „Und so red ich mit dir wie immer, so als ob es wie früher wär". Zum Ende ein Aufblitzen einer Hoffnung: „Dann werden wir uns wiedersehen, du kannst dich ja kümmern, wenn du willst, dass die Sonne an diesem Tag auch auf mein Grab scheint". Nach dem eigenen Tod ist es sonnendurchflutet und es gibt ein Wiedersehen (Die Toten Hosen, „Nur zu Besuch").

5. Bezüge: Erfahrungen der Selbsttranszendenz und prophetische Religion

Nach der Spurensuche ist – über die eher formale Qualifikation der theologischen Kulturhermeneutik hinaus – nach inhaltlichen Anknüpfungspunkten zwischen theologischer Reflexion und der Rock-/Popmusik zu fragen.

Der Soziologe Hans Joas bringt in Anlehnung an William James die Idee der Selbsttranszendenz in die Diskussion ein.[20] In Abgrenzung zu funktionalistischen Religionstheorien, die den Religionsbegriff nahezu beliebig ausweiten, beschreibt Joas Erfahrungen der Selbsttranszendenz vorsichtig als Erfahrungen, „ohne die wir aber nicht verstehen können, Glaube, was Religion eigentlich ist".[21] Diese Erfahrungen dürfen nicht mit Gotteserfahrungen gleichgesetzt werden. Sie lassen sich vielmehr als Formen der Selbsttranszendenz beschreiben, „in denen eine Person sich selbst übersteigt, [...] im Sinne eines Herausgerissenwerdens über die Grenzen des eigenen Selbst, ein ERGRIFFENSEIN (Hervorhebung M. M.) von etwas, dass jenseits meiner selbst liegt, einer Lockerung oder Befreiung von der Fixierung auf mich selbst."[22]

Joas widerspricht deutlich einer Gleichsetzung dieser Erfahrung mit dem Glauben und betont gleichzeitig, dass eine Annäherung an den Glauben über Erfahrungen geschehen kann. Als Beispiele führt er Naturerfahrungen, Gespräche mit anderen Menschen, sexuelle Erfahrungen, aber auch Erfahrungen der

[20] Vgl. *Joas,* Braucht der Mensch Religion?
[21] Ebd. 17.
[22] Ebd.

Nächstenliebe sowie von Tod und Trauer an.[23] Zusammenfassend sind es anthropologische Grunderfahrungen. Der erste Anknüpfungspunkt ist hier zu sehen. Wie im Titel dieses Beitrags geht es um das ganz normale Leben und die darin enthaltende Tiefendimensionen. Ein weiterer Anknüpfungspunkt ist die Art und Weise der Rezeption: Das Musikhören allein, mit Kopfhörer oder in den eigenen Räumlichkeiten mit weit aufgedrehter Lautstärke, ermöglicht es, sich von der Umwelt abzugrenzen und von Musik ganz „ergriffen" zu sein. Noch deutlicher ist dieses Phänomen bei einem Konzertbesuch zu beobachten. Raum und Zeit werden überschritten und die Hörerin bzw. der Hörer ist so von der Musik ergriffen, dass sie bzw. er sich im Flow befindet.

Joas führt aus, dass Erfahrungen auf Deutung angewiesen sind.[24] Es gibt einen Raum zwischen Erfahrung und Deutung, in dem die Artikulationen entstehen, die versuchen, eine angemessene sprachliche Form zu finden. Es bleibt oftmals eine Kluft. Dabei darf dieser Prozess keine Einbahnstraße sein, sondern Deutung und Erfahrung müssen sich gegenseitig bedingen und aufeinander verweisen. Joas betont, dass „Sprachen, Kulturen und Religionen ein reichhaltiges Repertoire für die Artikulation von Erfahrungen" bieten. Entscheidend ist der Hinweis, dass bestimmte Erfahrungen erst durch religiöse Deutungen gemacht werden können. Hier kann in religiösen Lernprozessen ein hermeneutischer Wettstreit einsetzen, welche Deutungen angemessener sind.

Ein weiterer Anknüpfungspunkt bezieht sich auf einen inhaltlichen Teilbereich von Religion. Joas betont, dass das Niveau der Transzendenz auf der Höhe der Propheten angesiedelt werden darf. Konkret geht es um die „radikale Desakralisierung aller strukturenpolitischer Herrschaft und sozialer Ungleichheit"[25]. Ähnlich argumentiert Cornel West bei einem Gipfeltreffen der besonderen intellektuellen Art im Gespräch mit Jürgen Habermas, Charles Taylor und Judith Butler: „Es ist aber das Prophetische, dieses Gefühl, wirklich daran zu glauben, in der kurzen Spanne, in der wir hier sind, dieses Etwas namens ‚Du sollst deinen Nächsten lieben wie dich selbst – 3. Buch Mose, Kapitel 19, Vers 18'".[26] Cornel West führt weiter aus: „Wenn wir von der prophetischen Religion sprechen, dann sprechen wir von einer Religion, die sich engagiert, die risikobereit ist und ganz von jener Tugend abhängt, die einen handlungsfähig macht und die Mut heißt – der Mut dazu, unser Mitgefühl und unsere Phantasie immer größere Kreise ziehen zu lassen, den Mut dazu kritisch zu denken, zu organisieren, zu mobilisieren und, vielleicht, wie Bruder Martin Luther King Jr. den äußersten Preis zu zahlen."[27]

[23] Ebd.17f.
[24] Vgl. ebd. 23f.
[25] *Joas,* Glaube 213.
[26] *West*, Die prophetische Religion 140.
[27] Ebd. 146.

Diese Folie ermöglicht einen stimmigen Anknüpfungspunkt an prophetische Züge in der Kultur der Rock-/Popmusik. Es ist aber auch eine selbstkritische Folie für Kirche. Als Beispiel sei auf das „Punkgebet" der Gruppe Pussy Riot am 21. Februar 2012 hingewiesen.[28]

Theologie als Reflexion von Glaube und Kirche hat die verpflichtende Aufgabe, von Inhalten und Formen der Rock-/Popmusik zu lernen. Wie dies formal erfolgen kann, zeigt die theologische Kulturhermeneutik, wenn sie als ein wechselseitiger Prozess des Verstehens praktiziert wird. Nimmt sie die Möglichkeit der Selbsttranszendenz sowie die prophetischen Potenziale der Rock-/Popmusik noch inhaltlich auf, kann Theologie verstärkt ihre Gehalte und Reflexionsaufgaben einladend und dialogfähig einbringen. Vielleicht gelingt es durch diese Schritte, dass sich Theologie und Rock-/Popmusik etwas dichter aufeinander zubewegen, um der verheißenen Fülle des Lebens ein klein wenig näher zu kommen.

Literatur

Bucher, Rainer: ... wenn nichts bleibt, wie es war: Zur prekären Zukunft der katholischen Kirche, Würzburg 2012.

Hoff, Gregor M.: Religion – Religiosität – Theologie. Zur theologischen Einordnung religiöser Individualität. In: *Kropač, Ulrich / Meier, Uto / König, Klaus* (Hrsg.): Jugend, Religion, Religiosität. Resultate, Probleme und Perspektiven der aktuellen Religiositätsforschung, Regensburg 2012, 163–178.

Joas, Hans: Braucht der Mensch Religion? Über Erfahrungen der Selbsttranszendenz, Freiburg i. Br. ^{2}2007.

Ders.: Die Entstehung der Werte, Frankfurt a. M. ^{2}1999.

Ders.: Glaube als Option. Zukunftsmöglichkeiten des Christentums, Freiburg i. Br. 2012.

Krockauer, Rainer / Schuster, Max-Josef: Menschen auf der Schwelle. Neue Perspektiven für die alte Pfarrgemeinde, Ostfildern 2007.

Kropač, Ulrich / Meier, Uto / König, Klaus (Hrsg.): Jugend, Religion, Religiosität. Resultate, Probleme und Perspektiven der aktuellen Religiositätsforschung, Regensburg 2012.

Mendieta, Eduardo R. / Van Antwerpen, Jonathan (Hrsg.): Religion und Öffentlichkeit, Berlin 2012, 134–146.

Schröder, Matthias: „God is a DJ". Gespräche mit Popmusikern über Religion, Neukirchen-Vluyn 2001.

[28] Zur theologischen Einordnung vgl. *Schüßler*, Pastoral Riot.

Schüßler, Michael: Die Tradition aufs Spiel setzen. In den Archiven des Glaubens mit Xavier Naidoo und Bruno Latour. In: Wort und Antwort 54 (2013) 34–39.

Ders.: Pastoral Riot! Wie die ‚cultural turns' die (Praktische) Theologie aufmischen (sollten), in: Salzburger Theologische Zeitschrift 17 (2013) 3–24.

Sellmann, Matthias: Zuhören – Austauschen – Vorschlagen. Entdeckungen pastoraltheologischer Milieuforschung, Würzburg 2012.

West, Cornel: Die prophetische Religion und die Zukunft der kapitalistischen Welt. In: *Mendieta, Eduardo R./Van Antwerpen, Jonathan* (Hg.): Religion und Öffentlichkeit, Berlin 2012, 134–146.

Wer schaut wird selig!?

Spielfilme als zeitgenössisches Reflexionsmedium zu Suchbewegungen und Glaubensformen heute

Martin Ostermann

1. Eine Schule der Wahrnehmung

Die Wahrnehmung des Menschen ist durch unterschiedliche Sinne geprägt, die in unterschiedlichem Maße von Bedeutung sind. Das Sehen und Hören spielt eine überragende Rolle, das Sehen noch einmal mehr als das Hören. Diese Erkenntnis scheint den Film besonders hervorzuheben, besticht er doch vor allem durch seine Bilder. Ein Film ist aber ein komplexes Gebilde, das neben der visuellen und auditiven Dimension auch eine narrative Eigenart besitzt. Zwar besteht ein Film in allererster Linie aus Bildern, die Wirkung dieser Bilder hängt aber sehr stark von den mitgelieferten Tönen (Geräusche, Musik, Sprache) und dem Fluss und der Bezogenheit der Bilder (Narration) ab. Wenn nun von ‚Suchbewegungen' und ‚Glaubensformen' in Bezug auf das Medium Spielfilm gesprochen wird, so ist dabei immer die Begrenztheit einer ‚nur' zweiten Wirklichkeit bei gleichzeitiger Komplexität zu bedenken bzw. wird diese Spannung mit thematisiert werden.[1]

1.1 Eine Vorbemerkung von Forrest

Der Film „Forrest Gump" (USA 1993, Regie: Robert Zemeckis) ist auch 20 Jahre nach seiner Entstehung über Generationen hinweg bekannt. Dies liegt sicher zum einen an der einprägsamen Hauptfigur und ihren im Film immer wiederholten Aussagen und Lebensweisheiten,[2] zum anderen aber auch an der universal verständlichen Geschichte über die Suche nach einem Platz im Leben und der humorvoll-nspannende Art der Darstellung dieser Suche. Im Lebensweg des

[1] Siehe zur Problematik der ‚zweiten Wirklichkeit' in den Medien: *Hickethier*, Film- und Fernsehanalyse; *Moser*, Einführung in die Medienpädagogik. – Zur Problematik im Rahmen von ‚Religion lehren' siehe: *Pirner*, Fernsehmythen.

[2] So ist der Satz „Das Leben ist wie eine Pralinenschachtel, man weiß nie, was man kriegt" zu einem geflügelten Wort geworden und wird von fast jedem zitiert, der sich an das Sehen des Filmes erinnert.

naiven Toren, der unbeholfen, auf seine Art aber immer wieder erfolgreich durch die Weltgeschichte stolpert, erkennt der Betrachter Identifikationsflächen für die existenziellen Grunderfahrungen von Liebe und Ablehnung, Geborgenheit und Einsamkeit, Freundschaft und Ausgrenzung, Erfolg und Niederlage und zuletzt Leben und Tod. In einer Szene wird der Betrachter Zeuge eines Gespräches zwischen Forrest und Lieutenant Dan. Forrest hat als amerikanischer Soldat in Vietnam gedient und wurde unfreiwillig zum Helden, als er seine gesamte Einheit vor einer Bombardierung aus dem Dschungel rettete. Während sein bester und wesensverwandter Freund Babba in Forrests Armen stirbt, überlebt der Befehlshaber, Lieutenant Dan, schwer verletzt, so dass er schließlich beide Beine verliert und als Kriegsversehrter im Rollstuhl landet. Nun sitzen beide – Forrest und sein Lieutenant – am Silvesterabend in einem schäbigen Hotelzimmer. Während Dan nach einem Rest Alkohol in den verschiedenen, im Zimmer verteilten Flaschen sucht, fragt er Forrest, ob dieser Jesus schon gefunden habe. Forrest antwortet auf die ihm eigene Art: „Ich habe nicht gewusst, dass ich ihn suchen soll, Sir." Lieutenant Dan setzt daraufhin zu einem längeren Monolog an, in dem er sich darüber beschwert, dass alle Krüppel im Versehrtenheim behauptet hätten, Jesus gefunden zu haben und ein Priester ihm versprochen hätte, dass er dereinst mit Jesus in das himmlische Königreich eingehe. „Was für ein Scheiß-Spruch!" wettert Lieutenant Dan, woraufhin Forrest einwirft: „Ich komme in den Himmel, Lieutenant Dan!"

Die kurze Konversation soll zum einen verdeutlichen, dass auf relativ einfachem Wege große Themen wie die Theodizeefrage oder der Glaube an ein Leben nach dem Tod in eine Geschichte eingebracht werden, zum anderen lässt sich an der Entgegnung von Forrest Gump ablesen, dass Filme keine theologischen oder katechetischen Beiträge sind: Es geht nicht darum, Jesus in der Geschichte zu finden bzw. Aussagen des Glaubens oder der religiösen Wirklichkeit durch Filme zu vermitteln. Wenn es doch geschieht, dann im Rahmen einer Geschichte, die um der Dramatisierung willen ganz unterschiedlicher Strömungen und Spannungen bedarf. Um „Jesus zu finden", bedarf es vielmehr einer bestimmten Lesart bzw. einer Wahrnehmung der (filmischen) Wirklichkeit, welche weder eine Abbildung von Realität noch eine ‚nur' erfundene Fantasiewelt ist, sondern durchaus Wahrheit für sich beanspruchen kann.

1.2 Die Zeichen der Zeit und das Licht des Evangeliums

Jesus oder seine Botschaft in der Welt bzw. in den Werken der Kunst unmittelbar zu finden, scheint kaum möglich zu sein und ist zumindest vonseiten der Kunst nicht (direkt) beabsichtigt. Die Welt und die Kunst im Glauben an den in Christus erschienenen lebendigen Gott zu deuten, ist aber sehr wohl möglich – und nötig. Diese Deutung geschieht durch einen Dialog, der wiederum auf weiteren

Deutungen beruht. Der Dialog ereignet sich zwischen den so genannten ‚Zeichen der Zeit' und dem Evangelium.[3] Er kann nur gelingen, wenn eine Analyse, was Zeichen der jeweiligen Gegenwart sein können, und wie das Evangelium in die jeweilige Gegenwart hinein spricht, vorgenommen wird. Eine direkte Übertragung von Gegenwartsphänomenen auf Glaubensaussagen führt in der Regel nicht weit und lässt nur oberflächliche Einsichten zu, oft sind auch Fehldeutungen die Folge.[4] Die ‚Zeichen der Zeit' zu identifizieren ist ein durchaus kompliziertes Unterfangen und es ist wohl einfacher, durch Ausschluss ihnen näher zu kommen als durch positive Benennung.[5] So ist der herrschende ‚Zeitgeist' sicher kein eigenes ‚Zeichen', kann aber eine Spur sein, um die tiefer liegenden ‚Zeichen der Zeit' zu erkennen. Ähnliches lässt sich für die Deutung des Evangeliums ausführen: Auch hier gibt es selbstverständlich langfristige Auslegungen, die sich nicht beliebig neu deuten lassen, dennoch bleibt festzuhalten, dass die Botschaft des Heils durch Jesus Christus in jeder Zeit neu hinein zu sprechen und wahrzunehmen ist.

1.3 Die Autonomie der irdischen Wirklichkeiten

In seinem Dokument über die Kirche in der Welt von heute spricht das Zweite Vatikanische Konzil von der „Autonomie der Wirklichkeiten" und führt dazu aus: „Durch ihr Geschaffensein selber nämlich haben alle Einzelwirklichkeiten ihren festen Eigenstand, ihre eigene Wahrheit, ihre eigene Gutheit sowie ihre Eigengesetzlichkeit und ihre eigenen Ordnungen, die der Mensch unter Anerkennung der den einzelnen Wissenschaften und Techniken eigenen Methode achten muss." (GS 36). Hier wird eine Hermeneutik entworfen, die zuallererst auf Beobachtung und Wahrnehmung setzt. Die „eigene Gutheit" verweist auf eine dem weltlichen Untersuchungsgegenstand innewohnende Struktur, die eigengesetzlich funktioniert und nach eigenen Strukturprinzipien beschrieben und erst dann beurteilt werden darf. Wenn es also in einer Filmerzählung zu einer Handlung kommt, die z. B. den christlichen Moralvorstellungen widerspricht, so ist diese Handlung zuerst auf die Bedeutung innerhalb der Filmerzählung zu befragen

3 Vgl. GS 4: „Zur Erfüllung dieses ihres Auftrags obliegt der Kirche allzeit die Pflicht, nach den Zeichen der Zeit zu forschen und sie im Licht des Evangeliums zu deuten."

4 So werden Filmfiguren oft einfach als Jesusfigurationen gedeutet. Dies wird in der Regel weder der Botschaft des Evangeliums noch den völlig eigenständigen Aussagen des jeweiligen Films gerecht. Siehe hierzu und zur Gleichnisstruktur von Filmen: *Ostermann*, Gotteserzählungen 350–359; *Seeßlen,* König der Juden.

5 Siehe zur Diskussion um die ‚Zeichen der Zeit': *Böttigheimer/ Bruckmann*, Glaubensverantwortung.

und kann nicht isoliert davon als unchristlich gebrandmarkt werden.[6] Umgekehrt ist das Auftauchen christlicher Handlungen, Symbole, Orte oder Personen (z. B. Priester und Ordensangehörige) nicht sofort ein Zeichen für eine christlich oder allgemein religiös konnotierte Aussageabsicht des Filmes. Auch in diesen Fällen sind der jeweilige Kontext und die Gesamterzählung zu beachten.[7]

2. Was leisten Filme? – Helden und Erlöser in einer säkular-sakralen Welt

Mit den Kategorien ‚Helden und Erlöser' werden bereits zwei unterschiedliche Ebenen angesprochen. Während ‚Held' eine allgemeine, narrative Bezeichnung ist, handelt es sich beim ‚Erlöser' bereits um einen religiös gefüllten Begriff. Ich möchte aber zu zeigen versuchen, dass ‚Erlösung' auch im Vorfeld von religiöser oder gar christlicher Deutung ein wichtiges Merkmal narrativer Muster ist.[8] Sicherlich ist die Verwendung alternativer Begriffe für dieses Merkmal ebenso möglich (z. B. Befreiung), aber die religiöse Konnotation kann von den jeweiligen Erzählungen nahegelegt werden, wie das Beispiel ‚Avatar' verdeutlicht.

2.1 Die Unsterblichkeit des Mythos oder: Pocahontas im Weltall

‚Avatar' (USA 2011, Regie: James Cameron) entfaltet eine Wirkung, die auf die Kombination von neuester und bis an die Grenze des Möglichen gesteigerter Technik in Verbindung mit einer universalen Erzählung zurückgeführt werden kann. Die Universalität der Erzählung ist für die Rezeption wichtiger als die Originalität der Erzählung. Führt man das Erzählgerüst von ‚Avatar' auf seine Ursprünge zurück, so handelt es sich um nicht viel mehr als die Geschichte von

6 Christen sind es gewohnt, das Kreuz als Zeichen des Heils und der Erlösung zu deuten und vergessen hierbei nur zu leicht, dass eben dieses Kreuz im Kontext der Passionserzählungen nichts weiter als ein grausames Hinrichtungsinstrument ist. Auch hier bedurfte es einer Hermeneutik, die knapp 400 Jahre wirken musste, bevor zum ersten Mal in der sakralen Kunst der Gekreuzigte als religiös zu verehrendes Symbol in Erscheinung trat. Vgl. hierzu *Gutmann*, Herr der Heerscharen 31f.

7 Insbesondere Filme, deren Handlung in vergangenen Zeiten angesiedelt ist, bedürfen um der Authentizität willen der Darstellung der christlichen Kultur, ohne dass diese zwingend in thematischer Hinsicht wichtig wird.

8 Zu den narrativen Mustern siehe: *Vogler*, Odyssee; *Seeßlen*, König der Löwen; *Gutmann*, Beziehungsmuster; *Ostermann*, Gotteserzählungen 67–77.

Pocahontas, eine Geschichte, die schon vielfach verfilmt wurde.[9] Die Erzählung behandelt die Begegnung zweier Kulturen am Beispiel der Liebe zwischen der Häuptlingstochter Pocahontas und dem englischen Kolonisten John Smith zu Beginn des 17. Jahrhunderts. Die Liebenden repräsentieren mithin die ‚alte' und die ‚neue' Welt, der Kern des Konfliktes liegt im (fehlenden) Respekt vor der Kultur des jeweils anderen. Die Welten werden in ‚Avatar' in den Weltraum verlegt: Die irdischen Raumschiffe bringen die Menschen zum Planeten Pandora, wo die ‚Na'vi' leben, welche zwar größer und äußerlich unterschiedlich gestaltete, aber letztlich doch humanoide Wesen sind, mit deutlichem Anklang an das Leben der sogenannten Indianer (Stämme, geleitet von Häuptlingen, leben naturverbunden und jagen mit Pfeil und Bogen). Das Liebespaar wird aus einem Menschen, Jake Sully, und der Häuptlingstochter Neytiri gebildet. Es ist aber nicht nur die Raumfahrt, die die Handlung in die Zukunft verlegt, sondern auch die technische Errungenschaft mit Hilfe genetisch geschaffener Na'vi-Körper, in die sich Menschen mittels digitaler Bewusstseinsübertragung hineinversetzen und diese so lebendig werden lassen können, um dann den Einwohnern Pandoras als ihresgleichen zu begegnen. Die durch menschliches Bewusstsein gesteuerten Na'vi-Körper nennen die Menschen Avatare,[10] bei den Na'vi heißen sie auch Dämonen. Für den menschlichen Helden Jake Sully bedeutet dieses Vorgehen ein Wandeln zwischen mehreren Welten: Er ist ein Ex-Marine, der aufgrund seiner gelähmten Beine im Rollstuhl sitzt, und in das Avatar-Programm aufgenommen wird. Jake ist ein militärisch denkender und körperlich eingeschränkter Mensch, der in einem wissenschaftlich orientierten Programm nicht nur ungeahnte körperliche Fähigkeit durch seinen Avatar (zurück-)erhält, sondern auch mit einer Fülle an Eindrücken in der ‚neuen' Welt konfrontiert wird, die zu einer vollständigen Wandlung führen. Individuell sieht der Betrachter seine Emanzipations- und Initiationsgeschichte, auf einer strukturellen Ebene wird dieser Erzählfaden über die Liebesgeschichte hinaus in eine Erlösungsgeschichte eingebunden: Jake erkennt mehr und mehr, dass seine Berufung nicht nur in der Vermittlung zwischen Menschen und Na'vi liegt, sondern dass es sich um den Durchbruch

[9] Die bekannteste Filmversion ist sicher der Disneyfilm ‚Pocahontas' (USA 1994, Regie: Mike Gabriel und Eric Goldberg). Der Regisseur Terrence Malick interpretierte die historische Begebenheit aus dem 17. Jahrhundert in seinem Spielfilm ‚The New World' (USA 2005) völlig neu, indem er den Gegensatz aus Zivilisation und Natur in den Vordergrund rückte und die Liebesgeschichte zur Nebensache machte.

[10] Der Begriff ‚Avatar' leitet sich aus dem Sanskrit ab. Dort bedeutet *Avatāra* „Abstieg", was sich auf das Herabsteigen einer Gottheit in irdische Sphären bezieht. Der Begriff wird im Hinduismus hauptsächlich für die Inkarnationen Vishnus verwendet (Vgl. hierzu *Michaels*, Artikel ‚Avatara'). Im Bereich der Computerspiele bezeichnet Avatar die virtuelle Verkörperung des Spielenden im Spiel. Camerons Film nimmt Bezug auf beide Bedeutungen.

zu einer neuen Existenzform handelt. Er wird Teil der Geschichte der Na'vi, indem er die Rolle des (prophetisch vorausgesagten) Toruk Macto übernimmt, einer Erlösergestalt, die in Zeiten der Not die Clans der Na'vi zu vereinen hilft. Dieser Rollen- bzw. Existenzwechsel ist nur konsequent, da die Menschheit, die als Kolonisten eigentlich nur an den Bodenschätzen Pandoras interessiert ist, die ökonomisch gesteuerte, militärisch geführte instrumentelle Vernunft repräsentiert, die jegliche Religion oder Glauben abgelegt zu haben scheint. Auf der anderen Seite sind die naturverbundenen Na'vi Teil des großen Organismus des Planeten Pandora und repräsentieren ein Leben des Respekts, der Gemeinschaft und der spirituellen Prägung. Sie leben in einem riesigen Baum, der zusammen mit dem ‚Baum der Seelen' und der üppigen Natur des Planeten metaphorisch an die jüdisch-christliche Paradieserzählung erinnert. Ihr Respekt vor allem Lebendigen äußert sich in der Verehrung der Mutter allen Lebens, im Film Eywa (!) genannt. Die finale Schlacht versucht, die Zerstörung des Baums der Seelen (also die Vernichtung der spirituellen Grundlagen allen Lebens) durch die Menschen abzuwenden und endet mit dem Sieg alles Lebendigen Pandoras und der Vertreibung der Menschen (aus dem Paradies).

Auf der reinen Inhaltsebene wird also nur die Rettung Pandoras durch seine Ureinwohner vor den eindringenden Menschen erzählt, strukturell ist es aber eine Befreiung zur Ganzheitlichkeit und zur erneuten Hinwendung zum Göttlichen mit Hilfe eines in der Überlieferung prophezeiten Erlösers.

2.2 Gott als Figur der Erzählung, oder: Religion als Steinbruch

Hatte Forrest noch gar nicht gewusst, dass er Jesus hätte suchen sollen, so sind Jesus oder Gott direkt in den wenigsten Geschichten eindeutig zu identifizieren.[11] Wenn Gott selbst eine handelnde Figur in der Geschichte ist, so betrifft das oft das Genre der Komödie oder Satire, z.B. im Falle von ‚Dogma' (USA 1999, Regie: Kevin Smith) oder ‚Bruce Allmächtig' (USA 2003, Regie: Tom Shadyac), um nur zwei sehr bekannte Beispiele zu nennen.[12] Wesentlich häufiger – und so geschieht es auch in ‚Avatar' – ist die Darstellung des Göttlichen mittels Symbolen, Boten, Natur und Erscheinungen. Der ‚Baum der Seelen', der durch die Lebenskraft Eywas gespeist wird, vereint naturreligiöse mit pantheistischen Vorstellungen. Dadurch dass die Na'vi sich durch eine Art Haarzopf tatsächlich biologisch mit anderem Lebendigen verbinden können, wird der so dargestellte Animismus auch materiell gestützt: Sie reden nicht nur zu den Ahnen,

[11] Vgl. *Ostermann*, Jesus gefunden 49f.

[12] Eine weitere Ausnahme stellen die so genannten ‚Jesusfilme' dar, in denen aber gerade die menschliche Seite des Jesus von Nazareth hervortritt und die Göttlichkeit sich nur dem Gläubigen erschließt bzw. durch dessen Rezeption ergänzt wird.

sondern können eine körperliche Verbindung zu ihnen aufbauen. Auch die Naturverbundenheit bekommt so ein anderes Gewicht, da z. B. Reiter und Reittier körperlich verbunden sind. Ähnlich wie die erzählte Geschichte deutlich bereits existierenden Vorbildern nachempfunden ist, sind auch die religiösen Symbole, Metaphern und Strukturen bereits bekannt. Sie speisen sich vor allem aus der jüdisch-christlichen Tradition (Paradies und Sündenfall) und naturreligiösen bzw. mythischen Vorstellungen (Bäume als Repräsentanten und Orte des Göttlichen, eine durch das Göttliche belebte und geschützte Natur, in der organisch alles in Verbindung miteinander steht und der Verweis auf die Ahnenverehrung). Der Held wird zum Befreier und ermöglicht Erlösung, indem er die Bestie zähmt (im Film ist es ein drachenähnliches Wesen) und den Glauben an das Leben (im Film durch das Gebet zu Eywa) erneuert. Vor allem legt er das Menschliche ab und ‚inkarniert' in eine andere Gestalt. Jake Sully wird aber keinesfalls ‚Gott gleich', sondern bleibt selbst erlösungsbedürftig und wird durch die Liebe von Neytiri gerettet. Seine Inkarnation wird schließlich durch Eywa vollendet.

Das Gut-Böse-Schema in der Geschichte wird nur durch einige wenige Figuren durchbrochen,[13] so dass die Geschichte sich nicht nur inhaltlich, sondern auch strukturell als schlicht erweist. Diese Schlichtheit – die durchaus positiv zu sehen ist – wird aber durch die überragende äußere Darbietung mehr als kompensiert. Die Erlösung wird auf diese Weise eine Sache des Gefühls (oder: des Herzens) und weniger des Verstandes.

Die Verwendung religiöser Elemente erfolgt also nur bruchstückhaft und direkte Bezüge zu tatsächlich existierenden Religionen hier und heute fehlen vollständig. Aber gerade diese Art und Weise der Fragmentierung erlaubt es dem Rezipienten, an ganz unterschiedlichen Punkten anzusetzen und die geschaute Geschichte in Beziehung zu seiner eigenen Geschichte und seiner eigenen (oft auch nur fragmentarisch vorhandenen) Religiosität zu setzen. Es ist eine Einladung zum Dialog: Als Zeichen der Zeit werden (ökonomische) Habgier und (militärische) Unterdrückung der Sehnsucht nach Ganzheitlichkeit und einer idealisierten (zwischenmenschlichen und einer Mensch-Natur-) Gemeinschaft gegenübergestellt. Die Darstellung erfolgt mit Hilfe religiöser Benennungen, Bilder und Symbole. Kernaussage von ‚Avatar' ist, dass die Rettung zum Guten nur gemeinsam und im Vertrauen auf die das Leben schenkende und bewahrende Macht möglich ist.

[13] So ist die von Sigourney Weaver dargestellte Forscherin Grace Augustin immer kompromisslos auf Seiten der Na'vi, was sie schließlich mit dem Opfer ihres Lebens bezahlt. Der Häuptlingssohn Tsu'tey ist Jake Sully gegenüber zuerst feindlich eingestellt, erkennt ihn aber als Toruk Macto an und wird zu seinem Bruder (so dass dann die Guten wirklich alle gut sind).

2.3 Der Erlöser von der Leinwand oder: Nur mal kurz die Welt retten

Die Rettung der ganzen Welt – sei es nur die irdische oder gleich das ganze Universum – ist in den meisten Fällen Aufgabe einer Erlösergestalt. Bei den Beispielen, in denen sich das Handeln auf einen begrenzten Raum bezieht, überstrahlt die davon ausgehende Wirkung jedoch alles, so dass zumindest das Gefühl einer vollen Erlösung erzeugt wird.[14] Die populäre Filmerzählung (vor allem Hollywoods) versucht umfassende Geschichten zu bieten, die eine möglichst ebenso umfassende existenzielle Identifikation ermöglichen, so dass der Betrachter durch den Film das Gefühl einer Lösung bzw. eines Abschlusses und einer Öffnung zugleich verspürt.[15]

‚Avatar' endet damit, dass die Begegnung der Welten zwar im Großen gescheitert ist, im Kleinen, d. h. mit wenigen verständigen Menschen, aber Hoffnung auf einen gemeinsamen Neuanfang besteht. Dieser Neuanfang ist möglich in einer Welt, die Säkularität und Sakralität nicht als Gegensätze versteht, sondern in Ergänzung zu sehen bereit ist. Die Erlösung besteht in diesem Sinne nicht in der Bekehrung der ganzen Welt, sondern in der Neuorientierung an bereits Bestehendem, das kreativ neu für die Gestaltung der Zukunft genutzt wird. So ist z. B. die Technik nur das Mittel, das sowohl für Vernichtung (militärisch) als auch für Verständigung (Genetik und Bewusstseinsübertragung) genutzt werden kann.

In der Rezeption ist ein Film vielleicht ‚nur' Unterhaltung oder wird ‚nur' aus Freude an imposanten Kampfszenen wahrgenommen.[16] Entscheidender als der Unterhaltungswert ist aber, ob der Film die Möglichkeit bereitstellt, auf mehreren Ebenen bis hin zu einer existenzielle Fragen ansprechenden Form wahrgenommen zu werden.[17] Die Möglichkeiten des Mediums sind also noch weiter auszuloten.

[14] Bekannteste Beispiele für diese Form der Weltrettung sind die Filme der James-Bond-Reihe, die alle nach dem mehr oder minder gleichen Muster ablaufen, sich jedoch in ihrer Art und Weise der Präsentation und Akzentsetzung stark unterscheiden können und dadurch gegenwärtige Entwicklungen und Stimmungen einbeziehen.

[15] Vgl. zur populären Filmerzählung Hollywoods: *Bohrmann*, Dramaturgie; *Campbell*, Der Heros; *Gutmann*, Beziehungsmuster; *Ostermann*, Gotteserzählungen; *Vogler*, Die Odyssee.

[16] Insbesondere die Diskussion um Gewaltszenen überlagert immer wieder die differenzierte Rezeption von Filmen. Siehe dazu: *Mertin,* Mord und Totschlag. Zum Umgang mit dargestellter Gewalt in didaktischen Zusammenhängen. Siehe auch: *Ostermann*, Verletzen.

[17] An dieser Stelle ist an die Thesen zum Abschluss des Kongresses „Jugend, Religion, Religiosität" 2010 in Eichstätt zu erinnern: These 2: Religion ist ein kulturelles Existenzial. „Religion ist ohne Kultur nicht denkbar, wie umgekehrt Kultur religiös imprägniert und geprägt ist" (*Kropač / Meier / König*, Elf Thesen 244f.).

3. Was ist mit Filmen möglich? – Türöffner, Herausforderung und Kritik

3.1 Der thematische Türöffner

Die besondere Wirkung eines Films erschließt sich nicht allein auf intellektuellem Wege, sondern ist vor allem emotional begründet. Die erzeugten Emotionen werden aber zugleich mit dem Inhalt verknüpft bzw. erinnert. Insofern können Filme für ein sonst auf rein intellektuellem Weg nur schwer zugängliches Thema ein ‚Türöffner' sein. Diese ‚Türöffner' gewinnen gegenwärtig dadurch an Bedeutung, dass weder an allgemein vorhandene Glaubenserfahrungen und religiöses Wissen noch an eine selbstverständlich vorhandene Bereitschaft, sich mit Fragen zur Transzendenz auseinandersetzen zu wollen, angeknüpft werden kann.[18] Angeknüpft werden kann aber an existenzielle Grunderfahrungen wie „Freude und Hoffnung, Trauer und Angst"[19], die es im „Lichte des Evangeliums" zu deuten gilt. Innerhalb dieses Deutungsdialogs können Filme aufgrund der Verbindung von Thematik und Wirkweise Brücken sein.

Um nicht missverstanden zu werden: Filme sollten weder als thematischer ‚Aufhänger' missbraucht und funktionalisiert werden, noch sind Filme bereits eigenständige thematische Beiträge, d. h., sie fügen sich nur in den seltensten Fällen nahtlos in ein getrennt von ihnen existierendes Thema ein.[20] Vielmehr öffnen sie die Tür in ein spezielles Feld der Kultur und sind gleichzeitig Kunstwerke und Produkte einer Unterhaltungsindustrie, die im Kontext einer bestimmten gesellschaftlich-ökonomischen Gegenwart geschaffen wurden. Je hochwertiger die Qualität eines Films, umso mehr Reflexionsebenen als Anknüpfungspunkte zur weiteren Bearbeitung bietet dieser. Die Multidimensionalität bringt es allerdings auch mit sich, dass Themen angerissen oder ganz ausgeführt werden, die gar nicht im Fokus des Betrachters bzw. nicht für eine pädagogische Auseinandersetzung vorgesehen sind. Die Offenheit des Mediums verlangt auch Offenheit in Rezeption und Reflexion.[21]

3.2 Die existenzielle Herausforderung

Die Stärke des Mediums Film besteht gerade darin, die existenziellen Grundanliegen kompakt vermitteln zu können, so dass für die sonst in der Welt nur

[18] Zur Auseinandersetzung über Religiosität und Transzendenzsuche siehe: *Schnell*, Für meine Freunde.

[19] Vgl. GS 1.

[20] Vgl. *Ostermann*, Jesus gefunden 50f.

[21] Vgl. *Ders.*, Mit Spielfilmen arbeiten, 230f; siehe auch: *Karsch / Rasch*, Religionsunterricht; *Kirsner / Wermke*, Religion im Kino.

ansatzweise sicht- und erfahrbaren Haltungen Glaube, Liebe und Hoffnung nachhaltige Bilder innerhalb einer Narration dargeboten werden. Erst das Zusammenspiel aus äußerer Form, dargebotenem Inhalt und Zielgerichtetheit der Gesamterzählung entscheiden über das Maß der Nachhaltigkeit der Bilder. Da der Film auch ein kommerzielles Produkt ist, verbleibt vieles vordergründig, erscheint redundant oder kann nahezu wertlos sein, dies sollte aber nicht zu einem vorschnellen Urteil über das Medium Film generell verleiten. Durch die emotionale Ansprache, die vor allem auf einer Bildsprache beruhende Erzählung und die in ungewöhnliche Kontexte (z.B. eine Zukunfts- oder Fantasiewelt) eingebundene Thematisierung allgemein menschlicher Verhaltensweisen und Fragestellungen kann die individuelle Sprachfähigkeit des Rezipienten herausgefordert und gefördert werden. Diese Förderung bedarf zumeist der Deutung und des Dialogs. Wie erzählt wird, was Befreiung und Liebe individuell bedeuten kann und welche Rolle dabei über das menschliche Maß hinausgehende Kräfte haben, kann ein Satz wie „Durch dieses Evangelium werdet ihr gerettet“ (1 Kor 15,2) und damit der Begriff Erlösung eine neue Färbung erhalten und ein existenzieller Bezug entstehen oder verstärkt werden. Der Film selbst stellt keine Verkündigung dar,[22] sondern ist Medium der Auseinandersetzung, was den Film möglicherweise als widerständig, bestätigend oder auch herausfordernd erfahren lässt.

3.3 Die kritische Verengung der Perspektive

Mag es den meisten Menschen durchaus gut gefallen, Erzählungen zu sehen, die die Welt erklärbar erscheinen lassen und die Hoffnung bewahren, dass alles (doch noch) gut werden kann, so entsprechen solche Geschichten nicht unbedingt unserer Lebenserfahrung. Wir erleben die Welt nur fragmentarisch und Erfahrungen bleiben oft unabgeschlossen. Geschichten brechen an einem bestimmten Punkt einfach ab und es wird keine ‚Lösung‘ oder gar eine ‚Erlösung‘ präsentiert. Filme, die populär-gängige Erzählmuster durchbrechen, lassen den Betrachter zwar oft ratlos, bisweilen sogar ärgerlich zurück, entsprechen auf diese Weise aber eher unserer Lebenserfahrung. Ein Film wie ‚Elephant‘ (USA 2003, Regie: Gus van Sant)[23] macht gar nicht erst den Versuch, Erklärungen für das gezeigte Schulmassaker zu suchen, vielmehr wird bereits auf formaler Ebene die (Kamera-)Perspektive verengt: Wir sehen nur Ausschnitte, nur Einzelpersonen, nur eine begrenzte Zeit. Die Zusammenhänge und Verknüpfungen (der

[22] Vgl. *Ostermann*, Jesus gefunden 52.

[23] Der Titel des Films verweist auf das Gleichnis, in welchem blinde Personen einen Elefanten untersuchen. Da jede Person nur einen bestimmten Körperteil untersucht, von dieser Erfahrungen aber auf das Ganze schließt, kommen sie zu vollständig unterschiedlichen Schlussfolgerungen, wie die Gestalt des Elefanten aussehen müsse.

Bilder) bleiben unklar. Das Warum kann nicht (eindeutig) beantwortet werden, aber die Erfahrung von Freude und Hoffnung, Trauer und Angst werden gleichwohl in einem Mikrokosmos vermittelt. Die Verengung der Perspektive führt zur Einsicht, das Ganze niemals beurteilen zu können und wirft so einen kritischen Blick auf die Rolle von Wahrnehmung, Deutung und Schlussfolgerung.

Literatur

Böttigheimer, Christoph/Bruckmann, Florian (Hrsg.): Glaubensverantwortung im Horizont der „Zeichen der Zeit" (Quaestiones Disputatae 248), Freiburg i. Br. 2012.

Bohrmann, Thomas: Die Dramaturgie des populären Films. In: *Ders./Veith, Werner/Zöller, Stephan* (Hrsg.): Handbuch Theologie und populärer Film, Bd. 1, Paderborn 2007, 15–39.

Campbell, Joseph: Der Heros in tausend Gestalten, Frankfurt a. M. 1999.

Gutmann, Hans-Martin: Beziehungsmuster. In: *Kirsner, Inge/Wermke, Michael* (Hrsg.): Religion im Kino. Religionspädagogisches Arbeiten mit Filmen, Göttingen 2000, 181–198.

Ders.: Der Herr der Heerscharen, die Prinzessin der Herzen und der König der Löwen. Religion lehren zwischen Kirche, Schule und populärer Kultur, Gütersloh 1998.

Hasenberg, Peter/Luley, Wolfgang/Martig, Charles (Hrsg.): Spuren des Religiösen im Film. Meilensteine aus 100 Jahren Kinogeschichte, Mainz 1995.

Hickethier, Knut: Film- und Fernsehanalyse, Stuttgart [3]2001.

Karsch, Manfred/Rasch, Christian: Religionsunterricht mit Filmen. Sekundarstufe I, Göttingen 2007.

Kirsner, Inge/Wermke, Michael (Hrsg.): Religion im Kino. Religionspädagogisches Arbeiten mit Filmen, Göttingen 2000.

Kropač, Ulrich/Meier, Uto/König, Klaus: Elf Thesen zum Kongress. In: *Dies.* (Hrsg.): Jugend, Religion, Religiosität. Resultate, Probleme und Perspektiven der aktuellen Religiositätsforschung, Regensburg 2012, 243–256.

Mertin, Andreas: Mord und Totschlag. Kulturwissenschaftliche Betrachtungen zum Verhältnis von Medien und Gewalt. In: *Kirsner, Inge/Wermke, Michael* (Hrsg.): Gewalt. Filmanalysen für den Religionsunterricht. Göttingen 2004, 22–30.

Michaels, Axel: Artikel ‚Avatara'. In: RGG[4], Bd. 1, Tübingen 1998, 1021.

Moser, Heinz: Einführung in die Medienpädagogik. Aufwachsen im Medienzeitalter, Wiesbaden [5]2010.

Ostermann, Martin: Gotteserzählungen. Gottessuche in Literatur und Film, Marburg 2010.

Ders.: „Hast du Jesus schon gefunden?“ – Filme und Verkündigung. In: KatBl 130 (2005) 48–52.

Ders.: „Verletzen kann mich nur die Welt da draußen“. Gewalt und Verletzung im Spielfilm – exemplarische Annäherungen und Analysen. In: ZDPE 3/2010, 206–213 .

Ders.: Mit Spielfilmen in der Schulpastoral arbeiten. In: *Rendle, Ludwig* (Hrsg.): Ganzheitliche Methoden in der Schulpastoral, München 2013, 230–240.

Pirner, Manfred L.: Fernsehmythen und religiöse Bildung. Grundlegung einer medienerfahrungsorientierten Religionspädagogik am Beispiel fiktionaler Fernsehunterhaltung, Frankfurt a. M. 2001.

Schnell, Tatjana: „Für meine Freunde könnte ich sterben“. Implizite Religiosität und die Sehnsucht nach Transzendenz. In: *Kropač, Ulrich / Meier, Uto / König, Klaus* (Hrsg.): Jugend, Religion, Religiosität. Resultate, Probleme und Perspektiven der aktuellen Religiositätsforschung, Regensburg 2012, 87–106.

Schröter, Erhart: Filme im Unterricht. Auswählen, analysieren, diskutieren, Weinheim / Basel 2009.

Seeßlen, Georg: König der Juden oder König der Löwen. Religiöse Zitate und Muster im populären Film, in: EZW-Texte Nr. 134, Berlin 1996.

Vogler, Christopher: Die Odyssee des Drehbuchschreibers. Über die mythologischen Grundmuster des amerikanischen Erfolgskinos, Frankfurt a. M. ³1999.

Zum religiösen Bildungspotenzial von Fantasyfilmen

Ulrich Kumher

1. Teil der populären Kultur

Der vorliegende Beitrag bespricht den religiösen Bildungsgehalt von Fantasyfilmen und macht aufgrund des Befundes einen Vorschlag, unter welcher Perspektive sie im Rahmen religiöser Bildung aufgegriffen werden könnten.

Fantasygeschichten sind ein Teil der populären Gegenwartskultur, in der sich das Interesse an Transzendenz Bahn bricht,[1] und Gegenstand religionspädagogischer Reflexion. Die religionspädagogische Aufmerksamkeit für Fantasygeschichten liegt u. a. daran, dass sie Religion in verschiedenen Variationen beinhalten bzw. ausdrücken und zudem Fragen aufrufen, die in religiöser Hinsicht relevant sind. Gerade in Form von Filmen werden Fantasygeschichten im religiösen Bildungskontext besprochen, weil sie einen relativ schnellen Zugang zu einem Erzähluniversum ermöglichen und sich eines großen Bekanntheitsgrades erfreuen, so dass wenigstens z. T. auf Vorerfahrungen zurückgegriffen und mit Interesse gerechnet werden kann. Die Bildergeschichten geben die Romanvorlagen, die oft viele Seiten dafür aufwenden, um durch Beschreibungen der Landschaften, Personen und Hintergründe eine dichte Atmosphäre aufzubauen, komprimiert und interpretiert wieder. Das Schauen eines Films ‚verbraucht' weniger von der knappen Ressource Zeit als das Lesen eines umfangreichen Buches.

Der Bekanntheitsgrad einiger Fantasybücher und -filme hat ein erstaunliches Maß erreicht, wie z. B. „Der Herr der Ringe".[2] Daneben haben aber auch andere Klassiker wie jüngere Produktionen dieses Genres einen erheblichen Bekanntheitsgrad oder zumindest bei den Fans Kultstatus erlangt: „Die Chroniken von Narnia", „Tintenherz", „Der Sternwanderer", „Willow", „Die Unendliche Geschichte", „Der Goldene Kompass", „Eragon", „City of Bones", „Percy Jackson", „Die Reise ins Labyrinth", „Harry Potter", „Snow White and the Huntsman", die Bis(s)-Verfilmungen, „Game of Thrones" und jüngst „Der Hobbit". – Teilweise sind die Filme gegenüber ihrer jeweiligen Vorlage verändert worden, was nicht nur mit dem Transfer in das Bildmedium Film und der damit notwendig zusammenhängenden Interpretation zu tun hat.

[1] Vgl. *Schwab*, „Wer schreibt denn, was hier passiert?" 490.

[2] Was sich z. B. an dem Titel „Mordor lässt grüßen" (39) eines Zeitungsartikels von *Prantl* ablesen lässt.

Die Veränderung der literarischen Vorlage wird auch deshalb vorgenommen, um mit der Verfilmung im Kontext eines globalen Bildermarktes ein größeres Publikum anzusprechen. So lässt sich bei der Herr-der-Ringe-Verfilmung u. a. beobachten, dass das Beziehungspotenzial der Bücher ausgedeutet worden ist, um Erwartungen des Publikums zu entsprechen.[3] Mit der Konzeption der Filme (Blockbuster!) für ein möglichst großes Publikum mag auf weitere Aspekte verstärkt Wert gelegt werden.[4] Das Special-Effect-Feuerwerk[5] ist ein Indiz für den Kampf um Aufmerksamkeit. Neben dem kommerziellen Anliegen werden Filme im Zuge eines kulturellen Hegemoniestrebens mit Interessen und Botschaften verbunden und so evtl. ideologisch in Dienst genommen.

Fantasygeschichten erzählen von Welten, Wesen und Kräften, die es nicht gibt, und von Rettungstaten, in denen die Heldinnen und Helden in diversen Abenteuern an die Grenzen ihrer Möglichkeiten gehen, häufig um ihre oder eine fremde Welt vor einer Zwangsherrschaft oder Zerstörung zu bewahren. Die Vielzahl der Geschichten lässt sich danach differenzieren, ob sie in gänzlich erfundenen Welten stattfinden, die von unserer Welt nichts wissen, oder ob sie mit dem Gedanken spielen, dass es neben unserer Welt noch andere Welten gibt und dass der Übergang zwischen den Welten möglich ist.[6] Eine Variante dieser Perspektive ist es, dass die Fantasywelten und -wesen mitten in unserer Welt angetroffen werden können. Bei dieser Spielart muss es nicht unbedingt separate Welten geben, sondern in dieser Perspektive teilen wir uns die Welt mit Vampiren, Zauberern etc. [...] und zwar meist, ohne dass die breite Masse der ‚normalen' Bevölkerung davon weiß. Manche Fantasygeschichten bedienen ganz bewusst die Ahnung, dass es jetzt und hier noch mehr als das triste Alltagsgrau geben muss.

2. Utopisches Potenzial

Der Reiz, den Fantasyfilme ausüben, mag damit zusammenhängen, dass sie Sehnsüchte, die zutiefst in uns verankert sind, bedienen: nach unberührter Natur, nach dem Außergewöhnlichen und Unerklärlichen, nach der großen Rettung, nach all dem, was in einer Welt, die durch naturwissenschaftliche Perspektivendominanz, Geschwindigkeit und sterile Technik kanalisiert und gefiltert wird, zu

[3] Bei „Herr der Ringe" ist dies dadurch geschehen, dass die Liebesgeschichte zwischen Arwen und Aragorn verstärkt sowie die Möglichkeit einer Liebesbeziehung zwischen Aragorn und Éowyn angedeutet wurde. Vgl. *Mikos / Eichner / Prommer* u. a., Die „Herr der Ringe"-Trilogie 95–97.

[4] Vgl. *Robertson*, Glokalisierung 213.

[5] Vgl. *Mikos / Eichner / Prommer* u. a., Die „Herr der Ringe"-Trilogie 97.

[6] Vgl. *Mattenklott,* Harry Potter 48.

ersticken droht.[7] Die fiktiven Fantasywelten sind jedoch noch nicht totdefiniert, millimetergenau vermessen, sondern es gibt noch Spielraum: unerforschtes Terrain. Es ist keine Normalität, sondern ‚Abenteuerland' mit einer Fülle von Geheimnissen, ‚richtigen' Gefahren und der großen Hoffnung.

Auch wenn es das Gros der Zuschauer/-innen nicht reflektiert und Fantasy vor allem als Unterhaltung begreift, mögen diese Sehnsüchte unbewusst beim Publikum ihre Anziehungskraft entfalten, wobei es wenigstens intuitiv erfassen mag, dass es hier nicht nur um den Kampf zwischen Gut und Böse geht, sondern um die Auseinandersetzung zwischen Naturzerstörung und Naturverbundenheit, zwischen Individualität und Gleichmacherei, zwischen Rassismus und Ermöglichung von Vielfalt etc. Zwar handelt es sich um fiktive Welten, die jedoch wirkliche Probleme widerspiegeln. Von der Beobachtung aus, dass Fantasywelten fiktiv sind und zugleich in verschiedener Hinsicht Alternativen zu unserer Wirklichkeit entwerfen, die Kritik an wirklichen Verhältnissen implizieren (z. B. an Machthunger), lassen sie sich als Nicht-Orte, als Utopien begreifen;[8] ihre Vermarktungskampagne, ihre musikalische Begleitung (Soundtrack) etc. legen z. T. eine solche Interpretation nahe. Fantasywelten stellen das vor, was viele Menschen vermissen, selbst wenn diese Alternativentwürfe nicht ohne Gefahren und Leid auskommen. Aber genau darin liegt einer ihrer Reize.

Dabei ist allerdings zu bedenken, dass die Filme von einer Kulturindustrie produziert werden, die um die soeben beschriebene Perspektive weiß, und die das utopische Potenzial der Geschichten bewusst in Szene setzt und es mit kommerziellen Interessen verbindet (schon allein aufgrund der horrenden Produktionskosten solcher Filme, die zu kommerziellem Erfolg geradezu verpflichten). Dies mag nicht nur für die aufwendige Konzeption und Produktion der Filme gelten, sondern ebenfalls für die gezielte ‚Produktion' von Büchern mit Blick auf einen globalen Büchermarkt und eine mögliche Verfilmung. In dieser Sicht ließe sich problematisieren, inwiefern hier die Kulturindustrie gerade Sehnsüchte und Hoffnungen instrumentalisiert, welchen sie in Wirklichkeit entgegenarbeitet,[9] nämlich u. a. durch die attraktive Darstellung von Gewalt, durch Vermassung und Homogenisierung sowie durch die wiederum damit verbundenen Effekte, z. B. die Verdrängung kleiner Programmkinos. Das jedoch hört sich nach der Manipulation von Menschen mithilfe ihrer Sehnsüchte, also dystopisch, an.

7 Vgl. auch *Schwab,* „Wer schreibt denn, was hier passiert?" 477.
8 Vgl. *Welsen,* Ideologie 169ff.
9 Vgl. *Seeßlen,* Und nun beuget die Knie!; *Brin,* Morgen ist vielleicht alles anders 157ff.

3. Religionshaltigkeit

Die religionspädagogische Fachliteratur zu Fantasyfilmen zeigt, dass Religion in ihnen oft eine nicht unerhebliche Rolle spielt und dieses Genre deshalb für religiöse Bildungsprozesse in Frage kommt. Die folgenden Beispiele mögen andeuten, wie unterschiedlich Religion in Fantasyfilmen vorkommt.

„Snow White and the Huntsmann" lässt sich als ein zum Fantasyfilm ausgewachsenes Märchen einstufen, was beispielsweise an der Ausweitung des fantastischen Figurenrepertoires und an der inhaltlichen Erweiterung und Transformation der Vorlage abgelesen werden kann. – Im Verlies, in dem sie nichts gegen das Unwesen ihrer Stiefmutter unternehmen kann, betet Snow White das Vaterunser. Später wird sie zu einer Art Jeanne d'Arc und führt den entscheidenden Befreiungsschlag gegen die Thronräuber an.

Das Universum der Serie „Game of Thrones" ist voller Religion. Es spielen verschiedene – fiktive – Religionen eine bedeutsame Rolle.[10] Da gibt es den Glauben an die Sieben, den Glauben an die Alten Götter des Waldes, den Glauben an den Herrn des Lichts, den Glauben an den Ertrunkenen Gott, den Glauben an den Großen Hengst. Und über jede dieser ‚Glaubensrichtungen' wäre viel zu sagen! In Zusammenhang mit diesen Glaubensvorstellungen kommt es zur Darstellung bestimmter Rituale, und es wird beispielsweise über die Wirksamkeit von Gebeten diskutiert. Die Religionen in „Game of Thrones" werden in einen engen Kontext mit Magie und mit Herrschaftsinteressen gebracht. Immer wieder rücken die – prämodernen[11] – Religionen höchst problematisch in den Blick.

Im ersten Teil der Herr-der-Ringe-Verfilmung erinnert das Sterben Boromirs an die vielen Darstellungen des mit Pfeilen durchbohrten Hl. Sebastians.[12] In der Buchvorlage wird der tote Boromir aufgefunden, während in der Verfilmung sein Sterben minutenlang begangen wird. Der Sterbende bezeichnet Aragorn, eine Gestalt mit christologischen Zügen,[13] als seinen Herrn, und wird schließlich von ihm gesegnet – und zwar mit den Worten: „Friede sei mit dir, Sohn Gondors." – Die Vermutung liegt nahe, dass die Regie hier die christliche Bilderwelt geschickt als Referenzuniversum genutzt hat, um nicht einen möglichen Höhepunkt dramaturgisch ungenutzt verstreichen zu lassen und evtl. um ein bekanntes Bild aus dem kulturellen Gedächtnis zu aktivieren und dadurch Boromirs Rolle zu interpretieren. Die christliche Bilderwelt ist zu einer Inspirationskraft für eine Leerstelle des Buches geworden.

[10] Vgl. *Zimmerman Jones,* Of Direwolves and Gods 107ff.

[11] Vgl. *Heimerl,* Halb- und Unterwelten 297f.

[12] Vgl. *Reuter,* Der Ring der Macht 76f.

[13] Vgl. *Hasenberg,* Tolkiens Bibel 256.

Tatsächliche Religionen werden nicht unbedingt in Gegensatz zu den magischen Praktiken und Fabelwesen gesetzt oder gar ausgeblendet. „City of Bones" spielt mit dem Gedanken, dass die bekannten Religionen die sog. „Schattenjäger" unterstützen. Und so wird erzählt, dass in Kirchen unter den „Altären" das Werkzeug zur Bekämpfung von Vampiren zu finden sei. – Der Filmslogan des zweiten Teils von „Percy Jackson" – einer amüsanten Transformation antiker Mythen im Fantasygewand – lautet: „Wo Götter sind, da sind auch Monster." In eben diesem zweiten Teil „Im Bann des Zyklopen" wird die Verwandlung von Wein in Wasser mit den Worten quittiert: „Die Christen haben einen, der diesen Trick andersherum kann – das ist richtig göttlich." Schon allein diese Aussage wie auch der Filmslogan eignen sich dafür, als Impulse im Kontext religiöser Bildung zu fungieren und z.B. einen Einblick in das markinische Wunderverständnis zu geben, wie es Heinz Blatz herausgearbeitet hat: „die Wundertaten führen nicht zwangsläufig zum Glauben an Jesus. Es scheint vielmehr umgekehrt zu sein: Erst im Vertrauen auf Jesus von Nazaret werden Wunder möglich. Der Glaube ist die Grundlage für das Wunder, er geht dem Wunder voraus (Mk 5,24b–34)."[14]

Fantasyfilme können für bestimmte Weltsichten sensibilisieren, „einen Zugang zum christlichen Glauben ermöglichen"[15] und „die Seele darauf vorbereiten, empfänglich zu werden für die übernatürlichen Wahrheiten des Glaubens"[16]. Freilich ist eine solche religiöse ‚Parteinahme' und Indienstnahme von Fantasy (wie z.B. bei der Narnia-Reihe) nicht überall auf Gegenliebe gestoßen (vgl. „His Dark Materials" von Philip Pullman).[17]

Diese wenigen Beispiele verdeutlichen, dass Religion in Fantasyfilmen äußerst vielfältig und ambivalent in Erscheinung tritt. Während z.B. „Game of Thrones" Religion stark mit Brutalität, Machthunger und Magie in Verbindung bringt, und auf diese Weise das dystopische Potenzial von Religion betont, liefern andere Fantasyverfilmungen Hinweise dafür, welches utopische Gedankengut Religion inhärent sein kann, wenn z.B. auf Macht verzichtet und der Ohnmacht Vertrauen geschenkt wird. Angesichts der globalen Vermarktung von Unterhaltung erscheint die These plausibel, dass in Zukunft Religion in Fantasyfilmen eine Rolle spielen wird, dass sie aber mit Blick auf den globalen Bildermarkt immer stärker polyvalent zur Darstellung kommt, und zwar in der Hinsicht, dass die religiösen ‚Filmelemente' in verschiedenen religiösen Traditionen zum Klingen kommen können, so dass Menschen verschiedener Religionen daran anknüpfen und die ‚Filmreligion' mithilfe ihrer eigenen Religion inhaltlich deuten können.

[14] *Blatz,* Jesus in Nazaret 6.
[15] *Renczes,* Fantasy und Religion 22.
[16] *Caldecott,* Die Welt der Bilder 421.
[17] Vgl. *Renczes,* Fantasy und Religion 18.

4. ... im religiösen Bildungskontext

4.1 Einige Bedenken

Trotz des religionspädagogischen Interesses für Fantasyverfilmungen lassen sich eine Reihe von Einwänden geltend machen, Fantasyfilme im Kontext religiöser Bildung zu behandeln. Auch wenn das Schauen eines Fantasyfilms weniger Zeit beansprucht als die Lektüre eines Fantasybuches, bleibt das Spielfilmformat für einen 45-Minuten-Takt ‚unhandlich'. Unter der Prämisse, dass alle Jugendlichen den Film ganz gesehen haben sollen, bleiben zwei Stunden für das Schauen eines Fantasyfilms zumindest im Unterrichtszusammenhang eine sehr hohe Zeitinvestition. Zur Präsentationszeit kommt die Zeit, die es für eine Nachbesprechung des jeweiligen Films bedarf.

Darüber hinaus könnte die Thematisierung jugendlicher Popkultur in Form von Fantasy als Anbiederung interpretiert werden, die Jugendliche als unangemessene Vereinnahmung ihrer „Kultur" missbilligen. Und während sich die Fantasyfans mit ihrer Materie auskennen, bringt ein anderer Teil der Jugendlichen wenig Interesse für das Thema auf und kann auf nur sehr wenige Vorerfahrungen zurückgreifen.

Die ‚primitive' Unterscheidung in Gut und Böse sowie die damit einhergehende Komplexitätsreduktion ist ein Kritikpunkt an Fantasygeschichten. Die brutale Vernichtung ‚der' Bösen kommt als Problemlösungsperspektive in Frage. Die attraktive Inszenierung solcher ‚Mechanismen' ist mehr als nur bedenklich.

Zudem finden sich in einigen Fantasyfilmen äußerst problematische Darstellungen von Religion. Sind solche Filme z. B. dazu geeignet, den Glauben an schwarze Magie zu befördern? Jedenfalls kommt es zur Darstellung defizitärer (Zerr-)Formen von Religion, die sie gänzlich mit Magie und Okkultem gleichzusetzen drohen. Diese Kritik gipfelt in dem Vorwurf, dass manche Fantasygeschichten blasphemisch seien.[18] Droht Religion im Fantasyfilm auf eine Unterhaltungsebene degradiert und entsprechend reduziert und verzerrt zu werden?

4.2 Religiöse Bildungschancen

Ohne die soeben vorgestellten Einwände generell in Abrede stellen zu wollen, sollen im Folgenden Bildungschancen dargestellt werden, die sich bei der Beschäftigung mit Fantasyfilmen religionspädagogischerseits ergeben. Dabei besteht eine grundsätzliche Herausforderung darin, die Unterhaltungsperspektive[19]

[18] Vgl. *Mattenklott,* Harry Potter 45f.

[19] Vgl. *Schroeter-Wittke,* Religion als Thema der Unterhaltung im populären Spielfilm 34.

– den gängigen Rezeptionsmodus bei Fantasyfilmen – um weitere Rezeptionsmöglichkeiten zu ergänzen. Damit weitere Rezeptionsmöglichkeiten angenommen werden, empfiehlt es sich, spürbar werden zu lassen, dass es nicht um eine Degradierung der Unterhaltungsperspektive geht, sondern dass der intellektuelle Genuss den Unterhaltungsgenuss ergänzen kann, wenn zusätzlich religiöse, politische, ästhetische etc. Filmaspekte (kritisch) bemerkt werden. Es geht insbesondere um eine Sehschule, die mehr, genauer und differenzierter wahrnehmen lässt:[20]

4.2.1 Religiöse Wahrnehmungsfähigkeit

Wie bereits angedeutet finden Jugendliche Religion in den verschiedensten Facetten in Fantasyfilmen vor. Insofern ermöglichen Fantasyfilme „Zugänge zu Religion“[21], die dazu dienen können, die Mehrdimensionalität von Religion zu entdecken und den jeweils dargestellten religiösen Phänomenen auf den Grund zu gehen.

Wie in der Fantasyliteratur geht es in den Verfilmungen „um die großen Fragen des Lebens, um philosophische Fragen: um den Sinn des Lebens, um den Tod, um die Frage nach dem Guten und dem Bösen, um die Frage, wie wir leben sollen.“[22] Diese Fragen lassen sich als religiös bedeutsam identifizieren und dann auch aus Sicht der Religion(en) beantworten. Dies erscheint vor dem Hintergrund der Beobachtung umso bedeutungsvoller, dass Jugendliche die religiösen Versatzstücke, die sie in der Popkultur vorfinden, tatsächlich adaptieren und für ihre eigene Lebens- und Weltdeutung in Gebrauch nehmen.[23] U. a. Wilhelm Gräb hat darauf hingewiesen, dass Medienerfahrungen „in kaum zu unterschätzender Weise in die eigene Lebensdeutungspraxis eingehen und Grundmuster menschlicher Existenzwahrnehmung wach halten und reaktivieren“[24] können.

Hinsichtlich der Schulung religiöser Wahrnehmungsfähigkeit stellen Fantasyfilme eine Vorlage dazu dar, grundsätzlich zwischen einer naturwissenschaftlichen und einer religiösen Lesart der Welt zu differenzieren. Ohne dem Fehler aufzusitzen, biblische Erzählungen etc. und Fantasygeschichten über einen Kamm zu scheren und so u. a. den historischen Gehalt und die historische Bedeutung der Bibel zu nivellieren, so lässt sich doch mithilfe von Fantasygeschichten beispielsweise auf eine Sensibilität dafür zuarbeiten, dass sich verschiedenste

[20] Die folgende Unterteilung in religiöse Wahrnehmungsfähigkeit, religiöse Sprachfähigkeit und religiöse Urteilsfähigkeit ist vom Modell religiöser Kompetenz nach *Schambeck,* Was bedeutet ‚religiös kompetent‘ zu sein? angeregt.

[21] *Pirner,* Medienweltorientierte Religionsdidaktik 162f.

[22] *Mattenklott,* Harry Potter 46.

[23] Vgl. *Pirner,* Medienweltorientierte Religionsdidaktik 162f.

[24] *Gräb,* Medienreligion 55.

Dinge und Ereignisse symbolisch verstehen lassen und dass sie ‚wahrhaft‘ sein können, selbst wenn sie in historischer Perspektive (so) nicht vorhanden waren bzw. passiert sind. Wie für Märchen gilt auch für Fantasygeschichten: „Märchen sagen Kindern nicht, dass es Drachen gibt; Kinder wissen schon, dass es Drachen gibt. – Märchen sagen den Kindern, dass Drachen getötet werden können“ (G.K. Chesterton).

4.2.2 Religiöse Sprachfähigkeit

Die Religionshaltigkeit von Fantasyfilmen ist eine Möglichkeit, die religiöse Sprachfähigkeit der Jugendlichen entwickeln zu helfen. Hierin kann insgesamt eine Chance des Umgangs mit populärer Kultur ausgemacht werden: Andreas Mertin kommt in pastoraltheologischer Hinsicht zu der Einsicht, dass es insbesondere darum geht, „Menschen sprachfähig zu machen.“[25] Dies hat ebenfalls in religionspädagogischer Hinsicht Gültigkeit, und zwar sowohl bezüglich der Dozentinnen und Dozenten bzw. Lehrkräfte als auch hinsichtlich der Adressatinnen und Adressaten religiöser Bildung. Religiöse Sprachkompetenz impliziert es, passende Vokabeln und Grammatik parat zu haben, um alte und neue theologische Gedankengänge zu erschließen, zu übersetzen, zu diskutieren sowie um religiös zu kommunizieren. Religiöse Sprachfähigkeit steht in engster Verbindung mit dem Verfügen über Kenntnisse bzgl. Religion(en) und zeigt sich in der Auskunftsfähigkeit über religiöse Sachverhalte. Laut Mertin schließt religiöse Sprachfähigkeit ein, „Populärkultur zu produzieren, d.h. gemeinsam eine synästhetische Ausdrucksform zu finden“ und in der Lage zu sein, Populärkultur „kulturhermeneutisch auszulegen.“[26] In diesem Zusammenhang geht es „darum zu verstehen, warum bestimmte Bilder, Töne und Sätze heutige Menschen erreichen und für sie Sinnressourcen bilden.“[27]

4.2.3 Religiöse Urteilsfähigkeit

Religionspädagogisch lässt sich die dualistische Struktur von Fantasy aufgreifen, um daran zu erarbeiten, dass eine derartige Komplexitätsreduktion dazu geeignet ist, zu polarisieren, zu emotionalisieren und zu manipulieren. Es ist häufig vielversprechend zu untersuchen, welche Züge ‚die‘ Bösen und welche Züge ‚die‘ Guten tragen, inwiefern es sich um „radikalisierte Spiegelungen unserer Vorstellungen“[28] handelt, da sich so Hinweise darauf finden lassen können,

[25] *Mertin,* Was heißt und zu welchem Ende studiert man Pop(ulär)kultur? 164.
[26] Ebd. 165.
[27] Ebd.
[28] *Heimerl,* Halb- und Unterwelten 298.

was der Film mit Blick auf die Wirklichkeit kritisieren und was er als vorbildlich darstellen könnte – denn meistens führen Fantasyfilme nur scheinbar von der Wirklichkeit weg.[29] Außerdem könnte eine differenzierte Beurteilung geschult werden, weil es in Fantasyfilmen neben Schwarz-Weiß-Malerei Grautöne gibt, die entdeckt werden wollen.

Gerade angesichts der problematischen Darstellung von Religion in Fantasyfilmen und -serien sowie der Beobachtung, dass Jugendliche Popkultur befragen und für ihr Leben nutzbar machen, erscheint es ratsam, Jugendliche mit Inszenierungen von Religion nicht allein zu lassen, welche Religion mit Magie identifizieren, engführen und in Opposition zur naturwissenschaftlichen Perspektive bringen. Vielmehr ist es angebracht, die ideologischen Tendenzen mancher Fantasyproduktionen aufzudecken und sich um die Ausbildung religiöser Urteilsfähigkeit zu bemühen.[30]

Der Versuch, Fantasyfilme als blasphemisch abzukanzeln, dürfte weder besonnen noch produktiv sein.[31] Stattdessen erscheint es ertragreicher, in Betracht zu ziehen, dass Fantasyfilme Hinweise für ein gelingendes Leben beinhalten können.[32]

5. Imaginatives Lernen

Im Folgenden wird vorgeschlagen, Fantasyfilme mithilfe des Ansatzes des ‚imaginativen Lernens'[33] im Zuge religiöser Bildungsprozesse aufzugreifen und fruchtbar zu machen. Dies geschieht mit Blick darauf, dass Fantasyfilme mit fiktiven Phänomenen, Lebewesen und Dingen spielen, die ein Resultat menschlicher Vorstellungskraft sind, ein Produkt menschlicher Kreativität und Fantasie. Sie haben utopisches Potenzial und sind eine „Einladung zur Imagination"[34]. Von daher liegt es nahe, sie im Zuge imaginativen Lernens aufzugreifen und die angedeuteten religiösen Bildungschancen im Lernarrangement mit dem Ziel anzuspielen, den Möglichkeitssinn bei den Adressatinnen und Adressaten religiöser Bildung zu fördern. Bei imaginativem Lernen geht es um eine Wahrnehmungsschulung, um die Förderung von Wirklichkeitssinn, aber ebenso darum, „einer menschenwürdigen und gottgefälligen Wirklichkeit zuliebe auch den Möglichkeitssinn bei den Schülerinnen und Schülern zu entwickeln. Im Interesse

[29] Vgl. *Hasenberg,* Tolkiens Bibel 256.
[30] Vgl. *Schweitzer,* Dinosaurierpflege 118.
[31] Vgl. *Orth,* Wie weit darf die Phantasie gehen? 493–502.
[32] Vgl. *Reuter,* Religiöse Bildung durch populäre Filmwelten 53.
[33] Vgl. *Hilger/Schambeck,* Imaginatives Lernen 295.
[34] *Schärtl,* Messias auf dem Quidditch-Feld? 460.

einer zu gestaltenden Zukunft, die offen ist für Neues und für das, was man kaum zu hoffen wagt, wird hier versucht, in ein neues Sehen einzuüben durch … die prophetisch-utopischen Verheißungen einer ‚neuen Erde' und eines ‚neuen Himmels' oder auch durch die Begegnung etwa mit bildender Kunst. All dies kann helfen, dass Wirklichkeit neu gesehen wird und sich neue Möglichkeiten des Hoffens auftun, die auch ein neues Handeln ermöglichen."[35]

Im Rahmen der Einübung dieses Sehens können Fantasyfilme ein ‚Baustein' sein, an dem sich ein Blick schulen lässt, der die Raum-Zeit-Koordinaten eines Ist-Standes zu durchdringen und für seinen Möglichkeitsreichtum zu sensibilisieren vermag. Die Eignung von Fantasyfilmen liegt in diesem Kontext darin begründet, dass sie selbst Fantasie anregende Welten darstellen, und darin, dass sich in vielen Fantasygeschichten wahrnehmen lässt, wie die Protagonistinnen und Protagonisten ihre Anlagen und Möglichkeiten entdecken, ihren Horizont um das Ungewohnte und Außergewöhnliche erweitern, und zwar um das, was kaum zu glauben ist. Mit der Sensibilisierung für diese Entgrenzung könnte es gelingen, Jugendliche dahingehend zu stimulieren, ihre eigenen Vorstellungen zu beflügeln, um einen Beitrag zur Erweiterung der prosozialen Möglichkeiten von Menschen und gesellschaftlichen Konstellationen zu leisten. Ein Blick, der das utopische Potenzial der Welt erkennt, vermag es, zu inspirieren, zu begeistern, auf Handlungsalternativen aufmerksam zu machen und zum Handeln anzuregen. Ein solches Lernen konvergiert wenigstens z. T. mit mystagogischem Lernen, nämlich wenn es darum geht, „einmal auszuprobieren, was es heißen könnte, die vorfindliche Welt zu überschreiten und so für das Mögliche und noch Utopische zu sensibilisieren."[36] – Allerdings wäre das „imaginative Lernen [...] aber gründlich missverstanden, wenn es dazu beitrüge, einem neuen Irrationalismus das Wort zu reden und eine esoterische Praxis oder manipulative Beeinflussung zu propagieren."[37] Vorstellungslernen und produktive Einbildungskraft schließen Rationalität nicht aus, sondern erweitern diese.[38]

Mithilfe der typischen Inhalte und Struktur von Fantasyfilmen lässt sich im Zuge imaginativen Lernens dem eigenen Möglichkeitspotenzial auf die Spur kommen – oder um es mit einem Zitat aus einem anderen Genre auf den Punkt zu bringen: „Jeder von uns kann sein Potenzial voll ausschöpfen. Unsere Persönlichkeit mag festgelegt sein, aber den Weg, den wir beschreiten, suchen wir uns immer selbst aus. Wir dürfen nie zulassen, dass unsere Ängste oder die Erwartungen anderer die Grenzen unserer Möglichkeiten festlegen" (NCIS, 7. Staffel, 7. Folge). Der Glaube an das eigene Möglichkeitspotenzial steht mit dem gemeinschaftlichen Möglichkeitspotenzial in Zusammenhang, wie auch das eige-

[35] *Hilger/Schambeck,* Imaginatives Lernen 295.
[36] *Schambeck,* Mystagogisches Lernen 409.
[37] *Hilger,* Ästhetisches Lernen 341.
[38] Vgl. ebd.

ne Wohl schicksalhaft mit dem Wohl der ganzen Mitschöpfung verbunden ist. Und die Rettung der Welt ist eine Anstrengung aller gemeinschaftlichen Kräfte und bedarf gewisser Aspekte und Entwicklungen, die sich menschlichem Zugriff entziehen – worauf Erhard Meier hingewiesen hat.[39]

Hoffnung ist ein typisches Motiv im Fantasyfilm, das mit dem Möglichkeitspotenzial in Verbindung steht, indem sie die eigenen Möglichkeiten zu entfalten hilft. So heißt es z.B. in „Eragon“: „Sie haben die ganze Nacht durchgearbeitet, um unsere größte Hoffnung zu schützen“. Angesichts von Hoffnung ist es nicht vergebens, sich anzustrengen, um etwas Wirklichkeit werden zu lassen. Religiöse Bildung thematisiert, dass es sich bei der christlichen Hoffnung um die Hoffnung auf das Reich Gottes handelt, das letztlich auf uns zukommt, dem wir aber jetzt schon eine Entfaltungschance geben können.

Literatur

Blatz, Heinz: Jesus in Nazaret – wo kein Glaube, da kein Wunder! (Mk 6,1b–6). In: http://www.perikopen.de/Lesejahr_B/14_iJ_B_Mk6_1b-6_Blatz.pdf [Zugriff: 18.01.2014].

Brin, David: Morgen ist vielleicht alles anders. In: *Haber, Karen* (Hrsg.): Das Geheimnis der Matrix, München ³2003, 151–170.

Caldecott, Stratford: Die Welt der Bilder bei J.R.R. Tolkien und C.S. Lewis. Evangelisierung durch Erzählung. In: Internationale katholische Zeitschrift 37 (2008) 419–426.

Gräb, Wilhelm: Medienreligion. Transformationen der Präsenz des Religiösen. In: *Ziebertz, Hans-Georg* (Hrsg.): Erosion des christlichen Glaubens? Umfragen, Hintergründe und Stellungnahmen zum „Kulturverlust des Religiösen“ (= Wissenschaft aktuell, Theologie 4), Münster 2004, 47–56.

Hasenberg, Peter: Tolkiens Bibel. „Der Herr der Ringe“ ist auch ein religiöses Epos. In: Herder Korrespondenz 58 (2004) 252–257.

Heimerl, Theresia: Halb- und Unterwelten. Zum latenten Dualismus in Fantasy-Epen. In: *Hafner, Johann E./Valentin, Joachim* (Hrsg.): Parallelwelten. Christliche Religion und die Vervielfachung der Wirklichkeit (= Religions-Kulturen 6), Stuttgart 2009, 285–298.

[39] „Ferner entwirft Tolkien eine Realität, in der quasi die gesamte Welt mit all ihren vielen Geschöpfen teilhat an der Rettungstat. Deshalb flicht er z.B. die Hilfe der Baum-Ents mit in die Handlung, die der Vögel, die verschiedener Geistwesen, ja schließlich sogar die ungewollte Hilfe von Seiten der bösen Macht in Gestalt des Gollum.“ *Meier,* Die Idee des verborgenen Welt-Erretters 41.

Hilger, Georg: Ästhetisches Lernen. In: *Hilger, Georg/Leimgruber, Stephan/Ziebertz, Hans-Georg*: Religionsdidaktik. Ein Leitfaden für Studium, Ausbildung und Beruf, 2. Aufl. der vollständig überarbeiteten Neuauflage, München 2012, 334–343.

Ders./Schambeck, Mirjam: Imaginatives Lernen und Vorstellungen bilden als Aufgabe des Religionsunterrichts. In: *Mendl, Hans/Schiefer Ferrari, Markus* (Hrsg.): Tradition – Korrelation – Innovation. Trends der Religionsdidaktik in Vergangenheit und Gegenwart. Festschrift für Fritz Weidmann zum 65. Geburtstag, Donauwörth 2001, 289–301.

Mattenklott, Gundel: Harry Potter – phantastische Kinderliteratur. Auf den Spuren eines globalen Erfolgs. In: Stimmen der Zeit 221 (2003) 39–51.

Meier, Erhard: Die Idee des verborgenen Welt-Erretters in dem Roman ‚Der Herr der Ringe' von J.R.R. Tolkien. In: *Hauser, Linus/Wachler, Dietrich* (Hrsg.): Weltuntergang, Weltübergang. Science Fiction zwischen Religion und Neomythos, Altenberge 1989, 24–43.

Mertin, Andreas: Was heißt und zu welchem Ende studiert man Pop(ulär)kultur? In: Lebendige Seelsorge 64 (2013) 161–165.

Mikos, Lothar/Eichner, Susanne/Prommer, Elizabeth u.a.: Die „Herr der Ringe"-Trilogie. Attraktion und Faszination eines popkulturellen Phänomens. Unter Mitarbeit von Stan Jones (= Alltag, Medien und Kultur 1), Konstanz 2007.

Orth, Stefan: Wie weit darf die Phantasie gehen? Zum Problem der Blasphemie. In: Internationale katholische Zeitschrift 37 (2008) 493–502.

Pirner, Manfred L.: Medienweltorientierte Religionsdidaktik. In: *Grümme, Bernhard/Lenhard, Hartmut/Pirner, Manfred* (Hrsg.): Religionsunterricht neu denken. Innovative Ansätze und Perspektiven der Religionsdidaktik. Ein Arbeitsbuch (= Religionspädagogik innovativ 1), Stuttgart 2012, 159–172.

Prantl, Dominik: Mordor lässt grüßen. In: Süddeutsche Zeitung Nr. 228, 2./3. Oktober 2013, 39.

Renczes, Christina: Fantasy und Religion. In: Religionsunterricht an höheren Schulen 54 (2011) 17–24.

Reuter, Ingo: Der Ring der Macht und die Stärke der Machtlosen – „Der Herr der Ringe" im Religionsunterricht. In: Zeitschrift für Pädagogik und Theologie 56 (2004) 72–77.

Ders.: Religiöse Bildung durch populäre Filmwelten. In: *Bohrmann, Thoma/Veith, Werner/Zöller, Stephan* (Hrsg.): Handbuch Theologie und populärer Film, Bd. 3, Paderborn 2012, 47–61.

Robertson, Roland: Glokalisierung: Homogenität und Heterogenität in Raum und Zeit. In: *Beck, Ulrich* (Hrsg.): Perspektiven der Weltgesellschaft, Frankfurt a.M. 1998, 192–220.

Schambeck, Mirjam: Mystagogisches Lernen. In: *Hilger, Georg/Leimgruber, Stephan/Ziebertz, Hans-Georg*: Religionsdidaktik. Ein Leitfaden für Studium, Ausbildung und Beruf, 2. Aufl. der vollständig überarbeiteten Neuauflage, München 2012, 400–415.

Dies.: Was bedeutet ‚religiös kompetent' zu sein? In: Katechetische Blätter 136 (2011) 132–140.

Schärtl, Thomas: Messias auf dem Quidditch-Feld? Harry Potter und der christliche Glaube. In: Internationale katholische Zeitschrift 37 (2008) 459–474.

Schroeter-Wittke, Harald: Religion als Thema der Unterhaltung im populären Spielfilm. In: *Bohrmann, Thomas/Veith, Werner/Zöller, Stephan* (Hrsg.): Handbuch Theologie und populärer Film, Bd. 3, Paderborn 2012, 31–46.

Schwab, Hans-Rüdiger: „Wer schreibt denn, was hier passiert?" Religiöse Implikationen in Cornelia Funkes „Tintenwelt"-Trilogie. In: Internationale katholische Zeitschrift 37 (2008) 475–492.

Schweitzer, Friedrich: Dinosaurierpflege oder tragfähige Zukunftsperspektiven? Religiöse Erziehung und Bildung angesichts veränderter Religionspräsenz. In: *Ziebertz, Hans-Georg* (Hrsg.): Erosion des christlichen Glaubens? Umfragen, Hintergründe und Stellungnahmen zum „Kulturverlust des Religiösen" (= Wissenschaft aktuell, Theologie 4), Münster 2004, 113–120.

Seeßlen, Georg: Und nun beuget die Knie! In: http://www.zeit.de/2002/52/Mystery [Zugriff: 25.09.2013].

Welsen, Peter: Ideologie, Utopie und Ideologiekritik. In: *Orth, Stefan/Breitling, Andris* (Hrsg.): Vor dem Text. Hermeneutik und Phänomenologie im Denken Paul Ricœurs (= Schriftenreihe für Philosophie und Kulturtheorie 4), Berlin 2002, 165–188.

Zimmerman Jones, Andrew: Of Direwolves and Gods. In: *Lowder, James* (Ed.): Beyond the Wall. Exploring George R. R. Martin's A Song of Ice and Fire, Dallas 2012, 107–121.

V

Konsequenzen aus den Beiträgen

Konzeptionelle, unterrichtspraktische und katechetische Perspektiven religiöser Bildung

Ulrich Kropač / Uto Meier / Klaus König

Dieser Band präsentiert in erster Linie analytische und materialorientierte Beiträge, die Fragen nach der Signatur, den Quellen und der Form gegenwärtiger Religion und der Religiosität von jungen Menschen darstellen und reflektieren. Das breite Spektrum zeigt einerseits, wie disparat und vielgestaltig die Daten, Hintergründe und Einschätzungen sind, es lassen sich andererseits auch Linien ziehen, die sich aus dem Zusammenspiel von Religiosität und gebundenen sowie ungebundenen Religionskulturen ergeben.

Die Herausgeber wollen solche Linien als Perspektiven für die konzeptionelle Arbeit der Religionspädagogik, Aspekte der Unterrichtspraxis sowie die Gestalt einer zukünftigen Katechese verdeutlichen. Dieses Vorhaben fußt auf hermeneutischen Voraussetzungen:

- Da die Perspektiven sich primär auf die Beiträge beziehen – auf sie verweisen die in Klammern gesetzten Namen von Autorinnen und Autoren –, können sie nicht das gesamte Feld religiöser Bildung berücksichtigen. Sie wählen aus und setzen Akzente.
- Die Herausgeber dokumentieren ihre Sicht der Beiträge, sie formulieren aus ihrer subjektiven religionspädagogischen Arbeit Perspektiven, die sie für wichtig und bedenkenswert halten. Von daher beanspruchen die hier gezogenen Konsequenzen nicht, einen religionspädagogischen Konsens wiederzugeben, sie verstehen sich vielmehr als anregende Diskussionsbeiträge.
- Die Form ist bewusst knapp gehalten, um weitere Ausarbeitungen in den unterschiedlichen religionspädagogischen Handlungsfeldern zu initiieren. Diese Aufforderung machen sich die Herausgeber auch selbst zu eigen.
- Die Perspektiven beziehen sich zwar grundsätzlich auf den gesamten Band, je nach Arbeitsfeld sind aber Bezüge zu einzelnen Beiträgen in unterschiedlicher Dichte und Häufigkeit erforderlich. Die getroffene Positionierung schließt ein, dass andere Rezipientinnen und Rezipienten andere Akzente setzen.

Alle, die sich an der Diskussion um Perspektiven religiöser Bildung beteiligen wollen, sind herzlich eingeladen – gerne auch direkt:

ulrich.kropac@ku.de uto.meier@ku.de klaus.koenig@ku.de

1. Konzeptionelle Perspektiven

1.1 Religiositätsbegriff

Als wissenschaftlicher Theorie der Praxis religiösen Lehrens und Lernens ist es der Religionspädagogik aufgegeben, sich Rechenschaft über den von ihr zugrunde gelegten Religionsbegriff zu geben. Wenn es zu den Grundsignaturen postmoderner Gesellschaften gehört, dass zwischen Religion und Religiosität eine signifikante Differenz besteht (Streib), muss dieser Befund in die Formulierung eines religionspädagogisch tragfähigen Religionsbegriffs an zentraler Stelle integriert werden. Wie könnte dies geschehen?

Die Unterscheidung zwischen Religion und Religiosität ist weder theologiegeschichtlich noch religionspädagogisch ein Novum. In der katholischen Religionspädagogik wird seit den 1970er-Jahren zwischen einem engen und einem weiten Religionsbegriff unterschieden, was der Absicht geschuldet war, über den christlichen Glauben hinaus auch außerkirchliche Religiosität in den Blick zu nehmen. Die Differenzierung geht auf Paul Tillich zurück, der unter Religion im weiteren Sinn das Ergriffensein von einem Unbedingten, unter Religion im engeren Sinn den religiösen Vollzug innerhalb einer Glaubensgemeinschaft verstand. Die Öffnung des Religionsbegriffs dokumentiert auch der Synodenbeschluss zum Religionsunterricht von 1974. In ihm wird Religion als eine spezifische Dimension des individuellen und sozialen Lebens beschrieben. Als Kurzdefinition wird vorgeschlagen: „‚Weltdeutung‘ oder ‚Sinngebung‘ durch Transzendenzbezug“[1]. In der Folgezeit wurden verschiedene Begriffspaare verwendet, um die Volatilität des Religionsbegriffs auszudrücken: religiös im engeren Sinn – religiös im weiteren Sinn; subjektive Religion – objektive Religion; (individuelle) Religiosität – (institutionelle) Religion usw. (Kohler-Spiegel).

Um die Komplexität jugendlicher Religiosität zu fassen, bedarf es eines weiten Religionsbegriffs. ‚Weit‘ ist allerdings ein verschwommenes Prädikat. Dessen Leistungsfähigkeit kann durch einen *diskursiven Religionsbegriff* präzisiert werden (Streib, Jäggle). Dieser geht auf Joachim Matthes zurück. Für ihn sind Religion und Religiosität keine dinghaften, sondern „*diskursive Tatbestände*“, was bedeutet, dass sie sich erst im „gesellschaftlichen Diskurs konstituieren“.[2] Angewandt auf religiöse Erfahrungen bedeutet dies: Eine bestimmte Erfahrung ist nicht ‚an sich‘ religiös, sondern sie verdient dieses Prädikat erst dann, wenn sie ein Subjekt in seiner Selbstreflexion im Rückgriff auf eine schon vorhandene „kulturelle Programmatik“[3] als religiös begreift. Dabei können insbesondere Vorstellungen aus den großen Weltreligionen als „kulturelle Programmatiken“ dienen.

[1] Synodenbeschluss 1974, 2.3.
[2] *Matthes*, Suche 129.
[3] Ebd. 132.

Der Vorzug eines diskursiven Begriffs von Religiosität besteht darin, dass er sowohl die Eigenständigkeit von Subjekten beim Entwurf religiöser Deutungsoptionen als auch deren Kreativität in der Produktion überraschender Interpretationen und außergewöhnlicher Sprachmuster würdigen kann. Mit ihm kommen neue Formen von Religiosität in den Blick, für die andere Religionsbegriffe, in erster Linie substantiale, blind sind. Streib und Gennerich haben vorgeschlagen, diesen Religionsbegriff in zweifacher Weise zu spezifizieren, um das Feld jener Erfahrungen, die unter dem Vorzeichen eines diskursiven Religionsbegriffs als religiös betrachtet werden, nicht konturenlos werden zu lassen.[4] Als religiös sollen nur solche Erfahrungen gelten, in denen erstens eine Transzendierung des Alltags enthalten ist und die sich zweitens – im Sinne Tillichs – durch ein unbedingtes Betroffensein (‚ultimate concern') auszeichnen. Ein so konfigurierter diskursiver Religions- bzw. Religiositätsbegriff dürfte sich als geeignetes Instrumentarium zur Exploration jugendlicher Religiosität eignen, weil er verschiedene Vorzüge in sich vereinigt:

- Er respektiert den Primat des Individuums in seiner Selbstdefinition von ‚religiös'.
- Andererseits wird ein theologisches Korrektiv eingezogen, indem mit ‚Transzendenzbezug' und ‚Unbedingtheitscharakter' Kriterien benannt werden, die religiöse Erfahrungen vom anderen abheben. Damit wird zugleich die religionspädagogische Theoriebildung der 1970er-Jahre fortgeschrieben.
- Indem nach Matthes zur Beschreibung des religiösen Selbstkonzepts der Rückgriff auf „kulturelle Programmatiken" gehört, sind als Quellen für die Ausformung individueller Religiosität nicht nur die großen Weltreligionen, sondern verschiedenste Formen der Präsenz und Verarbeitung von Religion in der Kultur in Anschlag zu bringen.

Gelegentlich wurde vorgeschlagen, bei der Erforschung jugendlicher Religiosität auf den Begriff ‚Religiosität' zu verzichten und stattdessen den Terminus ‚Spiritualität' zu verwenden (Streib, Sura/Rosenstock), weil Religiosität von Jugendlichen häufig mit Kirchlichkeit gleichgesetzt und damit abgelehnt wird. Tatsächlich kann es auf der Ebene praktischer Settings ein Gewinn sein, nach der Spiritualität junger Menschen zu fragen. Auf der Theorieebene jedoch sollte der Begriff ‚Religiosität' keinesfalls aufgegeben werden. Er steht in enger Verbindung mit dem Religionsbegriff, was ihn teilhaben lässt an dessen Definitionsschwierigkeiten, aber auch an dessen über Jahrhunderte gewachsenen Bedeutungsnuancen. Umgekehrt verfügt der Spiritualitätsbegriff zwar über eine gewisse Unverbrauchtheit, der sehr vage Wortgebrauch und die großen Unschär-

[4] Vgl. *Streib/Gennerich*, Jugend 14–16.

fen hinsichtlich der damit angezielten Sache dürften ihn als eine Vokabel auf der Reflexionsebene noch problematischer machen, als es der Religions- bzw. Religiositätsbegriff ist.

1.2 Religiöse Bildung im Religionsunterricht: Gegenstand, Konzeption, Gestalt

Über die längste Zeit seines Bestehens konnte der schulische Religionsunterricht eine mehr oder weniger intensive religiöse Sozialisation bei den teilnehmenden Schülerinnen und Schülern voraussetzen, was Konsequenzen für den unterrichtlichen Zugriff auf die Themen des Religionsunterrichts hatte: Es wurde davon ausgegangen, dass Schüler/-innen religiöse Erfahrungen oder wenigstens Erfahrungen im Umgang mit kirchlich gebundener Religion in den Unterricht einbringen, mithin Religion nicht nur aus der Beobachter-, sondern immer auch schon aus der Teilnehmerperspektive kennen.

Diese Fundamente sind heute weitgehend zerbrochen. Explizite religiöse Sozialisation geschieht nur mehr in einer Minderzahl der Familien, wie auch kirchliche Angebote nur mehr einen immer kleiner werdenden Teil von Kindern und Jugendlichen erreichen. Dennoch kommen junge Menschen nicht ohne religiöse Sozialisation in die Schule. Träger dieser religiösen Sozialisierung sind allerdings *sie selbst*. Religiöse Selbstsozialisation geschieht u. a. in der Begegnung mit Popkultur, die als Ausdruck für die Sehnsucht moderner Menschen nach rituell-religiöser Erfahrung gelesen werden kann (Mattig); im Umgang mit Computerspielen, die weit mehr sind als Erlebnissonderwelten für junge Menschen, nämlich Erlebnis- und Erfahrungsräume für menschliche Grunderfahrungen (Bohrer); durch das Eintauchen in Filme, die Identifikationsflächen für existentielle Erfahrungen bieten (Ostermann, Kumher).

Religiöse Bildung in der Schule sollte aufgrund der gegebenen religionssoziologischen Lage definitiv davon Abstand nehmen, eine bestimmte vorgängige kirchlich-religiöse Sozialisation vorauszusetzen. Was es in Sachen Religion zu lernen gibt, lernen Schüler/-innen im Religionsunterricht (Husmann) – was im Übrigen analog für alle anderen Fächer ohnehin gilt. Aus dieser einfachen Forderung ergeben sich aber weitreichende Konsequenzen für den Religionsunterricht in dreierlei Hinsicht:

1) GEGENSTAND: Ein zukunftsfähiger Religionsunterricht in der Schule bezieht sich zum einen auf die Konfession, der die teilnehmenden Schüler/-innen angehören, sowie auf andere Konfessionen und Religionen, nimmt mithin Maß an ‚objektiver' Religion. Er wendet sich aber auch, und dies nicht nur im Ausnahmefall, religiösen Phänomenen außerhalb angestammter religiöser Areale zu, weil diese Religionskultur mehr und mehr jenen Ort darstellt, an dem Schüler/-innen nichtintentional ihre ‚subjektive' Religiosität bilden (Minten). Der Gegenstand des Religionsunterrichts, unscharf als ‚Re-

ligion' bezeichnet, umfasst somit vier Dimensionen: die – in der Regel zugeborene – Konfession der Schüler/-innen, andere Konfessionen und Religionen, individuelle Religiosität und die Religionskultur.[5]

2) KONZEPTION: In dem Maße, in dem die konfessionelle Identität der Schüler/-innen schwindet und die eigene Religion zur Fremdreligion wird, nimmt Religionsunterricht vermehrt Züge einer Religionskunde an.[6] Daraus folgt aber nicht, dass ein solcher Unterricht emotions- und erfahrungslos sein muss und sich auf die Darstellung und Beurteilung religiöser Phänomene zurückzieht. So setzen performative Ansätze darauf, dass Schüler/-innen Erfahrungen mit den Vollzügen gelebter institutionalisierter Religion sammeln. Damit situieren sie sich allerdings ausschließlich im Bannkreis ‚objektiver' Religion; für die Erfahrungen junger Menschen, die an nonformalen Orten religiöser Bildung wie Popkultur, Computerspiele, Fernsehen, Filme, Cyber-Welt usw. vermittelt werden (Pirner), bleiben sie blind. In solchen Medienerfahrungen zeigen sich Grundmuster menschlicher Existenzerfahrung und tun sich ‚große Fragen' auf, darunter auch religiöse (Minten, Kumher). Selbst wenn die religionskundlichen Anteile in einem solchen Unterricht deutlich zunehmen, muss er also nicht in das religionswissenschaftlich geprägte Konzept eines ‚Religionsunterricht als Information' der 1970er-Jahre umschlagen.

3) GESTALT: Damit ist die Frage nach der Organisationsform religiöser Bildung bzw. nach der Angemessenheit konfessionellen Religionsunterrichts in der Zukunft aufgeworfen. Dass sich das Konfessionalitätsprinzip immer weniger konsequent durchhalten lässt, zeigen Modelle konfessioneller Kooperation sowie mehr oder weniger geduldete Formen ‚ökumenischen' Unterrichts im Schulalltag. Die Frage nach der konfessionellen Bindung des Religionsunterrichts unterbietet aber die tatsächliche Problemlage. Welche religiöse Bildung soll konfessions-, aber eo ipso nicht religionslosen (im Sinne eines weiten Religionsbegriffs) Schülerinnen und Schülern zuteilwerden?[7] Und wenn religiöse Bildung Teil allgemeiner Bildung ist, muss es dann nicht einen Religionsunterricht ‚für alle' geben? In jedem Fall wird sich das konfessionelle Modell im Blick auf den Gegenstand, die Konzeption und die Adressaten verändern müssen, will es langfristig Bestand haben. Die konsequente Ausfaltung des Religionsbegriffs in vier Dimensionen, wie oben vorgeschlagen, sowie die explizite Einladung an nichtkonfessionelle Schüler/-innen, am Religionsunterricht teilzunehmen, könnten Schritte auf diesem Weg sein. Ob der konfessionelle

[5] Vgl. *König*, Religion 160–175.

[6] Vgl. *Englert*, Religionsdidaktik 207–217, bes. 213–216; *Porzelt*, Religionsunterricht 125–137.

[7] Vgl. *Kropač*, Lernen 79–90.

Religionsunterricht – aller grundgesetzlichen Absicherung zum Trotz – in Zukunft das Leitmodell religiöser Bildung in der Schule bleiben wird, bedarf einer intensiven Diskussion. Modellversuche in anderen Ländern, wie etwa der Schweiz, können hier Anregungen geben.[8]

1.3 Zum Verhältnis von Kognition und Emotion

In seiner Analyse des Problems, warum der Religionsunterricht so wenig Ertrag für die Arbeit der Schüler/-innen an ihrer eigenen Religiosität abwirft, äußert Rudolf Englert die Vermutung, dass der Religionsunterricht nicht genügend kognitive Herausforderungen im Umgang mit theologischen Fragen biete.[9] Er laufe nicht Gefahr, „seine Schüler/innen intellektuell zu *über*fordern, sondern sie zu *unter*fordern“[10]. Um der attestierten Wirkungslosigkeit des Religionsunterrichts entgegenzutreten, müssten theologische Wahrheitsansprüche und Argumente so aufbereitet werden, dass sie einen erkennbaren Gewinn für die Auseinandersetzung mit Fragen lieferten, die auch für heutige Schüler/-innen von Belang seien.

In der Tat: Wenn – bildungstheoretisch betrachtet – Religion einen eigenen und unverzichtbaren Modus der Welterschließung darstellt, kann ihr Bildungswert nur unter der Bedingung voll zur Geltung gebracht werden, dass die der Religion eigene Rationalität und Wahrheit im Religionsunterricht entfaltet werden.[11] Dies verpflichtet ihn notwendig (aber keinesfalls ausschließlich) auf den Aufbau theologischen Wissens und auf das Einüben theologischen Denkens und Argumentierens.

Entwicklungspsychologische Untersuchungen zeigen, dass Jugendliche zu anspruchsvollen Reflexionsleistungen in der Lage sind. Diese werden von ihnen aber nur dann erbracht, wenn eine entsprechende Motivationslage gegeben ist. Damit steht die Frage nach der Relevanz von Emotionen im Raum – eine Thematik, die sowohl theologisch als auch religionspädagogisch als unterbelichtet zu gelten hat; zu Unrecht, denn es gibt gute Gründe, warum Emotionen im Religionsunterricht einen legitimen Platz beanspruchen können:

1) LERNPSYCHOLOGISCHER ASPEKT: Religiöses Lernen ist auf emotional relevante Lernsettings angewiesen (Kohler-Spiegel). Dies gilt nochmals mehr, wenn Lernen explizit biografiebezogen erfolgen soll, versammeln sich in der Biografie eines Menschen nicht nur Kenntnisse und Erkenntnisse, sondern auch Erfahrungen und Gefühle. Symbolisch-ästhetische Ausdrucksformen des Religiösen im Unterricht können die Emotionalität von Schülerin-

[8] Vgl. hierzu *Helbling/Kropač/Jakobs*, Religionsunterricht.

[9] Vgl. *Englert*, Religion 21–35, bes. 21–27.

[10] Ebd. 27.

[11] Vgl. *Kropač*, Religion 66–83.

nen und Schülern anregen und so eine Brücke zu religiösen Fragen und Themen schlagen (Hobelsberger).

2) EXISTENTIELLER ASPEKT: Emotionen haben den Charakter einer Unterbrechung (Gennerich). Ihr Auftreten signalisiert, dass alltägliche Routinen außer Takt geraten sind. Solche Situationen werfen Fragen auf und verlangen nach Deutung. Emotionen markieren sensible Momente, in denen existentiell relevante Deutungen von Menschen freigelegt werden. Diese können im Religionsunterricht mit religiösen Wirklichkeitsdeutungen in ein Gespräch kommen. Dabei muss aber offenbleiben, ob es gelingt, einen Mehrwert der religiösen Deutungsperspektive gegenüber der alltagsweltlichen der Schülerin bzw. des Schülers zu plausibilisieren.
3) LEBENSWELTLICHER ASPEKT: Popkultur, Videos, Filme, Computerspiele etc. bieten Hörerlebnisse, Bilder, Narrationen an, in denen existentielle Grunderfahrungen in einer Weise thematisiert werden, die nicht nur die kognitive, sondern auch – und vor allem! – die emotionale Seite von (jungen) Menschen anspricht. Obwohl in Rechnung zu stellen ist, dass sich Erleben anders gestaltet, wenn es durch solche Medien im Religionsunterricht angeregt wird, kann es doch für ‚große Fragen' aufschließen. Diese wiederum lassen sich auch als religiöse Themen identifizieren und in ein Gespräch mit den Deutungsangeboten von Religion bringen (Ostermann, Kumher).

FAZIT: Spielt die Emotionalität für die Rezeption und Aneignung von Religiösem bei jungen Menschen eine entscheidende Rolle, wird der Religionsunterricht auf Emotionen nicht verzichten können. Umgekehrt verliert sich Religiöses in Empfindungen, wenn nicht die kritische Reflexion als Daueraufgabe zu ihr hinzutritt.

2. Unterrichtspraktische Perspektiven

Unterricht in einem Fach ist dem Gegenstandsbereich verpflichtet, der dem Fach seinen Namen gibt. Religionsunterricht bearbeitet das Phänomen Religion und berücksichtigt dabei eine Breite, die das Phänomen in seinen Grundstrukturen repräsentiert. Die schulische Wahrnehmung von Religion hat sich in den letzten Jahrzehnten verbreitert, sodass sich religiöse Bildung wandelt. Wurde Religion lange Zeit mit ihrer konfessionskirchlichen Dimension identifiziert, haben zunächst der Blick auf die andere Konfessionskirche, dann der Bedeutungszuwachs weiterer religiöser Traditionen und nun sowohl die Wanderung des Religiösen in kulturelle Gestalten als auch die mannigfaltigen subjektiven Rezeptionen religiöser Elemente die Grundlage und Ausrichtung religiöser Bildung sukzessive verändert. Da das Fach Religion seine – bis heute weitgehend geltende – vor allem juristisch geprägte Konstruktion in einer Zeit erhielt, in der die bekenntnisorientierte, konfessionskirchliche Ausrichtung unumstritten war, muss jede Veränderung der religiösen Lage zu didaktischen Neuorientierungen führen. Denn die Erweiterungen traten nicht additiv zur konfessionskirchlichen Ausrichtung hinzu, sondern modifizieren den Blick auf das Fach insgesamt. Die didaktische Diskussion stand und steht bislang in den meisten Bundesländern unter der Voraussetzung, die konfessionelle Signatur des Religionsunterrichts trotz der Veränderungen der religiösen Ausgangslage nicht anzutasten. Dies bildet den Rahmen, der für die inhaltliche Diskussion sowohl einer Ökumenedidaktik wie auch einer interreligiösen Didaktik mitverantwortlich ist. Dieser Rahmen kommt verstärkt zur Geltung, wenn der Blick über die gebundenen religiösen Traditionen hinaus auf die unterrichtspraktische Relevanz von ungebundener Religionskultur gerichtet wird. Da das Fach Religion in seiner konfessionellen Ausrichtung auf einem Vorrang tradierter, gebundener Religion basiert, muss gefragt werden, in welchem Verhältnis gebundene und ungebundene Religionskulturen künftig im Unterricht stehen. Wenn die ungebundenen Religionskulturen in ihrer Bedeutung für die Generierung von Weltbildern bei Jugendlichen zunehmen werden, ist der Primat gebundener Religion so zu modifizieren, dass beide Ausprägungen von Religion unterrichtspraktisch sowohl eine gewisse Eigenständigkeit erhalten als auch sich in unterschiedlicher Dichte aufeinander beziehen.

2.1 Ungebundene Religionskulturen als eigenständige Faktoren im Religionsunterricht

Eine eigenständige Bearbeitung von Elementen ungebundener Religionskultur im Religionsunterricht sieht in ihnen nicht eine Vorform, einen Hinweg oder einen Einstieg in die Thematisierung von Gehalten aus der gebundenen Religionstradition. Sie bilden vielmehr Aspekte des Phänomens Religion, die z. B. unter phänomenologischen Gesichtspunkten wahrgenommen, mit inhaltlichen Fragestellungen bearbeitet und deren Wirkungen beurteilt werden können. Einige skizzenhafte didaktische Leitlinien konkretisieren diese Absicht.

- Gegenwärtig verstehen Jugendliche Religion ganz überwiegend in einem engen Sinn als tradierte Religion (Husmann, Jäggle). Wenn man es in einer pointierten Formel aussagen will, ist Religion das, was innerhalb der Mauern von Kirchen, Moscheen, Synagogen und Tempeln geschieht. Sie vollziehen damit den religionssoziologischen Befund einer segmentförmigen Institutionalisierung des Religiösen nach, der sich im Christentum als Verkirchlichung beschreiben lässt, und belegen eigene einschlägige Orientierungsversuche in konsequenter Weise eher mit den Begriffen Glaube oder Spiritualität (Streib). Die Erarbeitung ungebundener Religionskulturen trägt dazu bei, diese Verengung des Phänomens Religion aufzubrechen und differenziertere Wahrnehmungen zu initiieren. Dies ist für eine gebildete Auseinandersetzung mit Religion notwendig, weil religiöse Bildung reflexive Standards – die Möglichkeit Religion zu befragen, zu bedenken und auch zu kritisieren – nicht nur auf gebundene Formen der Religion, sondern auf die gesamte Breite des Phänomens beziehen muss. Durchaus parallel zur Bearbeitung gebundener Religion kommen auch für die Wahrnehmung ungebundener Religionskulturen unterschiedliche didaktische Arbeitsformen zum Einsatz. Da Jugendliche unterschiedliche Zugänge zu verschiedenen Ausprägungen ungebundener Religionskultur praktizieren, wechseln Außenperspektiven mit Innenansichten. Daraus folgt u. a., dass die Innenperspektive nicht durch die Lehrenden repräsentiert sein muss. Zudem wird auch hier Religionsunterricht exemplarisch arbeiten, indem er die Mannigfaltigkeit ungebundener Religionskulturen ordnet und sie z. B. nach ihrer medialen Präsenz (Sura / Rosenstock) oder ihrer jugendkulturellen Erscheinungsform (Pirner) auswählt.

- Die großen religiösen Traditionen besitzen gegenwärtig einen beschränkten Einfluss auf die religiöse Sozialisation von Jugendlichen. Für die Entwicklung von Weltbildern greifen junge Menschen auf den offenen Raum kultureller Gestaltungen zurück, deren weltbildhafte und religiöse Implikationen eher nebenbei, im Spiel, durch Schauen und Hören angeeignet werden (Bohrer, Sura / Rosenstock). Religiöse Bildung, die solche Aneignungsprozesse unberücksichtigt lässt, ist in der Gefahr, den Charakter einer Sachkunde Religion[12] zu erhalten, die im besten Fall gründlich über tradierte Religionen informiert, aber nicht den Anschluss an vorhandene Formen der Orientierung, des Selbstausdrucks und subjektiv gewonnener Weltbilder sucht. Religionsunterricht, der ungebundenen Religionskulturen einen eigenständigen Stellenwert zuerkennt, hat demgegenüber die Möglichkeit, Jugendlichen einen Ort der Selbstaufklärung zu bieten. Dafür leitet Unterricht die Lernenden unter Berücksichtigung weiter Religionsbegriffe oder Kategorien aus Religionswissenschaft und Theologie an, Details ihrer kulturellen Praxis unter religiösen Aspekten zu verstehen. Religion kommt hierbei nicht primär als inhaltlicher Gegenstand zur Sprache, sondern als hermeneutischer Horizont, der neben anderen Horizonten eine spezifische Analyse subjektiver oder gemeinschaftlicher Begegnung mit Kultur ermöglicht. Dies betrifft nicht nur die Bilder, Texte und Erzählungen, denen Jugendliche in verschiedenen Medien begegnen, relevant sind vielmehr auch rituell-kultische Praxisformen (Mattig). Die hermeneutische Signatur solchen Unterrichts geht fehl, wenn sie unter pejorativen Vorzeichen gestaltet wird oder kulturelle Praxis religiös vereinnahmen will. Allerdings wird eine religiös ambitionierte Analyse Aspek-

[12] Vgl. *Englert*, Religionsdidaktik.

te eines kulturellen Zeugnisses oder einer Praxis hervorheben, die ohne sie im Dunkeln bleiben (Ostermann). Deshalb sind gerade solche Materialien unterrichtspraktisch bedeutsam, die nicht auf den ersten Blick Elemente religiöser Tradition mehr oder weniger modifiziert zitieren, sondern deren Bild-, Erzähl- oder Handlungsgerüst Dimensionen beinhalten, die erst durch eine religiös formierte Fragestellung erfahr- und deutbar werden. Da Bildung auch meint, die Kultur, in der junge Menschen aufwachsen, differenziert zu verstehen, um an ihr reflektiert teilhaben zu können, partizipiert eine analytische Bearbeitung ungebundener Religionskultur an diesem Bildungsauftrag.

- Das Paradigma der Kinder- und Jugendtheologie zeigt, wie Lernende Potentiale und Fähigkeiten für das Nachdenken über religiöse Fragen in den Religionsunterricht mitbringen. Dies gilt auch für Heranwachsende, die keine klassische religiöse Sozialisation in Familie, Schule und Gemeinde durchlaufen haben, sondern ihr Weltbild auf sehr verschiedene Weise konstruieren, wobei Medien eine wichtige Rolle einnehmen. Ein Religionsunterricht, der ungebundene Religionskulturen und ihre Rezeption durch die Lernenden als einen eigenständigen Bereich bearbeitet, trägt dazu bei, die Inhalte, Fragen und mögliche Leerstellen in der jugendlichen Sicht auf Mensch und Welt zu zeigen. Es wird deutlich, wovon junge Menschen fasziniert und schockiert sind, was sie für heilig und für nebensächlich halten, wie sie weltbildorientierte Zusammenhänge herstellen und was sich in diese Konstrukte nicht einbeziehen lässt. Wenn Jugendliche Religionsunterricht als den Ort begreifen, der zu einem Nachspüren, Nachdenken, Zur-Diskussion-Stellen und Kritisieren solcher Konstrukte einlädt und befähigt, dann erweist sich dieser Unterricht als ein theologisch relevanter Prozess. Er verdeutlicht, wie von ungebundener Religionskultur her über Gott und die Welt nachgedacht wird. Den Eigensinn und Eigenwert dieses Denkens gilt es ernst zu nehmen, wenn das Fach seinen allgemeinbildenden Charakter auf eine Grundlage stellt, die Religion als ein breit existierendes Phänomen begreift.

2.2 Beziehungen zwischen gebundenen und ungebundenen Religionskulturen

Religionsunterricht wertet beide Religionskulturen als analoge Gestaltungen von Religion. Dies berücksichtigt das Alter und den Reichtum tradierter Religion ebenso wie den Zauber des Anfangs ungebundener Religionskultur. Während die großen Religionen also Inhalte, Praktiken und Rationalitätsformen vorgeben, können Elemente ungebundener Religionskultur darauf in eigener, transformierender Weise aufbauen. Diese erste Verhältnisbestimmung gibt einen Rahmen an, in dem sich unterrichtlich Bezüge realisieren lassen.

- Filme, Musiktitel und Spiele thematisieren menschliche Grundfragen und Emotionen nach Hoffnung, dem Umgang mit dem Bösen, mit Einsamkeit und Tod und fragen auch, was absolut ist oder gilt (Kohler-Spiegel, Genenrich). Sie leiten zu einer bestimmbaren Form von Wahrnehmung der eigenen Welt an, indem sie einzelne Erfahrungen, Aufgaben und Ziele des Lebens ästhetisch gestalten oder von der Imagination anderer Welten her beleuchten. Wenn sie im Religionsunterricht als Impulslieferant (Sura / Rosenstock), Türöffner (Ostermann) oder Zugang (Kumher) dienen, um in tradierter Religion vergleichbare Gehalte zu bearbeiten, dann ergibt sich daraus auch ein bestimmter Modus der Präsentation tradierter Religion. Unterricht wird deutlich erarbeiten, wie überlieferte Religionen Mensch und Welt wahrnehmen, welche existentiellen Grundfragen sich stellen und wie sie durch religiöse Überlieferung in eigener, auch provokanter Weise bearbeitet werden. Dabei zeigen das Wachstum wie der Erfolg ungebundener Religionskultur die Themen, mit denen sich Jugendliche gegenwärtig auseinandersetzen (Minten). Sie bilden eine Erfahrungsgrundlage, um tradierte Religion zu thematisieren und zu plausibilisieren. Insofern erhält das religionsdidaktische Prinzip der Korrelation eine weitere Möglichkeit der Ausgestaltung: In einem Wechselverhältnis stehen Elemente religiöser Überlieferung in ihrer praktischen und inhaltlichen Gestalt und Elemente ungebundener gegenwärtiger Religionskultur in ihrer Rezeption durch Jugendliche. Das Scharnier bilden Fragen und Erfahrungen, die durch beide Religionskulturen auf je eigene Weise und in eigenen Formen bearbeitet werden. Im Unterricht haben die Lehrenden als Experten tradierter Religion die Aufgabe, überliefertes Material korrelationsfähig zu präsentieren. Die Jugendlichen als Experten ihrer kulturellen Praxis stellen Beziehungen beider Materialebenen her. Auf diese Weise öffnen die kulturellen Zeugnisse nicht nur eine Tür für die Gehalte tradierter Religion, sondern religiöse Überlieferung eröffnet auch Deutungen und Perspektiven für die kulturelle Praxis.
- Die gegenwärtige ungebundene Religionskultur wächst in einem Kontext, der schon durch Religion geprägt ist. Deshalb beziehen sich viele ihrer Elemente auf Tradition, indem sie zitieren, verfremden, Themen aufgreifen und eigene Verknüpfungen in neuen Erzähl- und Bildwelten herstellen. Dadurch entstehen nicht Abbilder der Überlieferung, sondern intendierte oder sich beiläufig ergebende Transformationen, die sich im Modus der Unterhaltung, der Freizeitbeschäftigung oder einer anderen kulturellen Kategorie präsentieren. Da sowohl die religiös ungebundenen Inhalte und Formen als auch die Orte ihrer Erscheinung für Lernende unerwartet sind, benötigt Unterricht Wege, die das Entdecken des Unerwarteten ermöglichen. Je nach dem Modus der Sichtbarkeit bieten sich zwei Vorgehensweisen an, die beide Religionskulturen aufeinander beziehen: Ist der Transfor-

mationsgehalt des Religiösen in kulturellen Zeugnissen hoch (Ostermann, Bohrer, Kumher), benötigen die Lernenden Grundkenntnisse von Bildern, Texten, Praktiken und Themen aus tradierter Religion – ggf. schon in unterschiedlichen Versionen aus der Überlieferung –, um sie in anderer, neuer Gestalt aufzuspüren. Sie diskutieren dann ihren Charakter und werden z. B. zu weiteren Vergleichen oder zur Suche nach ähnlichen Modifikationen in anderen Medien angeregt. Fällt dagegen der religiöse Gehalt unmittelbar oder auf den zweiten Blick auf (Rosenstock, z. T. Minten), kann Unterricht bei der Sichtung und Analyse des kulturellen Zeugnisses beginnen, um den religiösen Gehalt dann auf seine tradierten Vorgänger oder Ursprünge zu beziehen. Ob die entdeckten Transformationen originell, weiterführend und gehaltvoll oder platt und harmlos sind, hängt an Beurteilungskriterien und den Kontexten ihrer Rezeption. Eindeutige Vorgaben kann es hier – mit Ausnahme der Kritik an z. B. allzu gewaltbetonter Darstellung – kaum geben. In einer umsichtigen, mehrperspektivischen Diskussion solcher Kriterien zeigt sich die Qualität von Religionsunterricht.

- Eine vergleichende Bearbeitung gebundener und ungebundener Religionskulturen kann einen Anlass bieten, die zivilisationsprägende Dimension religiöser Tradition mehrdimensional zu bearbeiten, die in Mitteleuropa in erster Linie durch das Christentum erfolgt. Dies sei an einem Beispiel skizziert: Für viele junge Menschen spielen die sozialen Medien eine wichtige Rolle. Sie bieten vielfältige Möglichkeiten der Kommunikation und der (Selbst-)Darstellung. In ihrem Gebrauch drückt sich u. a. der Wunsch aus, gesehen und beachtet zu werden. Werde ich wahrgenommen, dann bin ich wer.[13] Dabei wird bewusst und manchmal auch gewollt akzeptiert, dass die Autorinnen und Autoren von Texten und Bildern die Deutungshoheit über das veröffentlichte Material an die bunte Gruppe der Rezipientinnen und Rezipienten abgeben. Je vielfältiger das Eigene gesehen und gedeutet wird, desto deutlicher kann ich mich meiner selbst vergewissern, auch wenn mich die Sichtbarkeit angreifbar und verletzlich macht. Thematisiert Religionsunterricht dieses Begehren, kommt in einer religiösen Aufarbeitung ein Aspekt christlicher Anthropologie in den Blick, der den Menschen als eine von Gott her unbedingt wahrgenommene und gewürdigte Person charakterisiert.[14] Es lassen sich unterschiedliche biblische Perikopen als erzählerische Entfaltung oder theologische Grundsätze als Begründung dieser Anschauung des Menschen in den Unterricht einbringen. Die Fragen der Lernenden lauten dann: Wie bemerke ich die Unbedingtheit

[13] Vgl. *Stoellger*, Was sich rechnet 49–51.

[14] *Langenhorst*, Sprachkrise.

der göttlichen Wahrnehmung und Würdigung? Muss man das glauben, damit es für einen selbst Realität wird? Was bringt das für diejenigen, die sich mit diesem Glauben schwertun? Geht Unterricht auf diese Fragen ein, kann er die kulturprägende Aufgabe thematisieren, die sich aus dem Grundsatz unbedingter Wahrnehmung ergibt. Sie besteht darin, für eine Kultur der Anerkennung der Person auf zwischenmenschlicher, vor allem aber auch auf sozialer, institutioneller und juristischer Ebene einzutreten. Unter welchen Voraussetzungen dies bisher ge- oder auch misslungen ist, wie sich dies im Einzelnen ausgestaltet, was dies für die Entfaltung von Individualität und z.B. für den Umgang mit Beeinträchtigung bedeutet, müsste exemplarisch erarbeitet werden. Auf diese Weise lässt sich thematisieren, wie Religion über Fragen individueller Spiritualität hinausgeht und sich als (Religions-)Kultur realisiert.

3. Katechetische Perspektiven

3.1 ‚Postkirchlichkeit' als Ausgangslage – Transkirchlichkeit als Chance

In seiner epochalen Demokratieanalyse „Postdemokratie" von 2008 verweist der britische Politikwissenschaftler Colin Crouch[15] auf das Phänomen, dass – etwa ab Mitte der 1970er-Jahre – gesellschaftliche Eliten und ‚normale' Bürger in den westlichen Demokratien auseinanderdriften, näherhin, dass diese sich gar nichts mehr sagen können, weil die res publica von den Kommunikationsprofis, den Lobbyisten, den Medienmächten und natürlich von den kommerziellen Interessen der allmächtigen Ökonomie bestimmt wird und die wesentliche Selbstbestimmung der Bürger/-innen und die Sprache dieser postdemokratischen Technokratie mit ihrer Zentralkategorie der ‚Alternativlosigkeit' inhaltsleer wurden wie die Wahlplakate, die nur noch vom besseren Weg sprechen, darüber ein hübsch lächelndes Gesicht. Wahlen tendieren – so Crouch – zu Castingshows und beugen sich den populistisch schnellen Kurzzeitlösungen. Die wirklichen Fragen und Probleme der Bürger/-innen, aber auch ihre Erfahrungen und Lösungsvorschläge würden kaum noch aufgegriffen. Weil aber Demokratie ganz wesentlich vom fairen Austragen von Widersprüchen bestimmt ist, kommt es zur inneren Emigration aus Demokratie und politischer Institution und es dominiert der Rückzug ins Private und Individuelle. Der wesentliche Dialog mit den Verantwortungsträgerinnen und -trägern zur Artikulation eines besseren Weges entfällt, weil ‚die da oben' ja nicht mehr ‚die da unten' verstehen.

[15] *Crouch*, Postdemokratie.

Diese Analyse zeigt erstaunliche Parallelen zu einer – pointiert formulierten – ‚Postkirchlichkeit' heutiger Jugend, die nur noch gering in substantiellem Austausch mit der Kirche als Institution im Gespräch steht, wie die Kirchen die realen Lebens- (und Glaubens-)konzepte der Jugend als wenig hilfreich für eine Weiterentwicklung ihrer selbst begreifen.

3.2 Jugendlichenreligiosität heute – jenseits der Kirchen und ohne sie: Der ‚spiritual turn' und die De-Institutionalisierung des Glaubens

Nicht nur die Religionssoziologie der Erwachsenen zeigt auf, dass die Selbstbeschreibung von Individuen als ‚religiöse Person' kontinuierlich abnimmt; in Deutschland bezeichnen sich in 2012 (nur) noch 51 % als ‚religiös' (2005 waren es noch 60 %), so die seriöse Analyse des *Global Index of Religiosity and Atheism,* erhoben von WIN-Gallup international.[16] Auch einschlägige Jugendstudien weisen auf weitergehende Emigrationen der Jugendlichen aus den verfassten Kirchen hin: Sie belegen (Streib) ferner überzeugend den Paradigmenwechsel zu einem ganz weiten Spiritualitätsverständnis (im Westen), das sich als antinom zu einem religiös-kirchlichen und institutionell (ab)gesicherten Selbstkonzept begreift. Mit dem Terminus ‚Shopping for faith' kann diese individualisierte und stark erfahrungs- wie erlebnisorientierte Suchbewegung nach Sinn und Transzendenzerfahrung gut umschrieben werden, die anscheinend die entlastenden Aspekte tradierter Religion in ihren institutionellen Formen nicht mehr wahrnehmen kann oder will. Ähnliches gilt für die Lernorte (Pirner): Es zeigt sich, dass non-formale Lernsettings nicht nur für Identitätsbildung, sondern auch für religiöse Verortungen ‚stilprägend' geworden sind.

Eine erweiterte Diagnose heutiger Jugendlichenreligiosität (Gennerich) erkennt darüber hinaus, dass weniger rationale Evidenz – in Gestalt konsistenter theologischer Rede – einen wünschenswerten Erlebnisgehalt für eine religiöse Verortung bei jungen Menschen generiert, sondern Emotionen als konstruktive Unterbrechungen notwendig sind, um existentielle Deutungen und Sinnkonstruktionen überhaupt grundzulegen; von (lebens-)relevanter Identifikation ganz zu schweigen. Mit dem Hinweis auf eine (universelle?) Sehnsucht nach Transzendenz – aus der Ritualtheorie gewonnen in der Analyse ritueller Grenzüberschreitungen – eröffnet eine ethnologisch fundierte Pädagogik (Mattig) einen ganz anderen Verstehenszugang zum traditionell religiös konnotierten und an Form und Institution gebundenen Kult und Ritus der Kirchen: Die Popkulturen der Moderne können nun als Korrelate für „Überschreitungen" begriffen werden. Denn anscheinend kann die klassische Liturgie keine vertikalen und

16 Vgl. die Zusammenfassung in: http://www.wingia.com/web/files/news/14/file/14.pdf (Stand: 29. Januar 2015).

horizontalen Grenzerfahrungen mehr entgegenhalten. Entsprechend zeigen Analysen der real existierenden Jugendliturgielandschaft (Hahnen, Mendl) „den Höhepunkt des christlichen Lebens“ (Sacrosanctum Concilium Nr. 10) als in Ästhetik, Musikgebrauch und Textgebrauch entschieden jugendfern und für viele existentiell irrelevant, ganz abgesehen davon, dass die Zahlen des Gottesdienstbesuches bei christlichen Jugendlichen kontinuierlich zurückgehen. Interessanterweise nehmen gleichzeitig die Besuchszahlen bei säkular-religoiden Feiern wie Popkonzerten oder Sport-Events bei jungen Menschen zu. Entsprechend kritisch wird der Exodus des jungen Volkes Gottes aus dem Sonntagsgottesdienst über eine defizitäre Inklusion von Verstehenshorizonten der Jugendlichen erklärt (Mendl), weil zu wenig Lebensweltbezug, Jugendsprache und Gemeinschaftserfahrung in den Lobpreis des Höchsten integriert wird.

Konstruktiv beweisen die (wenigen!) Jugendkirchen Deutschlands (Hobelsberger), dass sakrale Räume sehr wohl den ‚Gap‘ zwischen Jugend und institutionellem ‚Raum der Kirche‘ (in des Wortes mehrfacher Bedeutung) schließen können, wenn sie Kirche als Ort des Angebotes und des Vorschlage(n)s sowie der intensiven Partizipation vorstellen; und dies in den Symbolwelten der Jugendlichen, in ihrer Sprache, mit ihrer Musik und unter Integration ihrer – stufenspezifischen – religiösen Fragen wie Ausdrucksformen und Ausdruckshandlungen.

Rekurriert man auf einen diskursiven Religionsbegriff, wie es die Herausgeber dieses Bandes empfehlen, so können gleichwohl spannende Felder religiöser ‚(Selbst-)Bildung‘ in neuen (religiösen und spirituellen) Räumen identifiziert werden, wo eine Pastoral (mit!) der Jugend durchaus ihre Chance ergreifen kann. Allerdings muss dann auch die notwendige Abgrenzung von immanenter Selbsttranszendenz[17] und transzendierendem Glaubensvollzug erreicht werden. Im Kontext der derzeitigen ‚Shopping-for-faith-Kulturen‘ müssen die Korrektive für einen einzufordernden ‚Transzendenzbezug‘ und seines ihm inhärent eigenen ‚Unbedingtheit-Postulates‘ – ganz im Sinne der Umkehrforderung des Evangeliums (Mk 1,15) – zur Verfügung gestellt werden, die selbst aber bewusste Differenzkriterien brauchen. Was ist im Popkonzert nur Ich-Erweiterung im kollektiven Symbiose-Rausch? Was wäre eine Begegnungserfahrung mit einem allumfassenden transzendenten Du? Auf der Ebene kognitiver Orientierung muss daher neben einer Kompetenz zu seriöser Religionskritik auch eine Fähigkeit zu differenzierender Religiositätskritik aufgebaut werden.

[17] Im Sinne von Hans Joas, der basierend auf William James die Selbsttranszendenz als ersten Schritt für eine Glaubenserfahrung versteht, als „Herausgerissen werden über die Grenzen des Selbst, einer Befreiung von der Fixierung auf mich selbst“. *Joas,* Religion 17.

Konzeptionell muss um die Differenz eines ‚learning *from* religion' im Gegensatz zu einem ‚learning *in* religion' gewusst werden, das darüber hinaus noch eines ‚learning *about* religion' als kognitiver Voraussetzung bedarf. Wer nichts weiß, kann nichts verstehen und auch nicht urteilen und hat es so schwer, sich zu positionieren und sich dann zu identifizieren.

Es ist schon – um diese Analysen an einem Beispiel zu verdeutlichen – ein relevanter Unterschied zwischen der Gemeinschaftserfahrung des neuen europaweit zunehmenden „Sunday-Assembly-movement"[18] (und ihrem Credo: „Live better, help often and wonder more") und einer christlichen Gottesdienstfeier zu konstatieren, auch wenn die Musik, die Songs, das Gemeinschaftsgefühl wie auch das obligate Spenden an eine liturgische Handlung erinnern lassen, diese aber letztlich eben nur suggerieren. Es fehlen bei den neuen „Sunday Assemblies" (oft auch „Messen für Atheisten" genannt)[19] eben der Bezug und die Beziehung zu jeglicher Transzendenz[20].

Dennoch muss ernst genommen werden, dass anscheinend das gemeinsame Feiern mit Ausdrucksformen eigener (und akzeptierter!) Formen von Selbsttranszendierung eine große Attraktivität darstellt, die anscheinend nachhaltige Zugänge zu relevanten Erfahrungsräumen bei Erwachsenen und Jugendlichen eröffnet.

Aber auch ohne „Sunday Assembly" zeigen sich spannende Räume spiritueller Dimensionen ‚extra ecclesiam', wenn man etwa religiöse Deutungskonzepte in Computerspielen untersucht (Bohrer) und diese ko-religiösen Welten Jugendlicher ernst nimmt, bei denen kosmologische Fragen, ethische Probleme und insgesamt Auseinandersetzungen mit menschlichen Grunderfahrungen für diese faszinierend zu Wort kommen. Diese Räume stehen bisher gänzlich unter dem Generalverdacht häretischer Selbstexkommunikation, jedenfalls in der Wahrnehmung von Kirchenleitungen.

Die hier möglichen Ansatzpunkte für selbsttranszendierende Diskurse bleiben allerdings ihrer Spiellogik verhaftet und bedürfen fraglos einer kritischen Reflexion über nicht-dualistische Sichtweisen von Welt und Mensch und Selbst, wie sie etwa im Neuen Testament tradiert werden. Ähnlich weisen verwandte Medienanalysen (Kumher, Ostermann, Rosenstock) überzeugend nach, dass in Fantasyfilmen, überhaupt in Helden- und Erlösersagas filmischer Art erhebliches Akzeptanz-Potential zur Eröffnung religiöser Fragestellungen verborgen

[18] Vgl. die erhellende Reportage in ZEIT-online von *Schmidt*, Jubeln ohne Gott.

[19] Die derzeit exponentiell in europäischen Großstädten zunehmen.

[20] Dabei betont Gründer Jones selbst, wie sehr er christliche Gottesdienste immer genossen habe: das Singen, die Geschichten und die Gemeinschaft, die dort entstehe. „Aber ich dachte mir: Wenn ich in meinen Schuhen einen Stein finde, schmeiß ich ja auch nicht die Schuhe weg, sondern den Stein", erklärt er. „Also flog bei unserer Assembly einfach Gott raus." (*Jones*, Jubeln) Es bleibt die Frage: Geht das, Gottesdienst ohne Gott?

liegt. Medien, die religiöse Diskurse initiieren und die die tatsächlichen existentiellen (Selbst-)Bildungsversuche junger Menschen in ihrer je eigenen Rezeption auf den Weg bringen (können), sollten daher nicht a priori als unchristliche Sujets begriffen werden, wenn in ihnen keine explizite religiöse Rede dominiert.

Dennoch, auch hier gilt, dass diese autonomen religiösen Suchbewegungen die verstörende Irritation der ‚Counter-Narratives' von Gottes Alterität (in den Narrativen der Hl. Schrift) brauchen, um eine wirklich religiös-tranzendierende Positionierung anzubahnen, damit die vorgeformten medialen (oft dualistischen) Deutungs- und Sinnangebote nicht nur affirmiert die Jugendlichen stehen lassen.

Hollywood-Lösungen tendieren bekanntlich mehrheitlich zur apokalyptisch end-gültigen Vernichtung des Bösen schon in dieser Zeit, das Neue Testament tradiert jedoch eher die alternative Irritation, dass Vergebung das Böse aufhebt, dass Gott es über Gerechten und Ungerechten regnen lässt. Und wenn schon die biblischen Schriften von der Apokalypse sprechen, dann eben eschatologisch.

Eine Jugendpastoral, die sowohl Lebensweltbezüge wie christliche Alternativen vorschlagen will, wird um diese Einladung zur Irritation nicht herumkommen und darf sie auch nicht ausblenden.

Kirchliche Jugendarbeit wäre so Begleitung in den realen Räumen ihrer religiösen Suchbewegungen, aber dann eben auch die Eröffnung von Chancen, um die anderen Gesichter des unbekannten Letztgültigen – in den Sprach- und Handlungsformen der traditionalen Vorgaben – wenigstens wahrnehmen zu lernen.

Empirisch stellt die musikalische Beheimatung – in hoher emotionaler Verdichtung – wahrscheinlich den stärksten Ort existentieller Enkulturation (auch in religiösen Fragen) für Jugendliche dar (Minten).

Nicht nur die Demenzforschung hat inzwischen herausgefunden, dass angeeignete Lieder und eingeübte Gebete das Letzte sind, was mental zerfallenden Menschen noch bleibt am Ende ihres Lebens – und was sie vielleicht auch trägt. Insofern hat es eine gewisse Tragik, dass dieser hoch relevante Bereich starker Selbst-Bildung in pastoralen Konzepten nur schwach vertreten ist; Kirche ist hier relativ ‚draußen', obwohl dies – die Musik der Jugendlichen in ihren kontemporären Formen – der Ort und das Medium ist, wo intimste Liebe, große Überzeugungen und letzte Hoffnungen immer noch artikuliert werden. Glaube und Hoffnung und Liebe waren und sind aber immer noch die Grundtrias christlicher Existenzausrichtung, wenn 1 Kor 13 nicht als marginale paulinische Theologie abgetan werden soll.

Die starken expliziten und impliziten religiösen Konnotationen in großen Segmenten der gegenwärtigen Pop-Kultur haben daher auch Bedeutsamkeit für religiöse Orientierungssuchbewegungen (Minten), die man durchaus als ‚Fremdprophetie' sehen kann. Eine vorschnelle Kritik an der De-Institutionalisierung in der religiösen Sozialisation übersieht daher – nicht nur gelegentlich – ungewollte Verbündete.

3.3 „Extra ecclesiam nulla salus“ und transkirchliche „Neue Wege zur Wahrheit“, die „den unbekannten Gott suchen“

Das florentinische Dogma von 1442 – „Extra ecclesiam nulla salus“ – kann zumindest für die Kirche seit dem Zweiten Vaticanum schwerlich mehr ein tragfähiges Prinzip sein für eine Theologie, die Gott auch als den versteht, der „auf Wegen, die er weiß, zum Glauben führen kann“ (Ad Gentes 7); und dies ganz unbenommen der einen Fülle in Christus Jesus, was im Konzil zur Position führt: „Denn nur durch die katholische Kirche Christi, die das allgemeine Hilfsmittel des Heiles ist, kann man die ganze Fülle der Heilsmittel erlangen.“ (Unitatis redintegratio 3) Aber wie sieht es ‚hinter und neben der Kirche aus‘, wo die meisten Jugendlichen heute stehen?

Es kann daher durchaus hilfreich sein, die Anerkennungstheologie, die das Konzil gegenüber den nicht-christlichen Religionen entwickelte, auf implizite religiöse Such- wie Antwortbewegungen anzuwenden: „Die katholische Kirche lehnt nichts von alledem ab, was in diesen Religionen wahr und heilig ist.“ (Nostra aetate 2).

Aufgabe heutiger Pastoral wäre damit, eine Kriteriologie zu entwickeln, ob in den Lernorten post- und transtraditionaler Formen der vielen religiösen Suchbewegungen „Wahres“ und vielleicht auch „Heiliges“ verborgen ist; und dies in Entsprechung der Theologie von Lumen Gentium 16, wo es in Anspielung auf die Areopagrede des Hl. Paulus heißt: „Aber auch den anderen, die in Schatten und Bildern den unbekannten Gott suchen, auch solchen ist Gott nicht ferne [...]“.

Die Metaphorik dieser inklusiven Theologie ist visionär: Derzeitige Jugendkulturen stehen unfraglich im Schatten der großen traditionalen Formen der Kirchen und sie sind erheblich dem ‚iconic turn‘ verpflichtet. Jugendkulturelle Selbstvergewisserungen im Sinne einer (auch religiösen) Identitätsbildung leben von Bildern, d. h. von Sprachbildern und von Bildern über sich und über ihre populären Ikonen.

Das Konzil geht aber über diese Idee eines anonymen Christentums hinaus und entwickelt einen Ansatz, der von vielen Autoren explizit (Minten, Pirner, Hobelsberger) und implizit (Mendl, Bohrer, Rosenstock, Ostermann, Kumher) als wegweisend erkannt wird: In der Pastoralkonstitution (Gaudium et Spes 44) spricht das Konzil der außerkirchlichen Welt zu, dass sie ihr viel verdankt: in den eigenständigen Kulturen und deren Geschichte, in Wissenschaft und ihrem Fortschritt, in den Sprachen und ihren Mentalitäten – sie alle tragen dazu bei, dass „neue Wege zur Wahrheit aufgetan werden [...]“.

Vielleicht kann sogar aus diesen theologischen Ansätzen die Suche junger Menschen nach ihrer eigenen tragfähigen Religiosität die traditional verfasste Religion – d. h. die Kirche in ihren Strukturen und Formen und Selbstkonzepten – ja selbst (mit-)entwickeln, auch wenn diese Jugendkulturen prima vista als

‚konträr' wahrgenommen werden. Bekennen doch die Konzilsväter selbst: „Ja selbst die Feindschaft ihrer Gegner und Verfolger, so gesteht die Kirche, war für sie sehr nützlich und wird es bleiben" (Gaudium et Spes 44).

Literatur

Crouch, Colin: Postdemokratie, Frankfurt a. M. [10]2013 (erstmals erschienen 2008).

Englert, Rudolf: Religion gibt zu denken. Eine Religionsdidaktik in 19 Lehrstücken, München 2013.

Ders.: Wird aus der Religionsdidaktik eine Sachkunde „Religion"? In: JRP 30 (2014), 207–217.

Helbling, Dominik / Kropač, Ulrich / Jakobs, Monika u. a. (Hrsg.): Konfessioneller und bekenntnisunabhängiger Religionsunterricht. Eine Verhältnisbestimmung am Beispiel Schweiz, Zürich 2013.

Joas, Hans: Braucht der Mensch Religion?, Freiburg i. Br. [2]2007.

Jones, Sanderson: Jubeln ohne Gott. Gemeinschaft erleben, Spaß haben, Gutes tun. Warum sich in England Atheisten zur Sonntagsmesse treffen. Reportage von Janek Schmidt. In: Die Zeit 42/2013, 20. Oktober 2013, online unter: http://www.zeit.de/2013/42/atheisten-messe-england (Stand: 31. Januar 2015).

König, Klaus: Religion im Religionsunterricht. In: *Helbling, Dominik / Kropač, Ulrich / Jakobs, Monika* u. a. (Hrsg.): Konfessioneller und bekenntnisunabhängiger Religionsunterricht. Eine Verhältnisbestimmung am Beispiel Schweiz, Zürich 2013, 160–175.

Kropač, Ulrich: Religion und Rationalität. Eine ungewöhnliche Allianz im religionspädagogischen Legitimationsdiskurs. In: *Ders. / Langenhorst, Georg* (Hrsg.): Religionsunterricht und der Bildungsauftrag der öffentlichen Schulen. Begründung und Perspektiven des Schulfaches Religionslehre, Babenhausen 2012, 66–83.

Ders.: Religiöses Lernen im Zeichen von Entkonfessionalisierung. Zukunftsperspektiven konfessionellen Religionsunterrichts in der öffentlichen Schule. In: RpB 70/2013, 79–90.

Langenhorst, Georg: Sprachkrise im ‚Theotop'? Zur Notwendigkeit radikaler Neubesinnung religiöser Sprache. In: RpB 69/2013, 65–76.

Matthes, Joachim: Auf der Suche nach dem „Religiösen". Reflexionen zu Theorie und Empirie religionssoziologischer Forschung. In: Sociologia internationalis 30 (1992) 129–142.

Porzelt, Burkard: Welcher Religionsunterricht passt zur Schule? Erwägungen zu Legitimation und Gestaltung eines schulkompatiblen Religionsunterrichts. In: JRP 30 (2014), 125–137.

Schmidt, Janek: „Jubeln ohne Gott. Gemeinschaft erleben, Spaß haben, Gutes tun. Warum sich in England Atheisten zur Sonntagsmesse treffen." In: Die ZEIT, 20. Okt. 2013, online unter: http://www.zeit.de/2013/42/atheisten-messe-england (Stand: 29. Januar 2015).

Stoellger, Philipp: Was sich rechnet und was sichtbar ist. Wundersame Wandlungen des Wirklichkeitsbegriffs als Horizont der Religionskulturen. In: JRP 30 (2014), 43–53.

Streib, Heinz / Gennerich, Carsten: Jugend und Religion. Bestandsaufnahmen, Analysen und Fallstudien zur Religiosität Jugendlicher, Weinheim / München 2011.

Synodenbeschluss „Der Religionsunterricht in der Schule". In: Gemeinsame Synode der Bistümer in der Bundesrepublik Deutschland. Beschlüsse der Vollversammlung. Offizielle Gesamtausgabe I. Freiburg i. Br. / Basel / Wien [7]1989, 123–152.

VI

Verzeichnisse

Stichwortverzeichnis

Wenn ein Stichwort innerhalb einer Anmerkung erscheint, folgt der Seitenzahl unmittelbar die Abkürzung „A“.

Medienverzeichnis

Wenn ein Stichwort innerhalb einer Anmerkung erscheint, folgt der Seitenzahl unmittelbar die Abkürzung „A“.

Musiktitel

Musiker/-innen

Computerspiele

Internet

Verzeichnis der Herausgeber, Autorinnen und Autoren

Verzeichnis der Herausgeber

Kropač, Ulrich, Prof. Dr., Lehrstuhl für Didaktik der Religionslehre, für Katechetik und Religionspädagogik an der Theologischen Fakultät der Katholischen Universität Eichstätt-Ingolstadt

Meier, Uto, Prof. Dr., Professur für Religionspädagogik an der Fakultät für Religionspädagogik / Kirchliche Bildungsarbeit (FH) der Katholischen Universität Eichstätt-Ingolstadt

König, Klaus, Akad. Direktor am Lehrstuhl für Didaktik der Religionslehre, für Katechetik und Religionspädagogik an der Theologischen Fakultät der Katholischen Universität Eichstätt-Ingolstadt

Verzeichnis der Autorinnen und Autoren

Bohrer, Clemens, Dr. theol., Referent für Neue Medien, Stipendien und Bildungskooperationen an der Akademie für Bildungsforschung und Lehrerbildung der Universität Frankfurt a. M.

Gennerich, Carsten, Prof. Dr., Professur für Gemeindepädagogik an der Evangelischen Hochschule Darmstadt

Hahnen, Peter, Dr. theol., Leiter des „Geistlichen und Kulturellen Zentrums Kloster Kamp“, Kamp-Lintfort

Hobelsberger, Hans, Prof. Dr., Professur für Praktische Theologie an der Katholischen Hochschule Nordrhein-Westfalen in Paderborn

Höring, Patrik C., Prof. Dr., Professur für Katechetik und Didaktik des Religionsunterrichts an der Philosophisch-Theologischen Hochschule SVD St. Augustin, Sankt Augustin

Husmann, Bärbel, Dr. phil., Stellvertretende Schulleiterin am Gymnasium Meckelfeld in Seevetal

Jäggle, Martin, Prof. em. Dr., Lehrstuhl für Religionspädagogik und Katechetik an der Kath.-Theol. Fakultät der Universität Wien

Kohler-Spiegel, Helga, Prof. Dr., Professur für Religionspädagogik an der Pädagogischen Hochschule Vorarlberg in Feldkirch, Österreich

Kumher, Ulrich, Dr. theol., Akademischer Rat am Lehrstuhl für Religionspädagogik an der Theologischen Fakultät der Albert-Ludwigs-Universität Freiburg i. Br.

Mattig, Ruprecht, Prof. Dr., Lehrstuhl für Erziehungswissenschaft der Generationen an der Fakultät für Bildungswissenschaften an der Universität Innsbruck

Mendl, Hans, Prof. Dr., Lehrstuhl für Religionspädagogik und Didaktik des Religionsunterrichts an der Philosophischen Fakultät der Universität Passau

Minten, Marcus, Freiberuflicher Referent in der theologischen Jugend- und Erwachsenenbildung sowie pädagogischer Mitarbeiter in „Das Dorf – Wohnen für Menschen mit Behinderungen" der Theodor Fliedner Stiftung in Mülheim an der Ruhr

Ostermann, Martin, Dr. theol., Studienleiter bei Theologie im Fernkurs, Würzburg. Freiberuflicher Referent zu den Themen Film, populäre Kultur, Religion, Glaube, Kirche und Medien

Pirner, Manfred L., Prof. Dr., Lehrstuhl für Religionspädagogik und Didaktik des evangelischen Religionsunterrichts an der Friedrich-Alexander-Universität Erlangen-Nürnberg

Rosenstock, Roland, Prof. Dr., Lehrstuhl für Praktische Theologie Religionspädagogik / Medienpädagogik an der Theologischen Fakultät der Ernst-Moritz-Arndt-Universität Greifswald

Streib, Heinz, Prof. Dr., Forschungsstelle Biographische Religionsforschung an der Fakultät für Geschichtswissenschaft, Philosophie und Theologie der Universität Bielefeld

Sura, Ines, Promovendin am Lehrstuhl für Praktische Theologie Religionspädagogik / Medienpädagogik an der Theologischen Fakultät der Ernst-Moritz-Arndt-Universität Greifswald